존 스토트와 옥한흠에게
강해설교를 배우다

개정증보판

존 스토트와 옥한흠에게
강해설교를 배우다

김대조 지음

아바서원

이 책에 대한 주천사

『존 스토트와 옥한흠에게 강해설교를 배우다』는 제목부터 독자의 관심을 끈다. 설교자가 될 신학생들이나 매주 몇 번씩 힘들게 설교하고 있는 목회자들이나 매주 설교를 듣고 있는 평신도들의 큰 관심을 일으키는 제목이다. 영국과 한국의 최고 설교자의 장단점을 세밀하게 비교·연구하며, 이성과 감성, 성경적 진리와 실제적 삶, 객관적 접근과 주관적 접근의 균형, 본문과 영향력 간의 조화를 담아 오늘 우리 시대에 요구되는 '성경적 강해설교'를 제시해 주며 바람을 불러일으킬 책이다.

김상복 | 횃불트리니티신대원대학교 명예총장, 할렐루야교회 원로목사

성경적이란 고귀한 말이 시대적 혹은 상황적이란 말에 뒷걸음치는 듯한 시대에 살고 있습니다. 목회자들도 성경적이란 단어 앞에 치열하게 고민하고 무릎을 꿇는 것보다 효과적 혹은 감동적이란 단어에 관심을 기울이려 합니다. 김대조 목사님의 책은 시대를 초월하여 하나님의 말씀으로 영혼을 깨워야 할 목회자의 사명을 다시 일깨워 줍니다. 진정한 영

혼의 변화는 성경에 뿌리내린 진리에 대한 정직한 해석과 청중의 삶에 스며드는 진리의 적실한 선포에 있습니다. 저자가 강조하는 성경적 강해 설교를 따라가다 보면 강단에 변화가 일어날 것입니다. 강단이 영혼을 깨우는 진리의 선포로 살아날 때 교회는 위대한 변화를 체험하게 될 것입니다. 존 스토트와 옥한흠 목사님의 삶과 가르침을 생생하게 한 권의 책으로 선물해 준 저자에게 고마운 마음입니다.

류응렬 | 와싱톤중앙장로교회 담임목사, 고든콘웰신학대학원 객원교수,
전 총신대학교 설교학 교수

참 귀한 책이다. 이 책은 설교의 두 가지 핵심에 초점을 맞추고 있다. 하나는 본문의 해석이고 다른 하나는 본문의 적용이다. 이 둘은 하나님 말씀으로서의 설교에서 결코 분리될 수 없는 중요한 주제들이다. 문제는 이 둘 사이의 적절한 균형과 바람직한 조합이 실제로는 결코 쉽지 않다는 것이다. 설교자의 설교 철학이나 기질과 성향에 따라 둘 중 어느 한쪽으로 치우치는 경향이 있기 때문이다. 이 책의 장점은 하나님의 교회에 큰 영향을 끼쳤던 탁월한 두 설교자의 실제 설교에 대한 비교·분석을 통하여 해석과 적용의 통합을 모색하면서 그 가능성을 제시하고 있다는 점이다. 교회의 회복은 언제나 강단의 회복으로부터 시작된다. 이 책이 지금 같은 때에 한국 교회의 회복을 위해 꼭 필요한 역할을 하리라 믿어 적극 추천한다.

박완철 | 남서울은혜교회 담임목사, 합신대학교 설교학 교수

코로나로 불확실성이 극대화된 지금, 우리는 무엇보다 하나님의 말씀과 예배에 착념해야 한다. 예배에서 하나님의 말씀을 선포하는 설교자는

교회의 심장이다. 저자는 영국의 탁월한 복음주의 설교자 존 스토트 목사의 '한 사람' 제자훈련 철학으로 시대를 풍미한 옥한흠 목사의 로마서 강해설교를 분석·비교하며 두 거인의 발자국을 따라간다. 존 스토트 목사의 '말씀 중심의 강해설교'와 옥한흠 목사의 '변화 중심의 강해설교'로 동양과 서양의 만남, 말씀과 삶의 변화가 조우한다. 이 책은 말씀에 목마른 성도에게 성경의 우물에서 생수를 길어 올려 주려는 말씀 사역자에게 두레박이 될 것이다.

오정현 | 사랑의교회 담임목사

설명이 필요 없는 동서양의 두 영적 거장 존 스토트와 옥한흠 목사의 로마서 강해는 묘하게도 각자의 설교와 신앙의 백미로 인정되었다. 무엇보다 두 거장과의 친밀한 교제를 통해 그들의 삶과 신학을 가장 잘 이해하는 김대조 목사의 날카로운 설교 분석은 수많은 설교학 참고서보다 더 강렬한 가르침을 선사한다.

이찬수 | 분당우리교회 담임목사

이 책을 읽으면, 제목에 나오는 두 사람, "금발의 삼촌, 존 스토트"와 "영원한 스승, 옥한흠"을 만납니다. 저자의 소개로 이 두 분을 좀 더 가까이에서 만나게 되는 것만 해도 이 책을 통해 얻을 수 있는 특별한 보너스라고 할 수 있습니다. 그러나 이 책을 통해 우리가 얻을 수 있는 진정한 유익은 서로 보완하는 두 분의 설교 세계를 접하는 것입니다. 존 스토트 목사님의 설교는 또 다른 분을 통해서도 만날 수 있겠지만, 옥한흠 목사님의 탁월한 설교 해설은 달리 쉽게 접할 수 없는 저자의 공로일 것입니다. 동서양 강해설교의 거장을 통해서, 자신의 설교를 향상시키고 싶은 소원을 가진 분이라면 이 책을 지나쳐갈 수 없을 것입니다.

정근두 | 울산교회 원로목사

강해설교의 탁월한 이론가인 존 스토트 박사와 강해설교의 목회 적용에 큰 족적을 남긴 옥한흠 목사는 모든 설교자들이 따라야 하는 사표다. 김대조 박사가 심혈을 기울여 연구한 본서를 통해 한국 교회의 강단이 새로운 활력을 얻을 것이다.

정인교 | 서울신학대학교 대학원장, 설교대학원장, 설교학 교수

설교자는 본문과 청중이라는 두 대상을 동시에 향하여 서는 사람이다. 본문의 해석과 청중을 향한 전달이 설교자의 책임이다. 강해설교의 최대의 강점은 설교자로 하여금 이 두 책임을 균형 있게 수행하도록 이끌어간다는 점이다. 이 책은 강해설교의 이론을 개진할 뿐 아니라 특히 구체적인 상황 속에서 강해설교를 실천했던 대표적인 설교자와 그들의 설교를 다룬다는 점에서 이론과 실천을 잘 통합하고 있다. 이 점이 구체적으로 강해설교를 습득하고자 하는 설교자들에게 큰 도움이 될 것이다.

정창균 | 합동신학대학원대학교 총장, 설교자하우스 대표

유명한 강해설교가 존 스토트는 설교란 '다리놓기'라고 했다. 참된 설교란 성경의 세계와 오늘의 세계 사이에 다리를 놓는 작업이라는 것이다. 설교에 대한 이 정의는 설교가 무엇인가를 가장 압축적으로 표현한 것이라 생각된다. 설교자는 이 두 세계에 대해서 정확히 알아야 한다. 어느 한쪽이 허술해지면 그 설교는 온전하지 못하다. 이런 면에서 동서양의 대표적인 강해설교가였던 존 스토트와 옥한흠 목사의 설교를 비교 ·

분석하고, 그들의 설교의 실제를 통해서 성경적인 강해설교를 이해할 수 있도록 작성된 본서는 모든 설교자들에게 큰 선물이 아닐 수 없다. 존 스토트는 'Text'에 강했고, 옥한흠 목사는 'Context'에 강했다면, 두 설교자의 장점들을 모아서 배우게 될 때 우리는 진정 이 시대에 필요한 생명을 살리는 '성경적 강해설교자'로 우뚝 설 수 있게 될 것이다. 그런 의미에서 모든 설교자들에게 이 책의 정독을 진심으로 추천한다.

주승중 | 주안장로교회 담임, 전 장로회신학대학교 설교학 교수

영국과 한국을 대표하는 강해설교가 존 스토트와 옥한흠이 같은 로마서 본문들을 가지고 했던 설교들을 비교하면서 그들의 본문 이해, 설교 구성, 적용 호소 등을 세심히 분석하고 이들의 장단점과 상이점을 학문적으로 예리하게 평가한 역작입니다. 이 책의 특이한 공헌은 저자가 연구 대상자들의 글과 육성 설교뿐만 아니라 그들과의 개인적 친분을 통해 삶에서 나오는 설교를 총체적으로 우리에게 소개해 준다는 것입니다. 또한 한국인의 성경 분석과 적용과 영성을 서양에 알리는 데에도 큰 공헌을 했습니다. 김대조 목사의 박사학위 논문이 우리 말로 출판됨을 기뻐하며 축하하며 일독을 권합니다.

최종상 | 런던신학교 연구교수, 『로마서: 이방인의 사도가 전한 복음』 저자

프롤로그

어렸을 때는 종종 "또 설교하네"라는 부정적인 소리를 듣고 자랐다. 대개 듣기 싫은 훈계조의 어투를 설교에 빗댄 것이다. 가끔 성경 본문과 무관한 이야기를 하시는 목사님의 설교를 들으면서 어린 마음에 '어, 이상하네? 왜 오늘 읽은 본문과 아무런 상관없는 말씀을 하시지?'라는 생각이 들 때가 많았다. 그럼에도 강단에서 선포되는 말씀에 '아멘'으로, 은혜로 받으려고 했다.

세월이 흘러 하나님의 부르심을 받고 신학생이 되어서도 어릴 때 경험했던 '설교'에 대한 생각이 떠나질 않았다. 그러다 사촌 형을 따라간 교회에서 '옥한흠'이라는 설교자를 만났다. 옥한흠 목사님의 설교를 매시간 눈물을 흘리며 듣는 성도들을 보면서 처음으로 '좋은 설교가 바로 이것이구나. 사람의 마음을 이리도 만져 주고 바꿀 수 있네'라고 생각하면서 말씀의 맛을 보기 시작했다. 그때부터 좋은 설교자가 되고 싶다는 소박한 꿈을 꾸기 시작했다. '나도 저런 설교자가 되고 싶다. 어떻게 옥한흠 목사님은 이렇게 좋은 설교를 만들어 낼 수 있을까?' 그 비결이 궁금했다.

신학생 시절, 옥한흠 목사님의 설교에 더욱 관심을 가지기 시작했다.

H교회 고등부 교사로 섬기던 어느 날, 고등부 담당 목사님이 갑자기 설교를 시키셨다. 설교가 무엇인지, 또 어떻게 준비해야 하는지도 모르는 햇병아리 신학생에게 설교를 준비한다는 것은 막막함 그 자체였다. 문득 제자 훈련 세미나에서 옥한흠 목사님이 소개해 주신 『능력 있는 설교』라는 책이 떠올랐고, 밑줄을 그어 가며 읽었다. 그것이 설교에 대해 처음으로 접한 책이었다. 옥한흠 목사님의 설교를 마음에 떠올리면서 흉내 내듯 설교를 준비했다. "나의 가슴속에 잊혀 가는 예수"라는 제목으로 고등부에서 생애 첫 설교를 했다. 설교를 마쳤을 때 한 선생님이 갑자기 특송을 하겠다며 일어섰다. 오늘 받은 말씀이 너무 은혜가 되었다면서 눈물을 훔치며 찬송을 불렀다. 이것이 필자의 첫 설교에 대한 기억이다.

그때부터 '좋은 설교가의 꿈'이 구체화되기 시작했다. 신학대학원에서 설교에 관한 논문을 쓰면서 설교의 형식도 중요하지만, 성경에서 길어 올려진 '내용'이 있어야 함을 느꼈다. 성경의 내용을 충실하게 전하면서도 지루하다는 느낌 없이 성도들의 영혼을 말씀으로 어루만져 회복시켜 주고 다시 일어설 힘을 주는 설교를 꿈꾸기 시작했다.

영국 유학 시절, 본격적으로 설교를 공부하면서 만난 또 한 사람은 '존 스토트'였다. 신학대학원 시절에 설교학의 교과서라 여겨지는 그분의 책을 읽었지만, 그분의 설교를 직접 접해 보지는 못했다. 그분에게는 '성경에서 끌어 올린 깊은 메시지'가 있었다. 그러나 한국인인 내가 듣기엔 살짝 지루한 면이 있었다. '설교는 지루하면 안 되는데…' 하는 염려에 이르자 옥한흠 목사님이 떠올랐다. '그분은 영혼을 끌어당기고 압도하는 힘으로 집중하게 만들고 성도들의 마음을 만지고 가슴에 와 닿는 설교를 하시던데…'

오랫동안 설교를 연구하면서 늘 마음에 떠나지 않았던 것은 '신학교를 졸업해도 설교를 준비하는 일은 여전히 막막하고 어렵다'라는 현실적인 문제였다. 말씀 묵상에서부터 설교를 준비하는 실제적인 과정, 강단에 섰을 때 어떻게 불을 토하듯 말씀을 힘 있게 전달할 것인지에 대한 절실함이었다. 자연스럽게 찾게 된 것이 '성경적인 설교 준비의 과정'이고 이를 배우고자 서양의 대표적인 설교자 존 스토트와 동양의 대표적인 설교자 옥한흠의 설교를 비교 연구하게 되었다. 설교의 거장인 두 분을 통해 구체적인 설교의 과정을 배울 수 있다는 확신 때문이었다.

설교에는 두 개의 큰 흐름이 있다. '성경 한 구절 한 구절 속에 들어 있는 진리를 드러내려는 목적을 가진 강해설교'와 '믿음에 대한 정보를 믿음에 대한 경험으로 바꾸어 전달하는 현대 설교학'이 그것이다. 그러나 두 흐름 사이에는 보이지 않는 갈등이 있다. 변화하는 시대 속에서 '본문을 설명하고 분석하는 이성적이고 정적인 강해 형식의 설교가 현대 성도들의 마음을 사로잡을 수 있는가, 그들의 삶을 변화시킬 수 있는가' 하는 문제다. 반대로 '청중 중심의 접근, 인간의 경험과 설교의 전개 방식을 통해 청중의 마음을 감동시키는 전달은 너무 인간 중심으로 치우치는 것 아닌가, 행여 말씀 자체를 등한시할 수 있지 않은가' 하는 우려의 목소리다.

진정한 성경적 설교는 둘 중 어느 하나도 소홀히 하지 않고 '성경을 충실하게 설명하는 것과 청중의 실제적 삶이 변화되도록 구체적인 영향을 미치는 것 사이의 균형'을 이루는 것이다. 이것이 '성경적인 강해설교'이다.

이 책은 양쪽의 우려를 넘어설 수 있는 '성경적인 강해설교'의 좋은 예시로 균형 잡힌 두 설교자, 존 스토트와 옥한흠의 실제 설교를 분석하고자 했다. 두 설교자 역시 장단점이 있었다. 존 스토트는 성경에 충실한 설교자지만 상대적으로 성도들의 삶을 터치하는 적용이 약했다. 옥한흠은 성도

들의 마음을 터치하는 적용 중심의 강력한 설교자지만 상대적으로 본문에
대한 견고함이 부족했다. 그럼에도 두 분은 '말씀과 청중에 대한 적용을 통
해 성도들의 삶의 변화'를 위해 부단히 애를 쓴 좋은 강해설교자였다. 완벽
한 설교는 없지만, 두 설교의 장점을 취한다면 이 시대에 꼭 필요하고 생명
을 살리는 '성경적 강해설교'의 모델이 될 수 있다고 확신한다.

특별히 로마서를 중심으로 살펴본 것은 로마서가 두 설교자 공통으로
신앙과 설교의 핵심이었기 때문이다. 존 스토트 목사는 로마서를 가장 많
이 설교했다. 그리스도인이 된 이후로 로마서 때문에 생긴 기쁘고 고통스
러운 개인적 도전으로 인해 '로마서와 함께 사랑과 미움이라는 관계를 즐
겨 왔다'라고 고백했을 정도다. 그는 로마서에 나타난 바울의 의견을 통해
'보편적인 인간의 죄, 죄로 인한 죽음, 십자가 상에서 죄로부터의 경험적
자유, 죄 권세의 깨어짐, 하나님의 자비하심' 등 현대의 많은 문제들에 대
한 해답을 찾아냈다. 옥한흠 목사 역시 로마서를 82번에 나누어 설교할 만
큼 그의 모든 것을 쏟아부었다. 옥한흠 개인에게도 로마서는 목회 과정에
서 생긴 심각한 육체적 질병과 영적 갈급함을 회복시켜 준 책이었다.

이 책은 설교자를 소개하는 책은 아니다. 강해설교에 대한 '지루함'이라
는 선입견을 깨고, 현대설교의 '가벼움'이라는 장단점을 보완하면서 우리
가 살고 있는 시대와 호흡하며 성도들의 삶을 변화시킬 수 있는 '성경적인
강해설교'를 보여주고자 했다. 무엇보다 이론이 아닌 실제로 '어떻게(How)'
하면 말씀에 충실하면서도 청중의 마음을 파고들어 변화된 예수의 사람으
로 살아가도록 할 것인지 그 '설교의 과정'을 자세하게 보여주고자 했다.

이 책은 필자의 런던신학대학 박사 논문을 토대로 쓴 것으로, 설교자로
서 자신의 고민을 해결해 나간 애정과 눈물, 땀의 자취라고도 볼 수 있다.

또 설교를 공부하는 신학생, 매 주일 설교를 준비하는 목회자들을 돕는 것을 목표로 하고 있다. 설교자 홀로 골방에서 하나님의 말씀과 씨름하며 캐낸 원석을 시대의 흐름 속에서 해석해 내고, 해석한 말씀으로 삶의 현장에서 씨름하는 성도들의 마음을 파고들어 하나님이 기뻐하시는 구체적인 삶의 변화를 가져오도록 준비시키는 과정을 보여주는 책이다.

나아가 현대는 점점 평신도 사역의 중요성이 커지고 있기에 설교를 준비하고 나누어야 할 평신도 사역자들에게도 구체적인 도움이 되는 설교 준비의 안내서가 되고자 했다.

무엇보다 설교의 목적이 '예수의 사람으로 살아가야 할 성도들의 삶의 변화'이듯 이 책이 들려지는 모든 설교자, 신학생, 평신도 지도자, 강단마다 예수의 복음이 흘러 생명이 살아나는 역사가 있기를, 다시 한 번 성령에 사로잡힌 말씀으로 한국 교회에 부흥이 일어나기를 간절히 기도한다.

이제 성경적인 강해설교를 만드는 여정을 떠난다. 간간이 책을 읽어가는 과정에서 넘어야 할 고비가 있을지라도 꾸준히 완독하면 설교의 새로운 지평이 열릴 것이라고 감히 말하고 싶다.

특별히 본서는 개정증보판이다. 초판에서 추가된 부분은 강해설교에 대한 학문적인 문제 제기를 비롯하여 이 글을 쓰게 된 동기와 두 설교자를 선택한 이유, 비교의 토대, 그 외에도 초판에 빠진 많은 정보와 학문적으로 탁월한 학자들의 견해들을 소개하는 각주들이 추가되었다. 또 영어로 집필되었던 박사 논문에 보다 충실하여 초판에서 미흡하게 느껴졌던 부분을 보완 설명하고 강해설교에 대한 필자의 의도를 보다 정확하게 전달하고자 했다. 대신 초판 서두의 존 스토트와 옥한흠의 설교가 나오기까지 배경이 되었던 두 분의 삶에 대한 이야기는 강해설교에 대한 초점을 분명히 하고

자 아쉽지만 들어냈다.

책이 나오기까지 늘 변함없이 곁을 지키며 헌신해 준 아내 미향, 하나님의 나라 꿈을 향해 달려가는 사랑하는 딸 은총, 아들 평강, 그리고 교회와 독자를 가슴에 담고 고민하며 출판을 위해 수고해 주신 아바서원의 최규식 대표님과 조현철 형제님, 동역자였던 조현영 전도사님, 또 무엇보다 필자의 박사 논문을 번역해 주신 전 영동일고 영어 교사이자 번역가인 강봉재 선생님, 사랑하고 존경하는 모든 주님기쁨의교회 성도님들께 마음을 담아 감사를 드린다.

2023년 봄에
김대조.

차례

서문

1. 문제 제기: 현대 설교 분석과 진단

교회가 쇠퇴하는 주된 원인 중 하나는 강단에서 성경에 충실한 설교가 실종되다시피 했다는 사실이다.[1] 내리막길을 걷는 현대 교회에서 하나의 대안이 될 수 있는 성경적 설교를 찾기 위해 학자들은 최근 몇십 년간 설교자들과 설교에 대해 연구하면서 여러 접근법을 시도해 왔다. 이 과정에서 논의의 초점은 설교에 대한 두 지배적 견해인 강해 접근법과 현대 설교학자들이 지지하는 새로운 설교학적 접근법에 맞춰졌다. 이 연구들 가운데 몇몇은 설교의 이론 및 특징과 더불어 설교자의 삶과 신학을 고찰하기도 한다. 설교를 분석해 온 많은 학자들은 한두 가지 특정 견해로 연구를 제한했다. 반면에 다양한 접근법을 아우르는 분석을 시도해 온 학자들은 별로 없었다.

1　K. Rahner, (ed.), The Renewal of Preaching: Theo ry and Practice Vol. 33 of Concilium (New York: Publist Press, 1968) I; J. R. W. Stott, *I Believe in Preaching* (London: Hodder & Stoughton, 1982) p.43.

성경 구절에 들어 있는 진리를 발견하기 위해 성경 연구에 특별한 방식으로 접근하는 강해설교는 서양에서 가장 뛰어난 형태의 '성경 중심의 설교'라는 찬사를 받아왔다. 강해설교는 하나님의 말씀에 나타난 진리를 드러내어 그것을 청중에게 적용하려는 탐구과정이다.[2] 오늘날 선두적인 설교학자 중 한 사람인 시드니 그레이다너스는 강해설교가 진짜 설교라고 주장한다.[3]

하지만 인간의 경험[4]과 '일종의 사건, 어떤 일이 일어남'[5]을 강조하

---

2   M. F. Unger, *Principles of Expository Preaching* (Grand Rapids, MI: Zondervan, 1955) pp.11-31, p.33. 강단에서 성경이 천덕꾸러기 신세로 전락했다고 한탄하는 엉거는 "강해설교는 무엇보다도 성경적 설교이며, 계시된 진리의 일관성 있고 잘 정리된 집합체로서의 성경을 풀이하는, 성경적으로 교훈적인 설교"라고 주장한다. *Principles*, pp.12-12, 34-37. 강해설교에 대한 메릴 엉거의 정의를 통해 우리는 강해설교가 무엇을 강조하는지 알 수 있다. 우리는 다음 장에서 강해설교가 무엇인지 자세히 설명할 것이다. Vinson, "The Homiletical Implication of Inerrancy: A Case for Expository Preaching" (Unpublished Ph.D diss: Mid-America Baptist Theological Seminary, 1999), pp.152-158과 비교하라.

3   S. Greidanus, *The Modern Preacher and the Ancient Text* (London: IVP, 1988) p.11; S. F. Olford & D. L. Olford, *Anointed Expository Preaching* (Nashville, Tennessee: Broadman & Holman Publishers, 1998) p.4. *Way to Biblical Preaching* (Nashville: Abingdon, 1957) p.22. 제임스 댄역시 "정통 설교는 모두 성경 강해다"라고 주장한다. J. Daane, *Preaching With Confidence: A Theological Essay On The Power of The Pulpit* (Grand Rapids: Eerdmans Publishing Co, 1980) p.49. Stott, *I Believe*, p.125; H. W. Robinson, *Expository Preaching: Principles and Practice* (London: IVP, 1986) p.20; W. Liefeld, *New Testament Exposition: From Text to Sermon* (Carlisle: Paternoster Press, 1995) pp.6-7과 비교하라.

4   Craddock, *Overhearing* (Nashville: Abingdon, 1978) p.100. 캠벨은 설교에서 비롯되는 체험적 사건 역시 현대 설교학의 중심에 놓여 있다고 주장한다. 그러한 사건은 많은 설교학 교수들이 공유하는 '의미심장한 공동의 장'이다. 그 형태가 다양함에도 불구하고 현대 설교학의 중심에는 '인간의 체험에 대한 강조'가 있다. Campbell, *Preaching Jesus: New Directions for Homiletics in Hans Frei's Postliberal Theology* (Grand Rapids: Eerdmans Publishing Co, 1997) p.120.

5   E. L. Lowry, *Doing Time in the Pulpit: The Relationship Between Narrative and Preaching* (Nashville: Abingdon, 1985) p.6. 유진 로우리에 의하면 설교자들은 "내가 방금 보고 들은 것을 청중이 보고 듣기"를 바란다라고 말한다. (같은 책, p.46). 또 라이스는 설교의 목적은 사람들이 함께 모여 하나님을 만나는 것이라고 주장한다. (Rice, *Interpretation and Imagination* [Philadelphia: Fortress Press, 1970] p.15). 무슨 일이 일어나야 하고 설교해야 할 다른 이유는 없으며, 하나님과의 만남이 있어야 한다는 것, 바로 이것이 설교의 주된 목적이라고 폴 세

려 애쓰는 현대 설교학자들은 강해설교에 다소 신랄한 비판을 가해 왔다. 그들이 제기하는 주된 질문은 오늘날 강해 접근법이 과연 말씀을 전하는 데 적절한 수단인가 하는 점이다.[6] 이 질문이 제기되는 주된 이유는 강해설교가 청중에게 메시지를 이해시키기 위해 명제적 패러다임과 연속적 접근법을 고집하기 때문이다. 강해설교는 정적이고 이성적이며 논증적일 위험이 있다. 그러므로 사상과 명제, 주제를 포함하는 패러다임은 설교 전체의 핵심이 되고, 설교자는 습관적으로 개요와 요점, 주제 문장을 통해 '설교 구성'에 대해 이야기하게 된다.[7] 프레드 크래덕에 의하

어는 지적한다. (Scherer, *The Word God Sent* [New York: Harper & Row, 1965] p.72). 대신 크래덕은 '민주주의' '대화' '말하는 사람에 의한 경청' 그리고 '듣는 사람의 기여'를 주장한다. (*As One without Authority* [Nashville: Abingdon, 1981] p.55). 브루스 새먼에 의하면, 특별한 설교는 청중이 용서에 관해 배울 뿐 아니라 또한 용서를 체험하도록 도울 수 있다. (Salmon, *Storytelling in Preaching: A Guide to the Theory and Practice* [Nashville: Broadman Press, 1988] p.96).

6   현대 설교학자들은 귀납적 혹은 이야기체 스타일의 설교라는 관점에서 강해설교에 대해 몇몇 신랄한 비판을 퍼붓기도 했다. R. Jensen, *Telling the Story: Variety and Imagination in Preaching* (Minneapolis: Augsburg Publishing House, 1980); F. B. Craddock, *Overhearing the Gospel, As One without Authority: Preaching* (Nashville: Abingdon, 1985) ; E. L. Lowry, *The Homiletical Plot: The Sermon as Narrative Art Form* (Atlanta: John Knox, 1980; *Doing Time in the Pulpit: The Relationship Between Narrative and Preaching; The Sermon: Dancing the Edge of Mystery* (Nashville: Abingdon, 1997); L. A. Rose, *Sharing the Word: Preaching in the Rountable Church* (Louisville: Westminster/John Knox Press, 1997); T. G. Long, *Preaching and the Literary Forms of the Bible* (Philadelphia: Fortress Press, 1989); *The Witness of Preaching* (Louisville, Ken: Westminster/John Knox, 1989); R. L. Lewis and G. Lewis, *Inductive Preaching: Helping People Listen* (Westchester, Ill: Crossway Books, 1983).

7   Lowry, *The Homiletical Plot*, p.10. 로우리는 설교가 하나하나 떠오르는 생각들을 단순히 나열하는 것으로 이루어지지는 않는다고 말함으로써 강해설교의 패러다임에 반박한다. 전형적인 연설은 가장 중요한 생각이나 주제를 중심으로 구성되며, 이 생각이나 주제는 여러 요점으로 세분화된다. 하지만 사람들은 내러티브에서처럼 생각의 흐름이 있는 곳에서만 주의를 기울이거나 그 생각으로부터 무언가를 배운다. 따라서 설교에는 '요점'이 아닌 '플롯'이 있어야 하며, 설교는 '철학적 논증의 보다 단선적인 논리'에 따라 진행되기보다는 서사 방식으로 진행되고 펼쳐져야 한다. (*Witness*, p.38). 버트릭은 "설교의 문제는 생각들을 써버리는 게 아니라 세우고 형성하며 또한 단련시키는 것"이므로, 설교는 요점들을 지녀야 하는 것이 아니라 영화 대사처럼 '이동'해야 한다고 설명하기도 한다. (*Homiletic: Moves and Structures*

면, 설교자는 "믿음에 관한 정보에서 믿음의 체험으로 이행하기 위해" 부단히 노력해야 하고[8] 효과적인 설교는 타자의 경험 안에서 그리고 개인적으로 일어나며, 또한 하나님 말씀에 대한 체험을 불러일으키고 만들어낸다.[9] 현대 설교학에서는 설교를 통한 변화라는 주된 목적을 이루기 위해 설교에 대화를 넣자는 제안을 하기도 한다. 이는 복음서의 가장 중요한 내용이 장황하고 화려한 설교가 아니라 대화이기 때문이다. 사도들은 저잣거리나 회당에서 설교할 때 언제나 활기찬 대화를 나누었다.[10] 이 입장 또한 변화가 "의식 안에서 세상의 틀을 다시 짜고 정체성을 바꿀" 수 있으며, "인간의 의식 안에 믿음의 세계를 세울 수 있다"고 믿는 데이비드 버트릭의 지지를 받는다.[11]

게다가 강해설교는 오늘날 설교의 적절한 수단이 아니라고 볼 수도 있다. 사회가 변화하면서 청중이 예전과 같지 않기 때문이다. 그런 상황에서 현대 교회들은 "오십 년 전의 설교학적 지혜가 더 이상 통하지 않을" 수 있는 가능성에 직면하고 있다.[12] 에스링거는 "낡은 형태들이 더 이상 들리지 않는 시대에서 설교학의 형태와 방법에 대한 새로운 표현들

　　　[Philadelphia: Fortress Press, 1987] p.23). 로우리는 "설교의 연속성은 개념적 범주들의 일관성이 아니라 경청의 논리를 따른다"고 주장한다(*Dancing*, p.59).
8　　Craddock, *Overhearing*, p.100
9　　Craddock, *Authority*, pp.61-62.
10　　J. D. Baumann, *An Introduction to Contemporary Preaching* (Grand Rapids, MI: Baker Book House, 1972) pp.260, 263-264. 틸리히는 "참여가 없는 곳에는 의사소통도 없다"라는 사실에 주목한다. "Communicating the Christian Message: A Question to Christian Ministers and Teachers," in R. C. Kimball (ed.), *Theology of Culture* (New York: Oxford University Press, 1959) p.204.
11　　Buttrick, *Homiletic*, p.20.
12　　D. Buttrick, "On Doing Homiletics Today," in R. L. Eslinger (ed.) *Intersections: Post-Critical Studies in Preaching* (Grand Rapids: Eerdmans Publishing Co, 1994) p.88.

을 개발하는 것이 시급한 개혁 의제"라고 주장한다.[13] 월터 브루그만 역시 "지금의 설교 상황은 예전과 다르다. 이는 교회를 절대시하던 옛 방식이 더 이상 신뢰받지 못하기 때문"이라고 주장한다.[14] 강해설교에 대한 또 다른 결정적 비판은 설교자의 역할에 집중된다. 설교자가 메시지를 전할 때 그는 핵심 인물이 되어 전하고 보내는 자로서의 권위를 지닌다. 반면에 청중은 그냥 앉아서 받기만 하는 사람들이 된다. 청중이 메시지 전달 과정에 종종 적극적으로 참여한다고는 하지만, 그들이 주로 하는 일은 설교 메시지에 고개를 끄덕이는 것이다.[15] 따라서 강해설교로는 청중의 마음을 사로잡기 쉽지 않다. 강해설교는 청중에게 성경 본문의 의미는 이해시키지만, 그들의 삶을 변화시키기에는 역부족이다.[16]

그러나 월터 라이펠트는 "설교자가 어떤 구절에서 하나의 주제에 집중하기를 바란다면 명제적이며 연속적인 접근법이 특히 도움이 된다"라고 주장하면서 이를 긍정적으로 평가한다. 이 접근법은 설교자가 한 구절에서 많은 주제를 동등하게 다루고자 할 때 방향과 힘을 잃지 않게 해 준다.[17] 대화식 설교 역시 설교자와 청중 사이의 구조적 간극은 고려하지만,[18] 슈슬러는 그들 사이의 관계를 과대평가한다고 주장한다. 대화식 설교의 지지자들은 말씀을 선포하는 설교자의 역할[19]과 하나님의 뜻

---

13 R. L. Eslinger, *A New Hearing: Living Options In Homiletic Method* (Nashville: Abingdon, 1987) p.14.

14 W. Brueggemann, "*Preaching as Reimagination*," Theology Today 52. 3 (October 1995) p.313.

15 Rose, *Sharing*, 15. B. E. Shields, "Preaching and Culture" in *Homiletics* 22.2 (1997) pp.1-9.

16 C. L. Bartow, *The Preaching Moment: A Guide to Sermon Delivery* (Nashville: Abingdon, 1980) pp.18-20.

17 Liefeld, *Exposition*, p.121

18 F. E. Schussler, "Response," in J. Burke (ed.), *A New Look at Preaching* Vol. 7, Good News Studies (Wilmington, Del: Michael Glazier, 1983) pp.48-49와 비교하라.

19 "신약성경에서 설교의 가장 중요한 동사 중 하나(*Evangelizesthai*)는 단지 말하기와 설교하기가 아니다. 그것은 완전한 권위와 권세가 행사되는 선포다(행 8:8, 고전 15:1-2, 행 16:17,

에 따라 말씀에 순종하고 응답하기 위해 설교를 통한 하나님의 인도하심을 필요로 하는 청중의 역할을 무시해 왔다.[20] 유진 로우리의 설교학 방식(서사와 플롯 방식)은 몇 가지 질문을 던지지만, 답변은 제시하지 않는다. 그의 방식이 청중의 흥미를 유발하는 데 도움이 되기는 한다. 하지만 이런 방식은 설교자들이 같은 스타일을 계속 사용하게 만들고 결과적으로 매 주일 강단에서 이 특별한 설교 형식을 되풀이해서 사용하게 한다. 어떻게 한 가지 형태가 규범을 정할 수 있는가? 그러므로 에스링거는 유진 로우리의 설교학은 '방법론적 모순'을 드러낸다고 말한다.[21] 성경에는 유형이 다른 문헌들이 매우 다양하게 나타나며, 각 문헌들은 나름의 내적 논리에 따라 마구잡이로 편성되어 있다. 설교 형식을 다양화할 여지는 아직도 있다.[22]

우리는 강해설교가 일방적 의사소통 방식이라는 주장에도 반론을 제기한다. 강해설교 역시 비록 간접적이기는 하지만 네 부류의 당사자들, 즉 청중과 설교자와 성령 및 본문 사이의 대화로 구성되기 때문이다.[23]

벧전 1:23-25)"라고 말한 프리드리히가 옳다는 데 루니아는 동의한다. K. Runia, "What is Preaching According to The New Testament?," *Tyndale Bulletin*, 29 (1976) p.10. 콕스 역시 비슷한 입장을 보였다. 콕스에게 있어 설교는 설교자의 마음과 머릿속에 있는 것을 청중에게 옮기는 것에 관한 것이었다. 이는 설교가 일방적 의사소통이라는 인상을 준다. Cox, *Preaching* (San Francisco: Harper & Row, 1985) p.51.

20 Stott, Contemporary, p.208. J. E. Adams, *Preaching with Purpose* (Grand Rapids, Michigan: Zondervan, 1982) p.18.

21 Eslinger, Hearing, p.87.

22 U. Y. Kim, "Faith Comes from Hearing: A Critical Evaluation of the Homiletical Paradigm Shift through The Homiletical Theories of Fred B. Craddock, Eugene L. Lowry, and David Buttrick, and Its Application to the Korean Church"(Unpublished Ph.D diss: Union Theological Seminary and Presbyterian School of Christian Education, 1999) pp.177-178.

23 Liefeld, *Exposition*, p.12; Stott, I Believe, p.60; 옥한흠은 자신의 설교에서 종종 직접 대화를 사용한다. 예컨대 "나만 구원받아 행복할까?"(로마서 9:1-5), 『아무도 흔들 수 없는 나의 구원』(서울: 두란노, 1993) pp.173-174. (이후로 옥한흠의 책과 논문, 설교 제목에 대해서는 *Healthy Christians Make A Healthy Church: The Story of How Discipleship Training Is Building One of*

명제에 입각한 '성경 교훈' 스타일의 설교도 새신자들에게 기독교 교리와 기독교에 대한 이해를 전할 수 있는 이점을 지닐 수 있다. 설교를 한 항목씩 구조화하면 설교자가 자신의 지식을 분명하면서도 논리적으로 선보이는 데 도움이 될 듯하다. 현대 설교학의 두드러진 약점 중 하나는 설교의 한 측면, 즉 인간의 경험(프레드 크래덕), 플롯과 움직임(유진 로우리), 설교가 인간의 의식 안으로 수용되는 방식(데이비드 버트릭)을 지나치게 강조한다는 점이다. 이 강조는 본문 자체(즉, 본문은 무엇을 말했나?)와 같은 다른 중요한 사실들을 무시할 수 있다.

하지만 우리는 위의 견해들에 이의를 제기한다. 이런저런 새로운 설교학 접근법들과 강해설교 둘 다 한 가지 결정적 요점, 즉 성경적인 설교가 본문을 설명하는 것과 청중의 실제 삶에 영향을 끼쳐 변화를 일으키는 것 사이에 균형을 이루는 일에 제대로 주목하지 않기 때문이다. 새로운 방식들(귀납적 설교와 이야기 설교, 대화 설교 및 설교학적 플롯들)이 기분을 잠시 짜릿하게는 했지만, 무언가 아직도 빠져 있다는 사실을 많은 설교자들이 간파하고 있다는 찰스 캠벨의 주장은 옳다.[24] 게다가 변화된 사람들에게 다가가려면 교회가 말하는 방식도 달라져야 한다. 그러므로 현대 강해설교자들은 기존의 설교 스타일을 재고(再考)하고 설교학적 패러다임을 적절히 바꿔 변화하는 상황에서 교회가 자신에게 부여된 복음 전도의 사명을 완수할 수 있게 해야 한다.[25]

이 약점들을 극복하는 길은 강해와 삶의 영향 사이에 균형을 이루어

Korea's Megachurches-SaRang ([my trans.]; Sam Ko and Jerry Vreeman; Seoul: DMI Press, 2001)을 제외하고는 필자의 사역을 붙일 것이다.

24 Campbell, *Preaching Jesus*, xi.
25 같은 책, p.3. "설교는 단연코 신학적 행위"라는 앨렌의 주장을 받아들이는 캠벨은 현대 설교학의 대안으로 자유주의 이후(post-liberal) 신학의 몇몇 설교학적 함의를 제시한다.

성경적인 강해설교에 이르는 것이라고 믿는다.[26] 그렇게 되면 본문을 분석하는 것과 청중에게 영향을 끼쳐 삶이 변화되게 하는 것이 똑같이 중시된다. 이 과정은 정확한 주석과 역사적 연구, 성령을 통한 하나님 말씀의 드러남 그리고 현대적 상황에 대한 적용이 결합 되는 것으로 이해할 수 있다. 그것은 또한 청중이 성령을 통해 그리스도 안에서 하나님을 만날 때마다 그들의 삶에서 무슨 일이 일어난다는 의미이다.[27]

따라서 본 연구에서는 교회에서의 성경적인 강해설교를 탐구하여 서양과 동양에서 내리막길을 걷는 현대 교회에 활력을 불어넣고자 한다. 이 목표를 이루기 위해 우리는 서양과 동양이라는 각자의 문화적 배경에서 강해설교의 약점들을 극복하려 하지만, 그럼에도 주안점을 두는 정도가 서로 다른 두 명의 현대 강해설교자의 설교를 검토할 것이다. 우리가 살펴보려는 두 설교자는 존 스토트와 옥한흠이다.

연구를 진행하면서 우리는 존 스토트와 옥한흠의 설교 목표가 무엇인지에 대해 주목할 필요가 있음을 입증할 것이다. 앞으로 보게 되겠지만, 두 설교자는 설교의 한 측면을 조금은 지나치게 강조한다. 그럼에도 우리는 본문과 성경 문맥에 매우 충실한 존 스토트와 청중에게 진심으로 깊은 관심을 쏟는 옥한흠을 통해 본문에 대한 정확한 설명과 그것이 삶을 변화시키는 영향 둘 다에 주목하는 성경적인 강해설교의 중요한 비법을 터득하게 된다. 이 측면을 탐구하는 일이 본 연구에서 중심이 될 것이다. 하지만 여기서는 두 설교자와 로마서의 특정한 세 구절을 선택하게 된 합당한 이유를 밝히는 데 잠시 시간을 할애하고자 한다.

---

26 "참된 강해설교"의 의미에 대해서는 1.1.1절에서 상세히 다룰 것이다.
27 Miller, *Biblical Preaching*, p.26.

2. 왜 존 스토트와 옥한흠인가?

성경적인 강해설교가 무엇인지 알려면 반드시 존 스토트와 옥한흠에 주목해야 한다. 의심할 여지없이 존 스토트와 옥한흠은 서양(영국)과 동양(한국)에서 각각 현대 강해설교자들을 대표하기 때문이다. 존 스토트는 1960년대 이후 런던에서 강해설교를 지지해 왔고, 옥한흠은 지난 30년 동안 한국에서 강해설교자로 이름을 떨쳐왔다.[28] 존 스토트가 어떤 설교자인지는 그의 신학, 설교에 대한 확신 그리고 특히 그가 펴낸 『현대 교회와 설교(I believe in preaching)』라는 책이 증명한다. 이 책은 설교학 참고 도서로 많은 주목을 받았다.[29] 예컨대, 현대 학자들(월터 라이펠트, 시드니 그레이다너스, 맥아더 2세, 올포드, 브라이언 채플)은 존 스토트의 『현대 교회와 설교』를 인용하면서 강해설교에 대한 그의 견해를 폭넓게 다룬다. 의심할 여지없이 존 스토트가 펴낸 40권 이상의 책들은 그의 설교에 대한 결론을 분석하고 지지하기에 충분하다.[30] 게다가 존 스토트는 오랫동안 세계를 무대로 설교하면서 서양과 동양의 많은 사람들에게 영향을 끼쳐왔다. 그 사이에 옥한흠은 제자훈련 세미나를 통해 한국에서 칠천 명 이상의 설교자들에

---

28 존 스토트는 *The Preacher's Portrait: Some New Testament Word Studies* (London: The Tyndale Press, 1961)라는 독특한 설교학 책을 펴냈다. 나아가 폴락은 존 스토트가 케직에서 개최한 연속 사경회에 대해 "이는 최고의 강해설교였다"고 극찬했다. *The Keswick Story* (London: Hodder & Stoughton, 1964) p.175. Timothy Dudley-Smith, *John Stott: A Global Ministry* (Leicester: IVP, 2001) pp.32-36과 비교하라. 옥한흠의 경우도 마찬가지다. 한국의 다른 설교자들이 여러 도시에서 설교를 해왔지만, 그들의 설교는 옥한흠이 하는 것처럼 강해를 중시하지 않았다. 그들의 설교는 화제 및 주제 설교에 가까웠다.
29 필자가 대학에 다닐 때 이 책은 설교학 강의에서 가장 중요한 교재 중 하나였다. 필자가 읽은 이 책은 1985년 정성구 교수가 한국어로 옮긴 것이다. 한국의 신학대학에서도 설교학 강의 시간에 그의 책을 중요한 참고서로 사용한다. 이미 한국어로 번역 출간된 그의 책은 스무 권이 넘고, 지금도 그의 책들이 한국어로 번역되고 있다.
30 Dudley-Smith, *John Stott: A Global Ministry*, pp.514-517과 비교하라.

게, 미국에서 칠백 명 남짓의 목사들에게, 그리고 일본과 중국에서 수백 명의 목사들에게 강해설교를 가르쳐왔다. 옥한흠의 세미나에 참석하려면 통상 일 년 정도는 기다려야 했다. 더욱이 그의 설교는 인터넷과 설교 테이프를 통해 동양의 많은 설교자들에게 영향을 끼치고 있다. 옥한흠의 대다수 설교는 한국어로 출간되어 있다. 옥한흠은 자신의 확신을 통해 한국의 많은 설교자들이 말씀을 전하는 방식에 영향을 끼쳐왔다. 지난 십 년간 옥한흠의 실제 설교에 기반을 둔 대다수 책들은 적어도 20쇄 이상을 찍었다. 옥한흠이 쓴 『건강한 그리스도인이 건강한 교회를 만든다』는 영어로 번역 출간되기도 했다.[31]

　존 스토트와 옥한흠은 강해설교에 개별적으로 기여했는데, 이는 진작부터 다른 이들의 주목을 받아왔다. 그루버는 자신의 박사학위 논문에서 "존 스토트에 대한 연구가 책으로 많이 나와야 할 것"이라고 말하면서 그의 설교에 대한 연구가 필요하다고 단언한다.[32] 두에인은 존 스토트에 대한 연구가 활발히 이루어지면서 "존 스토트의 엄청난 공헌과 특히 그의 설교에 대한 제한된 기여 사이의 간극이 좁혀지기 시작한다"라고 말한다.[33] 옥한흠을 존 스토트와 동일시하는 권성수는 옥한흠의 설교 두 편을 평가하면서 이런 결론을 내린다. "그의 설교들이 한국 안팎에서 한국의 기독교 공동체들이 성장하는 데 결정적 기여를 해왔고, 중대한 영향을 끼쳐왔다." 실제로 옥한흠의 주일 설교 테이프는 매주 일만 개 정도

---

31   Oak, *Healthy Christians Make A Healthy Church*.

32   W. A. Groover, "The Theology and Methodology of John R. W. Stott as a Model for Pastoral Evangelism" (Unpublished Ph.D diss: The Southern Baptist Theological Seminary, 1988) pp.207-208.

33   B. M. Duane, "An Analysis of John Stott's Preaching as 'Bridge-building' as Compared to the Preaching of David Martyn Lloyd-Jones"(Unpublished Ph.D diss: The Southern Baptist Theological Seminary, 1995) pp.18-19.

팔렸다.[34] 강해설교에 대한 존 스토트의 강조는 현재 높은 인기를 얻고 있는 서사 및 귀납적 설교학 강좌와 대비를 이룬다. 설교에 있어 존 스토트의 '다리 놓기' 이론[35]은 "기존의 설교 형식을 새롭게 강조하는 것으로 보여 연구할 만한 가치"가 있다.[36] 그루버와 두에인의 평가는 정확하지만, 그들은 존 스토트의 실제 설교가 본문을 중심으로 하는 경향이 있음을 간과한다. '본문 중심의 설교'란 설교자가 본문 자체의 근원적이며 가장 중요한 핵심을 밝히는 일에 주된 관심과 우선순위를 두는 것을 말한다. 강해에 대한 존 스토트의 입장은 다음과 같다. "강해(exposition)는 강요(imposition)와 정반대다. 강해설교자가 본문에 임하는 자세는 본문에 의미를 강요하겠다고 작정하는 식이 아니라 본문으로부터 메시지를 받아 그것을 청중에게 전하겠다는 열린 마음이다."[37] 이 경향은 옥한흠의 설교에서도 엿볼 수 있다. 그의 설교에 대한 객관적 평가는 신약학과 역사신학을 전공한 두 명의 학자가 한국에서 펴낸 책과 중요한 논문, 석사학위 논문을 통해 이루어졌다.[38] 그러나 권성수와 박용규 둘 다 옥한흠의 설교

---

34 S. S. Kwon, "An Awakening Preacher: A Hermeneutical Study of Rev. Oak Han-Hum's Sermons" (Seoul: Chong-shin Theological Journal, February, 1997). 권성수는 한국 총신대학교의 신약학 교수이다.

35 이는 설교가 성경 말씀과 현대 청중을 연결하는 다리라고 보는 관점이다.

36 Duane, "John Stott," pp.19-20.

37 Stott, "The Ministry of the Word: Some Thoughts on Expository Preaching" in *The Christian Graduate* Vol. Vii. 3 (Sep. 1954) p.106. "성경적 설교는 성경 안에서 영감을 받은(신적 기원과 권위를 지니는) 본문과 어느 정도 닫혀 있는(이해하기 어려운) 본문 모두를 하나님이 우리에게 주셨다는 두 가지 근본적인 확신으로 구성된다"라고 말함으로써 존 스토트는 이를 명확히 간추린다. *The Contemporary Christian: An Urgent Plea for Double Listening* (Leicester: IVP, 1992) p.212.

38 Kwon, "An Awakening Preacher"; Y. G. Park, *Called to Awaken the Korea Church: An Evangelical Model: Sarang Community Church* (Seoul: Sang Mung Mal Sum Sa Press, 1998), 특히 5장 "The Church, Oak's Living Preaching". 박용규는 한국 총신대학교의 역사신학 교수이다. S. Y. Lee, "A Study of Oak Han Hum's Preaching," [my trans.] (Unpublished M.Div. diss: Chongshin Theological Seminary, 1995). 이전에 옥한흠의 로마서 설교집을 발행한 도서출판 두란노는

가 '변화 중심'[39]으로 기우는 경향이 있음을 간과했다. 설교는 청중이 귀담아 들어야 하고, 그들 존재의 가장 깊은 곳을 어루만져 삶을 변화시켜야 한다는 것이 설교에 대한 옥한흠의 입장이다.[40] 우리는 강해설교를 연구하면서 이에 대한 증거를 제시할 것이다.

게다가 존 스토트와 옥한흠은 현대 사회의 강해설교와 현대 설교학에 나타나는 단점을 극복하려고 했다. 결국 존 스토트의 본문 중심 설교와 옥한흠의 변화 중심 설교에 대한 비교를 통해 오늘날 성경적인 강해설교의 본질을 규명할 수 있는 충분한 근거가 확보될 것이다. 존 스토트의 전형적인 서양 강해설교의 구체적인 특징들을 강조하려면 옥한흠의 동양적인 강해설교 스타일과 비교하는 게 도움이 된다. 이 비교를 통해 서양적인 설교와 동양적인 설교의 약점들이 명백히 드러날 것이다.

또 다른 중요한 요소는 이 두 설교자를 선택함으로써 서양과 동양의 강해설교 스타일과 그들의 상이한 문화적 배경을 효과적으로 비교할 수 있는 수단이 확보된다는 점이다. 존 스토트와 옥한흠 둘 다 자신의 교회에서 이십 년 넘게 말씀을 전해왔다. 이 기간에 그들이 했던 설교를 살펴보면 두 설교자의 설교 방식과 실제가 잘 드러난다. 이를 통해 그들의 배경과 청중이 어떻게 다른지 알 수 있다. 이는 동양적인 설교와 서양적인

출판사 서평에서 『로마서 강해설교』에 대해 독자들에게 다음과 같이 호소한다. "여러분은 옥한흠의 로마서 설교에서 예수 그리스도의 십자가를 더 가까이 만날 수 있다. 그의 설교는 하나님의 사랑을 깊이 체험해야 하는 이 패역한 세대를 향한 선포다.

39 '변화 중심의 설교(transformation-centered preaching)'라는 개념은 로즈(*Sharing the Word*, pp.59-85)에게서 빌려온 것인데, 그는 '변혁적(transformational)'이라는 단어가 설교에 대한 요즘 사람들의 이해를 가장 잘 묘사하는 표지 중 하나라고 생각한다. 또 그는 "설교는 예배자들을 변화시키는 체험이 되어야 한다고 흔히들 생각하는 믿음을 전달하는" 단어가 바로 '변혁적'이라는 단어라고 말한다(p.59).

40 "The Incarnation Principle of Preaching" in J. G. Park (ed.), *Preaching Development for Touching Souls* (Seoul: Suro Sarang Press, 1997) pp.265-267.

설교 사이의 상호 이해에 크게 기여할 것이다.[41] 나아가 문화가 다른 두 대표적 설교자들의 노력을 이처럼 비교하고 평가함으로써 우리는 현대 설교자들에게 성경적인 강해설교를 시도하도록 격려하고자 한다. 존 스토트와 옥한흠의 설교는 각자의 교회에서 객관적 증거 자료로 삼기 위해 책으로 출간되고 녹음되기도 했다.

그러므로 스타일이 다른 두 강해설교자의 설교를 평가한다면 성경적인 강해설교를 구성하는 요소가 무엇인지 밝혀질 것이다. 우리는 여기서 성경적인 강해설교(본문과 삶을 변화시키는 영향 사이에 균형을 이루는 설교)가 변화의 시대를 살아가는 동서양의 설교자들과 청중에게 하나의 대안으로 간주될 수 있고, 그 자체로 성경적인 강해설교가 점차 사라지고 있는 오늘날의 동서양 교회에서 설교가 회복되는 표시로 볼 수 있다고 주장한다.

3. 로마서와 로마서의 특정한 세 구절을 선택한 이유

바울이 로마인들에게 보낸 편지에 대한 존 스토트와 옥한흠의 설교는 그들의 설교를 대표하는 모델로 볼 수 있다. 그리고 특정한 세 구절(1:1-17; 7:1-8:4; 12:1-8)은 그들의 강해설교 체계 전체를 밝히 보여 준다.[42] 우리

---

41 동서양의 설교 비교에 대한 학문적 고찰이 미미한 상황에서 이를 바로잡으려는 시도야말로 본 논문의 기여 중 하나라고 할 수 있다. 그러므로 동서양의 설교를 비교함으로써 새로운 연구 분야가 창출된다는 것은 의심의 여지가 없다.

42 기독론과 종말론과 같은 로마서의 다른 역사적·신학적 주제들은 보다 진지한 연구를 요하기는 하지만, 로마서와 관련하여 문화적 배경이 다른 현대 설교자들의 업적을 검토하는 일은 동양 사회와 서양 사회에서 이 편지에 대한 해석과 적용을 적절히 이해하는 데 필수적이라는 사실을 잊어서는 안 된다. 그러한 연구는 비서양적 견해가 로마서 자체에 대한 주석과 해석, 적용에 영향을 미치게 함으로써 이 편지에 대한 서양적 주석과 해석, 적용 또한 풍성하게 할 것이다.

는 먼저 1965년과 1998년 사이에 존 스토트가 했던 설교 전체를 분석하여 그가 성경의 각 책에 대해 얼마나 많은 설교를 했는지 조사했다. 올소 울스교회의 테이프 도서관에 따르면, 존 스토트는 로마서에 대한 설교를 26번 했는데, 이는 성경의 다른 책을 주제로 한 설교보다 더 많은 횟수다.[43] 우리는 또한 로마서와 존 스토트의 개인적 관계를 알아야 한다. 자신의 책 『로마서의 메시지』 서문에서 이렇게 고백한다.

오십육 년 전 그리스도인이 된 이후로 줄곧, 나는 로마서와 '애증(love-hate)' 관계에 놓인 것을 즐겨왔습니다. 기쁘나 슬프나 이 책이 내게 개인적으로 도전을 주었기 때문입니다. 그런 관계는 나의 회심 직후 로마서 6장과 로마서 6장이 약속하는 것처럼 보이는 그 '죄에 대한 죽음'을 체험하고 싶다는 열망과 함께 시작되었습니다.[44]

존 스토트는 로마서 6장의 "십자가에 근거하여 죄로부터 벗어나는 경험"이라는 전통적 관점에 이의를 제기했다. 그리고 1965년 케직 사경회(Keswick Convention)에서 로마서 5-8장에 대한 '성경 강해'를 하면서 "그리스도인이 원래 죄에 둔감한 것은 시체가 외부 자극에 무감각한 것과 같다"라는 환상에서 마침내 벗어났다.[45] 그는 이렇게 주장한다. "그리스도와 함께 십자가에 못 박힌" 것은 "죄의 권세가 역사적으로 파괴되었다"는 경험적 실재가 아니다. "그리스도와 연합함으로써 우리가 그 벌을

---

43   그는 갈라디아서 설교를 19번, 마태복음 설교를 16번, 에베소서 설교를 14번 그리고 창세기 설교를 9번 했다. 그 사이 성경의 다른 책들에 대해서는 10번 미만의 설교를 했다.

44   Stott, *The Message of Romans* (Leicester: IVP, 1994) p.10.

45   같은 책.

받게 되었다"는 것이다.[46] 나아가 그는 일종의 피상적 복음 전도로부터 자신을 구해 준 로마서 1장 18절-3장 20절에서 "인간의 죄와 허물이 보편적임"을 간파했다. 또 로마서 12장에서 하나님이 베푸신 자비에 대한 응답으로 인간이 온 맘을 다하는 헌신을 그분이 요구하신다는 것을, 로마서 13장에서 공의를 시행하기 위해 무력을 사용할 수도 있음을 깨달았다. 그러고 나서 존 스토트는 로마서 8장을 연구하면서 인간의 궁극적 승리를 보았다. 그는 또한 바울의 진술에서 현대가 직면한 많은 쟁점들에 대한 해답을 찾았다. 위의 증거들을 토대로 내릴 수 있는 결론은 이러하다. 존 스토트가 로마인들에게 보낸 편지에서 자기 믿음의 토대를 발견했으며, 로마서를 통해 일반적이며 개인적인 문제 둘 다 해결할 수 있었다는 것이다. 존 스토트가 로마서에서 개인적으로 받은 충격은 그의 설교 사역에 영향을 끼쳤다.[47]

사랑의교회 도서관에 소장된 테이프에 따르면, 옥한흠은 1980년과 1996년 사이에 로마서에 대한 설교를 82번이나 했다. 이는 성경의 다른 책들을 주제로 한 설교보다 더 많은 횟수다.[48] 게다가 옥한흠과 로마서의 개인적 만남은 그의 설교 사역에서도 남다른 중요성을 지닌다. 로마서는 옥한흠이 심각한 육체적·영적 위기에서 벗어나는 데 중대한 역할을 했다. "저는 중병으로 2년 동안 고생했습니다. 투병 생활을 하면서 하루속히 구원의 순전한 기쁨을 되찾고 싶었습니다. 제가 주일마다 로마서 설

---

46   C. Price & I. Randall, *The Transforming Keswick* (Carlisle: Patermoster Publishing, 2000) pp.234-240.
47   Stott, *Romans*, p.10.
48   Sarang Community Church, *The Fountain of Life* (Tape Index 1980-2000. p.12, Sarang Community Church, 2000).

교를 하게 된 것은 영적 갈증 때문이 아니었나 싶습니다."⁴⁹ 황진기는 옥한흠과 로마서의 관계를 다음과 같이 기술한다. "어떤 의미에서 로마서는 옥한흠에게 삶의 버팀목이다. 로마서를 통해 중병에서 회복되었으니까 말이다."⁵⁰

물론 설교 횟수가 설교자의 관심사를 나타낸다고 단정할 수는 없다. 그럼에도 특히 로마서에 대한 존 스토트와 옥한흠의 지대한 관심이 그들 개개인과 로마서의 관계가 남다르다는 것을 나타내기 때문에 설교 횟수는 무시할 수 없다. 로마서에 세심한 주의를 기울이는 존 스토트와 옥한흠의 방법론은 그들의 설교를 특징짓는 그런 양상들과 더불어 이 서신에 대한 강해설교에서 명백히 드러난다. 게다가 (구약에서 신약에 이르기까지) 그들의 설교를 모두 분석해보면 로마서 설교가 교리와 실천에 대해 명쾌하게 설명하고 있음이 드러난다. 이 다양한 양상들은 존 스토트와 옥한흠의 로마서 설교가 그들 설교의 전 영역을 대표하는 것으로 간주할 수 있게 한다. 그러므로 로마서 설교는 그들의 강해설교가 드러내는 전반적 특징을 파악하는 데 유용하다.

둘째, 로마서의 세 구절을 택해서 특별히 언급하는 것은 이 구절들이 로마서의 구조에서 목적과 교리, 실천이라는 장들을 각각 대표하기 때문이다. 구조 단위가 다른 이 세 구절을 살펴보면 로마서 전체에 대한 설교들을 객관적으로 평가하기에 충분하다. 존 스토트와 옥한흠은 다른 시기에 다른 제목으로 이 세 구절에 대해 여러 차례 설교해 왔다. 이 반복은 다른 상황에서 다른 목적을 가지고 한 그들의 설교를 비교하는 데 실제

49　옥한흠, "예수 그리스도의 종, 바울"(로마서 1:1-7), 『내가 얻은 황홀한 구원』(서울: 두란노, 1992) p.7. 이 문제는 3장에서 다룰 것이다.

50　황진기, 「빛과 소금」 제163권(1998년 10월) pp.58-61. 황진기는 사랑의교회 미디어부에서 옥한흠을 돕는 목사로 시무했다.

로 유익한 사례를 제공한다. 또 다른 중요한 요소는 이 세 구절을 택함으로써 존 스토트와 옥한흠을 제대로 비교할 수 있는 수단이 확보된다는 점이다. 그들이 같은 본문들에 대해 하는 설교를 살펴보면 차이가 분명히 드러난다. 이 본문들에 대한 존 스토트와 옥한흠의 설교는 교회에 의해 녹음되고 활자화되었으므로 객관적이고 입증 가능한 증거로 사용할 수 있다.

4. 적절한 비교를 지향하며

이 쟁점들은 주로 분석과 평가, 비교를 통해 다룰 것이다. 이는 존 스토트와 옥한흠이 실제로 무엇을 설교하는지, 로마서의 같은 본문에 대해 두 사람이 어떻게 설교하는지 확인하게 할 것이다. 먼저 존 스토트와 옥한흠의 설교를 분석하고 평가하기 위한 틀을 만들 것이다. 그리고 성경적인 강해설교가 무엇인지를 알아보기 위해 주석과 해석, 적용 및 소통에 대한 비판적 평가를 두루 함으로써 강해설교에 대해 살펴볼 것이다. 강단에서 하는 성경적인 강해설교는 본문에 세심한 주의를 기울이고, 청중에게도 영향을 끼쳐 그들의 삶을 변화시키는 데 기여해야 함을 분명히 보여줄 것이다. 이 문제는 1장에서 살펴볼 생각이다.

설교 원고는 그 자체로 설교자의 관점과 설교자가 전하는 말씀의 특징을 구체적으로 드러낸다. 따라서 2장에서는 설교에 대한 존 스토트의 관점을 이해하고 분석하는 데 핵심 열쇠가 되는 그의 설교 본문과 구절 선택에 대해 알아볼 것이다. 존 스토트의 특징과 원칙, 그가 본문에서 설교로 이행하는 과정을 파악하기 위해 2장에서는 특별히 로마서에서 선택한 구절들에 기초하여 존 스토트의 설교에 대한 비판적 평가를 주로 다룰 것이다. 존 스토트의 설교 원칙과 방법론, 그가 이것들을 실천에 옮기는 수단도 집중적으로 살펴볼 생각이다. 그리고 본문 중심의 설교에 치중하는 존 스토트의 경향과 관련해 알게 된 사실들을 자세히 설명할 것이다. 3장에서는 옥한흠의 설교를 분석한다. 옥한흠의 설교 원고를 비판적으로 분석하는 데에는 존 스토트에 대해 사용한 것과 같은 구조를 따르지만, 옥한흠의 설교학적 접근법의 다른 내용을 살펴볼 것이다. 변화 중심의 설교에 치중하는 옥한흠의 경향에 대해서도 알아볼 것이다.

이전 장들에서 했던 평가로부터 얻은 결과들에 근거하여 4장에서는 특별히 존 스토트와 옥한흠의 유사점과 차이점^(말하자면, 그들의 로마서 설교의 신학과 이론, 전달)에 초점을 맞추면서 설교를 비교할 것이다. 이 외에도 존 스토트가 본문 설명에 초점을 맞추고 옥한흠이 변화에 초점을 맞추는 것에 주목하면서 그들이 설교를 통해 강조하는 바가 어떤 점에서 다른지 알아볼 것이다. 4장에서는 또한 문화적 배경이 다른 두 설교자 존 스토트와 옥한흠이 오늘날 이상적인 강해설교자임을 입증할 것이다. 각자의 문화적 배경에서 두 설교자가 저마다 사회에 어떤 기여를 했는지 꼼꼼히 살펴볼 것이다. 그럼에도 존 스토트와 옥한흠이 그들 각자의 문화적이며 개인적인 기질에서 비롯되는 약점들을 극복하려면 설교학적 균형을 시도하고 유지해야 한다고 확정할 것이다. 성경적인 강해설교는 본문 자체에 주의를 기울일^(본문 설명) 뿐 아니라 청중의 이성과 감정에도 영향을 끼쳐야^(변화) 하기 때문이다.

1장

강해설교란 무엇인가?

설교학에서 강해설교에 대한 평가는 지난 수십 년간 토론이 활발하게 이루어진 쟁점이었다. 그 쟁점의 핵심 질문은 "강해 접근법이 오늘날 설교의 적절한 수단인가" 하는 점이다.

이 근본적인 질문에 답하고자 이 장에서는 다음과 같이 몇몇 기본 쟁점들을 살펴보고 강해설교의 본질을 비평적으로 평가하고자 한다.

1) 강해설교에 대한 정의는 어떻게 내리는가?

2) 강해설교의 목적은 무엇인가?

3) 강해설교의 목적에 부합하는 설교는 어떻게 만들어내는가?

4) 강해설교에서 의사소통의 기능은 무엇인가?

5) 이런 분석의 범위 안에서 제기되는 강해설교에 대한 주된 비판은 무엇인가?

우리는 몇몇 주목할 만한 현대 학자들이 이 질문들에 어떻게 접근하는지 살펴본 후 강해설교 전반에 대해 평가할 것이다. 따라서 이 장에서는 본 연구의 핵심에 대한 전체의 구성, 즉 두 저명한 강해설교자의 설교 비교를 통해 성경적인 강해설교의 본질을 찾는 데 초점을 맞추고자 한다.

1. 강해설교의 정의

강해설교에 대한 정의는 강해설교에 대한 접근법만큼이나 다양하다.[51] 하지만 최근 논의에서는 강해설교의 세 가지 구체적인 측면을 구별해 왔다.

강해설교의 첫째 측면은 성경 구절을 설명하고 그 진리를 적용하는 것이다. 강해설교는 기껏해야 설교의 기초가 되는 특정 성경 구절을 해설하는 것에 불과하다.[52] 강해설교란 "삶의 온갖 체험을 이용하고 강해를 조명하는 법을 터득하여 하나님의 말씀이 들어있는 본문을 설명하는 기술"이다.[53] 하지만 이 정의는 협소하다. 강해설교는 성경에 대한 명료한 해설을 통해 진리에 대한 지적 이해와 더불어 가르침의 실질적 내용들

---

51   브라이슨은 설교자들의 다양한 학파를 분석하여 강해설교에 대한 정의를 '어원학적·형태론적·실질적 정의'와 같이 사실상 세 가지 유형으로 나눈다. *Expository Preaching: The Art of Preaching through a Book of the Bible* (Nashville, TN: Broadman & Holman, 1995) pp.15-40과 비교하라.

52   N. G. Carlson, "The Best Way to Preach," *Christianity Today* 9, 4 June 1965, p.10.

53   Barnhouse, "On Expository Preaching," in C. S. Roddy [ed.], *We Prepare and Preach* (Chicago: Moody Press, 1959) p.29. 바르트에 따르면, "강해설교의 목적은 성경 해설이다 … 설교자에게 요구되는 가장 중요한 자질은 본문에 충실하고 자신의 설교를 본문 해설로 제한하는 일이다. *The Preaching of the Gospel* (Translated by B. E. Hooke; Philadelphia: Westminster Press, 1963) pp.42-43. 우리가 강해설교를 다양한 형태 가운데서 하나의 형태로 따로 떼어낼 때 우리는 설명이라는 요소를 강조하는 셈이다. W. C. Brounson, Jr., "Planning a Year's Preaching through Exposition and Catechetical Preaching," *Reformed Review* 16 (December 1962) pp.3-13. 브로더스는 "강해설교는 설교의 대부분, 아니 상당 부분을 성경에 대한 강해가 차지하는 형태라고 정의내릴 수 있다"는 견해를 밝히면서 이를 주장한다. J. Broadus, *On the Preparation and Delivery of Sermons* (London: Hodder & Stoughton, 1960) p.144.

을 망라할뿐더러, 감정과 의지에 대한 호소도 포괄하기 때문이다.[54] 찰스 배렛은 강력하고 직접적이며 개인적으로 하나님의 말씀을 청중에게 드러내지 않는다는 의미에서, '설교하는 일'과 무관하게 성경의 특정 부분을 정확히 설명하는 일이 가능함을 지적했다.[55] 청중에게 성경의 의미만을 설명했다면 이는 완전한 강해가 아니다. 성경의 가르침은 또한 특정 청중에게 적용되어야 한다.[56]

이 두 가지 점에서 설교와 주석의 동일시는 전적으로 정당화될 수 없다. 그것이 사실이라면, 설교는 성경 문서에 대한 단순한 해석으로 축소되어 청중에게 말씀을 적용하는 일이 하찮게 여겨지기 때문이다.[57] 그러니까 강해설교는 설명인 동시에 적용인 셈이다.[58]

강해설교의 둘째 측면은 본문의 길이가 한정되고 일정해야 함을 강조한다는 점이다.[59] 칼 바르트는 설교가 일련의 구절들을 설교에 맞게 아무렇게나 고른 것으로 구성되지 않는다고 말했다. 설교는 하나의 통합체이다. 이런 까닭에 설교자는, 설령 어떤 구절들이 더 가치 있고 본문 안에서 그 구절들에 동일한 중요성을 부여할 수 없다 하더라도 종종 문제의 구절을 절 단위로 하나하나 탐색해야 한다.[60] 하지만 절 단위의 분석

---

54   Unger, *Expository Preaching*, p.34.
55   C. K. Barrett, *Biblical Problems and Biblical Preaching* (Philadelphia: Fortress Press, 1964), p.30.
56   T. H. L. Parker, *The Oracles of God* (London: Lutterworth Press, 1947), p.138.
57   Stott, I Believe, p.135.
58   Rice, *Interpretation*, p.91. P. T. Forsyth, *Positive Preaching and the Modern Mind* (Grand Rapids: Eerdmans, 1964) p.113.
59   종종 인용되는 다음 정의의 출처는 앤드루 블랙우드다. "강해설교란 어떤 설교를 하던 그 빛이 연속되는 두세 절보다 더 긴 성경 구절에서 주로 온다는 것을 의미한다." (*Expository Preaching For Today*) [New York: Abingdon Cokesbury Press, 1953] p.13). 포사이드는 예전에 자신의 리만 비처(Lyman Beecher) 강좌에서 이런 권유를 한 적이 있다. "강해설교를 더 많이 하라. 긴 구절을 본문으로 택하라." (*Positive*, p.112).
60   Barth, *Preaching*, p.81.

이 강해설교의 유일한 형태라고 생각한다면 번지수를 잘못 찾는 것이다. 절 단위의 분석을 비판하는 주된 이유는 강해설교에 대해 분명하고 확실하게 정의 내리는 유일한 길이 선택된 본문의 길고 짧음과 무관하게 구절을 다루는 방식을 강조하기 때문이다.[61] 성경의 어느 구절이든 그 가치는 길이에 의해서가 아니라 그 중요성에 따라 평가된다. 길이가 짧든 길든 선택된 본문에 대한 유일한 요건은 그 본문이 완전한 발췌여야 한다는 점이다. 강해설교의 목적은 성경의 진리를 설교의 주변이 아닌 설교의 중심에 놓는 것이 되어야 한다.[62] 강해설교자는 어떤 식으로든 구절의 의미를 가감하거나 구절을 함부로 변경하지 않으면서 구절의 진리가 명확하고 정확하게 그리고 적절한 방식으로 전달되도록 구절을 해명해야 한다.[63]

그러므로 본문의 길이는 사고의 통합(unity of thought)이라는 요건에 따라 정해진다. 절들의 수가 아닌 사고의 통합이 이 정의에서 매우 중요한 특징이 된다.[64] 강해설교에서는 종종 긴 본문을 택하지만, 이는 어떤 사

61   Unger, *Expository Preaching*, p.33.
62   Dwight E. Stevenson, *In the Biblical Preacher's Workshop* (Nashville: Abingdon Press, 1967), p.61.
63   Stott, *I Believe*, 126. Barth, Preaching, pp.15, 43-49과 비교하라.
64   S. D. Schneider, *As One Who Speaks for God* (Minneapolis, Minn: Augsburg Publishing House, 1965) p.55; Adams, *Purpose*, pp.25-26. "이러한 구성단위 혹은 단락들은 본문에서 의사소통의 최소 단위"라고 자신이 말할 때 통일성(unity)보다는 오히려 단위(unit)를 사용하는 요더와 비교하라. (P. Yoder, *From Word to Life* [Schottdale, PA: Herald, 1982] p.56). 블랙우드는 "성경에서 생각의 단위는 단락이다"처럼 이를 진술한다. Greidanus, *Modern Preacher*, p.126, fn 7. 뷰렌은 다섯 절에서 열 절로 이루어진 본문을 제시한다(P. M. V. Buren, "The Word of God in the Church," *Anglican Theological Review* 39, October 1957, p.355)와 비교하라. 카이저는 강해설교에 있어 본문의 길이를 제한하는 것이 단락임을 지적한다. W. Caiser, *Inside The Sermon: Thirteen Preachers Discuss Their Methods of Preparing Messages* (R. A. Bodey [ed.]; translated by K. Sook [Seoul: Christian Literature Crusade, 1994] pp.240-241). 블랙우드는 강해설교에 관한 한, 하나님 말씀의 빛을 드러내려면 대체로 두 개 혹은 세 개 이상의 연속된 구절을 사용할 것을 제안한다(*Expository*, p.13). Forsyth, *Positive*, p.112와 비교하라.

람들의 생각처럼 필요조건은 아니다. 본문은 문학 장르에 따라 선택해야 한다. 이를테면, 서사(narrative) 구절들은 여러 단락으로 구성된 큰 단위를 필요로 할 수 있으며, 드물기는 하나 산문이나 운문 형태에서는 심지어 한 문장이나 한 줄을 택하기도 한다.[65]

강해설교의 셋째 측면은 그것의 설교학적 형태가 아닌 설교의 내용에 의해 정의된다. 강해설교에서 말씀 선포는 선택된 성경 본문의 진리를 '이끌어내거나 드러낸다.' 이 말은 강해설교에 관한 한 성경 본문 자체가 실제로 설교의 성격을 규정한다는 뜻이다. 그러므로 설교는 본문이 말하는 바를 말해야 한다. 다른 형태와 단어들을 사용하기는 하지만, 설교는 '본문이 이미 말한 바'를 (예화와 적용을 덧붙여) 되풀이할 뿐이다.[66] 강해설교는 전혀 무관한 것처럼 보이는 주제에 단서를 제공하거나 다양한 관련 생각들 전체의 기초로 작용하는 기능을 한다.[67] 강해에 대한 개념은 단순히 강해 스타일(지속적인 주해)과 관계 있는 용어들보다 훨씬 더 광범위한 용어들로 정의되어야 한다. 그것은 매우 중요한 타당성을 지니는 설교 내용(성경의 진리)이다.[68] 하지만 청중에게 효과적으로 전할 수 있는 설교 형식의 문제를 가볍게 여기면 안 된다. 이에 대해서는 나중에 다루기로 하자.[69]

앞서 보았듯이 강해설교는 세 가지 측면과 관련하여 정의된다. 그것은

65   Greidanus, *Modern Preacher*, p.127.
66   Daane, *Confidence*, p.49.
67   Stott, *I Believe*, p.126
68   존 스토트 역시 성경을 해설하려면, 거기에 존재하는 것을 밝혀내 그것을 청중에게 알려야 한다고 단언하면서 본문을 적절히 설명할 필요가 있다고 말한다(*I Believe*, pp.125-126). 로빈슨은 이렇게 주장한다. "강해설교란 성경의 개념을 전하는 일이다 … 이상적인 것은 각각의 설교가 다른 생각들의 지지를 받는 단 하나의 지배적인 생각을 설명하고 해석하며, 적용하는 것이다."(*Expository*, p.33).
69   본 장의 4.1절을 보라.

설명과 적용의 조화, 본문의 우선권, 그리고 형식보다는 내용이다. 강해 설교는 설교를 위해 선택된 본문의 길이나 설교 형식에 의해서가 아니라 설교 본문을 다루는 방식과 내용에 의해 정의 내릴 수 있다. 강해설교는 본문에 대한 적절한 설명과 청중에 대한 적용을 통해 성경의 집중된 그리고 관련된 구절들을 펼쳐 보이는 기능도 한다.[70]

위의 정의들은 학자 개개인의 강조에 따라 달라지며, 그들이 특히 초점을 두는 바에 대해서는 비판적 평가가 필요하다. 강해설교에서 설명의 중요성을 강조하는 학자들은 본문과 적용 모두를 중시하지만, 설교 내용의 적용이나 설교의 형식보다는 본문 자체에 주로 초점을 맞춘다. 그 때문에 강해설교에 타당한 적용이 결여되어 있다는 신랄한 비판이 제기되기도 한다.[71] 이 결점들을 극복하고자 몇몇 현대 학자들은 설교의 초점을, 본문에 대한 집중에서 본문 내용의 적용으로 바꾸려는 시도를 해왔다.[72] 실제로 본문 해설을 전혀 하지 않고 자신들이 이미 말한 바를 뒷받침하기 위해 뒤늦게 본문을 끌어들이기까지 하는 사람들이 있다. 그들의 초점은 현대적인 적용과 의사소통으로 기우는 경향이 있다. 이처럼 다양한 경향들을 고려할 때 양측의 약점들은 간과될 수 없다. 따라서 성경에 충실한 강해설교에 더없이 중요한 것은 적절한 균형 유지, 즉 본문에 충실

---

70   Liefeld, *Exposition*, p.112. 라이펠트는 모든 참된 강해 메시지가 다음과 같은 다섯 가지 특징을 지닌다고 말한다. "1. 강해 메시지는 성경에서 하나의 기본적인 구절을 다룬다. 2. 해석학적 통일성. 3. 응집력. 4. 이동과 방향. 5. 적용", pp.6-7. 그레이다너스 역시 "건전한 강해설교는 언제나 다음의 세 가지 기본 움직임을 요구한다. (1) 원래의 의미를 정하기에서, (2) 경전 전체라는 상황에서의 의미로, (3) 오늘날의 청중을 위해 이 의미를 적용하는 것으로"(*Preaching Christ from the Old Testament: A Contemporary Hermeneutical Method* [Grand Rapids, MI: Eerdmans, 1999] p.231)와 비교하라.

71   R. Lewis, *Speech for Persuasive Preaching* (Wilmore, KY: Asbury Theological Seminary, 1968) p.192.

72   예를 들면, F. B. Craddock, E. L. Lowry, D. Buttrick 및 L. A. Rose.

할(강해) 뿐 아니라 본문을 청중의 삶에 적용하는(영향) 일에도 유의하는 것이다.[73]

2. 강해설교의 목적

이 장(section)에서는 강해설교의 목적 평가에 초점을 맞춘다. 강해설교는 하나님의 말씀을 권위 있게 선포하는 설교자를 위한 것인가, 아니면 청중의 필요를 채워 그들을 변화시키는 데 관심을 두어야 하는가, 그도 아니면 이 두 가지를 함께 충족시켜야 하는가? 이 질문에 답하기 위해 문제의 두 측면을 차례차례 숙고할 것이다.

첫째, 설교는 하나님의 말씀을 구원의 복음으로 선포하는 일이다. "설교는 중립적 행위가 아니다. 설교는 동등한 두 당사자를 끌어들이는 행

---

73 영향은 "원래 삶의 바로 그 중심에서 전인에게 영향을 끼치려는 의도"를 지닌다. D. M. Lloyd-Jones, *Preaching and Preachers* (Grand Rapids, Michigan: Zondervan, 1982) p.53. 퍼니시는 설교를 하나의 행동, 하나의 사건, 하나의 행위로 묘사한다("Prophets, Apostles, and Preachers: A Study of the Biblical Concept of Preaching", *Interpretation* 17/1, 1963, p.51). 프리드리히 역시 영향에 대해 "그것은, 그것이 선포하는 것을 만들어내는 효과적인 힘이다. 따라서 강해설교는 단순한 사실 통보가 아니다. 그것은 하나의 사건, 즉 선포되는 것이 일어나는 사건이다"라고 말한다(*TDNT* III, p.709). 프리드리히 또한 강해설교는 단순히 정보를 제공하기 위한 것이 아니라고 강조한다. 그것은 중대한 결과를 가져오는 스피치이다(p.711). 라이펠트는 어떤 식으로 청중의 삶을 변화시키려는 동기가 없는 설교는 강해설교가 아니라고 주장한다(*Exposition*, p.15). 토스텐가르드는 설교가 "청중을 위해 본문을 '실천하는 것을' 꾀해야 한다고 말한다"(*The Spoken Word* [Fortress Resources for Preaching. Philadelphia: Fortress Press, 1989] p.78). 설교 주제에 대한 자신의 최근 연구에서 리처드는 강해설교가 성경과 청중에 관한 것이며, 강해설교는 건전하게 해석된 성경 본문을 동시대에 맞게 적용하고 청중의 가슴과 마음에 적절한 영향을 끼치고 그들로 하여금 성결에 이르도록 인도하는 방식으로 말씀을 선포하는 것에 관심을 둔다고 말함으로써 강해설교의 개념을 사실상 확대했다(*Scripture Sculpture* [Grand Rapids, Michigan: Baker Books, 1995] p.17). Lloyd-Jones, *Preaching*, p.55; Greidanus, *Modern Preacher*, 11; Robinson, *Expository*, p.30과 비교하라.

위다. 설교는 하나님 편에서는 그분의 주되심을 우리 편에서는 순종만을 의미할 뿐이다."[74] 설교의 근본 목적은 메시지를 청중의 삶에 적용하는 것이 아니라 하나님의 말씀을 성경에 계시된 대로 선포하는 것이라고 말할 수 있을 것이다.[75] 로버트 마운스는 설교의 순간을 다음과 같이 기술한다.

설교자가 강단에 오를 때 그는 전능하신 하나님의 임재를 지시할 의무를 안고 오르는 것이다 … 설교자는 하나님이 말씀하시게 해야 한다. 설교자의 말은 하나님의 말씀을 지녀야 한다. 설교자의 목소리는 하나님의 목소리여야 한다. 설교자는 어서 빨리 하나님의 임재 안으로 들어가기 만을 바라는 회중 앞에 선다 … 설교자는 하나님에게서 떨어져 있는 것이 아니라 회중과 거리를 두고 선다.[76]

이 견해는 설교의 출처가 바로 하나님이라는 가정에 명백히 기초한다. 로버트 마운스와 노선이 비슷한 칼 바르트는 설교를 "하나님 자신의 선포"로 정의한다.[77] "복음이 선포될 때마다 말씀하시는 분은 하나님이시다."[78]

---

74   K. Barth, *Homiletics*, (translated by G. W. Bromiley and D. E. Daniels [Louisville, Ky: Westminster/John Knox Press, 1991] p.50).

75   G. W. Boyce, "A Plea for Expository Preaching," in *Canadian Journal of Theology* 8, 1962, pp.18-19. 설교의 목적은 본문의 메시지를 널리 알리고 복음을 선포하는 것이다. Daane, *Confidence*. p.50.

76   *The Essential Nature of New Testament Preaching* (Grand Rapids, Michigan: William B. Eerdmans, 1960) p.159에서 마운스는 설교자를 영원한 구원의 선물을 선사하시는 하나님의 동역자로 그 위치를 높인다.

77   K. Barth, *The Doctrine of the Word of God: Prolegomena to Church Dogmatics* (translated by G. T. Thompson and Harold Knight. Vol. 1:2, *Church Dogmatics*, G. W. Bromiley and T. F. Torrance. (eds.), (Edinburgh: T & T. Clark, 1963) p.746, 751, 759.

78   Barth, *Doctrine*, p.751, 759. 하지만 바르트에게 설교는 해설일 뿐 아니라 선포의 '방식'이라는

둘째, 설교의 목적은 청중의 변화라고 볼 수 있다. 변화를 일으키는 설교의 중요성을 강조하는 사람들에게 설교 목적은 설교를 이용하여 인간의 삶을 변화시키는 것이 된다. 그리고 설교를 통해 예배자들의 가치, 현실에 대한 전체적 조망이나 이해가 바뀐다.[79] 개별 설교자에게는 이런 가르침을 전해야 할 책임이 있다는 사실이 강조된다.[80] 강해자의 우선 과제는 특정 본문이 왜 성경에 포함되었는지를 밝힌 후, 이를 염두에 두고 하나님이 이 순간 청중 가운데서 무엇을 이루고자 하시는지 결정하는 일이다.[81] 따라서 강해설교는 믿음과 순종, 영적 성장이라는 문제와 관련해 청중에게 동기를 부여해야 한다.[82]

삶을 변화시키는 설교에 대한 이 개념을 적용하는 수단으로 몇몇 학자들은 설교의 기초를 대화로 보는 접근법을 제시해왔다. 말하자면, 설교자는 청중을 대화에 참여시키려 한다는 것이다. 설교의 핵심은 설교자가 세운 가정(assumption)의 결과를 공유하는 것이라기보다 청중이 자신과 자신의 삶을 보다 명확히 이해하게 만드는 사고방식으로 청중을 격려하는 것이라고 로버트 브라운은 역설한다.[83] 조셉 피치트너는 설교를

문제를 안고 있는 적용을 포함하기도 한다. (*Homiletics*, p.111.) G. Wingren, *The Living Word* (New York: Harper & Brothers, 1956) p.201과 비교하라.

79 Rose, *Sharing*, p.125.
80 롱은 설교자를 증인으로 묘사하는데, 그 증인이 해야 할 일은 "자신이 듣고 본 사건을 알릴 수 있는 단어와 패턴들을 찾아내는 일이다." (*Witness*, p.46). P. S. Wilson, *Imagination of The Heart: New Understanding in Preaching* (Nashville: Abingdon Press, 1988) p.29와 비교하라. 액트마이어는 "우리가 누군가의 삶을 변화시키고 싶다면 우리는 마음의 이미지, 상상력을 바꿔야 한다"(*Creative Preaching: Finding The Words* [Nashville: Abingdon Press, 1980] p.24).
81 Robinson, *Expository*, p.109. 설교의 목적은 하나님의 말씀과 청중 사이에 다리를 놓음으로써 하나님이 계시하신 진리를 현대인의 삶 속에 쏟아붓는 것이라고 존 스토트는 역설한다(*I Believe*, p.138). Liefeld, *Exposition*, p.15; Craddock, *Authority*, p.34; Thostengard, *Spoken Word*, p.17과 비교하라.
82 Liefeld, *Exposition*, p.15. Richard, *Scripture*, pp.80-81과 비교하라.
83 R. E. C. Browne, *The Ministry of the Word* (London: SCM Press, 1958) p.77, 97.

그 주된 주제가 하나님, 그리고 인간과 그분의 관계인 '기독교적 삶의 대화'로 제시한다.[84]

그렇다면 강해설교의 목적을 말씀 선포나 삶의 변화라는 두 측면의 어느 하나로만 국한할 수 없음은 분명하다. 그 이유는 강해설교의 주된 목적에는 이 두 측면이 포함되며, 이 둘은 복음의 메시지를 사람들에게 적절히 전하는 데 필요하기 때문이다. 강해설교의 목적 가운데 하나가 하나님의 뜻을 그분의 백성, 곧 그분의 교회에 선포하는 것임은 틀림없는 사실일 것이다. 하지만 말씀 선포를 지나치게 강조하다 보면 적용과 변화를 내포하는 설교의 목적을 상실할 수도 있다. 그러므로 인간의 필요에 주목하는 다른 목표를 간과해서는 안 된다.[85] 설교에 대한 깊은 이해에 내재된 위험 중 하나가 설교자의 목소리를 하나님의 목소리로 착각하는 것이라는 클레멘트 웰시의 지적은 옳다.[86] 설교의 목적은 설교 메시지를 청중에게 전하고 그들이 메시지를 받아들여 반응하게 하는 것이다.[87] 이에 반해, 강해설교의 목적을 순전히 설교자가 청중의 삶을 변화시키는 것으로만 본다면 이는 문제가 될 수도 있다. 설교자 자신의 상상력과 그의 개인적 체험이 청중에게 전해질 수도 있기 때문이다.[88]

설교는 하나님과의 만남을 용이하게 하는 것과 말씀을 통해 시대를 향한 하나님의 뜻을 분명히 밝히는 것 둘 다를 목표로 한다.[89] 그러므로

---

84   J. Fichtner, *To Stand and Speak For Christ: A Theology of Preaching* (New York: Alba House, 1981) p.5.

85   Liefeld, *Exposition*, p.14.

86   C. Welsh, *Preaching in a New Key: Studies in the Psychology of Thinking and Listening* (Philadelphia: United Church Press, Pilgrim Press, 1974) p.103.

87   J. W. Cox, *Preaching* (San Francisco: Harper & Row, 1985) p.27.

88   Schussler, "Response," pp.44-45.

89   Mounce, *Essential*, p.158.

설교의 목적은 계시와 변화 둘 다이다. 그런 설교는 인간의 영혼을 심오하게 그리고 진심으로 어루만지고 전인(全人)에 영향을 끼친다.[90] 그 결과 청중의 삶에 영향을 끼칠 어떤 일이 장차 그들에게 일어날 것이다.[91]

3. 강해설교의 내용

1) 주석

강해설교의 순서를 명확히 하기는 쉽지 않다. 하지만 강해설교 학자들은 대체로 설교 과정을 주석과 해석 혹은 주석과 해석, 적용이라는 두세 범주로 나눈다.[92] 그들은 흔히 주석이 설교의 첫째 단계라고 말하지만, 주석의 목표에 관해서는 의견을 달리한다. 게다가 강해설교의 주석에 신

90　Llyod-Jones, *Preaching*, p.53. Adams, *Purpose*, p.13과 비교하라.

91　Llyod-Jones, *Preaching*, p.56. 이런 식으로 청중에게 영향을 끼치겠다는 목적을 이루기 위해 그는 설교자가 자신의 성경 메시지를 준비할 때 성경신학과 조직신학이 중요함을 강조하기도 한다.

92　강해 형태는 주석과 강해, 적용으로 구성된다(Rice, *Interpretation*, p.90. R. Lewis, *Persuasive*, p.192). 이 같은 일반적인 설교 절차를 따르는 제임스 댄은 "설교 구성의 출발점은 본문이 실제로 말하는 바에 귀를 기울이는 것"이라고 말한다(*Confidence*, p.60). 그는 또한 "설교자는 자신이 임의로 사용할 수 있는 주석적·해석학적·신학적 실력을 최대한 발휘하여 본문을 연구해야 한다"라고 확신한다. 로이드 존스는 주석이 강해설교보다 앞서는 것은 강해설교가 주석의 차원을 넘어서도록 하기 위해서라고 말한다(*Preaching*, p.72). 찰스 시므온의 견해를 인용하는 존 스토트는 또한 주석이 설교의 첫째 단계임을 강조한다(*Contemporary Christian*. pp.212-213). Richard, *Scripture Sculpture*, p.31과 비교하라. 클리랜드는 개인적 고찰이 통과해야 할 세 단계를 제시한다. 첫째는 주석이다(과거와 연관 짓기). 둘째는 해석 혹은 강해다(매번). 그리고 셋째는 적용이다(지금 이 순간) (*Preaching to Be Understood*) [New York: Abingdon Press, 1965] p.77). 이와 비슷한 접근법을 지닌 브라이트는 세 가지 뚜렷한 단계를 밝힌다. 그것은 주석과 해석학적 주석, 주석을 당대의 세계에 연관 짓기이다(*The Authority of the Old Testament* [Nashville: Abingdon Press, 1967] p.35).

랄한 비판을 가하기도 한다. 주석을 준비하면서 문법적 관계를 설명하고 도표로 나타내며, 단어 연구를 하기 때문에 강해설교가 비판의 도마에 오른다. 오늘날 그런 준비는 설교와 무관하다는 주장이 간혹 제기된다.[93] 위의 요점들을 다루기 위해 여기서는 주석의 실제 방법론이나 주석의 원리보다 강해설교에 있어서 주석의 본질, 주석의 역할을 검토할 것이다.

첫째, 강해설교에서 주석의 본질은 무엇인가?[94] 학자들 간의 논쟁을 분석해 보면 주석의 핵심을 두 가지 주된 방식으로 인지한다는 사실이

---

93 Liefeld, *Exposition*, p.17과 비교하라.

94 기본적으로 '주석'과 '해석학' 혹은 '해석'은 고전 헬라어에서 동의어로 사용되었다(R. J. Coggins & J. L. Houlden [eds.], *A Dictionary of Biblical Interpretation* [London: SCM, 1990] p.220. 하지만 카이저는 주석과 해석학을 뚜렷이 구별한다. 그가 보기에, 해석학이 우리가 특정한 성경 구절에 접근하도록 안내할 수 있는 규칙과 원리를 명백히 하고자 한다면, 주석은 특정한 표현들이 단락들과 성경 전체의 메시지를 구성하게 될 때 그 표현들의 심층에 놓여 있는 진리를 구별하고자 한다. 그러니까 해석학은 주석 배후에 있는 이론으로 볼 수 있다. 여기서 주석은 저자가 전달하고자 하는 의미를 자세히 설명하기 위해 일련의 절차를 실행에 옮기는 것으로 이해할 수 있다.(W. C. Kaiser, *Toward An Evangelical Theology: Biblical Exegesis For Preaching And Teaching* [Grand Rapids, Michigan: Baker Book House, 1981] p.47). 토머스 또한 주석을 "강해 혹은 강해의 의미를 선포하기 위해 해석학적 원리를 성경 본문에 비판적 혹은 기술적으로 적용하는 것"으로 정의했다. "Exegesis and Expository Preaching" in R. L. Mayhue and R. L. Thomas (eds.), *Rediscovering Expository Preaching* (London: Word Publishing, 1992) p.147. 하지만 그는 주석이 교리적으로나 윤리적으로 중요한 다른 영역들을 포함하는 것으로 확대되어야 한다고 주장하면서 이를 상세히 진술한다('Exegesis', p.147). 그러나 강해설교와 관련하여 그러한 구별은 아직도 모호하기 짝이 없다. 주석과 강해는 실제 연구 목적에 따라 다르기 때문에 주석에 대해서는 분명히 정의 내릴 수 있다. '주석'은 그 의미를 파악하기 위해 성경 본문을 연구하고 본문의 의미를 다른 사람들에게 설명하고자 할 때-말하자면 설교에서- 사용될 수 있음을 언급할 필요가 있다. 주석과 관련하여 헬라어 문장은 그 안에 묘사된 진리의 모든 양상을 정확히 이해하기 위해 그 문장의 구성 요소들과 관련하여 꼼꼼하게 분석된다. 이것은 대체로 행 단위 혹은 단어 단위의 분석이다(Liefeld, *Exposition*, p.20). 위의 진술에 기초하여 주석에 대한 정의는 '의도성'-저자가 원래 자신의 독자들에게 전하고자 한 의미는 무엇이며, 본문 자체의 원래 의미는 무엇인가?-에 의거하여 내릴 수 있다(G. D. Fee, *New Testament Exegesis: A Handbook For Students And Pastors* [Louisville, Kentucky: Westminster/John Knox Press, 1983] p.27).

드러난다. 하나는 기초가 되는 원래의 본문을 강조한다.[95] 다른 하나는 오늘의 청중을 강조한다.[96] 이 두 주장은 비판적으로 검토해야 한다.[97] 어떤 의미에서 기초가 되는 원래의 본문에 대한 강조를 지지하는 학자들은 현대 청중을 강조하는 입장에 내재된 위험을 간파한다. 편향되고 독단적인 결론을 지지하기 위해 주석이 필요하다면 그것은 이름뿐인 주석일 뿐이다. 이는 "주석에서 강해자의 몇몇 중차대한 문제들을 다루지 않기" 때문이다.[98] 제임스 댄은 비슷한 약점에 주의를 환기한다. 설교자들이 어떤 성경 구절을 놓고 고심할 때 그들은 그 구절이 당시의 독자들에게 어떤 의미를 부여했는지에 최우선 관심을 둔다. 그들은 관련성의 문제에 지나치게 몰두하다 보니 본문이 오늘날 실제로 무엇을 말하는지에 대해서는 조금도 신경 쓸 겨를이 없다. 본문을 적용하고 싶은 열망은 본문의 실제 메시지를 듣는 것을 압도한다. 적용은 해석을 희생하면서 진행된다.[99] 게다가 이기적 동기와 자만심을 경계하는 동시에 청중의 선을 위해 그들의 흥미를 계속 끌려는 의도야말로 설교자에 대한 가장 큰 걸림돌일지도 모른다.[100] 자기 나름의 성경 주석(eisegesis)은 성경적 주석

---

95   H. C. Jones, "The Problems of Biblical Exposition," *The Expository Times*, 65 (1954) p.4.

96   Cox, *Preaching*, pp.70-77.

97   위의 논의를 통해 우리는 이 주제 분야를 전공하는 학자들마다 주석에 대한 초점이 다름을 알 수 있다. 강해설교가 과거에(말하자면 본문이 처음 기록되었을 당시에) 본문의 의미에 관심을 두는 것으로 보는 학자들이 있는가 하면, 설교에 있어 주석의 역할을 고려할 때 청중의 현재 상황에 초점을 맞추려는 학자들도 있다.

98   Jones, "Biblical Exposition," p.4.

99   Danne, *Confidence*, p.61. T. H. Keir (*The Word in Worship* [London: Oxford University Press, 1962])와 비교하라. 케이어 역시 성경학자들이 성경의 단락들이 뜻하는 바를 해석할(p.71, 90) 뿐 아니라 또한 설교자들에게 적절한 해석 방식(p.68)을 제공해야 한다고 주장한다(p.68). 하지만 그는 성경학자들이 역할을 제대로 수행하지 못한다고 평가한다. 케이어는 설교자들에게 성경 본문 및 이미지들과 씨름할 것을 권고한다(p.74).

100   Thomas, "Exegesis," 152, fn. p.16. "선입견은 참된 주석의 최대 걸림돌 중 하나"라고 말하는 존 스토트와 비교하라. *I Believe*, p.185.

(exegesis)과 반대되는 개념이다. 이를 통해 설교자는 자기 편의를 위해 구절을 조작할 수 있다.[101]

하지만 강해설교 지지자들은 본문을 지나치게 강조하는데, 이 역시 경계해야 하는 부분이다. 설교자의 성경 구절 연구는 자신들과 관련된 말씀을 듣는 청중에게 전적으로 초점을 맞춰야 하며, 설교자의 과제가 본문 반복이 아니라 그 본문의 어떤 부분이 행사하는 영향력을 되살리는 것이기 때문이다. 주석이 중요하기는 하나 그것이 전부는 아니다.[102] 따라서 과거의 청중을 위해 기록된 원문을 오늘의 청중이 이용할 수 있게 할 때 비로소 강해 과정이 완료된다.[103]

두 가지 약점을 극복하기 위한 방안으로 현대 설교학에서는 과거와 현재를 구별할 것이 아니라 과거와 현재 공히 설교의 목표를 구성하는 요소로 간주할 것을 제안한다.[104] 기본적으로 설교의 목표를 고려한다면 이러한 인식 모두를 배제할 수 없다. 존 스토트는 귀중한 통찰을 제공한다. 그는 본문의 의미를 강조하면서 구절이 청중에게 부여하는 중요성 자체에 주목해야 한다고 인식한다. 그렇다 하더라도 존 스토트는 자신이 청중에게 구절의 의미를 전하는 유일한 길이 성경의 저자가 말하고자 했던 바를 자신이 철저히 이해하는 것이라고 지적한다.[105] 이것이 올바른 순서다. 본문의 원래 의미에 대한 해석자의 이해가 원저자의 이해와 다르다면 "해석은 해석자나 해석자를 따르는 사람들에게 하나님의 권위

---

101 B. J. Nicholls, "Towards a Theology of Gospel and Culture" in J. R. W. Stott & R. Coote (eds.), *Down to Earth* (Grand Rapids, Michigan: Eerdmans, 1980) p.26.

102 Lloyd-Jones, *Preaching*, p.72.

103 L. E. Keck, *The Bible in the Pulpit* (Nashville: Abingdon Press, 1985) p.14.

104 J. D. Smart, *The Past, Present, and Future of Biblical Theology* (Philadelphia: The Westminster Press, 1979) p.43.

105 Stott, "The Ministry of the Wor," p.106.

있는 말씀이 되지 못하기" 때문이다.[106] 그러므로 정확한 주석은 무엇보다도 모든 통찰력 있는 적용의 기초가 될 진리를 찾기 위해 성경 구절을 검토해야 한다.[107]

검토해야 할 둘째 질문은 강해설교에서 주석이 담당하는 역할과 관련 있다. 이에 대한 강조점은 학자마다 다르다. 현대 설교학자 데이비드 버트릭은 주석을 목걸이의 진주 낱알에 비유하면서 그것이 설교의 긴요한 부분이라고 결론 내린다.[108] 주석은 설교를 만들어내는 하나의 구성 요소일 뿐이다. 중요한 것은 모든 강해설교자들이 주석의 주제에 세심한 주의를 기울이는 것이다. 그리고 주석에 착수하는 최선의 방법은 주석의 문제와 결과를 숙고하는 일이다.[109]

하지만 단순히 "목걸이의 낱알 진주"가 되기보다 설교를 준비하는 전 과정에 관심을 두면서 설교의 핵심 그 자체인 주석의 역할에 초점을 맞출 필요도 있다. 강해설교와 비 강해설교를 구별하는 요소는 강해설교의 뛰어난 구성이나 인상적인 어휘 선택이 아니라 강해설교가 성경에 대해

---

106 J. Robertson Mcquilkin, *Understanding and Applying the Bible* (Chicago: Moody, 1983) p.236. 많은 학자들이 주석에 대한 이러한 견해-청중과 관련된 원저자의 의도-를 제시해왔다. 마셜은 주석에서 "우리의 목적은 미래의 청중을 염두에 둔 원저자의 마음속에서 본문이 무엇을 뜻하였는지를 발견하는 것이라고 설명한다. 주석은 그 구절-자기 자신으로나 자신이 처한 상황에서나-의 모든 특징을 만족스럽게 설명할 구절에 대한 해석을 시도한다," (*Introduction to New Testament Interpretation* [Grand Rapids: Eerdmans, 1977] p.15). 주석은 원래 청중과 관련된 본문의 의미에 관심을 둔다. 순전히 말 그대로 주석이라는 용어는 "무언가에서 끄집어내다"라는 뜻이다(Osborne, *Spiral*, p.41). Stott, *Contemporary*, p.214와 비교하라.

107 Robinson, *Expository*, pp.81-96.

108 Buttrick, *Homiletic*, pp.292-293. 윌슨은 기본적으로 버트릭의 의견에 동의한다. 그는 설교에서 주석을 못 보고 넘어가는 위험을 지적하며, 설교를 주제로 하는 모든 교과서는 전부는 아니더라도 주석에 어느 정도 주의를 기울여야 한다고 주장한다(Imagination, p.78). E. L. Lowry, "The Revolution of Sermonic Shape" in G. R. O'Day and T. G. Long(eds.), *Listening to the Word: Studies in Honour of Fred B, Craddock* (Nashville: Abingdon Press, 1993) pp.99-100.

109 Jones, "Biblical Exposition," p.4.

명확히 설명하는 것이기 때문이다. 저자의 의도를 분명히 밝히지 못하면 강해설교라고 할 수 없다. 저자의 의도를 명확히 하는 것이 성경 강해의 핵심이다.[110] 그러므로 성경 주석은 강해설교의 결정적 토대가 된다.

설교의 핵심 요소들(주석과 해석, 적용)을 저버리면 설교는 타당성을 잃는다. 따라서 본문 분석과 종합 둘 다를 아우르는 주석의 역할에 힘입어 설교자는 본문의 저자가 말하고자 하는 바를 이해하여 강해설교의 기초를 탄탄하게 다질 수 있다.

마지막 질문은 주석의 으뜸가는 요소가 무엇이냐 하는 것이다. 주석은 성경이 기록될 당시의 상황에서 분문을 이해하기 위해 특별한 원리를 채택하는 성경 연구의 한 방식이다.[111] 혹은 리처드 헤이스의 말대로 "주석은 과학보다 예술에 가깝기 때문에 단 하나의 기계적인 절차도 규정할 수 없다."[112] 그랜트 오스본은 "주석학자는 문학적 고찰(문법 및 사고의 전개)과 역사적 배경(사회·경제적 배경)에 기초하여 저자의 의도를 파악한다"라고 말한다. 그에 따르면, 주석에서는 "본문의 문화적 배경과 의미론적 구조, 문헌학적 메시지에 의거하여 하나님의 계시에 대한 특별한 표현을 연구한다. 주석은 본문의 해석을 통제한다."[113] 위에서 언급한 학자들의 견해를 통해 주석의 과제에 접근하는 수단인, 주석의 결정적 요소들은 다음과 같이 확인할 수 있다. 그 요소들에는 "구절에서 의도하는 의미에 대한

---

110 Thomas, "Exegesis," p.138. 성령의 역할에 관하여 그는 "정확한 주석은 주석자가 연구할 때 성령의 인도하심에 궁극적으로 달려 있다"라고 덧붙인다(p.139). 토머스는 "성경 강해의 폭은 엄청나지만 그 핵심은 언제나 성경적 주석이다. 주석이 무너지면 강해설교가 절정이 되는 전체 구조는 무너져 내린다. 철저한 주석에 기초하여 성경 강해는 신학 훈련의 완전한 스펙트럼에 알차게 의존할 수 있다"라고 강조한다(pp.146-147).

111 D. S. Dockery, *Christian Scripture* (Nashville: Broadman & Holman Publishers, 1995) p.238.

112 R. B. Hays, "Exegesis" in W. H. Willimon and R. Lischer (eds.), *Concise Encyclopedia of Preaching* (London: Westminster John Knox Press, 1995) p.122.

113 Osborne, *Spiral*, p.265.

가장 중요한 지표가 될 수 있는" 본문의 주된 주제와 구조적인 형태를 파악하는 작업이 포함된다.[114] 나아가 그 요소들은 필요에 따라 참조 수단과 원천들에 의존하면서 본문에 대한 더 상세한 연구를 필요로 한다.[115]

그렇다면 주석은 성경 본문이 기록될 당시의 상황과 청중이 처한 오늘의 현실 사이의 간극을 메우는 '흔들리지 않는 기반'임이 분명하다.[116] 이 점에서 청중은 인간의 목소리보다 하나님의 목소리에 먼저 귀를 기울여야 한다. 따라서 설교자가 성경 본문에 주목하면서 과거를 지향하고 주석에 힘입어 탄탄한 토대 위에 설 수 있다고 말해도 무방하다.

2) 해석

여기서는 강해설교의 부단한 활동 중 하나인 해석에 초점을 맞춘다. 해석의 과제는 본문에 대한 역사적 연구에서 청중의 상황을 고려하는 자리로 나아가는 것이다. 바꿔 말해, 해석은 성경 구절과 설교를 듣는 사람들 사이의 여러 간극을 가로지르는 과정을 목표로 삼는다. 해석 혹은 학계의 관행대로 성서해석학이라 일컫는 분야는 그것이 일단의

---

114 Geidanus, *Modern Preacher*, p.213. 브로더스 역시 의사소통을 이해 가능한 것으로 만들려면 무엇보다도 구조가 필요하다고 주장한다(*Preparation*, p.79).

115 예를 들면, 헤이스는 주석의 도구들을 다음과 같이 상세히 분류한다. 구절의 발췌와 기능의 범위 및 배치, 본문의 문제, 번역의 문제, 핵심어의 분석, 양식 비평의 쟁점들, 자료의 사용, 문화적 배경, 신약성경의 다른 본문들과의 관계, 역사의 문제와 종합적인 문학적이며 기술적인 관찰들. ('Exegesis,' pp.123-128). 주석의 내용으로 크래덕은 "본문의 세부 내용들-단어, 구, 범주, 인물, 문학 양식, 상황, 저자, 독자, 날짜, 장소-은 저마다 그리고 모두 함께 구절의 의미에 대한 학생의 결론에 주의를 기울이고 기여할 것을 요구한다"라고 언급한다 (Craddock, *Without Authority*, p.124).

116 바르트는 "신학적 주석은 우리에게 견고한 토대를 제공하고, 본문을 있는 그대로 제공하는 것이 단 하나의 확실하면서도 믿을 만한 토대로 밝혀질 것"이라고 말하면서 귀중한 요약을 제공해 준다. Barth, *Homiletics*, p.112.

독자들에게 전해졌을 때 그들을 위해 본문의 의미를 찾아내는 연습이라는 프레드 크래덕의 말은 틀리지 않다.[117] 해석의 개념을 확대하려는 생각은 청중의 일상적 삶을 진리에 대한 그들의 이해와 일치시키려는 목적을 지닌다. 이는 진리에 대한 적절한 이해가 먼저 청중의 지성, 그 다음으로 감정, 마지막으로 의지와 접촉하면서 그들 삶의 전반적인 특성과 방식에 영향을 미치기 때문이다. 그러므로 진정한 해석은 본문의 과거 역사와 설명에 대한 분석을 넘어선다. 해석은 본문의 의미를 현대 청중과 연관시키려는 분명한 목적을 지니고, 그 의미를 찾는 일에 주된 관심을 둔다.[118]

해석의 진정한 목표가 논평이나 조직신학이라기보다 설교라고 생각하는 그랜트 오스본은 해석에 대한 이해의 범위를 '간극 메우기'에서 삶을 변화시키는 과정으로 확대한다.[119] 그는 상황화가 성경 구절이 처음 기록될 당시의 세계를 현대 청중의 세계와 연관 짓는 다리 놓기 과정을 구성하는 것이라고 강조한다.[120]

해석의 중심에는 현대 청중의 상황을 성경 본문의 내용과 연결시키는 메시지에 도달해야 할 과제가 놓여 있다. 성경적인 해석은 특정 상황에서 특정 사람들을 겨냥한다.[121] 다시 말해, 설교자들은 성경 본문을 해석하기만 하는 게 아니다. 성경 본문은 어느 곳에서 '어느 누군가'를 위해

117　Craddock, *Preaching*, p.125. W. W. Klein, C. L. Blomberg, R. L. Hubbard, Jr., *Introduction to Biblical Interpretation* (London: Word Publishing, 1993) pp.3-4와 비교하라.

118　Thompson, *Preaching Biblically*, pp.19-20. 3-4. Liefeld. *Exposition*, p.14와 비교하라.

119　Osborne, *Spiral*, p.339.

120　"해석학적 과제에는 세 가지 차원이 있다. 1) 의미, 곧 본문에서 의도하는 메시지 고찰하기, 2) 해석, 동시대를 위해 본문의 메시지를 어느 정도로 결정할 것인지를 묻기, 그리고 3) 맥락화, 규범적 메시지를 가장 잘 전달하고 사람들의 일상적인 삶에 구체적으로 적용하게 될 형식 추구하기이다(Osborne, *Spiral*, p.354)."

121　H. H. Mitchell, *The Recovery of Preaching* (New York: Harper & Row, 1977) pp.25-26.

해석된다.[122]

해석의 타당성은 가장 중요한 쟁점 중 하나다. 이는 해석의 타당성 확보가 적어도 설교자 특유의 해석 이론 안에서 해석의 실제 목표를 구성하기 때문이다.[123] 이것이 사실이라면 해석자는 해석의 타당성 확보를 위해 해석 과정을 결정하는 것이 무엇인지 알아야 한다.[124] 모든 본문은 본문 배후의 상황을 제공하는 어떤 상황 안에서 만들어지기 때문에 정황이 열쇠임은 단박에 드러난다.[125] 정황을 명확히 파악할 때 해석자는 어디에서 단어나 단락의 의미를 찾아야 하는지를 결정하고 본문의 의미를 밝히게 될 것이다.[126] 랜돌프 테이트는 정황의 중요성을 다음과 같이 올바로 입증한다.

본문의 내용과 본문의 메시지는 저자의 세계에서 통용되는 용어, 사상, 상징, 개념, 및 범주의 옷을 입고 있다. 만일 해석자가 본문 배후의 그 세계에 진심으로 주목하지 않는다면, 그가 본문 안의 세계, 즉 문학적 정황에 대해

---

122 Craddock, *Preaching*, p.136.
123 E. D. Hirsch, Jr., *Validity in Interpretation* (New Haven: Yale University Press, 1967) pp.169-170.
124 Long, *Literary Forms*, p.26.
125 엉거는 지금의 상황과 먼 옛날의 상황이라는 표제 아래 상황을 다룬다. *Principles*, pp.142-148. 오스본은 상황을 역사적 상황과 논리적 상황으로 정의한다. *Spiral*, pp.19-40. 테이트는 상황을 역사적이며 문화적인 상황과 이데올로기적인 상황으로 나눈다. *Biblical Interpretation: An Integrated Approach* (Peabody: Hendrickson, 1997) pp.29-30, 35-61.
126 Klein et al. *Biblical Interpretation*, p.18. Unger, Principles, pp.142-143과 비교하라. L. Berkhof, *Principles of Biblical Interpretation* (Grand Rapids: Baker, 1950) p.104와 비교하라. 채펠은 본문에서 상황이 두 가지 목적을 달성하는 데 기여한다는 사실을 최근에 입증했다. 첫째, 상황은 저자가 의도하는 의미를 제한하고 부여한다. 그 결과 이 의미는 해석에 있어 가장 중요한 쟁점이 된다. 둘째, 상황은 본문을 통해 해석자의 주된 길잡이 역할을 하면서 강해자가 주된 경로에서 이탈하지 않게 하여 해석학의 과제를 수행할 수 있는 가장 효과적인 길을 안내한다. *Christ-Centered Preaching* (Grand Rapids: Baker, 1994) p.69.

무슨 말을 하더라도 그것은 원래의 의미를 제대로 살려내지 못할 것이다.[127]

청중의 상황과 관련해 오늘날 많은 개신교 학자들은 지나친 강조가 화를 불러일으킬 수 있다고 경고한다. 결과적으로, 의미는 자기 나름의 해석에 대한 열쇠를 쥐고 있는 본문 자체 안에 거해야 한다.[128] 하지만 설교자는 이따금 자신의 지식에 의존하고 그 밖의 모든 주석서와 역사적이며 문화적인 연구들을 무시한다. 이 경우 성경 구절 읽기와 설교 준비는 본문보다 설교자 자신의 개인적이며 특정한 관심사들을 드러낸다. 그렇게 되면 본문 자체는 신뢰성을 충분히 보장해주지 않는다.[129]

해석 타당성의 둘째 측면은 객관성과 주관성의 균형이다. 해석의 타당성을 옹호하는 토머스 롱은 프레드 크래덕이 강조하는 대로 지난 몇십 년간의 설교에 영향을 끼치는 두 가지 주요 문제에 주의를 환기시킨다. 하나는 정직하고 양심적인 설교자들이 성경 연구에 쏟아붓는 에너지와 창의력을 사상 중심의 명제적 교수법의 테두리 안에 가두고자 할 때 맛보게 되는 좌절의 정도다. 다른 하나는 주석과 설교 사이에서 일어나는 '논리의 부적절한 비약'이다. 말하자면 "주석에 대한 귀납적 기대는 설교에 대한 연역적 훈계로 대체된다."[130] 그 결과, 본문의 의미가 해석자의 특별한 관심사로 인해 왜곡될 위험이 발생하는 것이다. 성경 강해자의 과제는 사람들이 찾아야 하나 이따금 놓치는 길들을 발견하는 일이다. 설교자의 본문 해석은 그 구절이 실제로 말하는 바에서 멀어질 수도 있다. 이 때문에 해석의 목표는 해석자가 자신의 헛된 공상을 본문에 주

---

127 Tate, *Biblical Interpretation*, p.61.
128 Klein et al, *Biblical Interpretation*, p.18.
129 Rose, *Sharing*, p.106.
130 Long, *Witness*, pp.80-81.

입하는 것이 아니라 본문의 의미 파악이 되어야 한다.[131]

설교는 현대의 '신앙고백 소설'처럼 '자기 본위(subjectivity)'라는 함정에 빠질 위험이 있다. 그럼에도 "빈틈없는 해석자가 어휘와 수사학적 전략들, 그것들의 문맥을 파악함으로써 본문이 청중에게서 불러일으키고자 하는 의식을 분별할 수 있다"[132]는 긍정적인 측면은 인정해야 한다. 그러나 리처드 리셔는 주관적 해석에도 타당성이 있다는 주장을 입증하려는 이런 노력에 동의하지 않는다. 그에 따르면, 신비주의는 별개로 하더라도 설교자와 청중이 주석이나 해석학 기술에 힘입어 과거로 돌아가 그당시 사람들이 했던 직접적인 체험에 온전히 참여할 수 있는 길은 없다. 과거의 독특함은 그대로 남는다.[133]

주관적 해석의 이들 약점을 극복하는 데에는 세심한 본문 해석에 본문 자체의 문화적 · 언어학적 환경 안에서 본문을 검토하는 일이 포함된다고 앤서니 티셀턴은 말한다. 유익한 지적이다.[134] 게다가 헨리 미첼

---

131 J. E. Rosscup, "Hermeneutics and Expository Preachin," in *Rediscovering Expository Preaching*, p.120, 123.

132 Buttrick, *Homiletic*, pp.296-297. 132와 비교하라. 크래덕은 그러한 애로사항에 동의하면서도 명백하고 확실하게 해석할 수 있는 가능성이 다음과 같은 다섯 가지 우호적 요인들에 달려 있다고 주장하면서 그러한 가능성을 적극적으로 지적한다. "1. 우리의 공통적인 인간성, 2. 교회와 본문 해석에 대한 교회 전통의 연속성, 3. 교회 내의 학자들의 공동체, 4. 교회에 임하시는 성령, 5. 본문 그 자체다(*Preaching*, pp.134-136)."

133 Lischer, *A Theology of Preaching: The Dynamics of Preaching* (Nashville: Abingdon Press, 1981) pp.89-90.

134 A. C. Thiselton, "New Hermeneutics" in I. H. Marshall (ed.), *New Testament Interpretation* (Carlisle: The Paternoster Press, 1992) pp.308-333. 가다머와 더불어 티셀턴은 본문의 '지평' 과 해석자의 '지평'이 서로 연관될 때 설교자가 제대로 된 해석을 할 수 있다고 말한다. 성경 구절로부터의 완전히 거리 두기와 함께 성경 구절에 대한 적극적 개입이 있어야 한다(*Two Horizons*, pp.102-103). 해석자 또한 본문과는 완전히 다른 구체적이고 특정한 환경에 속하기 때문에 이렇게 하기가 쉽지 않다. 설교자가 성경의 세계 속으로 들어가려면 고도의 상상력과 감정이입이 필요하다. 역사적 주석은 더없이 중요하지만 그 자체로는 부족하다. 성경 저자의 시대와 해석자의 시대 모두에서 적절한 관점으로 상황을 파악하려는, 본문과 거리 두기 및 본문에 대한 열린 마음이 요구된다(같은 책, p.326). 타당한 해석을 위한 중요한 요

은 성경과 청중 둘 다 설교 내용에 대해 분별력을 행사한다는 별도의 해결책을 제시한다. 그는 설교자가 상상력을 발휘하기 때문에 언제 성경의 진리와 의도에서 크게 벗어나게 되는지를 오늘날의 청중은 안다고 주장한다.[135] 같은 입장에서 논지를 전개하는 루시 로즈 역시 해석자의 한계를 강조하고 새로운 이론적 모델로 대화를 제시한다. 로즈는 설교에서 비롯되는 대화에 참여하는 모든 사람들은 설교의 실제 내용을 최종적으로 결정하는 자들이며, 어떤 해석도 기껏해야 잠정적일 뿐이라고 말한다.[136] 그러나 여기서도 약점이 드러난다. 만일 공동체나 청중 전체가 잘못 이해한다면 이 역시 치명적일 수 있다. 설교자들이나 저자들이 개별적으로 하는 말이 그들의 본심이며, 그들이 원래 전하고자 하는 바를 전하는 것이라고 믿을 수 없다면 매우 난감한 상황과 직면하게 된다. 즉 모든 사람이 참된 메시지를 전하려 하지만 실제로는 아무도 이 메시지를 받아들이거나, 혹은 받아들이고 있다는 확신을 하지 못하게 되는 것이다.[137]

현대 강해설교자들이 이들 약점을 피하고 책임 있는 해석을 하려면 해석자의 역할을 이해하고 객관적 해석에 충실하도록 노력해야 한다. 성경 본문이 역사적이며 개인적인 과정을 거쳐 탄생했듯이 해석자 역시 개인적인 환경과 상황 가운데 살고 있기 때문이다.[138] "본문의 본질적 계

소들로서 샌더스는 본문과 상황 모두를 지향하는 "성경적 문학 비평(자료비평, 양식비평, 전통비평, 편집비평)과 성경적 역사비평(문헌학, 고고학, 종교사, 인류학 및 세속적 사실[史實])" 둘 다 필요하다고 강조한다. J. A. Sanders, *God Has a Story Too* (Philadelphia: Fortress Press, 1979) pp.7-17, 20-25, used by R. Lischer, *Theories of Preaching: Selected Reading in the Homiletical Tradition* (Durham: The Labyrinth Press, 1987) p.193.

135 Mitchell, *Recovery of Preaching*, p.156.
136 Rose, *Sharing*, p.106.
137 Kaiser, *Toward*, p.47.
138 Klein et al, *Biblical Interpretation*, 8. J. C. Hoggatt, *Speaking of God: Reading and Preaching the*

시(하나님이 여기서 하시는 말씀)는 오늘날의 상황에서 적절히 옷을 갈아입어야 한다"[139]는 존 스토트의 주장이 여기서 돋보인다.

요약하자면 강해설교에서 해석은 고대 본문과 이 본문을 낳은 상황에 주목해야 한다. 하지만 신뢰할 수 있는 해석을 하려면 현대적 상황과 오늘날 성경을 해설하고자 하는 사람들의 환경을 반드시 고려해야 한다.[140] 이 목적을 달성하려면 주관성과 객관성의 상황 및 균형이라는 해석 과정이 더없이 중요하다. 이 과정을 통해 설교자는 오류가 없는 하나님의 말씀에서 거룩한 생각을 구별해 낼 수 있으며, 이는 청중이 하나님의 뜻을 발견하고 마침내 스스로 변화하도록 돕게 된다.[141]

3) 적용

강해설교의 주된 관심 중 하나는 적절한 적용이다. 이는 강해설교의 목적이 본문의 의미 파악뿐 아니라 그 의미를 실생활에 적용하는 것이기도 하기 때문이다.[142] 마틴 로이드 존스는 청중의 존재 그 깊은 곳에서

Word of God (Peabody: Hendrickson Publishers, 1995) p.32와 비교하라.

139 Stott, *Contemporary*, p.196.

140 Liefeld, *Exposition*, p.12. 참된 강해설교를 하려면 청중의 '지평'이 본문의 '지평'과 연관되어야 한다고 라이펠트는 주장한다(같은 책, p.23). 그레이다너스는 강해설교에서 현대 청중을 위해 본문을 적절히 해석할 필요가 있다는 데 공감하며, 해석에 대한 '미세한' 접근법을 채택하려는 현대적 경향을 다루기도 한다. 나아가 '미세한' 접근법에 내재된 문제들을 극복하기 위한 대안인 '전체론적인(holistic)' 해석을 지지한다. 전체론적인 해석에는 문학적·역사적 및 신학적 차원 또한 포함된다. 현대 성경 해석자들은 몇몇 성경 해석 방법을 따로 떼어 적용하면 실제로 성경 본문이 적실성을 잃게 된다는 결론을 조심스럽게 내놓고 있으며, 보다 전체론적인 접근법만이 성경을 정당하게 다룰 수 있다고 말한다(*Modern Preacher*, pp.48-49).

141 C. H. Spurgeon, *Lectures to My Students* (London: Marshall, Morgan & Scott, 1954) p.135와 비교하라. 스펄전은 성령을 강조한다. 결국 다른 해석자들도 성령의 가르침을 받아왔다.

142 Robinson, *Expository*, p.121.

전인격(全人格)에 영향을 미치는 방식으로, 그들의 필요에 맞게 본문을 적절히 적용하는 것은 물론이고 본문에 충실히 하는 것도 강해설교의 중요한 요소라고 말한다.[143]

설교자 개개인의 특별한 관심에 따라 강해설교의 적용에 대한 견해가 제각각임이 드러난다. 많은 사람들은 적용 순간의 적정성을 확보하려는 노력이 강해설교의 약점이라고 생각한다.[144] 이 장에서는 현대 설교학자들이 본문의 적용이라는 주제를 어떻게 다루는지 면밀히 살펴보면서 강해설교에서 적용의 다양한 관점을 알아보고자 한다.

먼저 쟁점은 강해설교에서 말하는 적용이란 무엇인가? 존 브로더스는 적용을 본문이 청중에게 주는 실제 교훈들, 즉 본문이 청중에게 실제로 요구하는 것들이라고 설명한다.[145] 피터 포사이스는 다음 진술에서 이를 상기시킨다. "그러니까 성경의 실제 상황으로부터 오늘의 실제 상황에 메시지를 전한다는 의미에서 진짜 설교가 이루어지는 셈이다. 따라서 당신은 역사가 역사에게, 말하자면 단순히 한 본문이 한 영혼에게 설교하는 것이 아니라 과거가 현재에게 설교하게 만드는 셈이다."[146] 조금 다른 방식으로 이 주제에 접근하는 한스-게오르크 가다머는 적용을 해석자의 현재 상황에 본문을 적용하기 위해 이해력을 사용하는 해석 과정에서의 이해와 동일시한다.[147]

---

143 Lloyd-Jones, *Preaching*, p.78.
144 Buttrick, *Homiletic*, p.366. Craddock, *Authority*, p.5와 비교하라. 로빈슨은 '부적절한 적용은 어설픈 주석만큼이나 해를 끼칠' 수 있음에 주목한다. 그는 예수가 광야에서 사탄에게 받은 시험을 예로 든다. (*Expository*, p.28). 사실상 본문의 특정한 생각에만 초점을 맞추는 부적절한 적용은 어설픈 주석만큼이나 해롭다.
145 Broadus, *Delivery*, p.211.
146 Forsyth, *Positive*, p.113.
147 H. G. Gadamer, *Truth and Method* (New York: Crossroad, 1975) pp.274-275.

이 토대 위에서 "적용은 주석도 신학도 아니며, 신학적 주석도 아니다. 적용은 신약성경의 본문에서 구약성경의 구절을 인용하는 것이 아니다."[148] 적용은 동시대를 살아가는 청중을 위해 본문의 실제 의미를 발견하는 작업이다. 베터에 의하면, 적용은 활자화된 단어를 청중의 삶과 관계시키고 본질상 포괄적이라기보다 구체적이어야 하며, 그리고 '무엇'에만 초점을 맞춰야 할 뿐 아니라 '왜'와 '어떻게'라는 문제에도 답해야 한다.[149] 그러므로 참된 적용은 청중을 감동시키고 그 구성원들에게 짜릿함을 선사하며, 동기를 부여해야 한다. 참된 적용은 진리와 현명한 조언을 개인의 삶과 연관시켜 적극적인 반응을 이끌어 내야 한다.

다음으로 생각할 부분은 설교에서 적용이 이루고자 하는 목적이다. 이는 청중의 삶에 뚜렷한 변화를 가져오는 것이다. 그랜트 오스본은 "적용의 목적은 어떤 문화권의 사람이든 그들에게 예수 그리스도 안에 나타난 하나님의 사랑이라는 기쁜 소식과 그분이 주시는 풍성한 삶을 분명히 알게 하고 언제든 누릴 수 있게 하는 것"[150]이라고 말하면서 이 문제를 잘 설명한다. 따라서 적용의 목적은 단지 주석적 분석이나 본문 해석이 아니다. 이해 확장에 불과한 것도 아니다. 적용의 목표는 믿을 수 있

148 J. D. Baumann, *Contemporary Preaching*, p.243. Friedrich, *TDNT* III; Furnish, "Prophets," p.60과 비교하라.

149 J. F. Better, "Application" in Samuel T. Logan, Jr. (ed.), *Preaching* (Philipsburg, N.J.: Presbyterian and Reformed, 1986) pp.331-49. 오스본은 적용의 적절한 요소들로 세 단계를 제시한다. 첫째는 "맥락화에 이르는 단계들을 개괄하며 그러한 단계들을 설교에 적용하는" 것이다. 둘째는 "본문의 표면에 드러나는 메시지 이면에 깊이 감추어진 신학적 원리를 서술하는" 것이다. 셋째는 "회중의 현재 삶에 비견되는 상황을 찾는 작업을 의무화하는" 것이다(*Spiral*, p.346). "본래 청중의 삶에 변화를 일으키지 못하는 설교는 참된 설교가 아니다"(William P. Merrill, *The Freedom of the Preacher* [New York: Macmillan Co., 1922] p.35. Quoted by J. E. Massey in "Application in the Sermon" in M. Duduit [ed.], *Handbook of Contemporary Preaching* [Nashville: Broadman Press, 1992] pp.210-211).

150 Osborne, *Spiral*, p.245.

는 성경 메시지를 현대인에게 전하고 이를 통해 하나님이 청중의 삶을 변화시키실 수 있게 하는 것이다.[151]

우리가 제기해야 할 질문은 "적용은 강해설교에 필요한가?"이다. 어떤 이들은 진리가 자기 자신을 적용하기 때문에 설교에서의 적용에 반대한다고 답한다.[152] 만일 설교자가 진리를 제대로 드러낸다면 청중이 변화될 것이라고 그들은 역설한다. 이에 반해 디트리히 리츨은 적용이 성경 본문에 대한 참된 강해에서 필수적 부분을 구성한다고 말한다. 따라서 적용이 설교의 제3부로 전락해서는 안 된다. 왜냐하면 리츨이 보기에 설교 본문은 설명과 적용 둘 다여야 하기 때문이다.[153] 현대 청중이 성경의 진리를 능숙하게 적용할 수 없는 것은 성경의 가르침이 현대 문화가 아닌 고대 문화에 주어졌기 때문이다. 게다가 옛날과 마찬가지로 현대인들은 자기 삶의 패턴을 쉽게 바꾸지 않는다. 그러므로 설교자가 청중에게 말씀을 전할 때 자신이 적용하고자 하는 바를 상세히 설명하는 것은 매우 중요하다.

적용의 역할과 더불어 설교학자들은 청중의 삶을 변화시키는 최고의 접근법이 어느 것이냐를 놓고 토론을 계속한다. 여기서 우리는 강해설교의 적용에 대한 세 가지 주된 유형을 객관적으로 논하려 한다. 첫째 유형은 직접 적용이다. 직접 적용은 메시지를 직접 실천에 옮기는 법에 대해 구체적 지침과 지시사항을 규정한다.[154] 존 브로더스는 적용이 이론적이

---

151 E. E. Johnson, *Expository Hermeneutics: An Introduction* (Grand Rapids: Zondervan, 1990) p.214.

152 Adams, *Purpose*, p.136.

153 D. Ritschl, *A Theology of Proclamation* (Richmond: John Knox Press, 1960) p.139.

154 바우만은 다음과 같이 정의한다. "직접 적용은 당신이 해야 할 일을 구체적으로 명시한다. 첫째, 둘째, 셋째 등으로 말이다. 직접 적용은 명백하고 솔직하며, 또한 직접적이다."(*Contemporary Preaching*, p.249)

기보다는 직접적이고 실제적이어야 하며, 본문에서 시작되어야 한다고 역설한다.[155] 제임스 매시 또한 예수 자신이 채택한 설교 방식(예화 형태)을 언급하면서 직접 적용의 타당성을 언급한다. 그는 예수가 통상 자신의 메시지를 직접 적용하셨다고 말한다.

예수의 두드러진 설교 방식(예화 형태)에 대한 연구는 그분이 자기 메시지를 적용할 때 대체로 직접적인 방식을 사용하였음을 보여준다. 우리는 복음서의 몇몇 비유들에 (청중이 바뀜에 따라 예화가 달라지기 때문에) 이차적인 배경이 주어졌음을 알아야 하지만, 양식비평 연구는 꽤 많은 비유-메시지가 여전히 이차적인 배경에서 직접적인 적용을 한다는 바로 그 사실을 명백히 보여주었다. 따라서 예수의 이 방식은 사람들의 생각과 달리 더 박진감 있게 전수되었다고 말해도 무방하다.[156]

그러니까 놀라운 비유들을 통한 이 직접적인 접근법은 하나님이 예수의 말씀을 듣는 자들에게 요구하시는 바가 무엇인지를 명확히 하는 예수의 방식이었다.[157] 여기서 적절한 요점은 "직접 적용이 지성을 개입시키는 것이 아니라 청중에게 완수해야 할 과제를 부여한다는 것이다. 간접 적용은 청중이 요점을 문맥과 관련짓는 법을 스스로 정하게 만든다."[158]

---

155 Broadus, *Delivery of Sermon*, pp.212-213. 바우만은 모호하게 제시하는 것보다 정확하면서도 감동적으로 적용하는 편이 낫다고 쓴다. Baumann, *Contemporary Preaching*, p.249. Faris D. Whitesell, *Power in Expository Preaching* (Westwood, NJ: Revell Press, 1963) p.92.

156 Massey, "Application," p.212. 그는 이것이 설교에 있어 적용의 목적이라고 말한다.

157 같은 책.

158 Osborne, *Spiral*, p.349.

강한 논거에도 불구하고 어떤 이들은 이 주장들을 뒷받침할만한 증거가 불충분하다고 본다. 예수는 비유를 들려주신 후 종종 "들을 귀 있는 자는 들으라"(마가복음 4:9, 4:23; 누가복음 8:8, 14:31)라는 표현을 쓰신다. 그분이 복음서에서 말씀하신 비유들에는 하나님 나라에 대한 많은 암시와 은유가 들어 있다. 이런 비판들과 제임스 매시의 과장된 말에도 불구하고 직접 적용의 중요성을 무시하면 안 된다. 이는 세속적 해석학의 궁극적 목표가 의미와 중요성을 전하는 것이라면 성서 해석학은 청중이 메시지의 적실성과 타당성을 확신함으로써 반응하고자 하는 동기부여가 일어날 때 비로소 완성되기 때문이다. 청중에 대한 직접 적용은 그들이 해야 할 일을 정확히 알려주기 때문에 적절히 사용하면 쓸모 있는 도구가 된다.

그렇기는 해도 설교자가 하는 제안의 적용에 대한 예측 가능성과 한계로 기우는 경향과 같은 약점들은 짚고 넘어가야 한다.[159] 칼 바르트는 설교자가 이론적이고 실제적인 생각들을 선호하고 적용할 때 최근의 충격적인 사건들을 오용하는 것과 같은 몇몇 구체적인 사례를 들어 직접 적용의 큰 위험을 경고한다.[160] 설교자가 흔히 저지르는 또 다른 잘못은 적용을 잘못하는 바람에 그렇지 않으면 유익했을 법한 설교에 교훈적인 내용을 덧붙인다는 점이다. 직접 적용을 사용하는 일이 대세가 되면 거창한 일이 일어날 것이라는 환상에 빠지게 된다. 그것은 설교자/교사가 자신을 팔방미인으로 여기거나 청중의 상황이 어떠하든 그들에게 행동 지침을 줄 수 있다고 생각하는 일이다.[161] 더욱이 직접 적용은 진리를 합리적으로 설명할 수 있는 인간의 타고난 능력을 무시할 수도 있다. 그런

---

159 "적용은 회중이 즉시 접근할 수 있는 범위 안에 있어야 한다. 그는 이상주의가 아닌 현실주의가 적용의 특징이 되어야 한다"라고 말한다(Baumann, *Contemporary Preaching*, p.247).

160 Barth, *Homiletics*, pp.117-118.

161 Osborne, *Spiral*, p.349.

설교자들은 자신들이 하는 말에 청중이 무의식적으로 동의할 것으로 기대하는 흔하디흔한 잘못에 빠진다.[162]

적용의 둘째 유형은 간접 적용이다.[163] 간접 적용은 청중이 특정한 방향으로 반응하도록 자극하지만, 메시지에 관해서는 그들 스스로 결정을 내릴 것으로 기대한다.[164] 간접 적용 방식은 청중이 행동하도록 힘을 실어주고 동기를 부여하기 위해 사용된다. 단순히 청중에게 정보를 제공하는 것에서 비롯되지 않는 간접 적용은 정보를 분배하는 일에 최적화된 직접 적용과 대비를 이룬다.[165] 더욱이 모든 사람이 '무엇' 뿐 아니라 '어떻게'도 찾아내야 하기 때문에 설교자는 개인이 적용에 응답하고, 간접 적용을 통해 일상의 구체적 상황에서 그 적용을 실행에 옮길 수 있는 실제적인 방법들을 제시해야 한다. 이 위치에서 간접 적용^(암시하는 적용)은 청중이 적용 과정에 참여하도록 돕는 데 매우 요긴하다. 청중이 변화 과정에 개입하도록 독려하는 곳에서 행동의 변화가 가장 쉽게 일어나기 때문이다.[166] 간접 적용은 사람들에게 응답하는 법을 스스로 결정하게 만든다.[167]

그러나 이 과정에서 생길 수 있는 위험을 무시하면 안 된다. 설교자는 청중이 명확하게 이해하여 혼란에 빠지는 일이 없도록 자신의 적용점 부분을 세밀하게 계획해야 한다. 간접 적용은 청중에게 성경을 가르치고 이를 삶에 적용하는 방법을 일러주는 것보다 낫기는 하지만, 어설

---

162 같은 책, p.352.
163 오스본은 간접 적용의 세 가지 유형을 예증, 선다형, 담화로 제시한다. 같은 책, pp.349-350.
164 Baumann, *Contemporary Preaching*, pp.249.
165 Craddock, *Overhearing*, p.82.
166 Osborne, *Spiral*, p.349. 오스본 역시 간접 적용의 가치는 그것이 청중을, 성경 구절이 자신들에게 어떻게 적용되는지를 파악하고 제시된 많은 가능성들로부터 최선의 행동을 결정할 수 있을 만큼 성숙한 존재로 본다는 데 있다고 주장한다. 같은 책, p.352.
167 같은 책, p.349.

프게 적용하면 혼란이 생길 수 있다.[168] 간접 적용의 중요한 유형 하나는 본문의 심층에 깔려 있는 원리를 설명하는 데 도움을 줄 수 있는 예화다. 하지만 존 스토트는 예화 사용의 약점들을 지적한다. 예화는 어두운 곳을 밝히기보다 자신에게 지나친 관심을 두게 함으로써 너무 튄다. 게다가 이 예화들로부터 도출되는 유사(類似)들은 잘못 적용될 수도 있다.[169]

적용의 셋째 독특한 유형은 사실상 성령에 의한 적용이다. 설교자들의 적용 사용에 반대하는 제이 애덤스는 적용 개념이 성경의 의도에 꼭 들어맞는 것은 아니라고 주장한다. 성경에 따르면, 성경의 개별 책들을 읽는 독자들이 아닌 다른 청중에게 그 책들을 적용해야 할 의무가 설교자에게 있다는 말은 없다. 성경을 적용하는 것은 설교자가 아닌 하나님의 몫이라는 게 애덤스의 결론이다.[170]

하지만 예수가 자신의 설교에서 직접 적용을 사용하셨기에 애덤스의 견해는 설득력이 없다. 예를 들어, 예수는 어떤 사람에게 이처럼 두 번이

---

168 같은 책, p.352.

169 Stott, *I Believe*, pp.240-241. 긍정적인 측면에서 예화를 제대로 택한다면 청중은 감동을 받아 주장을 받아들일 것이다. 로빈슨은 이렇게 말한다. "사례가 논리적으로는 증거의 역할을 할 수 없음이 당연하지만, 심리학적으로는 지지를 얻기 위해 논증과 함께 일한다. 유비(analogy)는 이치에 맞는 주장만큼이나 많은 공감을 이끌어 낸다"(*Expository*, pp.149-150). 크래덕과 오스본, 로즈는 대화식 설교가 도움이 된다고 말한다. 대화식 설교에서는 청중이 참여하여 문제 해결에 도움이 되는 방안들을 제시한다. 설교자는 유물론이나 낙태와 같은 쟁점들을 다룰 때 청중과 함께 본문의 의미와 함의를 논의한다(Osborne, *Spiral*, p.349). Craddock, *Authority*, p.62; Rose, *Sharing*, pp.121-131과 비교하라. 버트릭은 예화를 판단하는 세 가지 기준을 나열한다. "1. 설교 내용의 생각과 예화의 어떤 측면 사이의 유비, 2. 내용의 구조와 예화의 형태의 비교, 3. 내용에 대한 예화의 적절성"(*Homiletic*, p.133).

170 Adams, *Purpose*, p.131. 애덤스는 이렇게 주장한다. "그러므로 설교자가 성경의 진리를 회중에게 '적용'하는 것에 대해 말하는 것은 과녁을 벗어나는 것이다. 그것이 뜻하는 바가 적용을 결정하는 사람이 당신이라면 말이다. 설교자가 성경의 진리를 적용할 어떤 방법을 찾아야 한다는 것은 아니다. 설교자는 하나님의 방식대로 진리를 적용해야 한다." 하나님은 진리를 추상적으로 드러내시지 않았다. 새로운 계시를 주실 때마다 그분은 자신의 백성이 처한 상황에서 그렇게 하셨다. 어쨌든 변화는 하나님의 역사임을 알아야 한다(같은 책, p.133).

나 말씀하신다. "너희에게 이르노니, 아니라! 너희도 만일 회개하지 아니하면 다 이와 같이 망하리라."(누가복음 13:3, 5) 더욱이 제이 애덤스는 적용이 설교자의 역할에 관여하지 않는다고 하면서도 "설교자에게는 그 적용이 무엇인지를 알아내고 성경 구절을 현대적인 형태로 바꾸어야 하는 과제가 주어진다"[171]고 말한다. 이것이 그 자체로 적용의 형태임은 부인할 수 없다. 게다가 적용 없는 주석은 탁상공론일 뿐이다. 그리고 청중에게 주석을 적용하지 않으면서 메시지를 선언하고 선포하는 일이 가능하다면 이는 한갓 신학 논문, 교리 논쟁, 혹은 종교 강연에 지나지 않을 것이다. 이 점에서 적용이 강해설교에 필수 불가결하다는 마틴 로이드 존스의 주장은 단정적이며 올바른 견해이다.[172] 그리고 그는 어디에선가 하나님의 말씀은 한결같지만 그분의 말씀을 청중에게 적용하는 방식은 상황과 시대에 따라 달라진다고 덧붙인다.[173] 따라서 설교자는 자신이 어느 시대를 살아가든 "복음을 전할 때 지역의 특수성을 고려"해야 하며, 그런 적용은 환경, 청중, 시대, 그 당시 문화에 따라, 그리고 시대적 상황의 요구에 따라 달라지게 마련이다.[174]

앞서 살펴보았듯이 강해설교에서 홀대를 받아온 적용의 역할에 대한 재발견은 위에서 요약한 여러 이유로 매우 중요하다. 효과적인 적용이 없다면 강해설교자를 신학과 도덕적 훈계로 몰고 간다는 것은 부인할 수 없는 사실이다. 이런 이유로 설교자는 청중의 변화를 염두에 두고 본문을 그들에게 적용해야 한다. 그리고 적용의 목적은 강해설교의 목적과

---

171 Adams, *Purpose*, p.133.
172 Lloyd-Jones, *Preaching*, pp.77-78.
173 Lloyd-Jones, *God's Way of Reconciliation: An Exposition of Ephesians 2:1-22* (Edinburgh: The Banner of Truth Trust, 1981) p.367.
174 Cleland, *Preaching*, p.77.

같다.

따라서 강해설교가 청중의 상황에 적절한 적용을 한다면 이는 오늘날 복음을 가장 효과적이고 탁월하게 전하는 수단이 될 수 있다. 아무리 본문에 충실한 강해설교를 하더라도 청중의 적극적인 반응을 기대할 수 없다면 목적 달성은 어려울 것이다.[175] 그러므로 이러한 관점에서 보면 적용이 없으면 강해설교도 없다.

4) 청중과의 소통

설교와 청중 사이의 의사소통은 강해설교의 핵심 요소 중 하나다. 효과적인 의사소통보다 내용에 주로 초점을 맞추는 강해설교자들이 간혹 이 점을 무시하기는 하지만 말이다.

의사소통의 한 측면인 강해설교를 평가하기 위해 여기서는 의사소통의 기본적이고 핵심적인 요소들, 즉 언어적 의사소통과 비언어적 의사소통, 의사소통 방식을 다룰 것이다.

첫째, 강해설교에서의 의사소통에 대한 정의는 매우 다양하다. 이론가들이나 학자들은 저마다 나름의 방식으로 의사소통에 대한 정의를 내린다.[176] 필립 이슬러는 메시지 전달과 의미 생성이라는 두 가지 이론으로 이를 잘 설명한다. 전자는 의사소통을 "그것에 의해 한 사람이 다른 사람의 행동이나 마음 상태에 영향을 끼치거나 끼치려고 하는 메시지의 전달로 다룬다. 여기서는 전달자가 메시지를 보내기 위해 그것을 어떻게

---

175 Barth, *Homiletic*, p.111.
176 Baumann, *Contemporary Preaching*, pp.19-20과 비교하라. 의사소통이란 "한 개인(전달자)이 다른 개인들(청중)의 행동을 바로잡기 위해 (통상적으로 언어적인) 자극을 전달하는 과정" 이다(*Contemporary Preaching*, pp.19-20).

공식화하는지, 수신자가 그 메시지를 어떻게 이해하는지에 관심을 둔다. 의사소통 채널과 매체도 관심 대상이다"라고 설명한다. 후자는 의사소통을 "의미를 만들어내고 교환하는 것으로 분석한다. 여기서는 메시지, 특히 본문이 청중과 상호작용하면서 어떻게 의미를 만들어내는지에 관심을 보인다. 의미 생성의 주된 연구 방법은 기호학, 즉 표시와 의미를 다루는 과학이다"[177]라고 설명한다. 로버트 웨버의 관점은 이와 조금 다르다. "하나님이 아직도 말씀하신다고 이야기하는 것은 하나님이 말씀하시는 수단(물리적이며 물질적인 세계)을, 하나님의 의사소통이 지속되는 활자화된 원천(성경)을, 그리고 그것을 통해 하나님이 의사소통하시는 목소리(교회)를 알아본다는 뜻이다. 이 요소들은 의사소통에 대한 기독교적 관점을 나타내는 데 모두 필요하다."[178] 이 모든 정의에 공통되는 것은 의사소통에서 설교자와 설교, 청중을 포함하는 주된 요소들에 대한 관심이다. 그러므로 의사소통이 유연하고 역동적이기는 하지만, 그것은 인간과 인간 사이 또한 하나님과 인간 사이에서 (의미를 전달하고 진리와 내용을 전하기 위한) 이해 가능한 상징을 뜻하는 것으로 볼 수 있다.

(1) 언어적 의사소통

설교에서 언어적 의사소통의 필수 요소들은 무엇인가? 언어와 형태, 스타일과 같은 여러 측면이 있다. 이 모두는 목소리가 말과는 별개로 생

---

177 P. E. Esler, *Galatians* (London: Routledge, 1998) pp.6-7. M. R. Chartier, *Preaching As Communication: An Interpersonal Perspective* (Nashville: Abingdon Press, 1981)과 비교하라. C. H. Won, *Preaching As Communication* (Seoul: So Mang sa, 1994), pp.14-17.

178 R. E. Webber, *God Still Speaks: A Biblical View of Christian Communication* (Nashville: Thomas Nelson Publishers, 1979) p.16. Charles L. Bartow, *God's Human Speech: A Practical Theology of Proclamation* (Grand Rapids: Eerdmans Publishing Co., 1997) p.9와 비교하라.

각과 느낌을 전하기 때문에 단어와 문장의 차원을 넘어선다. 하지만 여기서는 연구 범위를 언어에 대한 고찰로 제한할 것이다. 언어가 구두 (oral) 의사소통의 기본적인 차원일 뿐 아니라[179] 강해설교에 대한 연구에서도 별로 논의되지 않았기 때문이다.

언어는 청중이 메시지에 개입하는 가장 중요한 수단 중 하나다. 에드워드 마쿼트는 "언어는 하나님이 임재하시고 인간과 소통하시는 방식이다. 그러므로 언어는 '모든 나-하나님의 관계에서 필수 불가결한 수단'이라고 말한다."[180] 헨리 데이비스는 "감각적 언어가 오감(五感)에 가까운 언어로서 마음이 볼 수 있는 그림, 마음이 들을 수 있는 소리, 그리고 마음이 만지고 맛보며 냄새 맡을 수 있는 것들을 나타낸다"라고 설명한다.[181] 리처드 젠센은 다음과 같이 말하면서 구두 의사소통의 범주를 확대한다. "설교에는 '초월의식의' 가능성들이 있다. 설교는 의식하는 마음과 잠재의식의 존재에 이르러야 한다. 설교는 마음과 가슴과 생각과 감

---

179 강단에서 의사소통이 단절된 것을 비판하는 크래덕은 "우리 시대의 설교에서 언어는 위기에 처해 있으며, 언어가 능력과 의미를 상실한 주된 이유 중 하나는 종교적 언어의 본질에 놓여 있을지도 모른다"라고 지적한다(*Authority*, pp.6-7). 이러한 입장에 공감하는 체스터 페닝턴은 설교자의 으뜸가는 도구가 언어라고 말한다(*God Has a Communication Problem*, p.53). Mitchell, *The Recovery of Preaching*, pp.96-98과 비교하라. 로마서 10:17에서 바울은 "그러므로 믿음은 메시지를 들음에서 나며"(NIV)라고 말한다.

180 E. F. Markquart, *Quest for Better Preaching: Resources for Renewal in the Pulpit* (Minneapolis: Augsburg Pubishing House, 1985) p.177. 현대 학자들 역시 언어의 중요성에 공감한다. 버트릭은, 설교자는 청중의 의식을 형성하고 설교의 구조 안에서 '특정한 움직임의 진술에 부합'할 뿐 아니라 또한 신학적으로 적합성을 갖추기 위해 적절한 설교 언어를 계발해야 한다고 말한다. 특히 이미지와 은유는 설교에서 청중의 의식을 일깨우는 적절한 언어 패턴을 제공해 준다. 그러므로 설교자는, 설교 언어는 '진흙처럼 흔하고 유연한' 평범한 말이지만, 이로부터 설교자가 믿음의 새로운 세계를 빚어낸다는 것을 기억하면서 '언어 조각가(verbal sculptor)'를 닮아야 한다(*Homiletic*, pp.193-198). 자신의 책 『말씀 함께 나누기(*Sharing the Word*)』에서 로즈는 "언어가 인간의 의식을 형성하며, 언어에는 인식, 가치관 혹은 세계관을 바꿀 수 있는 힘이 있다"라고 말하면서 버트릭의 입장을 지지한다(*Sharing*, p.67).

181 Davis, *Design*, p.271.

정에 이르러야 한다. 청중의 '초월의식의' 영역에 도달하려면 구두 의사소통이라는 주요 본능의 상당 부분은 절대적으로 긴요하다."[182]

설교 언어는 다른 용도로 사용되는 언어와 차별화되어야 한다. 언어는 지식과 정보를 알리는 수단 그 이상이며, 설교자 자신의 생각과 느낌을 표현하는 말을 만들어 낸다.[183] 프레드 크래덕은 말과 청중 사이의 언어적 상관관계가 하는 역할을 올바로 강조한다. "어떤 상황의 세부 내용들을 분명히 이해하면서 기술하는 것은 참석자들이 자신의 상황을 다루기 위해 직접 행동에 나설 수 있게 하는 것이다. 적절한 말을 사용하면 이미지가 아주 생생하고 분명해진다."[184] 따라서 '토론'과 '연설'에서는 보다 창의적이고 효과적인 표현들을 선별적으로 사용하는 것이 중요하다.[185] 폴 윌슨은 상상력을 강조하면서 언어를 수사학의 한 부분으로 제시한다. 상상력은 언어가 수반되지 않는 그림이나 '정신적 감각 이미지(mental sensory image)'로 구성된다고 할 수 있으며, 여기에 신비가 존재한다는 점에 그는 주목한다. 시각적 이미지는 묵상 연습이 제시하는 상상력으로서 우리가 단어들을 찾을 때 도움을 줄 수도 있다.[186] 그러니까 언어적 상상력

---

182 Jensen, *Story*, p.39.
183 Gregory, "The Voice in Preaching," p.393.
184 Craddock, *Preaching*, p.201.
185 같은 책, p.198. 오그덴과 리처즈는 언어를 세 가지 주된 범주로 나눈다. 지시적(referential) 언어와 감정적(emotive) 언어, 수사적(rhetorical) 언어가 그것이다. 지시적 언어는 정보처럼 사실의 내용만을 전달한다. 감정 언어는 마음에 감정을 불러일으키기 위한 단어들을 사용한다. 이에 반해 수사적 언어는 문장의 핵심 또한 전하지만, 거기에는 감정과 우리로 하여금 마음이 끌리게 하고 영향을 받게 하는 시적 진실의 표현이 포함된다(*The Meaning of Meaning: A Study of The Influence of Language Upon Thought and of The Science of Symbolism* [London: Routledge & Kegan Paul LTD, 1956] pp.147-151, 223-224]). 리처즈의 의견에 대체로 동의하는 크래덕은 설교 언어를 기본적으로 두 종류로 나눈다. 하나는 언어가 잉태하는 정보다. 다른 하나는 "바로 그것을 행할 때, 즉 생성하고 환기하고 창조하는 것에 있어서 그것의 가치와 위력이다"(*Preaching*, pp.196-197).
186 Wilson, *Imagination*, pp.32-33.

은 "발전기의 양극과 음극 사이에서 일어나는 불꽃과 같다."[187]

그렇다면 설교에서 처음으로 만나게 되는 언어는 무엇인가? 토머스 키어는 그 언어가 '이미지, 유추, 비유, 은유, 패러다임'과 같은 시적 언어라고 주장한다. 이는 시적 이미지가 보이는 것과 보이지 않는 것을 연결해 주며, 보이지 않는 것에 다가갈 수 있는 모든 것을 구성하기 때문이다. 따라서 이미지는 절대적으로 필요하다. 이미지는 설교자가 간과할 수 없는 기술적인 요구사항이다.[188] 시적 언어 역시 연상적이고 창의적이며 변화시키는 것이 그 특징이며, 이야기 형태로 흔히 표출된다.[189] 여기서 루시 로즈는 토머스 키어의 입장을 잘 뒷받침한다. 설교자가 단어 사용을 중심으로 설교를 구성하려면 시적 언어와 일상적 경험의 언어를 모두 알아야 한다.[190] 유진 로우리 역시 설교 행위를 지향하는 첫 단계로서 연상 언어를 강조한다.[191] 설교 언어는 세상에 이름을 붙이고 정체성을 갖게 하는 힘이 있으며, 그 감추어진 것을 드러내는 언어로서의 힘을 가진다.[192]

하지만 언어적 의사소통을 사용하고 그 구조를 고치는 세대들의 타락과 왜곡을 감안한다면 이 의사소통의 신뢰성은 다소 제한을 받는다. 언

187　같은 책, p.34. 윌슨은 "상상력은 창의력에 대한 단순한 동의어 그 이상이다. 서양 사상사 안에서 상상력이라는 용어를 은유와 수사학, 현대 철학 및 언어 이론에 대한 더 광범위한 논의의 일환으로 이해하는 것이 설교자들에게 도움이 된다. 그때 상상력의 독특성이 나타날 수 있기 때문이다"라고 윌슨은 말한다. P. S. Wilson, "Beyond Narrative" in G. R. O'Day & T. G. Long, (eds.), *Listening To The Word: Studies in Honour of Fred B. Craddock* (Nashville: Abingdon Press, 1993) p.131.

188　같은 책, p.62. 시적 언어는 예배자들이 "보이지 않는 것들을, 혹은 훨씬 더 명백히 인식하는 매개물이기 때문에 그들은 하나님을 만난다."

189　Craddock, *Overhearing the Gospel* (Nashville: Abingdon, 1978) p.137.

190　Rose, *Sharing*, p.71.

191　Lowry, *Dancing*, p.41.

192　Buttrick, *Homiletic*, p.198.

어적 소통의 한계와 객관적 현실이라는 문제는 헬무트 틸리케가 정확히 지적한다. 그는 언어가 현실을 온전히 표현하기 위해 사용되지만, 우리와 현실의 관계는 변화를 겪었기 때문에 우리가 이전 세대와 같은 언어를 사용한다면 그 언어는 더 이상 같은 진리를 나타내지 않는다고 말한다. 그 언어는 더 이상 현실을 이해하고 파악하는 수단이 아니다.[193] 그 결과 헬무트 틸리케는 현대 언어를 '병들고 진부하며 공허한' 것으로 묘사한다.[194] 그리고 구두 언어를 강조하는 사람들은 언어의 역사적 조건 붙이기(conditioning)로 인해 언어가 성격상 편견에 빠지고 제약을 받는 것에 대해서는 대체로 논하지 않는다.[195] 모든 인간 집단의 언어는, 그들의 세상 경험이 필연적으로 제약을 받기 때문에 제한되어야 하며, 결과적으로 그들의 언어는 우주를 제한적으로만 묘사할 수 있을 뿐이다.[196] 의사소통에 있어 인간의 수사학에 반대하는 두에인 리트핀은 설교자의 능력이 전통적으로 성령에 달려 있는 것으로 간주해 왔다는 주장을 펼친다. 이 변화 능력은 인간의 말재주나 능란한 수사학의 결과가 아니라 오로지 성령으로 말미암는 결과였다.[197] 그리스도인들에게 요구되는 것은 오직 하나님의 말씀을 전파하고 그 말씀이 전파되는 것을 들으며, 또한 하나님이 그리스도인들에게 말씀하심으로써 그들에게 하신 약속을

---

193   H. Thielicke, *The Trouble With The Church* (J. W. Doberstein [ed. and trans.], New York: Harper & Row, 1965) p.45.

194   같은 책, pp.44-45.

195   Rose, *Sharing*, p.81.

196   C. Welsh, *Preaching in a New Key*, p.80.

197   D. Litfin, *St. Paul's Theology of Proclamation: 1 Corinthians 1-4 and Greco-Roman Rhetoric* (Cambridge: Cambridge University Press, 1994) p.248. 변화시키는 능력은 "말씀으로 뿐 아니라 또한 능력과 성령으로 그리고 완전한 확신과 함께" 사람들에게 왔다(데살로니가전서 1:5).

은혜 가운데 이루실 것으로 믿는 일이다.[198]

그렇지만 설교자는 청중의 삶에 지대한 영향을 미칠 특별한 말씀 선포를 통해 어떤 일이 일어날 것으로 늘 기대하는 것이 분명하다.[199] 따라서 강해설교에서 언어적 의사소통이라는 언어의 긍정적 측면을 간과하면 안 된다. 의사소통의 한 측면인 언어는 설교에서 매우 중요하지만, 강해설교에 대한 연구에서 별로 논의된 적이 없다.[200] 그럼에도 언어가 정보를 전할 뿐 아니라 어떤 일이 일어나는 행동이기도 하고 청중의 상상력을 자극할 수도 있다는 관점은 지극히 중요하다.[201]

(2) 비언어적 의사소통

언어가 발달하기 이전에 인간이 사용한 최초의 의사소통 수단은 신체적 움직임, 눈 맞춤, 몸짓 언어, 목소리의 어조, 소리의 크기, 빠르기, 그리고 고저, 소리 및 그림이었다.[202] 비언어적 움직임은 중요하다. 설교자들이 그런 움직임을 좋아하든 싫어하든 그들이 전하는 메시지에서 그리고 그들이 서 있거나 움직이는 방식을 통해서도 설교자들의 인격이 드러나기 때문이다. 에드워드 홀은 비언어적 의사소통이 의사소통 능력을

---

198 Baumann, *Contemporary Preaching*, p.284; Litfin, *Proclamation*, pp.247-250.

199 Long, *Witness*, p.84.

200 다음과 비교하라. 로빈슨은 언어를 강해설교에 있어 스타일의 일부로 본다(*Expository*, p.197). 라이펠트는 언어를 "고대 본문과 우리 자신의 본문 사이의 거리"라는 개념으로 이해한다(*Exposition*, p.23).

201 Craddock, *Authority*, p.33, 44, 157. Achtemeier, *Creative Preaching*, p.24; Rose, *Sharing*, p.67과 비교하라.

202 샤르티에는 비언어적 의사소통의 주된 요소들을 네 가지 범주로 나눈다. 그것은 목소리, 몸짓 언어, 대상(對象) 언어, 그리고 환경이라는 매개물이다. 그는 비언어적 의사소통의 주된 기능으로, 비언어적 신호, 설교자의 성품, 감정의 전달 및 청중과의 관계를 나열한다. *Communication*, pp.103-128.

향상시킨다는 사실을 강조한다.[203] 비언어적 의사소통의 권위자인 레이 버드휘스텔은 비언어적 의사소통이 언어적 의사소통보다 훨씬 더 중요하다고 본다. 그는 두 사람이 통상적으로 나누는 대화를 보면 의미의 35퍼센트는 언어가 전달하지만, 나머지 65퍼센트는 비언어적 수단이 담당한다고 주장한다.[204]

제한된 지면으로 인해 이 장에서는 설교자의 품성과 성령의 활동으로 논의를 제한할 것이다. 우리는 이 둘이 강해설교의 목적을 달성하는 데 매우 중요한 역할을 한다고 본다.

설교자의 개성은 많은 학자들이 강조해왔다. "설교자는 연사가 아니라 자신이 전하는 메시지에 개인적으로 헌신하기" 때문이다. 따라서 설교자의 삶과 그의 말씀 선포 사이에는 밀접한 관계가 있다.[205] 대중 연설은 고도의 기술을 요하지만 말씀 선포는 거룩한 삶에서 나온다.[206] 설교자의 개성은 득이 되거나 실이 될 수 있으며, 나아가 그가 전하는 메시지를 부정할 수도 있다. 그러므로 설교는 준비되어야 한다. 설교자 자신도 정신적으로나 영적으로나 준비되어 있어야 한다.[207] 이는 메시지가 자신들과

---

203 Robinson, *Expository*, pp.193-194. *The Silent Language* (Garden City, N.Y.: Doubleday 1959)에서 홀은 사회과학자들의 발견 사실을 요약하면서 다음과 같이 말한다. "구두 언어(verbal language)로 말하는 것 외에도 우리는 침묵의 언어, 즉 행동의 언어로 우리의 속내를 끊임없이 드러내고 있다"(quoted by Robinson, 같은 책).

204 L. L. Birdwhistell, *Kinesics and Context* (Philadelphia: University of Pennsylvania Press, 1970) p.158.

205 Stott, *I Believe*, p.262. J. Calvin, *Institutes of the Christian Religion II* (Translated by Beveridge [Grand Rapids, Michigan: Eerdmans, 1975] p.323); T. W. Alexander, *Thoughts On Preaching* (Edinburgh: The Banner of Truth Trust, 1975) p.108; K. Runia, "What is Preaching According to The New Testament," p.13; Broadus, *Delivery of Sermons*, p.16; L. Goldberg, "Preaching with Power the Word 'Correctly Handled" to Transform Man and His Word, *Journal of The Evangelical Theological Society* 27 (March 1984) p.16.

206 T. Kelley, "Reflections on Preaching and Teaching," in *Worship* 53 (1979) p.262.

207 Craddock, *Preaching*, p.212.

설교자 모두에게 중요하다고 청중이 느끼고 싶어 하기 때문이다.[208]

성육신적 의사소통[209]에서 목회의 효율성은 복음 선포자의 삶의 방식과 정직함, 기독교적 품성과 밀접한 관련이 있다.[210] 특히 설교자의 마음(감정과 열정, 확신 및 헌신)은 그가 무시할 수 없는 강해설교의 중요한 자질이기도 하다. 제리 바인스는 "진심어린 설교만이 사람들의 마음을 움직여 행동하게 할 것"이라고 말한다. 설교자가 청중에게 전해야 하는 것은 설교 내용 이상이어야 하며, 그의 메시지는 마음에서 우러나와야 한다.[211] 자신의 행동과 삶의 방식을 통해 말씀을 선포하시는 예수님은 의사소통의 모델이시다.[212] 하지만 특히 설교와 문화 사이의 관계와 관련해서는 이점을 짚고 넘어가야 한다. 앞으로 이 문제를 다룰 것이다.

설교가 성령의 지혜와 능력에 의해 인도되어야 한다는 데 동의하는 현대 설교자들은 보다 설득력 있는 주장을 펼친다.[213] 성령의 역사를 힘입으면 설교가 효과적이고 적절성을 지닐 수 있게 된다.[214] 모든 설교학 교과서는 명시적이든 암묵적이든 기독교 교리에서 성령이 역사하지 않

---

208 같은 책, pp.216-222.
209 성육신적 의사소통이란 현대 청중에게 하나님의 말씀을 "말씀이 육신이 되어"(요한복음 1:14)로 효과적으로 전하는 것을 의미한다. 웨버는 "성육신은 하나님과 인간의 의사소통에서 중심을 이룬다"고 말한다. 우리는 존 스토트와 옥한흠의 설교 접근법에 대한 장(2.1.2와 3.1.2)에서 이것의 실제 의미를 다룰 것이다.
210 Baumann, *Contemporary Preaching*, p.43.
211 J. Vines, *A Guide to Effective Sermon Delivery* (Chicago: Moody Press, 1986) p.150. 바인스는 "마음에서 우러나오지 않는 설교는 설교가 아니다"라고 주장한다.
212 Webber, *God Still Speaks*, p.98.
213 Adams, *Purpose*, p.27. 애덤스는 "주석을 거쳐 작성된 메시지가 형편없더라도 성령은 우리의 설교를 축복하실 수 있다"라고까지 말한다. 바인스는 하나님의 사람이 성령과 협력하는 가운데 성령이 능력을 주실 때라야 설교가 효력을 발휘한다고 주장한다. 그는 무엇보다도 마태복음 10:19-20; 고린도전서 2;1-5; 12:3; 사도행전 11:15에서 그 증거를 제시한다(*Sermon Delivery*, p.160).
214 Whitesell, *Expository Preaching*, p.145.

는 설교는 죽은 설교라고 말한다. 성령은 메시지 준비에 영감을 불어넣고 말씀 선포에 기름을 붓는다. 설교에서 계속 진행되는 중요한 모든 일은 그분의 역사다.[215]

설교에서 성령에 대한 통찰력 있는 분석은 성령의 역할이 무엇인지를 이해하는 데 많은 도움을 준다. 로버트 웨버는 주 예수 그리스도가 하나님과 인간 사이의 '중보자'이시며, 성령은 하나님과 인간 사이의 '의사 전달자'이시라고 말한다.[216] 성령은 말씀이 전해지는 역동적 순간을 안내하신다. 설교의 목적은 사람들을 하나님의 임재 안으로 이끄는 것이므로 성령이 없는 설교는 죽은 예술 형태이다. 성령의 기름 부으심은 설교를 온갖 다른 종류의 연설들과 구별하는 하나의 특징이다.[217] 게다가 성령은 말씀을 잘 전달하게 하여 청중을 변화시키는 능력이다. 분명 설교자가 청중의 삶을 변화시키는 효과적이며 감동적인 설교를 하고 싶다면 성령 의존은 절대적이다.[218] 그러나 해든 로빈슨과 제임스 데인, 시드니 그레이다너스 같은 다른 학자들은 강해설교에서 성령을 주제로 다루지 않는다. 결과적으로 그들은 인간과 하나님 사이에서 소통하시는 성령의 역동

---

215 Baumann, *Contemporary Preaching*, p.277. 엉거는 이렇게 말한다. "이 긴요한 준비를 통해 참된 강해설교가 생겨난다. 이때 기름 부음을 받고 능력을 지닌 설교자는 해당 성경 구절의 의미를 명료하게 설명하며 성경의 진리를 청중의 필요 위에 효과적으로 강제한다."(*Principle of Expository Preaching* [Grand Rapids: Zondervan, 1955] p.35. fn 11). Thomas, "Exegesis and Expository Preaching," p.153과 비교하라. 존 녹스의 말대로 "진정한 설교는 처음부터 끝까지 성령의 역사다."(*The Integrity of Preaching* [Nashville: Abingdon Press, 1957] p.89).

216 Webber, *God Still Speaks*, p.171. 갈라디아서 4:6, 7; 로마서 12:2와 비교하라.

217 W. E. Sangster, *Beginning Your Ministry* (New York: Harperand Row Publishers, 1963) p.120.

218 Llyod-Jones, *Preaching*, p.325. 그는 리빙스톤, 에드워즈, 해리스, 로우랜즈(pp.304-325)와 같은 설교자들을 그 증거로 제시한다. 존 스토트에 의하면 설교자들에게 절대적으로 요구되는 것은 "위로부터 능력으로 입혀지는"(누가복음 24:49) 것이다. 그렇게 되면 설교자들은 "하늘로부터 보내신 성령을 힘입어"(베드로전서 1:12) 예전의 사도들처럼 설교할 수 있으며, 그 결과 복음은 "말로만 이른 것이 아니라 또한 능력과 성령과 큰 확신으로"(데살로니가전서 1:5) 많은 이들에게 전해질 수 있다(*I Believe*, pp.329-330).

적 측면을 약화시킨다.[219]

비언어적 의사소통의 기능에 대한 결론을 내리려면 비언어적 방식으로는 완벽한 의사소통이 이루어질 수 없음을 깨달아야 한다. 해든 로빈슨은 비언어적 의사소통이 개인마다 문화마다 다르기 때문에 몸짓 언어의 의미에 대해 구체적으로 정의하는 것은 극단적으로 단순화하는 것이며 위험하기까지 하다고 말한다. 따라서 그가 비언어적 의사소통의 약점을 부각시키는 것은 타당하다. 하지만 우리가 침묵할 때조차도 의사소통은 여전히 이루어지고 있으며, 감정과 태도는 비언어적 방식으로 더 쉽게 전달된다는 사실을 인정한다.[220] 설교자는 의사소통의 중요한 매개물이다. "진리가 설교자의 인격과 체험에 적용되어야 하고, 이로 인해 하나님이 설교자를 다루시는 것이 설교 과정의 중심에 놓이기" 때문이다.[221] 따라서 강해설교에서 설교자는 메시지와 분리될 수 없다. 언어적 의사소통과 비언어적 의사소통은 균형 잡힌 설교를 하는 데 필수 불가결하다. 성령의 역할을 강조하는 사람들이 설교 준비의 이 측면을 무시한다면 이는 그들에게 약점이 될 수 있다. 반면에 설교자의 재능과 기술을 지나치게 강조하면 메시지를 전할 때 하나님의 능력이 제한될 수 있다. 그러므로 설교자가 성경적인 강해설교를 하려면 성령과 그들의 기술적 준비가 의사소통의 영역에서 조화를 이루며 협력한다는 상상을 해야 한다.

---

219 신약성경에 관한 한 보렌은 성령이 제자들에게 언어를 가르친 교사이시며, 제자들은 성령의 말씀을 선포하는 자들이 되었음을 지적한다. 말하는 사람은 제자들이 아니라 성령이시지만, 성령에게는 인간이라는 그릇이 필요하다(*Predigtlehre* [translated by Keun Won Park]; [서울: 대한기독교서회, 1979] p.104). 바르트는 인간이 할 수 있는 말에 한계가 있음을 인정한다. 바로 여기에서 성령은 말할 수 없는 한숨과 탄식으로 자신을 나타내신다(*Homiletics*, p.86).

220 Robinson, *Expository*, pp.193-194.

221 같은 책, p.24. 필립 브룩스는 "인격을 통해 부어지는 진리"에 대해 이야기한다. (같은 책)

(3) 의사소통 방식들

설교자의 기술적 준비라는 주제와 관련해 의사소통은 두 요인에 의존한다. 하나는 설교자가 말하는 내용이고, 다른 하나는 말하는 방식이다. 후자는 전달 방법과 관계있다. 어떤 이들은 설교자가 준비된 원고를 보면서 말한다면 지루한 설교가 될 공산이 크다고 우려한다.[222] 하지만 다른 이들은 원고 없는 설교가 판에 박힌 말이나 일반적인 신학적 표현들을 늘어놓을 위험이 있다고 경고한다.[223] 강해설교는 다양한 전달 방법을 사용해 왔다. 여기서는 강해설교의 이 방식들이 지닌 장단점을 살펴볼 것이다.

강해설교를 하는 방식에는 설교 원고 작성이 있다. 이 방식을 쓰려면 설교자는 강단에 서기 전에 설교 원고를 온전히 준비해야 한다. 이 방식은 몇 가지 장점이 있다. 하나는 설교자가 생각들과 설교 시간, 타이밍을 조절하면서 자신이 전하고자 하는 메시지를 정확히 전달할 수 있다는 점이다. 게다가 이 방식은 설교자가 설교 언어를 공들여 만들고 어휘를 신중하게 선택할 수 있게 해준다. 단어 사용에서 선택의 폭이 넓어지는 것이다.[224] 이 방식은 또한 설교자들에게 좋은 훈련이 되며 설교 전이나 설교 중에도 자신감을 높여 준다.[225] 원고를 작성함으로써 설교자들은 주제와 효과적으로 전달할 수 있는 구조를 찾아내는 훈련을 스스로 할 수 있다.

---

222 H. C. Brown, Jr., H. Gordon Clinard and Jesse J. Northcutt, *Steps To The sermon: A Plan For Sermon Preparation* (Nashville: Broadman Press, 1963) p.237.

223 Brown et al. *Steps*, p.237.

224 R. L. Lewis, *Persuasive Preaching Today* (Wilmore, KY: R. L. Lewis, 1977) p.248. W. M. Kroll, *Prescription For Preaching* (Grand Rapids, MI: Baker Book House, 1980) p.116과 비교하라.

225 Broadus, *Delivery*, p.317. R. L. Lewis, "Preaching With and Without Notes" in Duduit (ed.), *Contemporary Preaching*, p.413과 비교하라.

하지만 단점도 그에 못지않다. 우선 설교자가 원고에 신경 써야 하기 때문에 청중과 눈 맞추기가 쉽지 않다.[226] 다수의 저명한 강해학자들과 교류하는 캠벨 모건과 알렉산더 매클래런은 노트나 손으로 쓴 원고가 청중과의 눈 맞춤에 걸림돌이 된다고 본다.[227] 청중은 설교자의 부자연스러운 태도로 인해 설교에 진정성이 없다고 생각할 수도 있다. 또한 설교자가 자신의 설교가 끼치는 비언어적 영향을 무시할 수도 있으므로 이는 비효과적인 의사소통 방식이라 할 것이다. "중요한 것은 깔끔하게 타이핑 된 설교 노트에 나타나는 글이 아니라 청중이 직접 귀로 듣는 말들이기"[228] 때문이다. 게다가 말투에 변화가 없어 청중은 지루함을 느끼기 십상이다. 마지막으로, 이 방식은 성령의 역동적 능력을 고취하기보다 오히려 없앨 수도 있다.[229] 원고 작성을 끝냈다고 해서 목사의 설교 준비가 끝나는 것은 아니기 때문이다.[230]

전달의 다른 유형은 설교자가 설교 메시지를 암송하는 방식이다. 이 방식은 설교자에게 좋은 훈련이 되며, 설교자가 말하고 싶어 하는 것을 정확히 전할 수 있게 해준다. 게다가 원고에 신경 쓸 필요가 없어 눈을 맞추고 몸짓을 할 수 있다. 따라서 청중은 느긋해지고 설교자는 효과적인 표현들을 사용해 막힘없이 말할 수 있다.[231] 존 브로더스는 암송 방식

---

226 J. Killinger, *Fundamentals of Preaching* (Minneapolis: Fortress Press, 1996) p.164.

227 Lewis, "Preaching," p.410.

228 Jensen, *Story*, p.35.

229 Lewis, "Preaching," p.413. 그럼에도 루이스는 구어체 언어를 쓰고 힘찬 목소리로 단문을 사용하면 단점을 극복할 수 있다고 주장한다.

230 Lewis, *Preaching*, pp.83-84. 로이드 존스는 원고를 보면서 설교하면 불리한 점들이 있음을 시인하였으며, 성령이 주시는 능력으로 거리낌 없이 말하고 설교할 수 있는 것이 중요하다고 강조한다. 크래덕은 설교자의 감정 통제를 쉽게 할 수 있다면 읽기 방식에 큰 보탬이 될 수 있음을 지적한다. Craddock, *Preaching*, p.213. 크래덕은 자신이 즉석에서 하는 방식을 선호하지만, 즉흥적으로 성경 본문을 암송하기보다는 오히려 읽는 편이 더 중요하다는 것도 강조한다.

231 Kroll, *Prescription*, p.117.

의 긍정적인 면을 이렇게 설명한다. "설교를 그런 식으로 다루는 것은 어색하지 않으며, 잘 준비된 자유로운 연설의 탁월함과 위력에 어느 정도 근접하게 만드는 것도 불가능하지 않다."[232] 그러나 암송은 그 특유의 단점들로 인해 찬밥 신세가 되었다. 암송 설교의 주된 단점은 암송을 준비하는 데 시간이 꽤 걸리며, 기억이 가물가물해지면서 실패에 대한 두려움이 매우 커질 수도 있다는 사실이다.[233] 게다가 설교자가 성령을 의식하게 되면 암송하다가 균형을 잃을 수도 있다.

또 다른 전달 유형은 개요 방식이다. 이 방식은 준비를 대충 하면 안 되고 제대로 해야 한다. 이 방식은 원고를 읽지 않고 전달하려면 자료에 정통할 것을 요구한다. 이 개요 설교는 설령 설교자가 몇몇 사소한 내용들을 빠트린다 해도 그가 전하고자 하는 바를 정확히 전달할 수 있게 해 준다. 이 방식은 눈 맞춤과 몸짓을 할 때도 매우 효과적이다. 설교자 자신이 주안점에서 벗어나지 않도록 개요에 주목하기 때문이다. 설교자는 또한 성령을 늘 의식하기에 순간적인 영감을, 청중의 즉각적이며 변화무쌍한 반응을 순순히 받아들일 수 있다.[234]

하지만 개요 방식에도 문제가 있다. 이 방식은 준비 없는 자유분방한 연설로 빠질 가능성이 있다. 존 브로더스에 의하면, 이 방식의 치명적 단점은 설교자가 다른 도움 없이 즉흥적으로 자신을 표현할 수 있는 능력이 계발되면 설교 준비를 최소화하려는 경향이다.[235] 어떤 이들은 원고를 한 단어씩 쓰지 않으면 설교 준비에 집중하기가 어렵다는

232 Broadus, *Delivery*, p.322.
233 같은 책, pp.323-324.
234 R. L. Lewis, "Preaching," p.416. 루이스는 두 가지 사례를 제시한다. 즉흥적인 설교자로 이름 을 날렸던 헨리 비처와 장 칼뱅이 그들이다.
235 Broadus, *Delivery*, p.330.

것을 지적하면서 이 방식을 비판한다.[236] 하지만 기본적으로 준비하는 데 쏟는 시간은 전달보다는 내용에 더 많은 영향을 끼치므로 이 비판은 설득력이 없다.

강해설교는 암송이나 즉흥적 방식보다 개요나 읽기 방식을 선호하는 경향이 있다. 이런 선호에도 불구하고 원고나 노트의 사용 여부에 대한 가치 판단은 득보다 실이 더 크다. 어느 방식이 가장 좋은지는 현재로서 불분명하다. 실제 상황과 설교자의 개성에 적합한 방식을 택하는 편이 나을 것이다.

이미 지적한 것처럼, 의사소통에 대한 이런 생각들은 종종 간과되기 때문에 언어적 및 비언어적 의사소통보다 내용을 강조하는 경향이 있는 강해설교의 약점으로 이어진다. 이는 설교 전달의 유효성을 등한시하는 결과를 낳는다. 강해설교를 제대로 하려면 전달 내용과 전달 방법 둘 다 중시해야 한다. 샤르티에의 혜안은 여기서 빛을 발한다. 그는 예수의 산상설교가 위대한 것은 언어적 의사소통과 비언어적 의사소통이 균형을 이루기 때문이라고 말한다.[237] 이런 인식을 통해 설교자들은 보다 효과적으로 강해설교의 목적을 달성할 수 있을 것이다.

4. 강해설교의 극복 과제

앞에서 보았듯이, 정의(definition)에서 의사소통에 이르기까지 강해설

---

236 Kroll, *Prescription*, p.119.
237 Chartier, *Communication*, p.103. 여기서 샤르티에는 예수 자신(그분의 거룩한 인성)이 산상설교 그 자체라고 주장한다.

교에 관한 주요 이슈들을 살펴보면서 이 주제를 둘러싸고 왜 열띤 논쟁이 벌어지는지 알 수 있다. 강해설교에 어떤 장점들과 약점들이 있는지도 드러난다. 여기서는 앞으로 전개될 강해설교자들에 대한 두 사례 연구를 위한 틀을 볼 것이다. 그리고 강해설교에 대한 포괄적 평가를 위해 여러 학자들의 연구도 살펴보고 강해설교에 대한 주요 비평들을 분석할 것이다. 이들 비평은 네 가지 주된 범주로 다룰 것이다.

1) 본문에 대한 지나친 강조

강해설교가 주제설교에 비해 본문에 충실할 것을 훨씬 더 강조한다는 사실은 주목을 끈다. 설교자가 부득이 성경 본문에 따라 말씀을 전하게 되는 경우, 설교는 설교자 개인의 특별한 생각에 좌우되지 않게 되어 청중은 확실하고 안전한 메시지를 들을 수 있다.[238] 이렇게 되면 설교자는 자신의 개인적 견해를 제시하는 것은 고사하고, '세속 문헌이나 정치 연설 혹은 심지어 종교 서적'에서 발췌한 글을 다룬다는 인상을 주지 않는다.[239] 본문 강조는 청중에게 복음의 진수도 맛보게 한다. 그 결과 청중

---

238 Barth, *Homiletics*, p.112. 라이펠트의 주장에 따르면, 강해설교의 한 가지 이점은 매우 확고한 토대를 제공하는 신학적 주석과 해석을 통해 강해설교가 주관주의(subjectivism)를 최소화한다는 사실이다. 설교자가 성경의 진리에 스스로를 제한했으며, 나아가 "성경을 통해 설교할 때 우리는 '자기 자랑'을 싫증 나도록 계속하기보다는 '하나님의 전반적인 계획'을 선포하기 때문이다"(*Exposition*, pp.10-11). 존 스토트 역시 강해설교의 두 가지 주요 함정을 피함으로써 확보되는 객관성을 지지한다. 이 두 가지 함정은, 건망증 있는 강해설교자가 자신의 취향을 따르느라 본문의 흐름을 놓치는 것과 불성실한 강해설교자가 본문에 집착한 나머지 본문이 원래 의도한 의미에서 완전히 벗어나는 방식으로 그 본문을 적용하는 것이다(*I Believe*, pp.129-130). G. Morgan, *Preaching* (London: Marshall, Morgan & Scott, 1937) p.42; Robinson, *Expository*, p.35와 비교하라.

239 Stott, *I Believe*, p.126. D. Coggan, *Stewards of Grace* (London: Hodder & Stoughton, 1958) pp.46-48과 비교하라.

의 시선은 설교자에서 성경으로 향하게 되는데, 이것이 바로 본문 강조의 장점이다.[240] 본문에 대한 강조는 본문을 온전히 보존한다. 말하자면 이 방식은 설교자로 하여금 '원저자가 이 본문을 기록한 의도는 무엇일까?'[241]라는 질문과 만나게 한다. "교회의 비판적 기능이 문어(文語)에 맞서는 구어(口語)를 검증하는 데 있어 청중에게 본문의 한계를 제시하기 때문에 본문의 온전함은 그 덕을 본다. 따라서 청중은 메시지가 받아들일 만한 가치가 있는지를 더욱 책임감 있게 결정할 수 있다."[242]

하지만 본문의 특정 생각들에 대한 지나친 강조는 오히려 약점이 될 수 있다. 우선 그것은 설교의 관련성을 감소시킨다. 사실상 '설교가 말잔치로 변질되면서'[243] 사회를 지속적으로 변화시킬 수 있는 설교의 능력이 종종 약화되어 왔다. 게다가 설교자가 특정 본문을 언급하면서 특정 상황과 연관시킬 때 본문에 대한 지나친 강조라는 문제가 발생한다. 이는 대체로 적용 위치에서 그러하다. 상황에 맞는 분명한 사례가 갑자기 생각나지 않는다면 본문의 원래 의미는 삶에 대한 어떤 일반적 교훈을 주기 위해 수정될 것이다. 이리하여 본문 설교는 본문을 적용하는 위치에서 종종 긴장의 징후들을 보인다. 더구나 본문 설교가 성경의 내용을 시시콜콜 이야기하더라도 노력하지 않으면 적절한 관련성이 확보되지 않을 때가 빈번하다.[244] 본문의 생각들을 지나치게 강조할 때 생기는

240 Robinson, *Expository*, p.12.

241 Stott, *I Believe*, pp.127-129.

242 Greidanus, *Modern Preacher*, p.16.

243 Craddock, *Authority*, p.5.

244 Buttrick, *Homiletic*, p.366과 비교하라. 버트릭은 설교의 결론에서 정점을 이루는, 대여섯 가지의 관념 단위로 구성되는 일련의 플롯을 계획한다. 그는 "그것은 무엇을 말하는가? 어느 것이 강해설교의 주요 관심사인가?"보다는 "구절은 무엇을 행하고자 하는가?"라는 질문에 답하려 한다("Interpretation and Preaching").

또 다른 결함은 서사, 예언자의 신탁, 격언, 시편, 비유, 및 서신과 같은 본문의 문학적 양상들이 단순한 장식이 아니라는 점이다. 그런 양상들을 무시한다면 구절의 일부 의미를 간과하게 된다. 독자에게 설명하는 방식으로 문학 양식의 문제를 다루지 않으면 본문의 메시지를 놓치는 결과가 초래된다.[245] 만일 설교자가 문학적 양상을 무시한다면 청중은 성경의 저자가 역동적 효과를 낼 것으로 기대한 중요한 부분을 놓치게 된다.[246] 이는 성경 본문이 생각들을 담고 있는 상자가 아니라 의사소통 방식이기 때문이다. 게다가 아이디어와 특정한 결론을 둘러싸고 준비된 설교는 시간을 끌어 지루해지기 십상이다.[247]

따라서 강해설교를 위해 본문을 고수하는 설교자라면 당연히 적용을 중시해야 한다. 본문을 철저하고 균형 있으며, 모든 것을 포괄하는 방식으로 설명하지 않으면 강해는 신뢰를 잃을 것이다. 그리고 현실적 적용이 빠진 강해는 묘사일 뿐이다. 다시 말해 강해설교는 구절 설명에 집중하여 청중들의 삶에서 적절하고 긍정적인 반응을 일으킨다.[248]

2) 요약과 명제

일반적으로 강해설교자들은 명제적 지식과 논리적 주장을 이용하여 말씀을 전한다. 강해설교의 이러한 특징들은 분명 여러 장점을 지닌다.

---

245 Long, *Literary Form*, pp.37-39. 크래덕 역시 "형식과 내용의 분리는 설교에 치명적이다. 형식과 내용이 분리되면 의사소통 방식에 함축된 신학을 알아보지 못하기 때문이다."(*Authority*, p.2).

246 A. N. Wilder, *Early Christian Rhetoric: The Language of the Gospel* (London: SCM, 1964) pp.127-128.

247 Long, *Literary Form*, p.80.

248 Liefeld, *Exposition*, pp.5-6.

첫째, 강해설교에서의 간결한 요약과 명제적 개념은 설교 주제가 서두에서 진술되고 그 후에 세부사항을 통해 전개되기 때문에 설교자가 설교의 목적을 분명히 전달하도록 돕는다.[249] 또한 강해설교는 명제가 주장하는 바를 설명하고 보여주며 자세히 말한다.[250] 이는 성경의 한 구절 혹은 여러 구절로부터 성경적 개념을 알리는 것이다.[251] 따라서 "중심적이고 일관된 생각이 효과적인 설교의 핵심이 되어야 한다는 원칙을 무시한다면 이는 설교학자들이 우리에게 들려주는 이야기에 귀를 막는 것이다."[252]

둘째, 간결한 요약과 명제적 개념은 청중에게 유익하다. 그것은 청중이 설교를 듣고 본문과 대조할 수 있게 한다. 또 명제적 분석은 명쾌하고 체계적인 구조를 만들어내어 청중에게 설교를 이해할 수 있는 건전하고 합리적인 틀을 제공한다.[253]

셋째, 이 명제적 접근법은 '기독교적인 설교의 정치적 특성과 훈련된 공동체의 중요성'이라는 설교의 공동체적 차원으로 청중을 인도한다.[254] 찰스 캠벨은 오늘날 경험을 강조하는 '이야기체 설교학'이 우리의 하나님 이해를 개인의 즉각적인 경험에 지나치게 의존하게 만드는 신학적 문제를 낳을 수도 있다고 경고한다.[255] 그 결과 현대 설교학자들은 현대

---

249 Greidanus, *Modern Preacher*, p.144.

250 Daane, *Confidence*, p.57.

251 Robinson, *Expository*, p.33.

252 같은 책, p.35.

253 Greidanus, *Modern Preacher*, p.146.

254 Campbell, *Preaching Jesus*, pp.144-145. 캠벨은 이야기 설교학자들이 개인들의 체험을 지나치게 강조하는 바람에 이 중요한 요점들을 간과했다면서 그들에게 반대한다. 그는 "공동체의 관행은 복음의 진리를 듣는 데 필수적이다"라고 주장한다.

255 같은 책, p.142. 데이비스 역시 지금의 이야기 형태가 지닌 잠재적 위험을 예로 든다. *Design for Preaching* (Philadelphia: Fortress Press, 1958) p.161. 이야기 설교에 관해서는 Campbell, *Preaching Jesus*, pp.117-145; Greidanus, *Modern*, p.18; Jensen, *Telling the Story*, p.128; Achtemeir,

문화의 '횡포', 보다 구체적으로는 미국의 자유방임적 개인주의의 '횡포'의 희생자가 되어 왔다.[256] 이와 비슷한 입장을 견지하는 칼 바르트는 설교에서의 명제를 변론한다. 설교는 하나님이 스스로 드러내시는 뜻을 경청하는 것에서 일어난다. 이는 설교가 중립적 활동이 아니며, 참여하는 두 당사자가 동등하지 않기 때문이다. 하나님은 설교의 주인(主人)이시기에 청중은 순종할 따름이다.[257] 칼 바르트 역시 본문 설교가 단순히 '경험적 사건'을 만들어 내지 못하기 때문에 개인의 경험을 말하는 이야기체 설교를 비판한다. 그는 '사건'을 인간의 경험보다 하나님의 활동에 더 초점을 맞추는 것으로 이해한다. 사건은 언어학적이며 '객관적'인 성격이 짙은 반면, 실존적 경험에 대한 의존은 덜하다.[258] 하지만 프레드 크래덕은 "설교라는 사건이 하나님 말씀을 공유하는 것이고, 단순히 목적지 도달이 아닌 여정이며, 결론을 넘겨주는 것이 아니라 결론을 이끌어 내기 위한 지점에 도달하는 것"이라는 칼 바르트의 견해에 반대한다. 설교자는 청중 스스로 여행할 수 있는 기회 또한 제공해야 한다. "따라서 귀납적 전개는 회중의 보다 적극적인 참여를 유도하여 결론에 도달하려 한다."[259]

현대 설교학자들은 요약과 명제를 이용하는 접근법이 더 이상 통하지 않는다고 하면서 강해설교를 다소 강하게 비판한다. 그들의 비판은 특히 강해설교의 논리적이고 순차적인 구성 그리고 한 절 한 절의 설명적 방식과 관련 있다. 최초로 경험된 기독교 계시는 단순히 명제 안에 가둘

Creative Preaching, p.46을 보라.
256 Campbell, *Preaching Jesus*, p.144.
257 Barth, *Homiletics*, pp.49-50.
258 같은 책.
259 Craddock, *Authority*, p.146, 57.

수 없다.[260] 이에 대한 소극적 반대는 '기독교 계시의 종교적 내용과 그것의 힘든 실행'과 같은 정해진 중심 주제를 다양한 관점에서 따르도록 청중을 종용한다는 점이다. 이는 움직이거나 진전이 이루어지고 있다는 느낌이 들지 않기 때문이다.[261] 명제적 관점에서 설교에 접근하면 놀라거나 발견할 수 있는 기회가 대체로 줄어들기 때문에 청중이 흥미를 보이거나 참여하는 정도는 감소된다.[262] 게다가 본문을 재구성할 때 의도하지는 않았지만 본문의 실제 메시지를 왜곡할 수도 있어 강해설교에 크게 반대한다. 그렇게 되면 메시지는 한갓 지적 연설로 전락한다.[263] 그 결과 메시지는 설교의 성육신적인 측면과 역동성을 포착하지 못한다.[264] 또 다른 문제는 그런 접근법이 성경 구절의 문학적 구조에 낯선 형식을 강요한다는 점이다.[265] 복음은 사람들이 동의하는 여러 요약된 생각의 범위와 행동 규칙들로 구성되지 않는다. 복음은 여기 이 땅에서의 완전한 삶의 방식을 실제로 묘사하는데, 이는 이야기를 통해서만 온전히 전달될 수

---

260 로우리는 설교자가 미리 생각한 메시지, 설교 구상, 혹은 초점의 진술이 아닌, 그것에 의해 설교가 그 중심 사상이나 핵심적 문장을 지니지 않은 채 통일성과 일관성을 지닐 수 있는 형태에 의존하는 설교 형식을 제시한다. Rose, *Sharing*, p.115.

261 Buttrick, "Interpretation and Preaching," p.55. Lowry, *Dancing*, pp.54-55.

262 R. Lewis, *Inductive Preaching*, pp.31-32; Craddock, *Authority*, p.54, 60.

263 Craddock, *Authority*, p.62; Lowry, *Dancing*, p.22. 크래덕에 의하면, "모든 사람의 삶은 연역적이 아닌 귀납적이다." *Authority*, p.60.

264 크래덕과 버트릭의 연구에 기초하여 루이스와 롱, 로우리는 성육신적이고 역동적인 것과 반대되는, 강해설교에서의 추상적이며 명제적인 것에 반대한다. Craddock, *Authority*, p.62; Long, *Witness*, pp.80-81, 97과 비교하라. 또한 명제적 계시에 관한 다음 논의를 보라. Jensen, *Story*, p.23, 30; George Hunsinger, "What Can Evangelicals & Postliberals Learn from Each Other?: The Carl Henry-Hans Frei Exchange Reconsidered" in Timothy R. Phillips & Dennis L. Okholm (eds.), *The Nature of Confession: Evangelicals & Postliberal in Conversation* (Downers Grove: IVP, 1996) pp.134-150; N. T. Wright, *The New Testament And The People of God* (London: SPCK, 1992) pp.77-78; Eslinger, *A New Hearing*, pp.11-14.

265 Buttrick, *Homiletic*, p.12.

있다.[266]

프레드 크래덕은 명제적 설교가 일반적인 명제적 결론으로 시작하고 그 결론을 청중의 상황에 적용하기 때문에 명제적 설교라는 개념을 거부한다. 결과적으로 명제적 설교는 청중의 참여보다 수동성을 부추긴다.[267] 이 수동성은 설교자들이 결론에 이르는 수단보다 결론을 강조하려는 일반적인 경향에 의해 강화된다.[268] 명제적 강해설교의 대안으로 귀납적이며 이야기체 방식을 선호하는 강력한 주장들이 있다.[269] 이들 주장은 지적 능력보다 '경험의 단계'에서 청중의 마음을 움직이고, 오늘날의 청중이 복음을 경험하게 하는 것을 추구한다.[270] 이는 설교의 핵심은 개인

266　Long, *Literary Form*, p.37. 로즈 역시 "이야기는 체험을 만들어 내거나 환기할 수 있는 독특한 능력 때문에 귀한 대접을 받는다"는 데 동의한다("The Parameters of Narrative Preaching" in Wayne Bradley Robinson [ed.], *Journeys Toward Narrative Preaching* [New York: Pilgrim Press, 1990] p.39).

267　Craddock, *Authority*, pp.54-55.

268　D. C. Norrington, *To Preach Or Not To Preach: The Church's Urgent Questions* (Carlisle: Paternoster Press, 1996) p.80.

269　강해설교의 약점을 피하기 위해 루이스는 귀납적 설교를 지지한다. 루이스는 강해설교를 설명하기 위한 몇 가지 단계를 제시한다(*Inductive Preaching*, pp.34-46). 그는 귀납적 설교를 통해 처음이 아닌 끝에 가서 그 진리에 다다를 수 있다고 말한다(p.163). 루이스는 일곱 가지 유형의 귀납적 설교를 제시한다(pp.84-102). Greidanus, *Modern Preacher*, p.143; Davis, *Design*, p.176과 비교하라.

270　D. M. Wardlaw, "Introduction: The Need for New Design," in D. M. Wardlaw (ed.), *Preaching Biblically: Creating Sermons in the Shape of Scripture* (Philadelphia: Westminster Press, 1983) p.19, 21. 이야기 설교학자들(크래덕, 라이스, 로즈, 로우리)은 이처럼 경험을 강조할 뿐 아니라 또한 실존적 '말씀-사건'에 대한 새로운 설교학의 강조를 대체로 수용했다. 설교는 창의적이며 변화를 일으키는 '사건'으로 이해된다(Campbell, *Preaching Jesus*, p.122). 하지만 롱은 인간 체험에 대한 극단적으로 단순화된 의존의 한계와 위험을 드러내면서 가장 기본적인 쟁점을 제기했다. 한 예로, 그는 사람들이 보다 쉽게 이용할 수 있는 하나님을 갈망하던 때에는 모습을 감추신 야훼와 보다 쉽게 예측할 수 있는 축복을 제공하면서 언제든 보다 쉽게 이용할 수 있고 만날 수 있는 바알을 비교한다(*Witness*, pp.40-41). '체험'이라는 용어를 모든 인간이 공유하는 공통 체험으로 사용하는 크래덕과 비교하라(*Overhearing*, p.123). 크래덕 역시 인간의 체험과 함께 시작하고 끝나는 설교의 체험적 목적을 강조한다(*Authority*, pp.58, 29, 45, 54, 128, 147-151).

의 내적 삶, 개인의 자아가 했던 경험과 접촉하는 것이기 때문이다.[271] 청중이 복음을 명제적으로만 알기보다 실존적으로 경험해야 한다는 유진 로우리의 주장은 지극히 옳다.[272] 복음은 머리로 이해하고 가슴으로도 경험해야 하는 것이기 때문이다. 설교의 가장 중요한 목적은 청중이 변화적이고 계시적인 경험 모두를 하게 하는 것이다.[273]

앞의 첫째 장에서 보았듯이 성경적인 강해설교라면 틀림없이 머리와 가슴 모두에 호소하도록 노력해야 할 것이다(즉, 강해와 영향). 하지만 강해설교는 청중의 정서적이며 의지적인 삶을 목표로 삼기보다 요약적이고 직설적이며 명제적인 것으로 기우는 경향이 있음이 분명해 보인다. 따라서 강해설교는 오늘날의 설교 방식으로는 비효과적이라고 볼 수도 있다. 그럼에도 강해설교는 결코 요약적이고 명제적인 것으로만 국한되면 안 된다. 이는 삶에서 생각들이 나올 수 있기 때문이다. 설교자들은 삶의 공통 요소들을 찾아내어 그 요소들이 상호관계를 맺게 할 수 있다. 우리는 생각들을 통해서도 우리가 하는 경험의 특별한 요소들을 이해할 수 있다.[274]

3) 효과적인 전달

설교는 설교자에게 어느 정도의 확신을 요구한다. 성경을 강해하는 설

---

271 Craddock, *Authority*, p.84, 57. 결국 설교의 목표는 모든 청중이 하나님 앞에 '홀로 서게' 하는 데 있다고 크래덕은 주장한다(p.91, 93). 라이스 역시 설교의 비결은 성경 본문이 아니라 본문에 나타나고 본문 '뒤'에 있는 인간의 체험이라고 주장한다(*Interpretation*, p.17).

272 Lowry, *Plot*, p.33.

273 Lowry, *Doing*, p.36. 로우리는 마음과 체험을 서로 떼어놓는다. 하지만 이 둘은 밀접하게 연관되어 있어 떼어놓는 것은 가혹한 일이다.

274 Robinson, *Expository*, p.38. 강해설교를 지지하는 라이펠트는 이렇게 주장한다. "내 설교는 두 사람이 아닌 세 사람, 즉 회중과 나 자신, 본문 사이의 대화라는 생각이 든다"(*Exposition*, p.12).

교는 말씀을 전할 때 자신감을 심어준다. 이는 설교자가 오류 가능성이 있는 자기 견해가 아닌 하나님의 말씀을 선포하기 때문이다.[275] 원문을 충실히 고수하고 저자의 의도와 상황을 고려하는 강해설교는 청중에게, 그들이 하나님의 말씀을 듣고 있다는 확신을 주고 이는 청중의 반응에 영향을 미친다. 설교자가 하나님 말씀에 근거하여 메시지를 전하고 있다는 확신이 들면 청중은 말씀에 순종하고 그들의 삶은 하나님의 뜻에 따라 변화될 것이다.[276]

하지만 탁월하고 자신만만한 많은 설교자들이 무미건조하고 단조로운 방식으로 말씀을 전하기 때문에 청중에게 영감을 주는 데 실패하고 만다.[277] 이는 설교자들이 구어적(oral) 의사소통의 요구사항을 따르기보다 문어적(written) 의사소통의 기준에 따라 강해설교를 준비하는 경향이 있기 때문이다.[278] 문어적 의사소통에서는 "회중과의 접촉이 별로 없고, 설교가 회중 개개인에게 미치는 영향을 판단하기가 쉽지 않다."[279] 말씀을 효과적이고 역동적으로 전하려면 구어적 의사소통 장치들을 사용해야 한다. 바로 이 특정한 위치에서 문자에 치중하는 백인 문화는 구어적 문화와 전통을 배경으로 하는 흑인 설교에서 무언가를 배워야 한다.[280] 비록 강해설교의 원고나 개요가 건전하다 할지라도 그 자체가 훌륭한 설교를 보장하는 것은 아니다. 위에서 언급했듯이 메시지는 청중에게 전달되어야 하고 원고는 설교자가 그것으로 말씀을 전할 때까지는 설교로

275   Stott, *I Believe*, pp.132-133.

276   Greidanus, *Modern Preacher*, p.16.

277   Jensen, *Story*, p.34, 38. Long, *Witness*, p.38; Buttrick, *Homiletic*, pp.23-28; Lowry, *Dancing*, p.59 와 비교하라.

278   C, Fant, *Preaching for Today* (New York: Harper & Row, 1975) pp.112-113.

279   Norrington, *To Preach*, p.79.

280   H. H. Mitchell, *Black Preaching* (New York: Harper & Row, 1979) p.75.

구성되지 않기 때문이다.[281] 강해설교는 특히 효과적인 의사소통의 영역에서 한계를 드러낸다. 그것의 언어가 종종 가슴이 아닌 머리에만 호소하기 때문이다. 강해설교가 청중의 마음 속 상상력을 자극할 수 있는 귀납적 방식이나 이야기 방식을 사용하는 일은 드물다.[282]

4) 청중의 필요와의 관련성

강해설교에서는 설교자가 청중과 직접 관련 있는 어떤 민감한 문제들을 쉽게 다룰 수 있다. 월터 라이펠트는 강해설교의 장점 중 하나가 "주제넘게 나서지 않고 연속적으로 강해를 하는 가운데 까다로운 주제들"을 다룰 수 있다는 것이라고 말한다.[283]

그럼에도 강해설교는 청중의 필요와 무관할 때가 종종 있다. 예컨대, 많은 경우 강해설교는 연속되는 본문들에 대해 설교를 시리즈로 하게 된다. 그래서 강해설교자는 특별한 기독교력(曆)이나 현대 공동체의 특수한 쟁점들을 다루기에는 이미 진행되고 있는 선택된 다음 구절에 의해 상당한 제약을 받는다. 그 경우, 구절을 특정 상황에 처한 현대 청중의 필요에 맞추기 어려울 때가 간혹 있다. 게다가 강해설교는 본문의 의미에 주된 관심을 둔다. 청중은 자신들의 실제 상황에서 '본문이 무엇을 뜻하느냐'보다 '본문을 어떻게 실천하느냐'를 알고 싶어 하기 때문에 이는

---

281 Tillich, "Communicating the Christian Message," pp.201-213; J. Gregory, "The Voice in Preaching," p.393.
282 버트릭은 의사소통과 하나님의 말씀에 계시된 구원의 메시지를 풀이하는 것에 설교가 관심을 둔다는 이러한 견해에 동의한다. 기본적으로, 설교는 과거의 계시를 오늘에 전하는 것으로 이해된다. "On Doing Homiletics Today", p.103.
283 Liefeld, *Exposition*, p.11.

약점이 된다. 그 결과, 청중은 자신들이 속한 공동체에서 기독교적 삶을 살아내지 못할 수도 있다.

5) 마무리

이 장에서는 '강해설교가 오늘날 말씀을 전하는 데 적절한 수단인가'라는 질문을 탐구했다. 이 질문에 답하기 위해 여러 학자들의 관점과 의견을 논하면서 강해설교의 본질과 특징을 평가했다.

학자들의 견해가 제각각이라서 강조점이 다르지만, 강해와 영향이라는 두 요소가 공히 강해설교의 핵심을 구성한다는 데는 기본적으로 의견이 일치한다. 따라서 이 두 목표를 달성하는 것이 성경적인 강해설교의 필수 요소이다. 강해설교의 목적이 하나님의 말씀을 선포하고, 믿는 자 개인으로나 집단으로나 하나님 교회의 구성원들의 삶을 변화시키는 것이라는 데에는 대체로 동의한다. 이 목표가 어떻게 달성되는지를 서술하기 위해 강해설교의 주된 내용을 구성하는 세 가지 요소^(주석과 해석, 적용)에 초점을 맞춰 비평적으로 평가했다. 의사소통에 대한 장에서는 강해설교에서 종종 간과되어 온 설교의 중요하면서도 효과적인 여러 기능들을 다루었다.

앞서 살펴보았듯이 강해설교는 극복해야 할 몇몇 결점들이 분명히 있다. 이를테면 특히 본문에 대한 지나친 강조, 말씀을 드러내기 위해 '내용 중심의 설교'의 특별한 측면에 초점을 맞추는 요약적이거나 명제적인 의사소통이다. 크게 주목할 점은 몇몇 학자들이 본문에 대한 평가와 적용이 균형을 이루어야 한다고 강조하면서도 청중의 삶을 변화시키려는 적용의 과제에 대해서는 별로 유의하지 않거나 아예 거들떠보지 않았다는 사실이다.

그럼에도 성경적인 강해설교는 오늘날 말씀을 전하는 데 훌륭한 도구가 될 수 있다고 우리는 믿는다. 청중에게 미치는 영향의 중요성을 강조함으로써, 즉 설교의 '무엇'(내용)은 덜 집중하고 '어떻게 및 왜'(영향)는 중시함으로써 강해설교가 위의 약점들을 극복하기 때문이다. 그런 접근법은 성경의 문학 장르들의 모델들과 귀납적 접근법의 사용, 효과적인 의사소통의 구성요소들에 대한 인식에 토대를 둘 수 있다. 강해설교의 특별한 강점은 그 설교가 성경 본문에 충실하게 근거한다는 점이다. 이는 설교자가 자기 본위라는 덫에 빠지지 않게 하여 결국에는 청중에게 영향을 끼칠 수 있다.

강해설교에 대한 이 평가는 두 강해설교자, 곧 영국의 한 설교자와 한국의 한 설교자의 설교를 특별히 참고하여 다음 장들에서 살펴볼 것이다. 그 토대는 이 두 설교자가 로마서에서 했던 설교들이다. 앞으로의 장들에서는 각자의 기능적인 약점들을 극복하기 위해 의식적으로 애써온 두 강해설교자에 대한 사례 연구들을 다룰 것이다.

2장

존 스토트의 강해설교

앞장에서 우리는 강단에서의 강해설교가 본문에 세심한 주의를 기울일 뿐 아니라 청중에게 영향을 끼치는 역할도 해야 한다고 단언했다. 그리고 강해설교의 주된 측면들, 즉 주석과 해석, 적용 및 의사소통의 과정을 선보였다. 이 장에서는 존 스토트와 옥한흠의 로마서 설교를 비평적으로 비교하기 위해, 특별히 로마서에서 뽑은 구절들(1:1-17, 8:1-17; 12:1-8)에 기초하여 존 스토트의 설교들을 평가하는 데 집중할 것이다.

존 스토트는 평생 목회자로 살면서 설교에 대한 생각을 정립해 왔다. 그가 해온 로마서 설교들의 목적과 신학적 강조점, 이 편지에 대한 설교는 목회적 필요에 의한 것이었고, 로마서 설교들과 관련하여 그가 본문에서 설교로 이행하는 과정도 분석할 것이다. 본문에 초점을 맞추는 과정에는 구조적이며 언어학적인 접근법을 이용해 주된 주제를 찾고, 해석 방식은 주된 도구가 단어의 의미와 구문론 그리고 문화적이고 역사적이며 성경 문맥에 대한 분석임을 볼 것이다. 적용 형태는 유연하지만, 그럼에도 청중보다 본문에 계속 초점을 맞추며 강해설교자들이 종종 무시해온 의사소통이라는 주제를 어떻게 다루는지 보게 될 것이다.

1. 존 스토트의 설교 철학

1) 존 스토트의 삶과 사상

"어떤 사상가의 삶을 보면 그의 사상을 알 수 있다."[284] 한 사람의 설교를 이해하려면 그의 배경과 사상에 대한 연구가 필수적이기 때문이다. 우리는 그런 생각을 출발점으로 삼아 존 스토트의 배경, 즉 그의 회심 체험과 그의 삶과 사상, 개인적 확신에 영향을 끼친 사람들에 대한 그 자신의 의견을 기반으로 간단히 살펴볼 것이다.[285] 배경과 사상이라는 이 두 측면을 보다 면밀히 검토해 보면 그것들이 존 스토트의 설교에 지대한 영향을 끼쳐왔다는 사실이 드러날 것이다.

'회심에는 인식론적으로 중요한 내용이 함축되어 있으며,'[286] '회심을 강조하는 것은 복음주의자들에게는 아주 전형적이다.'[287] 복음주의 기독교에 대한 이들 정의는 존 스토트와 그의 설교를 이해하는 실마리가 될

---

284 W. Oates, "The Significance of the Work of Sigmund Freud for the Christian Faith" (Unpublished Th.D. Thesis: The Southern Baptist Theological Seminary, 1947) p.2, quoted by Groover, "John Stott," p.51.

285 존 스토트는 자신이 죽기 전에 자신에 대한 전기를 쓰지 말 것을 당부했다. 이러한 당부에도 불구하고 존 스토트는 『다섯 명의 복음주의 지도자들』이라는 책에서 자신에 대한 이야기를 다루는 장을 쓰는 것에 동의했다. 하지만 이 책에서 제공하는 "존 스토트의 저술과 사상을 이해하는 데 긴요한 배경 정보는 극히 미미하다."(Groover, "John Stott," p.51) C. Catherwood, *Five Evangelical Leaders* (Wheaton, Ill.: Harold Shaw Publishers, 1985) pp.13-48을 보라. 더들리 스미스는 존 스토트가 유보해 달라고 했음에도 불구하고 처음으로 그의 전기를 쓸 수 있는 기회를 얻었다(T. Dudley-Smith, *John Stott: The Making of A Leader Vol.1* [Leicester: IVP, 1999]; *John Stott: A Global Ministry Vol.2* [Leicester: IVP, 2001]).

286 P. Hicks, *Evangelicals & Truth: A Creative Proposal for a Postmodern Age* (Leicester: Apollos, 1998) p.172. Stott, *Christian Mission in the Modern World* (London: Falcon, 1975) pp.109-128 과 비교하라.

287 D. W. Bebbington, "Evangelical Christianity and the Enlightenment" in M. Eden and D. F. Wells (eds.), *The Gospel in the Modern World: A Tribute to John Stott* (Leicester: IVP, 1991) p.67.

수 있다. 존 스토트에게 회심 체험은 설교자가 되라는 부름을 받는 결정적 계기가 되었다. 그는 1938년 2월 13일 주일 럭비학교에서 초빙 설교자인 에릭 내시가 전한 하나님의 말씀을 듣고 삶의 방향을 바꾸었다.[288] 회심한 지 여섯 달이 지난 후 존 스토트는 안수를 받아 목회 사역에 헌신하고 싶다는 열망을 럭비학교 교장에게 밝혔다.[289] 회심을 통해 존 스토트는 복음뿐 아니라 인간적 요소와 신적 요소가 개입되는 설교 또한 중요하다는 것을 인지했다.[290]

예전에 필자와의 인터뷰에서 존 스토트는 자신의 회심과 자신이 설교자와 교사로 위임받은 것 사이의 관계에서 나타나는 부정적인 면과 긍정적인 면을 다음과 같이 설명했다.

저는 외교관이 되거나 해외에서 근무하기를 기대하고 있었습니다. 당시 저는 프랑스어와 독일어를 공부하고 있었고, 외교관이 되면 좋겠다는 생각을 했었지요. 회심을 체험하자 그런 직업, 그런 경력에 대한 매력이 시들해졌습니다. 아무튼 저는 외교나 정치 분야에 내 인생을 걸고 싶지 않았습니다. 그것은 부정적인 면이었습니다. 긍정적인 면은 제가 전에 결코 알지 못했던 것들, 이를테면 용서와 평안, 기쁨과 새로운 삶을 그리스도 안에서 발견했다는 사실입니다. 열일곱 살이 될 때까지 복음을 단 한 번도 듣지 못했다

---

288 Dudley-Smith, *John Stott*, pp.91-93; Stott, *I Believe*, p.12; Stott, "Introduction," in J. Eddison (ed.), *Bash: A Study in Spiritual Power* (Basingstoke, U.K: Marshalls Paperbacks, 1983) p.62; Stott, "The Counselor and Friend" in *Bash*, p.58. 그가 회심한 순간에 대해서는 Stott, *Basic Christianity* (Leicester: IVP, 1958) pp.128-129와 참조하라.

289 Stott, "Counselor," p.57; Dudley-Smith, *John Stott*, p.87.

290 설교자의 말이 명료하고 힘이 있다 하더라도 그가 체험에서 비롯된 확신으로 말하지 않는다면 그의 설교는 참되게 들리지 않을 것이라고 존 스토트는 주장한다. 여기서 체험이란 예수 그리스도 그분에 대한 개인적 체험을 뜻한다. *Portrait*, p.70, 71.

는 사실에 저는 경악했답니다. 저는 교회를 다녔고 학교 예배에도 참석하였지요. 하지만 복음에 대해, 그리스도가 어떻게 저를 위해 죽으시고 부활하셨는지에 대해, 그리고 제가 그분 안에서 새 생명을 찾을 수 있다는 것에 대해서는 단 한 번도 들은 적이 없었습니다. 이 모든 게 새로웠습니다. 그래서 저는 기쁜 소식을 다른 사람들과 함께 나누는 일에 인생을 걸고 싶다는 갈망이 점차 커졌습니다.[291]

그리하여 존 스토트는 개인적 체험이 말씀을 효과적으로 전하는 데 중요하다고 강조한다.[292] 그리스도인들의 설교는 자신에게 맡겨진 말씀을 전하는 것 이상이라고 그는 주장한다. 그들은 이미 성취된 강력한 구속 행위를 그냥 선포하는 게 아니라 하나님의 이 말씀과 행위를 진짜 체험한 사람으로서 간증하는 것이다.[293] 무엇보다도 진실한 설교자는 예수 그리스도의 십자가를 통한 하나님의 위대한 구속 사역을 신중하고 깊이 생각한 후에 이해하기 쉽게 나타내려 애쓴다. 그러고 나서 성실하면서도 진지한 자세로 사람들에게 회개하고 믿으라는 권고를 한다.[294] 존 스토트

---

291 존 스토트, 필자와의 인터뷰, 2000년 6월 14일. 존 스토트는 설교 사역의 범주를 가르치는 사역으로까지 확대한다. 그는 이렇게 말했다. "회심 당시 나는, 내가 부르심을 받은 사역이 복음 전도라고 좁게 생각했던 것 같다. 하지만 몇 년이 흐른 후 나는 하나님이 복음을 전하는 은사뿐 아니라 가르치는 은사도 주셨다고 생각하고 있음을 깨달았다. 그래서 나는 복음을 설교할 뿐 아니라 신약성경, 나아가 성경 전체를 가르치고 싶다는 열망이 싹텄다." Stott, "The Counsellor and Friend", p.57 또한 주목하라.

292 Stott, *Portrait*, p.70, 71.

293 Stott, *Portrait*, p.72. 로마서 6장의 바울의 가르침을 해설하면서 존 스토트는 자신의 회심 체험을 사용한다(Dudley-Smith, *John Stott*, p.98). 베빙턴 역시 존 스토트의 의견에 동의하면서 이렇게 시인한다. "(복음주의자들은) 자신들이 그 밖의 다른 감각적 체험을 의식하는 것만큼이나 하나님이 자신들의 삶을 만지셨다는 것을 알고 있었다. 그들은 체험이 앎의 근원이라고 믿었다." ("Evangelical", p.72)

294 Stott, *Portrait*, p.58.

는 설교를 잘하는 비결이 예수 그리스도 자신에 대한 설교자의 개인적 체험을 통해 위대한 주제('그리스도를 통한 하나님의 강력한 구속 행위')를 이끌어 내는 데 있다고 믿는다.[295]

존 스토트는 살아오면서 부모 및 복음주의 지도자들의 생각과 개인적 확신에 의해 영향을 받았다. 그의 과학적 방법론과 분석적 사고는 심장전문의였던 아버지 아놀드 스토트의 영향을 받았다.[296] 아버지의 과학적 방법론과 분석적 사고, 전 인류에 대한 감정 이입은 오늘날 그의 아들에게 전수되었다. 아놀드 스토트 경은 과학적 세속주의라는 지적 입장을 취했다. "그는 인류의 진보를 위해 참으로 헌신하였으며, 언어사용의 정확성을 깐깐하게 따졌다."[297] 이 점에서 존 스토트가 꼼꼼하게 따지고 논리 정연한 사고를 하게 된 것은 아마도 아버지의 영향이 컸을 것이다. 반면에 그의 어머니 에밀리 홀랜드는 독실한 루터교 신자로서 독일어와 프랑스어에 능통했다. 어머니가 존 스토트에게 미친 영향은 그의 복음주의적 개방성에서, 그의 언어 연구 및 국제적 감각에서 엿볼 수 있다. 한 예로, 부모님의 영향을 받은 존 스토트는 회심하기도 전에 자신이 결성한 ABC 클럽에서 날카로운 정의감과 사회적 양심에 눈을 떴다.[298] 존 스토트의 성장에 영향을 끼친 중요한 장소로는 럭비학교와 케임브리지대학, 올소울스교회를 들 수 있다. 1935년부터 1940년까지 존 스토트는 저명한 럭비학교를 다녔다. 1940년부터 1944년까지 다닌 케임브리지대학

---

295 같은 책, pp.70-76.
296 존 스토트는 자신의 아버지를 '자칭 과학적 세속주의의 영향을 받은 불가지론자'로 묘사했다(J. Capon, "We Must Begin with the Glory of God: Interview with John Stott," *Crusade*, [May 1974] p.34). 또한 Stott, *Bash*, p.57을 보라.
297 Dudley-Smith, *John Stott*, p.25.
298 같은 책, p.76.

트리니티칼리지에서는 현대 언어를 공부했고 우등으로 졸업했다. 그는 1944년부터 1945년까지 케임브리지대학의 리들리홀에 들어가 신학을 공부하면서 장차 교회에서 안수받을 준비를 했다.[299]

올소울스교회도 존 스토트의 삶에 큰 영향을 끼쳤다. 그가 태어난 지 몇 개월 되었을 때 가족이 올소울스교회에서 조금 떨어진 할리가(街)로 이사 왔다.[300] 거기서 존 스토트의 어머니는 1939년까지 주일학교와 교회로 그를 자주 데리고 다녔다. 1945년 12월 21일 존 스토트는 올소울스교회의 부목사로 장기간의 사역에 첫발을 내디뎠다. 1950년 3월 올소울스교회의 교구목사인 해롤드 스미스가 하나님의 부르심을 받자 존 스토트는 그의 뒤를 이어 1950년 9월 26일 교구목사로 지명되었다.[301] 그는 교구목사로 계속 사역하다가 1975년에 명예 교구목사로 은퇴하였고, 그 이후로 지금까지 집필 활동에 전념해왔다. 교구목사로 사역하던 25년과 오늘날에 이르기까지 존 스토트는 자신의 취임설교에서 밝힌 도전에 늘 충실해 왔다. 이 점에서 올소울스교회는 존 스토트 및 그의 설교와 불가분의 관계에 있다.

존 스토트의 독신 생활, 겸손, 복음주의 신앙, 및 합리주의와 관련해 그에게 지대한 영향을 끼친 사람은 에릭 내시였다.[302] 내시의 이런 특징들은 존 스토트의 삶과 그의 목회 사역 내내 드러났다. 로즈-제임스는

---

299 같은 책, 4-6장; 8장, p.202.

300 같은 책, p.39.

301 같은 책, p.250, 252.

302 존 스토트는 내시를 일컬어 '자기를 내세우지 않는' 사람이라고 평했다. 그리스도인은 그리스도인하고만 결혼하고 성숙한 그리스도인은 성숙한 그리스도인하고만 결혼할 것을 내시가 권면했다고 그는 역설했다. 존 스토트는 내시의 사례를 따라 하나님을 위해 흔쾌히 독신 생활을 하겠다고 다짐한 것 같다. (Stott, "Counselor," in Bash, pp.64-65). Catherwood, Leaders, p.18과 비교하라.

내시가 엘리트주의자들을 위한 목회를 자신의 주된 목표로 삼았다고 말한다.[303] 반면에 윌리엄 그루버는 존 스토트가 교구의 중산층 어린이들과 세계를 무대로 하는 사역을 포함하는 것으로 자신의 목회 범위를 확대했음을 보여준다. 그의 이러한 사역이 엘리트의식을 부추긴다는 비난은 없었다.[304] 그럼에도 존 스토트에 대한 그루버의 견해는 오류가 적지 않다. 올소울스교회가 다수의 미국인들과 중국인들, 아프리카인들을 망라하는 국제적인 교회이기는 하지만, 그들 역시 사회 상류층에 속하며 상당수가 의사와 변호사, 사업가와 같은 전문직 종사자들이었다.[305] 존 스토트는 이렇게 단언한다. "내 생각을 말하자면, 하나님이 나를 부르셔서 교육받은 사람들에게 말씀을 전하게 하셨다고 나는 믿는다. 그래서 나는 강의를 듣는 학생들이 이해할 법한 방식으로 말씀을 전하려 늘 애쓴다."[306]

그루버는 르우벤 토리가 쓴 『하나님은 왜 드와이트 무디를 사용하셨나?』를 읽은 존 스토트가 어떻게 무디의 영향으로 겸손해지고 소박한 생활방식을 추구하게 되었는지를 보여준다. 이 때문에 존 스토트가 격려할 때면 늘 그 책을 언급한다. 그는 책의 내용을 거의 외우다시피 했다고 말한다.[307] 하지만 앞에서 보았듯이 존 스토트는 그루버의 주장처럼 무디의 영향만 받았다고는 할 수 없다. 내시와 존 스토트의 부모 둘 다 존 스

---

303 Rhodes-James, "The Pioneer," in *Bash*, pp.17-19.

304 Groover, "John Stott," pp.61-62.

305 엘시 맥스웰, 필자와의 인터뷰, 2000년 6월 6일. 엘시 맥스웰 박사는 1976년 이래 올소울스교회의 교인이었다. 그녀는 교육을 받은 상당수 사람들이 올소울스교회에 매료된 것은 이 교회에 가면 무언가 들을 만한 가치가 있는 것을 제공해 주기 때문이라고 말한다.

306 존 스토트, 필자와의 인터뷰, 2000년 6월 14일.

307 Groover, "John Stott," p.78. 토리는 자신의 책 제목이 제기하는 질문에 대해 일곱 가지 답변을 내놓았다(R. A. Torrey, *Why God Used D. L. Moody* [Chicago, Ill: The Bible Institute Colportage Association, 1923] pp.8-51).

토트의 겸손과 생활방식에 지대한 영향을 끼쳤기 때문이다. 존 스토트는 '내시 진영'으로부터 '명료함과 소박함을 크게 강조하는 기독교 기본 교리의 탄탄한 기초'를, 자신의 부모에게서 사회적 관심사와 인간애에 대한 의식을 배웠다.[308] 그 결과 존 스토트는 초기 사역에서 자신보다 앞선 내시와 같은 방식으로 주요 공립학교들과 대학들을 복음화할 수 있었다.[309]

그 후에 올소울스교회의 부목사인 슈로더는 존 스토트가 설교할 때 '현대 세계에 복음'을 선포하도록 강력히 권고했다.[310] 이 점에 대해 존 스토트를 오해하는 그루버는 이렇게 말한다. "자신보다 나이가 적은 설교자(슈로더)의 격려에 힘입어 존 스토트는 당대의 사회적 쟁점들에 대해 공개적으로 목소리를 내기 시작했고, 이 문제들에 깊이 개입했다."[311] 하지만 이것이 유일한 이유는 아니었다. 존 스토트의 생각은 다르다. "실제로 하나님은 내 어린 시절 이후로 줄곧 사회적 양심에 관심을 기울이게 하셨다. 회심 이전에도 사회 문제는 내 관심사였다."[312] 슈로더가 스토트에게 이 방향으로 나아가도록 격려만 했을 뿐이라는 말은 맞다.

---

308 Dudley-Smith, *John Stott*, p.25, 76, 151, pp.146-147.
309 같은 책, pp.92, 139-143, 11-12.
310 Stott, *I Believe*, p.12.
311 Groover, "John Stott," p.78. 그는 존 스토트가 결국 『현대 사회 문제와 그리스도인의 책임』(IVP 역간)을 썼고 런던 현대기독교연구소를 설립했으며, 또한 자신의 설교 사역에서 사회적 쟁점들을 주된 관심사로 삼았다는 사실을 강조한다. 그루버가 언급한 책은 *Issues Facing Christians Today: A Major Appraisal of Contemporary Social and Moral Questions* (London: Marshall Pickering, 1984)이다.
312 존 스토트, 필자와의 인터뷰, 2000년 6월 14일. 더들리 스미스 역시 존 스토트의 전기에서 다음과 같이 말하면서 이에 대한 증거를 제시한다. "존 스토트의 사회적 양심이 기민했음은 그의 학창 시절이 끝나기 전에 분명히 드러날 것이다." 게다가 존 스토트는 '부랑자들이 자활에 이르는 첫 단계로서 그들을 목욕시킴으로써 공동체에 유익을 끼치고 싶어 한 ABC 협회'에서 자신의 사회적 욕구를 보여주었다. Dudley-Smith, *John Stott*, p.50, 75.

존 스토트는 찰스 시므온의 영향을 받아 설교와 설교의 핵심을 구성하는 요소에 대해 확신할 수 있었다. 존 스토트는 이렇게 표명했다. "시므온은 성경, 곧 우리가 순종하고 해설해야 하는 하나님 말씀에 타협하지 않는 헌신을 보였다. 그의 이런 자세는 내게 깊은 감동을 주었으며, 그 감동은 지금까지 계속되고 있다."[313] 그는 시므온의 견실한 목회를 언급하면서 이를 바울의 목회와 비교했다. "사람들의 거센 반대에도 불구하고 바울의 발자취를 따라간 사람이 있었으니, 그가 바로 예수 그리스도와 그분의 십자가에 달리심 외에는 아무것도 알지 않기로 결심한 … 케임브리지의 찰스 시므온이었다."[314] 존 스토트는 시므온이 탁월한 설교자가 될 수 있었던 다섯 가지 비결을 나열했다. 이와 동일한 '비결들'은 존 스토트가 설교에 대해 쓴 자신의 책과 논문에서 설교자들에게 조언할 때 다시 등장한다.[315] 그러니까 시므온이 스토트에게 끼친 영향은 분명히 입증된다.

존 스토트의 설교에 복음주의적 열정을 심어준 사람은 바로 드와이트 무디였다. 무디 설교의 핵심은 하나님의 사랑을 나타낸 그리스도였

---

313 Stott, "Charles Simeon: A Personal Appreciation," in James M. Houston (ed.), *Charles Simeon, Evangelical Preaching* (Portland, Or: Multnonah Press, 1986) xxvii.

314 Stott, *Our Guilty Silence* (Grand Rapids, MI.: Eerdmans, 1983) p.37. 또한 Stott, *The Cross of Christ* (Leicester: IVP, 1986) p.8을 보라. 한평생 존 스토트는 자신의 기도의 삶과 성경에 대한 경건한 연구와 관련하여 찰스 시므온의 발자취를 따랐다. 1년 전만 해도 그는 새벽 5시에 일어났다. 6시까지는 책상 앞에 앉아 6시부터 8시까지 2시간 동안 읽고 기도하고 연구하고는 했다(존 스토트, 필자와의 인터뷰, 2000년 6월 14일).

315 Stott, "Simeon," xxviii-xli. 다섯 가지 비결은 다음과 같다. 1. 그리스도에 대한 개인의 한결같은 믿음. 2. 자신이 믿고 설교한 것으로 인해 기꺼이 고난받겠다는 의지. 3. 성경에 대한 완전하고 철저한 충실. 4. 설교 사역에 전념하기. 5. 개인의 진정성. *I Believe*, p.325, 319, 281; *Preacher's Portrait*, pp.12-13, 25-26을 보라. Grooevr, "John Stott," pp.66-70과 비교하라. 존 스토트는 시므온을 크리소스토무스, 아우구스티누스, 루터, 칼뱅, 매튜 헨리를 비롯한 여러 사람의 강해 전통을 계승한 사람의 본보기로 간주했다.

다. 존 스토트의 설교 역시 그리스도의 십자가 죽음과 그분의 부활에 초점을 맞추었다. 그는 이를 다음과 같이 강조한다. "예수 그리스도 자체가 성경적인 계시의 중심이다 … 따라서 그분(예수 그리스도)을 선포하지 않고 성경 말씀을 전하는 것은 설교를 잘못하는 것이다."[316] 존 스토트는 자기 청중에게 개인적으로 복음에 반응하라고 촉구한다. 하지만 무디와 달리 집회 중에 자리에서 일어나거나 손을 들거나 아니면 앞으로 나오게 하여 공개적으로 자신의 반응을 보이라고 요구하지는 않는다.

요컨대 존 스토트가 강해설교의 기초를 탄탄히 다지는 데에는 자신의 회심 체험과 부모, 주로 영국국교회 복음주의 지도자들의 영향이 컸다.[317] 그의 삶과 사상은 온 마음을 다해 예수 그리스도께 헌신하는 일에, 성경에 대한 훈련된 충실함과 분명하면서도 직설적인 설교와 더불어 복음을 나누겠다는 뜨거운 열망에 초점을 맞추었다.

2) 존 스토트의 설교 접근

존 스토트에게 있어 설교는 예수 자신으로부터 사도들과 교부들을 거쳐 20세기 설교자들에게 이르기까지 교회사 전체에 걸쳐 그리스도인의 삶에 초점을 맞추는 독특한 특징이었다.[318] 행여 설교가 없어진다면 기독교의 진정성을 이루는 핵심 요소는 사라질 것이다. 이는 기독교가 하나님의 말씀에 기초하기 때문이다.[319] 더욱이 성경적인 설교는 오늘날 기독

---

316 Stott, *The Contemporary Christian: An Urgent Plea for Double Listening* (Leicester: IVP, 1992) p.167.
317 Catherwood, *Leaders*, p.19.
318 Stott, *I Believe*, pp.16-47.
319 같은 책, p.15.

교회의 절박한 요구이며, 분명 이 세계가 절실히 필요로 하는 것이기도 하다. 존 스토트가 보기에 설교라는 과제는 한 개인이 부름 받을 수 있는 가장 고귀하고 위대하며 영광스러운 소명이다.[320]

하지만 존 스토트 역시 오늘날 교회에서 성경에 충실한 설교가 거의 실종되다시피 했다고 믿는다. 그는 설교의 썰물이 지면서 아직도 '조수가 빠진' 상태라고 주장한다. 그는 서양에서의 설교 쇠퇴가 교회가 내리막길을 걷는 징후라고 생각한다.[321] 존 스토트는 쇠퇴의 주된 원인이 '설교가 중요하다고 확신하지 못하는 것'[322]이라고 본다. 그는 교회가 생명력과 활기를 되찾고 교인이 그리스도의 장성한 분량에 이르게 하는 데에는 참되고 성경적이며 시대를 읽는 설교의 회복이 특효약이라고 확신한다.[323] 따라서 존 스토트는 설교를 자기 삶의 중심에 놓고 청중을 하나님의 말씀으로 양육하려고 한다. 그 수단은 강해설교다.[324] 강해설교에 대해 이처럼 확신하는 그는 설교의 주된 특징 여섯 가지를 다음과 같이 선보인다.

첫째, 설교는 하나님의 말씀을 매우 정확하면서도 딱 들어맞게 해설하여 인간의 필요를 채우시는 예수 그리스도의 완전한 능력을 드러내야

---

320 같은 책, p.46, 115.

321 같은 책, p.43.

322 같은 책. 존 스토트는 카를 라너의 다음 견해를 인용한다. "설교의 쇠퇴는 기독교 메시지를 일상 세계와 관련짓지 못했음을 뜻한다. 강단에서 흘러나오는 말씀이 자신에게 무의미하다고 여겨져 많은 사람들이 교회를 떠난다. 설교는 청중의 실제 삶과 동떨어져 있고, 삶을 위협하는 불가피한 많은 쟁점들을 피하기에 바쁘다." (*I Believe*, p.44)

323 Stott, *I Believe*, p.338; Stott, *Contemporary*, p.208. Stott, *You Can Trust the Bible: Our Foundations for Belief and Obedience* (Grand Rapids: Discovery House, 1982) p.68과 비교하라.

324 Stott, *I Believe*, p.133. 패커 역시 설교가 이러한 측면에서 중요함을 다음과 같이 강조한다. "성령의 능력 안에서 하나님 말씀을 선포하는 것은 성부와 성자를 하늘에서 내려오시게 하여 사람들 가운데 거하시게 하는 행위이다." (Packer, "Introduction: Why Preach?" in S. T. Logan [ed.], *The Preacher and Preaching* [Phillipsburg: Presbyterian and Reformed Publishing Co, 1986] p.2).

한다.[325] 특별한 만남은 설교자와 청중이 아닌 하나님과 청중 사이에서 이루어진다. 그러나 설교자는 예수를 드러내는 차원을 넘어 사람들이 그리스도에게 매료되어 그분을 영접할 수 있게 해야 한다.

둘째, 설교는 언제나 '대화식'이어야 한다.[326] 대화는 두 설교자가 어떤 문제를 놓고 논쟁하는 것도, 야유하는 사람들을 격려하는 것도 아니다. 존 스토트가 권하는 것은 설교자와 청중 사이에 전개되어야 하는 '침묵의 대화'다.[327] 설교자에게 필요한 가장 소중한 은사 중 하나는 청중과 그들의 문제를 세심하게 이해함으로써 그가 전하는 말씀 하나하나에 청중이 반응할 것으로 기대하는 일이다. 흔히 하는 말로 설교는 '다분히 체스 경기와 같다.'[328] 그러므로 설교자는 청중이 생각하고 설교자의 말씀에 반응하며 마음속으로 설교자와 토론할 수 있도록 그들을 분발시키려 한다. 설교자는 자신과 청중 사이에 활기찬 (그러나 조용한) 대화를 유도하여 청중이 조는 일이 없게 해야 한다. 존 스토트는 로마서 3장 27-31절에서 유대인들의 반대에 대한 바울의 답변을 대화의 최고 모델로 꼽는다. 그러면서 워런의 다음과 같은 견해를 인용한다. "사중 사고 (quadruple thinking), 내가 무슨 말을 해야 하는지를 생각해 내고, 그다음에 상대방이 어떻게 내 말을 이해할 것인지를 생각해 내며, 그다음에 내가 무슨 말을 해야 하는지를 다시 생각해 내며, 결과적으로 내가 말할 때 상대방이 내가 무슨 생각을 하고 있는지를 생각하게 되는 것…"[329]

---

325 Stott, *I Believe*, p.325.
326 같은 책, p.60.
327 하지만 존 스토트는 암울한 설교 상황에서 '설교자와 회중 사이에서 뒤이은 대화가 창조적인 예배의 요약'임을 부인하지 않는다 (Stott, *I Believe*, p.61). Mitchell, *Black Preaching*, p.98을 보라.
328 Stott, *I Believe*, p.61.
329 같은 책, pp.62-64.

셋째, 설교는 비평의 대상이다. 설교자는 청중을 위해 성경을 정확히 해석해야 할 책임이 있다. 이와 관련해 존 스토트는 설교자들이 청중에게 그들의 가르침을 '검증'하고 '평가'하도록 권고해야 한다고 주장한다. 설교자들은 청중이 질문하면 흔쾌히 받아들여야 한다. 화를 내면 안 된다. 설교자들은 청중이 깊이 생각하지 않고 열광적으로 말씀을 받아들이거나 설교자의 말 하나하나에 매달리거나 아니면 도매금으로 메시지를 흡수하기를 바라면 안 된다.[330] 설교자들은 자기 설교에 대해서도 스스로 비판할 수 있어야 한다.[331] 존 스토트는 '평신도 비평가'들이 더러 있다는 사실을 소중히 여긴다. 그는 1945년 말 설교를 시작하면서 두 명의 의대생에게 자신의 설교를 평가해 달라고 부탁했다.

넷째, 설교는 신학적 기반이 있어야 한다. 설교의 본질은 특정 기술을 익히고 채택하는 데 있지 않다. 오히려 효과적인 설교는 어떤 확신에서 생겨난다. 달리 표현하면 설교에 더 중요한 것은 방법론이 아니라 신학이다.[332] 존 스토트는 설교의 신학을 하나님, 성경, 교회, 목사직 그리고 '다리 놓기'에 관한 다섯 가지 전제로 나눈다. 그는 설교를 신적인 행위로 본다. 설교자들이 말씀을 전하는 것은 그들이 하나님이 선포하신 말씀을 믿기 때문이라고 존 스토트는 말한다.[333] 이는 설교의 출처가 어디인지를 보여준다. 즉 설교자의 메시지는 언제나 하나님의 말씀에 근거하

---

330 같은 책, p.77. 존 스토트는 마태복음 23:7, 8과 사도행전 17:11을 참고하도록 제안한다. 이것은 또한 배쉬의 영향을 받았다. 자신이 열일곱 살이었을 때 "그(배쉬)가 내 손에 성경을 쥐어주고는 가서 설교하라고 말했다. 그러고는 내 설교나 이야기를 비판하곤 했다. 우리가 서로 이야기를 나눌 때 그가 나를 수영장의 깊은 쪽으로 내던졌는데, 나는 그게 너무 좋았다." (필자와의 인터뷰, 2000년 6월 14일).

331 Stott, *I Believe*, p.185.

332 같은 책, p.10, 92. 93. 그는 "그리스도인은 설교자가 되고 싶다는 열망을 품기에 앞서 적어도 아마추어 신학자는 되어야 한다"라고 말한다.

333 Stott, *Contemporary*, p.210.

고 하나님에게서 나온다. 존 스토트에 의하면 이상적으로는 설교에서 이야기하는 것은 말씀 자체다. 다시 말해 하나님이 설교자의 말씀 안에서 그리고 설교자의 말씀으로 이야기하신다.[334] 성경을 대하는 존 스토트의 자세는 더없이 신중하고 충실하다. 성경은 하나님이 쓰신 말씀이며, 이를 통해 하나님이 자신을 계시하시기 때문이다. 성경은 그분의 계시와 영감, 섭리를 말로 나타낸 것이다. 성경은 영감을 받았지만, 어느 정도는 '닫혀 있는' 책이기도 하다.[335] 하나님 말씀의 역동적 힘을 믿는 사람이라면 누구든지 이 특별한 사역으로 부르심을 받아 유능한 설교자가 되기에 부족함이 없을 것이다.[336]

교회에 대한 자신의 확신과 관련하여 존 스토트는 하나의 구체적인 사항, 즉 하나님이 자신의 말씀을 통해 교회를 세우셨다는 것에서 자신의 교회학(ecclesiology)을 자신의 설교 원칙과 관련짓는다.[337] 그는 설교와 교회 회복 사이에 밀접한 관계가 있음을 강조한다. 그리스도인의 삶이 영적으로 빈곤하다는 것은 대체로 기독교적 설교가 부족하다는 직접적인 반증이다. 교회의 영적 삶과 활기가 시들해진 것은 종종 설교가 따분하고 무기력하며 먹혀들지 않던 시기와 일치하는데, 이 둘은 원인과 결과 혹은 결과와 원인의 관계라고 존 스토트는 단언했다. 과거에 일어난 커다란 부흥은 대체로 그 기원을 설교에서 찾을 수 있는데, 부흥이 계

---

334 Stott, Portrait, p.30. 그래서 마운스와 스튜어트는 존 스토트와 마찬가지로 설교의 목적이 생각들과 견해들, 관념적인 것들을 널리 퍼뜨리는 것이 아니라 믿음의 응답을 하도록 기회를 제공하시는 하나님의 강력한 사역을 선포하는 것이라고 생각한다(Mounce, *Essential*, p.153; J. Stewart, *Heralds of God* [London: Hodder & Stoughton, 1946] p.5).

335 Stott, *Contemporary*, pp.211-212.

336 Stott, *I Believe*, p.09.

337 같은 책, p.109. "교회사를 보면 교회가 쇠퇴하던 시기와 시대는 설교의 쇠퇴가 그 특징이었다. '개혁이나 부흥의 전조는 무엇인가?'라고 로이드 존스는 묻는다. 그는 "설교의 갱신"이라고 답한다(p.114).

속되면서 설교가 크게 발전했다.[338] 성경과 교회를 연결하는 것은 목사에게 주어진 과제다. 청중에게 하나님의 말씀이 분명히 선포되고 들려지는 일보다 더 중요한 것은 없다. 칼뱅은 양육과 인도, 보호 및 치유라는 네 가지 활동이 말씀 사역을 구성하는 요소라고 말한다.[339] 그럼에도 존 스토트는 설교(kerygma), 즉 성경에 따라, 그리고 종말론적 상황에서 회개하고 믿으라는 촉구와 더불어 예수의 죽음과 부활을 선포하는 것을 가르침(didache), 즉 교육과 구별한다.[340] 그는 기독교의 모든 참된 설교가 사실상 강해설교라고 주장하고,[341] 강해설교를 본문에서 메시지를 이끌어 내는 설교로 정의한다. 강해설교에서 성경 본문은 선포되는 말씀을 실제로 결정하고 통제한다.[342] 최근 연구에서 존 스토트는 참된 설교, 즉 강해설교에 대한 자신의 견해를 성경적인 설교에 대한 솔직한 정의로 다음과 같이 압축했다. "강해설교자는 닫힌 것처럼 보이는 것을 열고 모호한 것을 명확히 하며, 얽힌 것을 풀며, 단단히 포장된 것을 펼쳐 보인다."[343]

다섯째, 설교는 '다리 놓기'가 되어야 한다. 그리고 고대의 말씀에 충

338 같은 책, p.115.
339 같은 책, p.119.
340 같은 책, p.122. 존 스토트는 여기서 예수의 사역을 언급한다. 예수의 설교가 분명 복음에 더욱 충실했고 그의 가르침은 더욱 체계적인 성격을 띠었지만, 내용에 관한 한 이 둘 사이에는 뚜렷한 차이가 없다고 그는 말한다.
341 같은 책, p.125. 강해설교의 의미에 대해서는 2장을 보라.
342 같은 책, p.126. 존 스토트는 이렇게 덧붙인다. "강해의 의미는 훨씬 더 광범위하다. 강해는 설교 스타일보다는 오히려 설교의 내용(성경 진리)을 언급한다(지속적인 주해)." 존 스토트는 강해설교의 네 가지 주된 이점을 설명한다. "강해는 우리에게 한계를 부여하고, 통일성을 요구하고, 무슨 수를 쓰더라도 피해야 할 함정들을 밝혀내고, 우리가 자신 있게 설교할 수 있게 해준다." (pp.126-133)
343 같은 책, p.126. 존 스토트 역시 이렇게 말한다. "설교한다는 것은, 하나님의 음성이 들리고 하나님의 백성이 그분에게 순종한다는 그러한 충실함과 감수성을 갖고 영감 받은 본문을 펼쳐 보이는 일이다." *Contemporary*, p.208.

실하고 현대 세계에 민감해야 하는 이중 의무를 이행해야 한다. 이는 설교가 본문의 의미 해설과 더불어 하나님의 메시지가 정말 필요한 사람들에게도 그것을 전달하는 '이중 경청'을 요구하기 때문이다.[344] 그러니까 존 스토트에게 설교의 본질은 '다리 놓기'이다.[345] 그는 이렇게 말한다. 보수적인 설교자들이 대체로 실패하는 것은 그들의 설교가 성경에는 충실하지만 현대 세계와는 무관하기 때문이다. 반면에 진보적인 설교자들이 흔히 실패하는 것은 그들의 설교가 현대 세계와는 관련 있지만, 성경에는 충실하지 않기 때문이다. 존 스토트가 보기에 이 둘을 동시에 성공시키는 설교자들은 손으로 꼽을 정도다.[346] 강해설교자의 목표는 하나님의 말씀과 청중의 마음 사이에 다리를 놓는 것이다. 존 스토트에 의하면 참된 기독교 설교에는 실제로 다른 사람들의 느낌과 사고방식 안으로 들어가는 일이 수반된다. 번역('한 언어를 다른 언어와 바꾸는 것')과 반대되는 '성육신(한 세계를 다른 세계와 바꾸는 것)'은 그에게 기독교적 의사소통의 모델이다.[347]

마지막으로 설교는 준비되어야 한다. 존 스토트는 메시지와 설교자 둘 다 준비되어야 한다고 주장한다. 성경 연구와 현대인에 대한 이해를 중시하는 설교에는 모름지기 신선함과 생명력이 깃들어 있다고 믿기 때문이다. 당대에 영향을 끼친 위대한 설교자들이 하나같이 말씀 준비는 양심적으로 해야 한다고 증언해 왔음을 존 스토트는 보여주고 싶어 한다. 이는 주목할 만한 관찰이다.[348] 그러므로 하나님의 음성을 새롭게 들으려

---

344 Stott, *I Believe*, p.110, 212, 137.
345 같은 책, p.137.
346 Stott, *Contemporary*, p.213; I Believe, p.144.
347 Stott, *I Believe*, pp.151-168.
348 Stott, *I Believe*, pp.191-192. *Christian Mission*, p.126과 비교하라.

면 설교자들은 연구하고 준비하는 데 더 많은 시간을 쏟아야 한다. 성실하고 진지하며 겸손하게 설교하겠다는 각오도 다져야 한다.[349] 설교 적용과 관련하여 존 스토트는 설교자가 적용의 문제를 성령께만 맡겨서는 안 된다고 단언한다.[350]

존 스토트의 설교 접근법의 기저에는 청중에게 말씀(본문)을 전할 때 객관성을 띠어야 한다는 당위성이 깔려 있다. 이는 그의 설교에서 출발점이자 최종 목표이며, 연역적 접근법과 비슷하다.[351] 그의 접근법은 설교 과정에서 하나님의 행하심과 설교자의 노력을 강조함으로써 하나님의 말씀을 당대에 적용하려는 목적 또한 망라한다. 존 스토트에게 설교는 서로 불가분의 관계에 있는 하나님과 그분의 백성 사이의 매개물이다. 하나님이 말씀의 계시와 적용을 통해 인간에게 말씀하신다고 그가 믿기 때문이다.

2. 존 스토트의 설교 원칙

1) 설교의 목적

오늘날 설교학자들은 설교자들이 메시지를 전할 때마다 메시지뿐 아니라 목적, 즉 왜 설교를 하는가, 설교를 통해 무엇을 추구하는가에 대해

---

349 Stott, *I Believe*, p.338.
350 존 스토트, 필자와의 인터뷰, 2000년 6월 14일. 이 점에 대해서는 본 장의 의사소통을 다루는 장에서 자세히 논할 것이다.
351 우리는 의사소통을 다루는 장에서 실제 사례들을 보여줄 것이다.

서도 분명히 해야 한다고 줄곧 주장한다.[352] 설교자가 어떤 목적을 이루기 위해 본문을 선택한다면 본문의 목적이 무엇인지 파악할 것이다. 그 결과, 설교의 목적은 선택된 구절의 원래 목적과 충돌을 피할 수 있게 된다.[353] 무엇보다도 강해설교자는 특정 구절이 성경에 나타난 이유를 파악한 후 이를 염두에 두고, 그날의 설교를 통해 하나님이 청중에게 어떤 메시지를 전하고 싶어 하시는지를 판단하는 것이 더 현명하다.[354] 도널드 밀러는 "영감을 받아 성경의 특정 구절을 기록한 사람의 뜻과 다르게 그 구절을 사용한다면 이는 오용하는 것"[355]이라고 단언한다.

존 스토트는 '이방인 문제가 로마서의 핵심'이라고 말한다. 하나님의 백성에 대한 정의를 다시 내리고 그들을 다시 구성하는 것, 즉 유대인 신자와 이방인 신자를 동등한 조건으로 받아들이는 것은 로마서를 관통하는 핵심 주제다.[356] 로마서에서 이를 중점적으로 강조하기 때문에 로마인

---

352 Greidanus, *Modern Preacher*, p.120; Buttrick, "Interpretation and Preaching," p.58.

353 Greidanus, *Modern Preacher*, p.130.

354 Robinson, *Expository*, p.109.

355 Miller, *Biblical Preaching*, p.126. 추가로 pp.130-141을 보라. 밀러는 주제와 목적의 차이를 이렇게 서술한다. "주제는 설교에서 제시되는 특별한 진리를 포함하는 반면, 목적은 그 진리가 청중에게 행했으면 하고 우리가 바라는 것에 놓여 있다 … 주제가 주관이라면 목적은 객관이다." (p.114, 115)

356 Stott, *Romans*, p.31. 로마서의 주된 목적은 무엇인가? 이 주제를 둘러싸고 오랫동안 논쟁이 계속되어 왔지만 겉보기에는 끝날 것 같지 않다. 하지만 의견이 크게 엇갈리는 것은 로마서 본문 분석에 대한 이해가 서로 다르고, 로마 교회의 상황을 입증하기가 쉽지 않다는 데에서 비롯된다. James D. G. Dunn, *Romans 1-8, WBC* vol.38 (Texas, Dallas: Word Books, 1988) 1iv-1viii; D. J-S. Chae, "Paul's Apostolic Awareness and Occasion and Purpose of Romans" in A. Billington, T. Lane, M. Turner [eds.], *Mission and Meaning* (Carlisle, Paternost, 1995) p.116 과 비교하라. 여기서 우리는 바울이 이 편지를 쓴 목적에 대한 두 가지 주된 가정을 다룰 것이다. 하나는 로마서가 로마교회가 처한 구체적 상황에 기초하고 있다는 가정이다 (K. P. Donfried, "False Presuppositions in the Study of Romans" in K. P. Donfried [ed.], *The Romans Debate: Revised and Expanded Edition* [Edinburgh: T & T Clark, 1991, 2nd edn.] p.102; J. C. O'Neill, *Paul's Letter to the Romans* [Harmondsworth: Penguin, 1975] pp.145-146을 보라). 또 하나의 가정은 로마서를, 장차 예루살렘에서 전개될 바울의 논쟁의 관점에서 그의 신학을

들에게 보낸 편지와 관련하여, 존 스토트의 긍정적이며 신학적인 강조는 구원의 평등뿐 아니라 복음서에 비추어 보는 그리스도인의 삶과도 관계가 있다. 그와 동시에 존 스토트는 로마서에 접근할 때 특히 로마서 1장 1-17절에 대한 설교에서 복음주의에 초점을 맞추고 있음을 분명히 보여준다. "로마인들에게 보낸 편지는 신약성경에서 복음에 대한 가장 완전하고 가장 웅장하며 또한 가장 분명한 진술이다. 로마서는 일종의 기독교적 선언문, 예수 그리스도를 통한 자유의 선언문이다."[357] 존 스토트는 유대인과 이방인이 평등하다는 주된 주제를 자신의 청중에게 선보이기도 한다. 그는 로마서 9장 1-29절을 주제로 한 "하나님은 선택하시는가?"(하나님의 선택 목적)라는 설교의 서론과 결론에서 평등을 강조한다.[358] 존 스토트는 이 신학적 의도를 다음과 같이 알기 쉽게 설명한다.

포괄적으로 요약한 것으로 이해할 수 있다는 것이다 (G. Bornkamm, *Paul* [London: Hodder and Stoughton, 1985] p.93; E. P. Sanders, *Paul, the Law and the Jewish People* [London, SCM, 1983] p.31). 하지만 칼뱅(믿음으로 의롭게 됨)과 스탕달(이방인의 구원)과 더불어 존 스토트는 양쪽 다 옹호한다. 존 스토트는 "사실상 두 가지 관심사는 서로 양립할 수 없는 것이 아니라 실타래처럼 얽혀 있다. 복음에 충실하는 것만이 교회의 하나 됨을 공고히 할 수 있다"라고 주장한다. 그러므로 존 스토트는 로마서에 신학적인 동시에 실제적인 두 가지 주된 주제가 있다고 결론 내린다. 하나는 "오직 믿음을 통해서 그리스도 안에서만 하나님의 은혜로 인간이 의롭게 되는 것"이다(신학). 다른 하나는 하나님의 백성에 대한 정의가 새롭게 내려지면서 유대인과 이방인이 동등하다는 것이다(실천). (Stott, *Romans*, pp.24-36)

357 Stott, "Good News for the Nations" (Sermon Cassette Tape on Romans 1:1-17; London: All Souls Church, 1992); Stott, *Romans*, p.19와 비교하라. 그는 언제나 복음주의와 회심 이후의 기독교적 삶에 초점을 맞추어 왔다.

358 Stott, "Does God Choose?: God's Purpose of Election" (Sermon Cassette Tape on Romans 9:1-29; London: All Souls Church, 1977); Stott, "Israel's Fall: God's Purpose of Election" in 9:1-37 in *Romans*, pp.263-264. 존 스토트는 로마서의 의(righteousness)에 대해 가르치면서 교리와 윤리(실천)를 뚜렷하게 구별한다. 거듭난 이후 그리스도인의 확신과 실제 삶 역시 중요하다. 자신의 설교 "새로운 사고방식"에서 그는 로마서의 주된 주제를 논한다("A New Mindset" [Sermon Cassette Tape on Romans 12:1-8; London: All Souls Church, 1990]). *Romans*, pp.320-329와 비교하라. 존 스토트는 구절을 둘로 나눈다. 하나는 12:1 "우리와 하나님의 관계"이고, 다른 하나는 12:3-8 "우리와 우리 자신의 관계"이다.

사람들이 로마서로 돌아가는 것은 이 서신이 신약성경을 통틀어 복음에 대한 가장 간결하고 완벽한 진술 내지는 선언이라고 생각하기 때문입니다. 로마서는 교리와 그리스도인의 삶의 실천 모두를 아우릅니다. 우리는 목회 팀의 일원으로서 만일 어떤 이가 로마서의 전체 메시지를 파악한다면 그는 복음의 진수를 이해하는 것이라 판단했습니다. 세월이 흘러도 우리가 계속 로마서로 돌아가는 것은 바로 그 때문입니다.[359]

존 스토트는 하나님 앞에서 어떤 차별도 하지 않고 전 세계를 무대로 변화하는 청중에게 복음을 전하고자 했다. 그는 또한 그들에게 그리스도인이라는 확신을 주려고 했다. 그들의 피부, 국적, 혈통, 태생 및 이전의 종교적 배경과 상관없이 온 마음을 다해 헌신하는 삶을 살라고 촉구하기도 했다.

로마서를 설교하는 목적의 또 다른 두드러진 측면은 목회적 필요에서 나타난다. 존 스토트와 그의 스태프들이 올소울스교회의 목회적 필요에 따라 로마서를 택한 것은 납득이 된다. 그리고 이는 존 스토트의 로마서 설교 준비에 영향을 끼쳤다. 이 사실은 다음과 같이 입증된다.

둘째 이유는 우리 회중 때문입니다. 그들은 매우 들쑥날쑥합니다. 3년 주기로 교인의 75퍼센트가 바뀌는 것 같습니다. 학부생이나 대학원생 다수가 3년 정도 있다가 교회를 떠납니다. 우리 교회의 많은 독신자들이 결혼하지만, 런던에 거주할 형편이 안 되어 거처를 옮깁니다. 그래서 우리는 우리 교회가 마치 사람들이 늘 왕래하는 국제공항의 출발 라운지나 환승 라

---

359 존 스토트, 필자와의 인터뷰, 2000년 6월 14일.

운지 같다는 말을 이따금 합니다. 그래서 통계상으로 우리가 로마서 설교를 되풀이하는 것처럼 보이기는 하지만, 실제로 말씀을 듣는 이들은 매번 다릅니다. 사람들이 자주 바뀌기 때문에 우리는 기본으로 계속 돌아갑니다. 이는 로마서가 복음에 대한 가장 완벽한 진술인 데다 새로 믿는 자들이 로마서에서 복음을 다루는 처음 몇 장과 윤리에 대해 이야기하는 뒷부분 모두에 제시된 대로 복음에 토대를 두어야 한다고 우리가 믿기 때문입니다. 그래서 우리는 25년 전과 비교해, 특히 오늘날 보통 사람들이 복음의 기초에 더 무지하다는 사실에 새삼 놀라곤 합니다. 많은 학생들이 복음에 대해서는 눈곱만큼도 모른 채 신학대학에 들어옵니다. 그들은 정말 아는 게 없습니다. 이처럼 무지가 널리 퍼져 있어서 우리는 거듭거듭 기본으로 돌아가야 합니다.[360]

게다가 존 스토트의 로마서 설교 방법론은 연속 설교다. 즉 로마서 전체를 단락 별로 설교하는 방식이다.[361] 하지만 그는 로마서 연속 설교를 끝낼 즈음 이따금 별도의 설교를 두세 번 한다. 청중의 특별한 필요에 따라 선택된 장들이나 구절들에 대해 설교하는 것이다.[362]

---

360 같은 책.

361 Stott, *I Believe*, p.218. 필자에게 보낸 편지(2000년 4월 19일)에서 존 스토트는 이렇게 쓴다. "나는 오로지 연속 설교의 가치를 보여주는 사례로서만 그 설교[로마서 설교]를 한다. 연속 설교에서 우리는 한 단락씩 읽으면서 로마서를 통독한다."

362 존 스토트는 1976-1977, 1990년에 시리즈 설교를 두 번 했다. 게다가 그는 주된 주제들에 대해 많은 설교를 했다. 제목은 이러하다. 1971년에는 로마서 8장을 주제로 한 "자유"; 1979년에는 로마서 5장을 주제로 "토대가 되는 본문"; 1992년에는 로마서 11:33-13:7을 주제로 한 "복음의 빛 가운데서 살기"; 1993년에는 로마서 8장을 주제로 한 "그리스도인의 확신"이 그것이다. 존 스토트는 이렇게 말한다. "연속 설교의 장점은 대체로 그렇지 않았더라면 피했을 법한 구절들-쉬운 구절이든 어려운 구절이든 둘 다-을 예외 없이 고른다는 것이다. 하지만 설교자들이 꾸준히 행한다면 그들은 본문을 택하지 않으면 안 된다. 그 점이 주된 가치이다. 둘째 가치는 설교자들이 연속 설교에 관여한다면 자신들이 전하는 말씀은 틀림없이 균

2) 설교의 구성

존 스토트에게 있어 설교를 어떻게 체계화하느냐, 어떤 형식을 사용할 것이냐는 매우 중요한 요소들이다. 설교의 형태와 내용은 서로 의존하기 때문이다. 설교자가 설교에 접근할 때 시각적으로 하든 논리적으로 하든 자기 생각을 전하려면 어떤 방식으로 이를 체계화해야 한다.[363] 그렇기는 하지만, 존 스토트는 설교 구성과 관련해 두 가지 위험을 지적한다. 첫째는 구성이 지나치게 기발하고 복잡하면 눈에 거슬린다는 것이다. 설교자가 설교의 틀을 짤 때 부딪치는 둘째 위험은 부자연스러움이다. 예컨대 존 스토트는 인기 있는 3포인트 설교(three-point sermon)가 설교의 틀을 구속하는 기능을 할 수 있다고 지적한다.[364]

본문과 주제가 다르면 다루는 방식이 바뀌듯이 존 스토트는 설교를 다양한 방식으로 체계화할 수 있음을 분명히 밝힌다. 또한 존 스토트는 먼저 설교의 본론을, 그다음에 서론과 결론을 깊이 고려해야 한다고 주장한다. 설교자가 미리 정해진 서론이나 결론으로 시작하면 어쩔 수 없이 그에 맞게 본문을 각색할 것이기 때문이다.[365] 여기서 우리는 주로 서론과 결론에 집중하고, 본론 구성에 대해서는 나중에 다룰 것이다.

형 잡히거나 온전해질 것이다. 그들이 성경 자체의 균형과 온전함 중 일부를 풀어내기 때문이다." (필자와의 인터뷰, 2000년 6월 14일)

363 Stott, *I Believe*, pp.229-230, 228-229. 이에 대한 자신의 견해를 뒷받침하기 위해 존 스토트는 다음과 같은 샌스터의 견해를 인용한다. "설교는 형태가 없을 수 있다. 그러나 하나님의 은혜가 그러하듯이 형태가 완전히 없지는 않다. 그럼에도 이는 기적과 흡사하다. 구조가 튼실하지 않은 설교는 실제로도 튼실하지 않다." Buttrick, *Homiletic*, p.23, 28 이하; Daane, *Confidence*, pp.65-66과 비교하라. 로우리가 『설교학적 플롯(*Homilectical Plot*)』에서 다섯 단계로 된 구조를 제시하는 것과 비교하라. H. Litchfield, *Handbook of Contemporary Preaching*, p.174.

364 Stott, *I Believe*, pp.28-229.

365 같은 책, p.43.

(1) 설교의 서론

서론이 필요하기는 한가? 칼 바르트는 자신의 책 『설교학』에서 설교
는 사실상 서론이 필요 없다는 견해를 밝힌다. 예배는 이미 시작되었고,
설교가 예배에서 절정을 이루기 때문이라는 것이다. 설교를 시작하는 몇
마디 말을 제외한 어떤 형태의 서론 추가든 그것은 시간 낭비다.[366] 서론
이 흥미진진하면 청중이 주된 메시지에 집중하지 않을 거라는 지적도
있다. 그 결과 청중은 주된 주제에 대한 이야기가 끝나면 신경을 꺼버릴
지도 모른다.[367]

하지만 존 스토트는 서론이 청중의 시선을 끌고 마음을 준비시켜 진
짜 주제를 잘 이해하도록 돕는다고 생각한다. 바르트는 주제를 소개하
는 동시에 흥미를 불러일으켜 청중이 머리와 가슴으로 메시지를 받아들
이도록 준비시키는 것이 힘들기는 해도 올바른 방식이라고 본다. 그러나
스토트는 서론의 중요성을 강조함으로써 바르트의 견해에 반대한다.[368]
이는 청중이 비약은 싫어하지만 보다 점진적인 접근법에는 반응하기 때
문이다. 마치 그들이 교회 안으로 들어갈 때 좋은 인상을 받도록 현관이
나 입구에 환영한다는 글귀를 부착하는 것처럼 말이다.[369] 설교자가 설교
주제를 청중의 삶과 결부시키지 못하면 그들은 서론 직후에 딴 생각을
할지 모른다. 청중이 시작부터 설교 주제와 친숙해지면 그들은 자발적으

---

366   K. Barth, *Homiletics*, pp.121-122.
367   같은 책, p.122. Sangster, *Craft*, p.124와 비교하라.
368   Stott, *I Believe*, 1997, pp.73-74; Kroll, *Prescription*, p.160; Davis, *Design*, pp.186-187; Baumann,
       Contemporary Preaching, p.135; Robinson, *Expository*, p.161; Braga, *Bible Message*, p.103.
369   Stott, *I Believe*, p.244. D. Lane, *Preach the Word* (Welwyn, Evangelical Press, 1986) pp.84-85:
       "그러므로 훌륭한 서론은 설교의 핵심 부분 중 하나이며, 서론 준비에 기울이는 정성이 의
       사소통의 성패를 좌우할 수도 있다."; J. E. Massey, "Introduction and Conclusion" in *Concise
       Encyclopedia of Preaching*, pp.272-273; Buttrick, *Homiletic*, p.83.

로 하나님의 말씀에 귀를 기울인다.[370] 따라서 서론을 소개할 때 본문을 청중과 관련짓는 것은 더없이 중요하다.[371]

위와 같이 확신하는 존 스토트는 로마서 설교의 서론에서 네 가지 방식 중 하나를 사용한다. 그것은 본문 접근법, 삶의 문제들, 질문들, 그리고 혼합 방식이다.[372] 이 네 가지는 두 가지 주된 범주, 즉 본문 접근법과 주제 접근법으로 나눌 수 있다.

명제 진술은 본문 접근법에 이르는 중요한 열쇠다. 월터 라이펠트는 서론에서 흥미를 유발하기 위한 주제 접근법의 중요성을 다음과 같이 강조한다.

처음 몇 분은 회중의 시선을 끌고 욕구 의식을 일깨울 뿐 아니라 메시지의 방향과 목표를 가리키기에 충분한 성경의 진리도 실질적으로 제공할 수 있어야 한다. 서론이 만족스럽고 회중이 계속 주목한다면 그들은 자신들이 듣게 될 말씀이 현실과 부합할 뿐더러 가치 또한 있다고 확신할 것이다 … 그래서 설교자는 자신이 어디로 갈 것인지를 회중에게 미리 알려주어야 한다. 이렇게 하면 긴장감이라는 요소가 파괴되지 않을까 우려하는 사람도 있을 것이다. 하지만 설교가 끝에 가서 스릴 만 점의 영화(cliff-hanger)가 되기를 바라더라도 우리는 처음에 낭떠러지가 어디에 있는지를 회중에게 어

---

370 G. E. Sweazey, *Preaching the Good News* (Englewood Cliffs, N.J.: Prentice Hall, 1976) p.96; Braga, *How To Prepare*, pp.104-105.

371 Adams, *Purpose*, p.60.

372 현대 학자들(롱과 버트릭, 윌슨) 역시 존 스토트의 견해에 동의한다(Wilson, *Preaching*, pp.182-183). 지금부터 필자는 존 스토트의 로마서 설교 26편을 구체적인 사례로 사용할 것이다. 존 스토트가 자신의 설교 서론에서 사용한 네 가지 주된 범주를 사용 빈도에 따라 나누면 다음과 같다. 본문 접근법 73%, 삶의 문제들 19%, 질문 8%, 혼합 방식 62% (혼합 방식 %: 80%: 35%: 31% 순).

느 정도 알려주어야 한다. 실제로 몇몇 드라마의 성공 여부는 그 드라마가 피할 수 없는 일에 대한 의식을 어떻게 고조시키느냐에 달려 있다.[373]

존 스토트 설교의 서론 중 72퍼센트는 본문 접근법을 사용한다. 그는 로마서 8장 18-27절에 대한 설교에서 시작을 다음과 같이 한다.

우리는 로마서 8장을 계속 공부하고 있습니다. 이제 신약성경에서 오늘 설교의 본문이 들어 있는 148쪽을 펴주시면 감사하겠습니다. 지난 주일 아침 우리는 로마서 8장의 1-17절에 묘사된 대로 영, 즉 성령의 사역에 대해 숙고하면서 설교를 시작했습니다. 우리는 내주하심, 곧 성령이 각 개인에 내주하심이 그리스도인들의 독특한 특징이며, 이 유리한 입장에서 성령이 놀랄 만큼 포괄적인 사역을 펼치시는 것을 보았습니다 … 자, 그것은 고난과 영광에 관계되는 그러한 표현으로, 로마서 8장의 첫째 단락과 둘째 단락에서 바뀌는 부분입니다. 실로 오늘 아침 우리가 함께 생각하려는 것은 고난과 영광에 대한 묵상입니다. 그리고 우리가 이 장의 핵심에 이르기 전에 저는, 사도 바울이 서론에서 고난과 영광에 대해 주장하는 네 가지 요점에 주목할 것을 당부하고 싶습니다. 첫째는….[374]

로마서 8장의 "그리스도인의 확신"에 대한 세 편의 연속 설교 중 두 번째에서 존 스토트는 지난주 설교를 간단히 요약하고 기도 직후 신약성경의 본문으로 시작한다. 그다음에 이로부터 고난과 영광의 관계를 설명

---

373 Liefeld, *Exposition*, pp.117-118.
374 Stott, "The Hope of Glory" (Sermon Cassette Tape on Romans 8:18-27; London: All Souls Church, 1993). Stott, "The Glory of God's Children 8:18-27" in *Romans*, pp.237-238.

하면서 네 가지 진술을 이용하여 설교의 다음 주제로 나아간다. 마지막으로 존 스토트는 바울이 그러하듯이 본문을 파고들면서 네 가지 진술을 통해 설교의 주된 주제를 해설한다.

존 스토트는 또한 로마서 1장 1-5절의 메시지를 소개하기 위해 자신이 질문뿐 아니라 실제 문제들도 제기하는 방식으로 주제 접근법을 사용한다.

영국 사회가 대체로 선교라는 개념에 극도로 냉담하다는 사실에 대해서는 별로 언급하고 싶지 않습니다. 오늘 아침 우리를 결집시킨 세계선교주일(World Mission Sunday)을 뜻하는 월드 포커스 선데이(World Focus Sunday)라는 개념에 대해 많은 사람이 인상을 찌푸리거나 심한 말을 내뱉기까지 합니다. 사람들은 묻습니다. 어떻게 기독교가 감히 진리를 독점한다는 주장을 할 수 있습니까? 사람들이 죄다 자신의 생각을 기독교적 관점으로 바꾸기를 바랄 정도로 어떻게 기독교가 그처럼 속이 좁아터지고 독선에 사로잡히며, 거드름피울 수 있는 것입니까? 오늘날 사람들이 가장 선호하는 입장은 다원주의라는 것입니다. 다원주의는 영국이나 다른 나라에 수많은 종교들이 있을뿐더러 각각의 종교에도 예수 그리스도의 독특성 및 궁극성을 부정하는 그 나름의 고유한 타당성이 있음을 뜻합니다. 관용은 오늘날 사람들이 가장 높이 평가하는 덕목입니다. 이는 "남의 일에 상관하지 마세요"와 "제발 내 일 내가 알아서 하게 냅둬요"를 뜻합니다. 상대주의와 다원주의라는 이러한 유사(流砂 · quick-sands, '그 위를 걷는 사람이나 짐승을 빨아들임'을 뜻하는 것으로서 방심할 수 없는 위험한 상태나 사태를 말함)에서 신약성경으로 시선을 돌리면 마음이 놓입니다. 특히 로마인들에게 보낸 편지가 위안이 됩니다 … 로마서의 메시지는 인간이 자유롭게 태어난 것이 아니라 장 자크 루소의 유명한 말처럼 어디서나 사슬에 묶여 있다는 것입니다. 인간은 죄와 노예 상태 가운데 태어났으며, 예수 그리스도가 죄인들을 구원하기 위해 오셨다는 것입니다. 오늘 본문은 로마서 1장 1절에서 17절까지입니다. 처음 대여섯 구절은 복음을 요약해서 진술하는 반면, 14절에서 17절까지는 복음 전도에 대한 놀라운 진술입니다. 여기서 우리는 두 가지 진술을 접하게 됩니다. 복음에 대한 진술과 복음주의인 복음 전도에 대한 진술입니다. 시간이 허락되면 둘 다 살펴볼 생각입니다….[375]

월드 포커스 선데이를 위한 특별 예배에서 존 스토트는 '선교'의 개념을 설명하면서 설교를 시작한다. 그러고 나서 청중에게 이 주제와 관련된 몇 가지 질문을 던진다. 그는 자신이 의도하는 주제로 곧장 나아가기 위한 수단으로 기존의 질문 사용을 대중화한다. 마지막으로 로마서를 언급하면서 자신이 제기한 질문에 답한다. 그렇게 하면서 바울의 본문을 분석하고 주제에 대해 명확히 진술한다. 앞서 보았듯이 존 스토트는 계속해서 자신의 서론을 발전시킨다. 그의 서론은 단어나 주제와 관련된 개념, 일반적인 사회 문제, 논쟁, 비교 혹은 주제에 대한 질문에서 실제 설교 본문으로 나아간다. 존 스토트는 주된 명제나 진술, 질문을 찾으려 애쓴다. 그러고 나서 바울이 기록한 본문을 통해 확증하거나 답하려 한다.

따라서 존 스토트의 설교에서 서론의 목적은 청중의 흥미를 유발하고 그들이 본문의 진리를 깊이 탐구하도록 격려하는 것이라고 결론 내릴 수 있다. 이 접근법은 본문의 진리를 드러내는 효과적인 방식이다. 그가 중심 주제를 제시하는 방식에는 분명하고 논리적인 전개도 있다. 하지만

---

375 Stott, "Eager to Share the Good News" (Sermon Cassette Tape on Romans 1:14-17; London: All Souls Church, 1976).

이에 대한 비판도 더러 있다. 대체로 존 스토트의 서론은 개인적이거나 구체적이지 않다. 청중은 개인적인 문제들보다 일반적인 문제들을 의식하게 된다. 이렇게 되면 청중의 편에서 반응이 뜸해질 수도 있다. 더욱이 존 스토트의 서론은 통찰력 있는 접근법에서 볼 수 있는 다양성, 이를테면 시, 이야기, 일화, 통계, 현재 사건, 전기적 일화 혹은 유머 등이 결여되어 있다. 그의 서론은 본문에 대한 접근으로 기울어지며, 대체로 본문에 대한 설명과 본문에 대한 배경 정보, 이따금 다루는 사회적 쟁점들이 포함된다. 존 스토트의 서론은 많은 사람이 너무 인습적이고 지나치게 '교회 중심적'이며 따분하다고 생각할 수도 있기에 그들의 관심을 끌기가 쉽지 않다.[376] 지금과 같은 멀티미디어 시대에서는 다른 의사소통 수단이 사용되어야 한다고 많은 사람이 생각한다.

(2) 설교의 결론

결론은 필요한가? 답은 '그렇다'이다. 설교의 구성 요소인 결론에서 메시지가 끝나기 때문이다. 결론에서 설교자는 끝냈다는 성취감을 맛본다. 결론은 청중의 마음과 의지에 호소해야 한다. 그럼에도 바르트는 독자적인 결론이 어느 것이든 내릴 필요가 있다는 것에 반대하며, 설교는 강해로 끝나야 한다고 주장한다. 요약이 필요하다면 그때는 늦어도 한참이나 늦은 것이라고 그는 주장한다.[377] 존 스토트는 결론 없는 설교가 '목적 없음이라는 비극과 다를 바 없다'라고 생각하기에 바르트와 의견을 달리한다. 너무 갑작스럽게 끝내는 설교자들이 있다고 존 스토트는 말한다. 그는 그들의 설교를 '마지막 부분'이 없는 연극, 혹은 '점점 세게'나 '절정'

---

376 존 스토트 자신은 *I Believe*, p.244에서 이러한 약점을 시인한다.
377 Barth, *Homiletics*, p.127.

이 없는 음악에 비유한다.[378]

　존 스토트는 결론이 두 가지 주요한 특징을 지녀야 한다고 주장한다. 첫째, 요점의 반복이다. 하지만 단순한 요약이 중요하더라도 결론을 그렇게 내리면 안 된다. 특히 자신의 요점 반복을 다른 말로 표현할 수 있다면 말이다.[379] 글렌 밀스는 요약이 설교의 목적을 달성하는 데 도움이 되도록 '이야기들을 한 데 모아 통일된 강력한 인상 안으로 끌어들여야' 한다는 데 동의한다. 바로 여기에서 설교에서 받은 모든 인상이 한데 어우러져 최종적인 영향을 끼치게 된다.[380] 둘째, 개인적인 적용이다. 존 스토트는 결론 적용이 중요하다고 강조한다. 적절한 결론은 요약을 넘어 개인적인 적용으로 나아가야 한다.

　존 스토트가 내리는 결론의 두 가지 주요 특징은 로마서 설교의 결론에 나타난다. 여기서 그는 17번의 요약(64%)을 포함하여 본문 적용을 22번(84%) 사용한다. 존 스토트는 로마서 설교에서 내리는 26번의 결론 가운데 예화의 형태와 시는 한 번만 사용한다.[381] 하지만 이 똑같은 설교들을 하는 동안 그는 청중에게 하나님의 말씀에 응답하면서 15번에 걸쳐 조용히 기도할 것을 주문한다. 다음은 존 스토트가 일반적으로 내리는 결론 중 하나로서 본문 적용에 초점을 맞춘다.

　이제 요약하고 결론을 지으려 합니다. 우리는 이 다섯 가지 횡포를 봐왔습

378　Stott, *I Believe*, p.245, Lloyd-Jones, *Preaching*, p.77을 보라.

379　Stott, *I Believe*, pp.245-246.

380　G. E. Mills, *Message Preparation: Analysis and Structure* (Indianapolis, IN: The Bobbs Merrill Company, Inc., 1966) p.83.

381　Stott, "Transformation" (Sermon Cassette Tape on Romans 12:1-2; London: All Souls Church, 1992). *Romans*, pp.320-324; "Love" (Sermon Cassette Tape on Romans 12:3-21; London: All Souls Church, 1992)와 비교하라. *Romans*, pp.325-337과 비교하라.

니다. 우리는 우리 자신이 죽을 수밖에 없는 죄인이라는 사실을 숙고해왔습니다 … 이제 결론에서 세 가지 요점을 짧게 말씀드리겠습니다. 첫째, 그리스도인의 관점이고 … 둘째, 그리스도인의 확신이며 … 셋째, 그리스도인의 기대입니다. 하나님이 우리에게 이미 네 가지 자유를 주신 것에 감사드립시다. 하지만 곧 다가올 다섯째 자유는 모든 것 가운데 최상이 될 것입니다. 그것은 영광의 자유입니다. 우리는 몸과 육신의 온갖 굴레에서 벗어날 것입니다. 어떤 방해도 받지 않고 거리낌 없이 하나님을 사랑하고 섬기며 순종하십시오.[382]

게다가 존 스토트는 결론이 청중의 상황과 관련되어야 한다고 주장한다. 그는 어떤 교인들에 대해 사도들이 하는 설교의 흔한 특징인 설득을 사용할 것을 역설한다. 존 스토트는 설득력 있는 결론의 다섯 가지 범주를 구별한다. 그는 로마서 설교를 26번 하면서 실제로 간청은 13번, 논증은 7번, 훈계는 한 번, 간접적 확신은 한 번, 그리고 예화도 한 번 사용한다.[383] 그 외에도 따로 언급하지는 않지만, 존 스토트는 두 번의 설교에서 직접 호소하는 방식을 사용한다.[384]

요약하면 대다수 청중은 이 마지막 결론을 통해 말씀을 자기 삶에 적용한다. 그러니까 설교의 성패는 분명한 결론에 달려 있는 셈이다. 인상

---

382 Stott, "From the Bondage of Decay"(Sermon Cassette Tape on Romans 8:18-25; London: All Souls Church, 1971). *Romans*, pp.237-244와 비교하라.

383 존 스토트는 '논증'을 '회중의 반대를 기대하고 그에 답변하는 것'으로, '훈계'를 '회중에게 불순종의 결과를 경고하는 것'으로, '간접적 확신'을 나단이 다윗에게 그랬듯이 '먼저 회중 안에 도덕적 판단을 불러일으키고 그다음에 그러한 판단을 그들 자신에게 부여하는 것'으로, '간청'을 '하나님의 사랑을 점잖게 강요하는 것'으로 설명한다(*I Believe*, pp.253-254).

384 Stott, "Our Suffering and God's Purpose" Sermon Cassette Tape on Romans 8:28-30; London: All Souls Church, 1993): *Romans*, pp.246-253.; "The Ministry of the Spirit"(Sermon Cassette Tape on Romans 8:1-17; London: All Souls Church, 1993): *Romans*, pp.217-236과 비교하라.

적인 결론을 내리기 위해 존 스토트는 대체로 설교의 주요 요점을 다시 언급하고 마지막에 설교의 주된 목적을 요약하는 경향이 있다. 따라서 그는 청중의 마음에 진리를 확증하거나 강화하기 위해 자신의 가장 중요한 주장들을 재검토한다. 이 분명하고 적절한 반복은 강력한 성경 중심의 결론을 이끌어 낸다. 존 스토트는 설교 마지막에 잠시 침묵기도 할 것을 청중에게 주문한다. 이는 한 번의 기도로는 결코 다룰 수 없는 상이한 응답들을 성령이 다양한 사람들에게 촉구할 수도 있기 때문이다.[385] 이 방식은 설교의 결론을 내린 후 하나님의 말씀에 개인적으로 응답하는 데 효과적이다.

그러나 존 스토트가 결론을 내리는 방식에도 약점이 있다. 핵심 사항은 굳이 요약할 필요가 없을 것이다. 예전보다 설교가 짧아진 오늘날, 그런 재검토는 설교자가 아는 티를 낸다는 인상을 줄 수도 있다.[386] 통상 그가 내리는 결론은 주된 본문이나 주요한 주제와 논리적으로 연관된다. 존 스토트조차도 거의 매번 적용 유형의 결론을 사용한다. 하지만 그의 적용은 본문 및 주제 요약과 비교하면 대체로 매우 짧고 단순하다.[387] 청중의 마음을 사로잡으려는 노력은 부족한 데다 단조롭기까지 하다. 존 스토트는 권고, 격려, 충격, 질문, 놀람, 긴장 혹은 예화를 별로 사용하지 않는다. 따라서 그가 결론에서 사용하는 언어는 명료하지만, 자신이 설교하는 교회의 교인들이 아닌 다른 사람들을 구체적으로 자극하는 일에는 효과가 없을 수도

---

385   Stott, *I Believe*, p.254.

386   Wilson, *Preaching*, p.184.

387   Stott, "God's Unsearchable Wisdom"(Sermon Cassette Tape on Romans 11:33-36; London: All Souls Church, 1977)을 보라. *Romans*, pp.309-312와 비교하라. 여기서 우리는 그가 흔히 내리는 결론의 명백한 사례를 발견할 수도 있을 것이다. 이와 반대로 위에서 내린 결론(로마서 11:33-36)에서는 중심 주제에 대한 요약이 꽤 길고 명백한 반면, 그의 적용은 마지막의 짧은 단락으로 구성되어 있다. 우리는 다음 장에서 적용의 문제를 상세히 다룰 것이다.

있다. 이 점에서 제임스 스튜어트의 조언은 경청할 만한 가치가 있다. "호소력을 마지막까지 자제하는 것은 말씀을 지켜내는 것이 아니다."[388] 이런 찬사는 "새로운 소망과 확신으로 우리를 세계로 이끈다."[389] 그는 언제나 '결론적으로'나 '말씀을 마치면서' 혹은 '마지막으로'라는 표현을 쓴다. 어찌 보면 "희망을 자극하는 이러한 표현들을 피하고" 처음부터 마음속에 담아둔 분명한 결론으로 나아가는 편이 낫다.[390] 강력하게 호소할 의도가 있음을 미리 밝히지 않고 결론짓는 것이 좋을 때도 있다.

3. 본문에서 설교까지

1) 존 스토트의 설교 주석

앞장에서 우리는 강해설교가 주석과 매우 밀접한 관계가 있음을 증명하고자 했다. 이 장에서는 존 스토트의 로마서 설교를 통해 그가 설교의 구조를 어떻게 이해하는지 살펴볼 것이다. 이를 통해 존 스토트가 본문에 상세히 접근하면서 사용하는 주된 방식들이 밝혀질 것이다. 우리는 존 스토트 설교의 구조에 대한 분석으로 시작할 것이다. "설교의 구조 패턴은 구절에서 의도하는 의미를 밝히는 매우 중요한 지표가 될 수"[391]

---

388 H. H. Mitchell, *Celebration and Experience in Preaching* (Nashville: Abingdon Press, 1990) p.12.

389 Wilson, *Preaching*, p.185.

390 Sangster, Craft, p.149. Vines, *A Practical Guide*, p.144; D. E. Demaray, *An Introduction to Homiletics* (Grand Rapids: Baker, 1978) p.100; Robinson, *Expository*, p.171; Capbell, *Christ-Centered*, p.251과 비교하라.

391 Greidanus, *Modern Preacher*, p.213. 브로더스 역시 무엇보다 원만한 의사소통을 위해서는 구조가 필요하다고 주장한다.

있기 때문이다. 그다음에 우리는 존 스토트가 로마서 1장 1-17절, 7장 1
절-8장 4절, 12장 1-8절을 주제로 한 세 편의 설교를 언어학적으로 분
석하면서 그의 주석 연구가 그의 설교에 대한 유용한 표본임을 증명할
것이다. 마지막으로 우리는 구절의 주된 주제에 대한 존 스토트의 견해
와 그가 설교를 구성하는 실제를 분석할 것이다.

(1) 설교 구조에 대한 분석

존 스토트가 생각하는 주석은 설교자가 본문을 해석하고 문법적이며,
역사적인 접근법들을 포함하는 방식이다.[392] 그는 주석을 자신의 설교에
서 첫째 단계로 정의하였는데, 이 단계에는 본문이 자신의 원래 목표라
는 틀에서 무엇을 말하고 뜻하였는지를 결정하려는 노력이 포함된다.[393]

설교 본론의 한 가지 기능이 주된 주제를 해설하는 것이므로, 존 스
토트는 첫째 단계부터 본론에서의 명제를 일관하여 지속적으로 전개하
여 자신의 주된 생각을 발전시킨다.[394] 설교 본론이나 설교 개요는 대지
(division)로 구성된다. 존 스토트는 설교할 때 평균 두세 개 정도의 주요
대지를 사용한다. 각각의 대지는 청중이 논리적인 방식으로 설교의 전개
를 따르게 하여 메시지를 쉽게 이해하도록 돕는다.

존 스토트는 1976년과 1990년 각기 다른 상황에서 로마서 1장에 대한
설교를 두 번 했다. 첫째 설교는 로마서를 주제로 한 연속 설교의 일환으

---

392 존 스토트, 필자와의 인터뷰, 2000년 6월 14일. *Romans*, p.189; *I Believe*, p.127과 비교하라.

393 Stott, *Understanding*, p.214. 존 스토트는 이렇게 주장한다. "만일 이 책이 정말 하나님의 말씀
이라면 영성하고 무성의한 주석은 내팽개처라! 우리는 본문이 자신의 보물을 드러낼 때까
지 시간을 내서 본문을 파고들어야 한다." (*I believe*, p.182)

394 C. Miller, *The Empowered Communicator: The Seven Keys to Unlocking An Audience* (Nashville,
Tennessee: Broadman and Holman Publishers, 1994) p.137.

로, 올소울스교회의 목회적 필요를 채우는 것이 목적이었다. 둘째 설교
는 월드 포커스 선데이를 위해 선교라는 주제에 초점을 맞추었다. 복음
을 전하려는 바울의 열정을 논하면서 존 스토트는 두 개의 대지를 사용
해 자신의 주제를 전개한다. 바울의 열정과 복음 전도에 대한 관점이 그
것이다.[395]

"복음을 나누려는 열정"이라는 제목의 로마서 1장 14-17절에 대한 강해
설교(1976년)

서론: 현대 교회에 만연한 복음 전도 기피증과 사도 바울의 견해 사이의 대조
I. 세 가지 잇따른 진술
    A. 나는 복음 전도의 빚을 지고 있다(1:14)
    B. 나는 로마에 있는 너희에게도 복음 전하기를 원한다(1:15)
    C. 나는 복음을 부끄러워하지 않는다(1:16)
II. 사도로서 보이는 열정의 기원
    A. 복음은 인간에게 진 빚이다(1:14)
    B. 복음은 하나님의 능력이다(1:16-17)
결론: 바울의 열정은 복음이 인간에게 진 빚이며, 하나님의 능력이라는
    사실에서 비롯된다. 우리는 기도하는 가운데, 그리고 무릎 꿇고 하
    나님께 기도하는 가운데 이 진리들을 조용히 묵상해야 한다.

존 스토트는 서론에서 청중에게 하나의 명제를 제시한다. 복음을 나누

---

395 이것은 존 스토트의 설교에 대한 필자의 분석이다.

려는 열정이 전도에 대한 바울의 견해라는 것이다. 이 관점의 본질을 검토하고자 존 스토트는 위에 나타난 대로 본문(1:14-16)과 관련된 세 가지 진술을 잇달아 한다. 그러고 나서 설교 목적을 달성하기 위해, 즉 청중이 복음 전도의 열정을 가지도록 권고하기 위해 로마서 1장 14-17절에 특히 집중하면서 열심이라는 이 자질에 초점을 맞춘다. 그는 바울의 열정과 하나님의 능력에 대한 언급으로 설교를 끝낸다. 처음부터 끝까지 존 스토트는 성경에 철저히 충실함으로써 설교의 목적을 전개시킨다.

1990년에 한 설교에서 존 스토트가 초점을 맞추는 주제는 동일했지만 (열방 선교) 명제를 갖고 본문에 접근하는 방식은 달랐다. 그는 다른 제목을 사용하기도 한다.

"열방을 위한 복음"이라는 제목의 로마서 1장 1-17절에 대한 강해설교

서론: 두 가지 중요한 진술, 즉 복음과 복음 전도

I. 복음에 대한 바울의 진술

    A. 복음의 근원은 하나님이다(1:1)

    B. 복음은 성경이 입증한다(1:2)

    C. 복음의 내용은 예수 그리스도 자신이다(1:3-4)

    D. 복음의 범위는 열방이다(1:5-6)

    E. 복음의 목적은 믿음으로 순종하는 것이다(1:5)

    F. 복음의 목표는 그리스도의 이름을 영화롭게 하는 것이다(1:5b)

II. 복음 전도. 사도 바울의 열정의 근원은 무엇이었나?

    A. 복음은 세상에 진 빚이다(1:14-15)

    B. 복음은 구원에 이르는 하나님의 능력이다(1:16)

C. 하나님의 의란 무엇인가?(1:17)

결론: 복음 전도에 대한 바울의 열정은 그의 두 가지 인식에서 비롯되었다. 복음이 세상에 진 빚이며 구원에 이르는 하나님의 능력이라는 것이다. 그러므로 이 두 가지를 파악하고 느낄 때 우리는 열방과 함께 복음을 나누고자 하는 바울의 열정과 비슷한 열정을 갖게 될 것이다.

존 스토트는 서론에서 분명한 명제를 제시한다. 그것은 "로마서가 신약성경에서 복음에 대한 진술로는 가장 완벽하고 가장 웅대하며 가장 솔직하다"는 것이다. 그는 자신의 설교 목적을 달성하고자 이 서신에 대해 간략히 개관한 후 1장 14-17절에 대한 구체적인 분석과 더불어 복음 전도에 대한 둘째 진술에 초점을 맞춘다. 그러고 나서 열방에 복음을 전하겠다는 바울의 열정에 대해 말하면서 자신의 설교를 끝낸다. 청중에게 바울처럼 열정을 가질 것도 당부한다. 존 스토트는 이 설교에서 각각의 요점을 본문으로부터 직접 도출하고 본문의 중요한 부분을 다룬다. 하지만 그는 설교의 초점을 위해 6-13절을 건너뛴다. 로마서 설교의 서론을 이렇게 장식한 존 스토트는 청중에게 복음 전도와 모든 사람에게 복음의 메시지가 차별 없이 전파된다는 로마서의 목적을 달성하자고 간곡히 호소한다.

같은 사례는 로마서 7장에 대한 설교에 나타난다. 존 스토트는 1965년 7월 케직 사경회에서 로마서 5-8장을 주제로 네 번의 설교를 했다. 그는 로마서 5-8장에 대한 네 편의 연속 설교 중 셋째 설교의 본문인 로마서 7장 1절-8장 4절을 자세히 설명했다. "율법으로부터의 자유"이라

는 제목의 셋째 설교는 다음과 같다.[396]

> 서론: 믿는 자의 큰 특권은 율법으로부터의 자유다.
>
> I. 율법의 가혹함[7:1-6]
>
> II. 율법의 약점[7:7-13]
>
>   A. 율법은 죄인가?[7:7-12]
>
>   1. 율법은 죄를 드러낸다[7:7]
>
>   2. 율법은 죄를 짓게 한다[7:8]
>
>   3. 율법은 죄를 정죄한다[7:8b]
>
>   B. 그렇다면 율법은 죽음을 가져오는가?[7:13]
>
> III. 율법의 의[7:14-8:4]
>
>   A. 바울의 체험의 문제[7:14]
>
>   1. 자신에 대한 바울의 생각[7:18, 24]
>
>   2. 율법에 대한 바울의 생각[7:16, 19]
>
>   B. 본문의 세부사항
>
>   1. 우리의 상태와 그로 인한 갈등 사이의 두 가지 대비[14-20]
>
>   2. 바울의 상태와 갈등[7:21-25]
>
>   3. 이중 구원과 응답[8:1-4]
>
> 결론: 우리는 율법으로부터 해방되어 하나님께 받아들여졌지만, 성결에 이르려면 율법을 지켜야 한다.

서론에서 존 스토트는 청중에게 구체적이며 분명한 명제를 제시한다.

396　Stott, *Men Made New: An Exposition of Romans 5-8* (London: IVP, 1966) pp.58-83.

그것은 "믿는 자의 큰 특권이 율법으로부터의 자유"라는 것이다. 이 명제를 통해 논쟁의 소지가 있는 사항들을 설교 본문에서 답해야 할 문제로 다루었다. 게다가 그는 율법으로부터의 자유와 율법의 성취 둘 다 진리임을 단언하고자 로마서 7장 1절-8장 4절에서 줄곧 율법의 다양한 측면들을 논했다. 설교 구조는 존 스토트가 논리적이고 광범위하며 꼼꼼하게 본문을 분석하고 있음을 보여준다.

존 스토트는 또한 로마서 8장에 대한 세 편의 연속 설교 중 첫째 설교에서 로마서 8장 1-4절을 해설한다. 첫째 설교의 제목은 "하나님의 정죄로부터"(1971년)이다.[397]

> 서론: 하나님 자녀의 영광스러운 자유는 무엇인가? 그리고 그 자유는 어떻게 확보될 수 있는가?
>
> I. 자유에 대한 긍정적인 생각들
>
> II. 하나님의 정죄로부터의 자유
>
>   A. 죄와 죽음의 율법으로부터의 자유(8:2)
>
>   B. 정죄하는 율법으로부터의 자유(8:4)
>
> 결론: 우리는 마음속에서 온전하며 의미 있는 삶이라는 자유에 대한 긍정적인 생각들을 발전시켜야 한다. 이 자유는 하나님의 정죄로부터 벗어날 때 온다.

존 스토트는 명제 전개에 대해 분명히 이해하도록 본문을 다른 방식

---

397 존 스토트 역시 두 편의 다른 설교 시리즈에서 이 본문에 대한 설교를 했다. 첫째 설교는 "자유"(로마서 8:1-25, 1971)이며, 둘째 설교는 보다 최근에 한 "그리스도인의 확신"(로마서 8:1-39, 1993)이다. 하지만 로마서 8:1-17의 본문을 해설했던 1993년에 그의 초점은 그리스도인의 삶에 나타난 성령의 역할과 증거에 맞추어졌다("성령의 사역").

으로 처리한다. 그는 여러 질문으로 설교를 시작하고, 자유에 대한 청중의 부정적인 관념을 긍정적인 것으로 바꾸려 한다. 참된 자유가 하나님의 정죄로부터 벗어날 때 온다는 것을 입증한 존 스토트는 그 자유에 대한 정의를 더욱 자세히 밝힌다. 그가 설교의 주된 목적을 달성하기 위해 자신의 설교를 전개하는 순서는 청중에 의해 생길 수 있는 본문에 대한 어떤 오해도 분명히 바로잡는 기능을 한다.

존 스토트가 교리 설교에 접근하는 방식은 위의 두 사례에서 분명히 드러난다. 하나는 본문으로부터 성경의 관점을 정의하는 것이고, 다른 하나는 그리스도인에게 자유와 확신을 주는 것이다.

비슷한 사례는 로마서 12장에 대한 설교에 등장한다. 존 스토트는 12장 1-8절에 대한 설교를 세 번 했다. 초점은 매번 다르지만 명제는 같다. 그것은 하나님의 자비에 대한 우리의 응답이다.[398] 그는 "새로운 사고방식"(1990년)이라는 제목의 로마서 12장 1-8절에 대한 설교를 다음과 같이 구성한다.

서론: 로마서 1-11장의 요약. 그리스도인의 삶 전체는 하나님의 자비에 대한 응답이다. 바울의 세 가지 간청은 무엇인가?

I. 너희 몸을 드리라(12:1)

II. 변화를 받으라(12:2)

  A. 두 가지 가능한 모델

    1. 시대의 풍조

---

398 존 스토트는 1990년에 12:1-8에 대해 한 번, 1992년에 12:1-2와 12:3-21에 대해 각각 한 번 설교했다. 필자는 두 번의 설교(12:1-8과 12:1-2)에 대해 주로 논할 것이다.

2. 하나님의 말씀

  B. 그 변화는 어떻게 일어나는가?

Ⅲ. 받은 은사를 활용하라(12:3-8)

결론: 위의 세 가지 간청은 모두 하나님의 자비라는 동일한 토대에 근거
      한다. 우리는 우리를 향한 하나님의 자비를 우리 자신에게 계속 상
      기시키고 그분의 자비에 응답해야 한다.

존 스토트는 서론에서 본문의 명제, 즉 하나님의 자비에 대한 응답에 대해 진술한다. 그는 분석 과정에서 본문을, 바울의 세 가지 간청으로부터 주된 요점들을 포함하는 세 가지 장으로 나눈다. 분석하는 순서는 메시지를 이해하는 확실한 통로를 제공한다. 하지만 연속 설교의 어떤 부분에서 절(verse)의 사용을 제한하는 경우에 그는 주된 주제를 위해 배경 연구를 사용한다. 다음은 존 스토트가 사용하는 배경 연구의 사례이다.

"변화"(1992년)라는 제목의 로마서 12장 1-2절에 대한 강해

서론: 바울의 두 측면, 즉 그의 마음과 그의 감정 이해하기

I. 본문에 대한 세 가지 질문(바울의 간청)

  A. 바울은 누구에게 간청하는가?

  B. 바울이 간청하는 근거는 무엇인가?

  C. 바울이 하는 간청의 본질은 무엇인가? 그는 하나님의 백성에게 무
      엇을 하라고 호소하고 있는가?

Ⅱ. 바울의 간청은 두 가지 형태를 띤다.

  A. 너희 몸을 산 제물로 드리라(12:1)

　　로마서 12장 1-8절에 대한 첫째 설교와 대조적으로, 존 스토트는
"복음의 빛 가운데 살아가기"[399]라는 제목의 5부 연속 설교의 일부인
이 설교에서 본문을 딱 두 절로 제한한다. 그는 배경 설명을 위해 바울
의 간청과 관련된 세 가지 질문을 포함시킨다. 뒤이어 그는 드림과 변
화라는 두 가지 구체적인 목적을 지니는 설교의 주된 주제에 초점을
맞춘다. 앞에서 말한 두 편의 설교를 살펴봄으로써 우리는 존 스토트
가 설교할 때 적용에 어떻게 접근하는지 알 수 있다. 두 접근법은 '본
문에 대해 질문하기'와 '답변을 청중에게 적용하고 청중에게 응답하라
고 호소하기'이다.

　　존 스토트는 자신의 설교 곳곳에서 분석을 한다. 그는 이 분석이 억지
로 하거나 인위적이라는 인상을 주지 않고 될 수 있는 한 상세해야 한다
고 믿는다. 지금까지의 내용을 통해 내릴 수 있는 결론은 존 스토트가 구
절의 전반적인 구조에 대해 성경적인 논평을 계속한다는 점이다.[400] 그가
보기에 주석에서의 분석은 명백히 구절의 인위적이 아닌 자연스러운 부

399　존 스토트는 "복음의 빛 가운데서 살아가기"라는 제목으로 다섯 번의 설교를 한다. 그
　　는 로마서 11:33-13:14를 다음과 같이 다섯 개의 주제로 나눈다. 1. '예배'(11:33-36), 2.
　　'변화'(12:1-2), 3. '사랑'(12:3-21), 4. '시민권'(13:1-7), 5. '사회속의 그리스도인'(13:1-14)
　　(Sermon Cassette Tape on Romans 11:33-13:14); London: All Souls Church, 1992). *Romans*,
　　pp.307-354와 비교하라. 존 스토트는 자신의 책 『로마서』에서 '관계'라는 관점에서 로마서
　　12:1-15:13을 다룬다.

400　Stott, *Understanding*, p.165.

산물이어야 한다. 설교 구성의 절차와 관련하여 존 스토트는 분석을 이용해 선택된 본문의 배경과 해석상의 문맥을 제공한다.

(2) 언어학적 연구

존 스토트의 주석 원리는 매우 단순하다. 그가 주석을 통해 성경 본문의 원래 의미를 찾아내기 때문이다. 존 스토트는 주석학자가 자신의 상상력이나 희망적 해석(wishful thinking)을 이용해 구절에 의미를 부여할 수 있다는 생각에 단호히 반대한다. 그는 주석학자가 구절의 단어나 문장들을 읽을 때 본문에 대한 성실한 연구로 시작하되, 가급적 원어(히브리어나 헬라어)로 하고 개정표준역(RSV)이나 신국제역(NIV)과 같은 훌륭한 번역본을 사용할 것을 권장한다.[401]

존 스토트는 본문의 의미를 밝히기 위해 문법적-역사적 접근법을 사용하는 것이 특징이다. 이 접근법은 본문의 의미를 파악하기 위해 단어들의 문법적 구조와 역사적 배경에 대한 연구를 필요로 한다.[402] 존 스토트는 난해한 본문의 원래 의미를 밝히기 위해 문법과 구문론 규칙에 주목한다. 그는 본문의 보편적 의미를 이해하려면 본문이 처음 제시되었던 상황을 고려해야 한다고 주장한다. 따라서 그는 다른 문화나 시대와 관련된 어떤 세부사항들과 더불어 구절의 역사적 배경, 구절의 스타일이나 문학 장르를 찾아내려 한다. 나중에 살펴보겠지만, 존 스토트는 이런 유

---

401 같은 책, pp.166-167. 하지만 그 역시 로마서 7장의 주석을 위해 신영어성경(The New English Bible)과 흠정역성경(The Authorized Version of the Bible)을 종종 사용했다.

402 Stott, *Christian Mission*, p.14. 문법적 및 역사적 접근법에 대한 존 스토트의 개인적 사용은 세 가지 해석 원리에 나타난다(*Understanding the Bible*) [London: Scripture Union, 1984] pp.165-182).

형의 연구를 통해 본문의 보편적 의미를 알아낸다.[403]

언어학적 연구에 대한 존 스토트의 강한 확신은 로마서 설교에 대한 연구에서 매우 분명히 드러난다. 그는 주석을 통한 구절의 정확한 의미 파악을 위해 시제 변화를 분석했다. 예를 들면, 로마서 7장 14절에서 존 스토트는 바울이 체험한 시간을 규명하기 위해 이 접근법을 사용했다.

바로 앞 단락(7-13절)의 동사들이 대부분 과거시제(aorists · 헬라어의 과거시제)로 되어 있어 그 동사들은 바울의 과거 체험을 언급하는 것처럼 보입니다. 따라서 "죄가 … 나를 죽였느니라"(11절), "그런즉 선한 것이 내게 사망이 되었느뇨? 그럴 수 없느니라! 그것은 죄니라 …"(13절). 모든 동사가 과거시제로 되어 있습니다. 하지만 14절부터는 동사의 시제가 계속 현재로 바뀌기 때문에 바울의 현재 체험을 가리키는 듯합니다. 14절의 "나는 육신에 속했다." 15절의 "원하는 이것은 행하지 아니하고 도리어 미워하는 그것을 함이라"는 모두 현재시제입니다.[404]

로마서 7장 7-13절에서 8장 1절에 이르는 본문을 적절히 주석하기 위해 존 스토트는 7장 14절의 바로 앞 구절과 다음 구절에서의 상황 변화를 이용하여 죄와 죽음, 갈등에 대한 바울의 체험으로 시선을 끌었다.[405] 주석의 전형적인 사례로서 존 스토트는 본문의 진수를 찾기 위해 학자들이 논쟁을 벌이는 주석 문제를 다룬다. 예컨대 (1인칭 단수로 가득한)

---

403 '로마서 해석'에 대한 이 장의 존 스토트의 설교 해석을 보라.
404 Stott, *Men Made New: An Exposition of Romans 5-8* (London, IVP, 1966) pp.71-72. 『새롭게 된 인간』 은 출간을 위해 다소 확대되기는 했지만, 1965년 7월의 케직 사경회에서 행한 실제 설교이다. 이 설교는 우리가 그의 주석을 상세히 파악할 수 있는 매우 타당한 사례이기도 하다.
405 같은 책, p.72.

로마서 7장 7-25절에서 '나'의 정체를 파악하기 위해 존 스토트는 헬라의 교부들로부터 다수의 현대 주석학자들에 이르기까지 '나'에 대한 다양한 해석을 다룬다. 그는 이 구절의 '나'는 바울이거나 아담 아니면 이스라엘이라는 학자들의 공통된 견해를 이용한다. 예를 들어, 둘째 대안으로 존 스토트는 저명한 학자들의 견해를 다음과 같이 논한다.

> 에른스트 케제만은 "[즉 9-11절에] 묘사된 사건이 엄밀히 아담만을 지칭할 수 있다"라고, "이 구절에는 아담에게 꼭 맞지 않는 것이 단 하나도 없다"라고, 또한 "모든 것이 아담에게만 들어맞는다"라고까지 말합니다. 제임스 던은 보다 온건한 평가를 내립니다. 비록 그가 9절의 아담에 대한 언급을, 특히 다음과 같은 의미에서 '거의 불가피한'으로 여기기는 하지만 말입니다. "전에 율법을 깨닫지 못했을 때에는 내가 살았더니 계명이 이르매 죄는 살아나고 나는 죽었도다." 존 지슬러는 로마서 7장 7-13절과 창세기 2-3장에서 동일한 패턴, 즉 '순수, 명령, 범죄 및 죽음'을 확인하고 있습니다.[406]

그다음에 존 스토트는 아담과 바울의 역사에서 병행되는 여섯 단계를 덧붙인다. 하지만 그는 있을 수 있는 불일치들의 목록도 작성한다. 그는 위의 인용에 언급된 대로 지슬러의 견해(아담)에 반박하기 위해 '나'의 신분에 대한 더글러스 무의 견해("이스라엘의 율법 체험에서 바울이 자신을 그들과 동일시한 것도 당연하다")를 전개한다. 마지막으로 존 스토트는 "그러므로 바울은 자기 자신의 이야기를 들려주는 동시에 그 이야기를 일반화하고 있다"는 결

---

406 Stott, *Romans*, p.200. 우리는 "이 '나'는 거듭난 것인가 아닌가?"에서 동일한 패턴을 볼 수 있다(pp.205-211). 이 주장은 동일한 본문에 대한 그의 실제 설교 테이프에서는 들을 수 없다.

론을 내린다.[407]

존 스토트는 자신의 설교에 헬라어 본문에서의 정의들을 꽤 자주 인용하고, "헬라어에서 이것이 의미하는 바는 …"이라고 설명하면서 헬라어로부터 몇몇 단어를 직접 번역한다.[408] 존 스토트의 로마서 설교에서 제대로 된 통시적 연구에 대한 좋은 사례를 볼 수 있다. 그는 단순히 주어진 단어의 한 가지 가능한 의미를 부여하기보다 그 사례를 성경을 가르칠 때 흔히 사용한다.[409] 예를 들면, '접근(access)'이라는 단어의 헬라어 의미를 확정하기 위해 존 스토트는 다음과 같이 통시 언어학(diachronic linguistics; 언어 현상에서 시간적으로 하나의 상태로부터 다음 상태로 이행 및 전개하는 양상에 관하여 연구하는 언어학)의 접근법을 사용한다.

'접근'으로 번역되는 헬라어 단어가 누군가 어떤 지체 높은 사람이 있는 자리로 나아갈 때 쓰인다는 사실은 매우 흥미롭다. 예컨대, 그 단어는 신하가 자기 군주와의 알현(謁見)을 허락받는 경우에 사용된다 … 같은 단어가 신하가 자신의 군주를 알현할 뿐 아니라 예배자들이 자신들의 하나님을 알현

---

407 같은 책, pp.201-202. 하지만 이전에 케직 사경회에서 한 설교에서 그는 어떤 특정한 학자의 이름을 거론하지 않았다. 오히려 그는 헬라 교부들과 개혁 주석가들의 일반적 견해를 다루었다. 자신에 대한 바울의 견해를 다루는 로마서 7:18과 율법에 대한 바울의 견해를 다루는 로마서 8:7과 더불어 로마서 7:16, 19를 통해 존 스토트는 개혁자들의 견해에 동의했다. 그는 마침내 그것을 로마서 7:14에서 확인했다. *Men*, pp.72-73.

408 Stott, "Freedom From the Law" in *Men*, p.78, 81. 또한 존 스토트의 설교 "The Hope of Glory" (Sermon Cassette Tape on Romans 8:18-27l London: All Souls Church, 1993)를 보라. *Romans*, pp.237-246; 'Love'와 비교하라. *Romans*, pp.320-321과 비교하라.

409 코터렐과 터너는 통시적이며 공시적인 언어학을 다음과 같이 명료하게 설명한다. "공시적으로 우리는, 단어가 시간의 한 특정한 시점, 말하자면 지금 사용되는 온갖 방식을 검토한다. 통시적으로 우리는, 단어의 의미가 세기를 거듭하면서 말하자면 그 단어가 '당시에는' '현재' '지금'을 분명히 의미했던 때로부터 '지금'이 아닌 '곧'을 의미한 때에 이르기까지 어떻게 변화해왔는지를 알고 싶어 한다." *Linguistics & Biblical Interpretation* (Downers Grove, Illinois: IVP, 1989) p.25. Kaiser, *Exegetical Theology*, p.90, 136과 비교하라.

하는 경우에도 쓰인다. 예를 들어, 하나님이 출애굽 직후 시내 산에서 언약을 맺으시기 전에 "내가 너희를 나에게로 오게 했다"라고 말하는 구약성경의 헬라어 버전에 사용된다…".[410]

존 스토트는 자신의 설교에서 공시 언어학(synchronic linguistics; 특정한 시기의 언어 양상을 횡적으로 연구하는 언어학)의 접근법도 사용한다. 그는 로마서 1장 14절의 '빚(debt)'이라는 단어를 설명하기 위해 헬라어 단어 '빚쟁이(debtor)'를 언급한다. 이 단어는 어원이 같고 (무자비한 종에 대한 주님의 비유가 나오는 마태복음 18장 24절에서) 돈을 빚진 자들과 관련 있다.[411] 존 스토트는 청중의 일반적인 이해를 바꾸기 위해 단어의 다른 의미들을 비교한다. 로마서 8장 1-4절에 대한 "하나님의 정죄로부터"라는 설교에서 존 스토트는 본문에 나타나는 해방(liberty)에 대한 중요한 정의를 내리기 위해 '자유(freedom)'라는 단어를 사용한다. 그는 여러 사전을 비교한 후 '자유'라는 단어의 의미를 무언가 부재(不在)한다는 관점에서 부정적으로 정의한다. 하지만 존 스토트는 긍정적이며 성경적인 개념을 제시함으로써 사전적 정의에 이의를 제기한다. 그는 "자유가, 그러한 해방이 가져오는 온전하고 의미 있는 삶 속으로 편입되거나 이러한 삶을 향한 외침"이라고 주장한다.[412] '자유'라는 단어는 설교를 시작하는 실마리가 되었으며, 이제 그것은 설교의 명제를 위한 토대를 제공한다.[413]

---

410 Stott, "Standing in Grace" (Sermon Cassette Tape on Romans 5:1-3; London: All Souls Church, 1979). *Romans*, pp.138-142와 비교하라.

411 Stott, "Eager," *Romans*, pp.58-65와 비교하라.

412 Stott, "From Condemnation of God"(Sermon Cassette Tape on Romans 8:1-4; London: All Souls Church, 1971).

413 이 접근법은 로마서 8:1-17을 본문으로 하는 "성령의 사역"이라는 설교에서 사용되고 있다. 그는 이렇게 묻는다. "여러분은, 로마서 7장에 '율법'과 '계명'이라는 단어가 30번가량 나오는

존 스토트는 언어학적 분석을 통해서도 본문의 의미를 명확히 한다. "새로운 사고방식"이라는 설교에서 그는 12장 1절의 "너희는 드려야 한다"가 '구약성경의 제사 제도에서 사용되는' 전문 용어라고 설명한다. "너희는 너희 몸을 산 제물로 드려야 한다…"[414] 여기서 한 단어(너희 몸)가 다른 단어(산 제물)와 관련되어 있기에 두 단어를 비교함으로써 종종 귀중한 통찰을 얻는다. 예를 들어, 존 스토트는 2절에서 "본받지 말라"와 "변화를 받으라"라는 두 현재명령문에 주목한다. 이 비교를 통해 그는 대조적인 의미가 함축되어 있음을 확인한다.[415]

위 연구는 존 스토트가 주석을 달 때 언어학적 분석을 얼마나 중시하는지 보여준다. 그는 특별히 고른 한 단어를 사용하여 설교를 시작하고, 이따금 이 단어를 당면한 문제를 해결하는 열쇠로 사용한다. 특히 존 스토트는 구절을 새롭게 조명하기 위해 개별 단어들을 연구함으로써 본문의 주된 주제를 이끌어 낸다.[416] 이런 방식의 주석을 통해 본문에 접근하는 것이 존 스토트의 특징이다.

반면 같은 장에서 성령에 대한 언급은 딱 한 번 나온다는 사실을 알고 있는지 모르겠습니다. 하지만 로마서 8장에서는 처음 1-17절에서 성령에 대한 언급이 14번 나옵니다. 이는 거의 모든 절에 한 번 정도 나오는 셈입니다. 그러니까 거기에는 분명 중요성이 있습니다"(Stott, *Romans*, p.189; 203; 208과 비교하라).

414 Stott, "A New Mindset": *Romans*, pp.321-322와 비교하라. 자신의 책 『로마서』에서 존 스토트는 본문의 의미를 찾기 위해 구약성경보다는 헬라어 원어와 1세기 당시의 배경을 연구한다.

415 Stott, "A New Mindset": *Romans*, p.190과 비교하라. 로마서 7장에서 존 스토트는 두 개의 동사 "율법에 대하여 죽었다"(4절)와 "율법에서 벗어났다"(6절)를 비교하면서 로마서 7장으로 들어가는 출발점으로 삼는다. "우리는 부정적인 진술을 만날 때마다 그것과 대비되는 것을 찾을 때까지 해석을 멈춰야 한다"라고 주장한다.

416 예를 들어, 존 스토트는 다섯 핵심어로 『설교자의 초상화』라는 설교에 대한 중요한 책을 썼다. '청지기' '전령' '증인' '아버지' '종'이 그것이다. 『내가 믿는 설교』라는 책의 마지막 두 장에서 그는 '성실' '열심' '용기' '겸손'이라는 주된 핵심어를 다룬다. 『한 백성』이라는 책에서는 교회(*ecclesia*), 봉사(*diakonia*), 증인(*marturia*), 교제(*koinonia*)라는 네 개의 주된 핵심어로 교회 평신도들에 대한 자신의 신념을 펼친다(*One People: Helping Your Church Become a Caring People*) [Old Tappan, N.J.: Power Books] 1982).

(3) 본문의 중심 주제

설교의 초점이 되는 주된 주제는 정확히 설교가 무엇을 다루는지 보여준다. 대니얼 바우만은 중심 주제와 명제를 두 범주로 나눈다. 즉 주제 (subject)는 '설교가 무엇에 관해 말하느냐'이고, 명제(proposition)는 '주제에 관해 나는 무엇을 말할 것인가?'이다.[417] 따라서 설교자는 자신의 설교목적이라는 주제에 따라 명제를 택한다.

반면에 존 스토트는 중심 주제와 명제를 구별하지 않는다. 그는 중심 주제가 본문에서 '지배적인 생각(명제)'임을 강조한다.[418] 존 스토트는 "본문을 여러 적법한 방식으로 다루고 본문으로부터 여러 다양한 교훈을 얻을 수 있다 할지라도, 모든 본문에는 지배적 요점이 있다"고 주장한다.[419] 두 사람의 주장 모두 일리가 있지만 초점은 다르다. 주된 주제와 명제로 나누는 바우만의 경우 본문 자체보다 청중을 향한 설교자의 의도와 관련 있는 명제들에 대해 더 실제적으로 접근하는 것이 감지된다. 존 스토트의 경우 그의 큰 관심사는 "지배적인 생각이 본문에서 드러나게 하는 것이다. 따라서 본문은 설교자로 하여금 조작과는 거리가 먼 지배적인 생각을 하게 한다."[420] 그러므로 존 스토트의 주된 주제는 이 지배적 생각에서 파생된다.[421] 주된 주제에 대한 그의 생각은 로마서 설교

---

417 Baumann, *Contemporary Preaching*, pp.123-128.

418 Stott, *I Believe*, pp.224-225.

419 같은 책.

420 존 스토트, 필자와의 인터뷰, 2000년 6월 14일. 존 스토트는 이 과정에서 두 가지 측면에 주목하는데, 그는 이 둘을 각각 긍정적인 것과 부정적인 것으로 확인한다. 부정적 측면은 강해자가 모든 것이 자신의 설교의 일부가 되도록 허용해서는 안 된다는 점이다. 많은 진리를 터득해왔지만 모든 진리가 설교에 적합한 것은 아니다. 존 스토트의 말대로 "우리는 연관성이 없는 것을 단호히 제거해야 한다." 설령 몇몇 진리가 그 자체로 중요할지 모르나 지배적인 생각에 딱 들어맞지 않을 수도 있다. 모든 진리를 이러한 접합점(juncture)에 포함시킨다면 설교는 힘이 떨어지고 설교자의 의도는 물거품이 될 것이다(*I Believe*, p.228).

421 로빈슨은 본문을 설교할 때 본문의 다른 생각들이 뒷받침하는 단 하나의 지배적인 생각

에서 확인된다. 존 스토트는 대체로 자신의 설교 서론에서 주된 주제(혹은 명제)를 드러낸다. "열방을 위한 복음"이라는 설교에서 존 스토트는 설교의 주된 주제를 '복음 전도에 대한 사도 바울의 관점'으로 언급한다. 그러고 나서 로마서 7장에 대한 "율법으로부터의 자유"라는 설교에서 그는 '율법으로부터의 자유와 율법의 성취'를 주된 주제로 삼는다. 로마서 12장에 대한 설교인 "새로운 사고방식"에서는 주된 주제를 '하나님의 자비'라고 거듭 강조한다.

요컨대 존 스토트의 주된 주제는 실제적이고 청중을 지향하는 접근법에서가 아니라 오로지 본문에서 도출된다. 이는 그가 자신의 개인적 취향에 따라 본문을 각색하거나 특정한 측면을 강조하려는 유혹에서 벗어나고 싶기 때문이다. 그는 "우리가 온전히 이런 식의 유혹을 분별하고 뿌리칠 수 있어야 한다"고 주장한다.[422]

(4) 존 스토트의 주석 접근법에 대한 평가

존 스토트의 주석 패러다임은 몇 가지 강점을 보인다. 첫째, 존 스토트가 다양한 언어학적 연구를 통해 단어의 원래 의미를 발견하면서 원문의 풍성함이 드러난다. 이는 언어학적 연구가 강해자의 주된 도구이며, 성경이 기록될 당시의 말과 궁극적으로 성경의 메시지를 듣게 될 청중의 말 모두를 이해하는 데 필수적이기 때문이다. 강해자는 저자가 사용

을 강조해야 한다고 말함으로써 본문의 강조점에 초점을 맞추는 것이 중요하다고 말한다 (*Expository*, p.34). 로빈슨은 블랙우드, 브로더스, 화이트셀, 페리, 및 우드와 같은 여러 학자들로부터 주된 주제의 사례를 지적한다. 그는 주된 주제에 대한 개념을 강해설교의 핵심으로 지지하기 위해 "모든 설교는 주제가 있어야 하고, 그 주제는 그것이 기초하는 성경의 일부에 대한 주제여야 한다"는 밀러의 견해 또한 인용한다(*Expository*, p.34).

422 Stott, *I Believe*, p.224.

한 언어를 제대로 이해하지 못하면 그의 메시지를 전달할 수도 없다.[423] 이와 더불어 존 스토트의 명확한 구조 분석은 강해설교자가 메시지 작성과 전달 모두에서 설교를 계속 이해할 수 있게 도와준다. 따라서 그의 구조적이며 언어학적인 연구는 분명 어떤 구절이든 그것의 의미를 파악하는데 소중하다. 둘째, 존 스토트가 본문의 지배적 주제를 강조함으로써 청중은 설교 구조 안의 주된 요점들을 파악할 수 있다. 게다가 본문을 '부차적인 요점들(sub-points)'로 나누면 그로 인해 각각의 '소주제'는 설교 본문의 주된 주제를 뒷받침하는 그 나름의 주제를 갖게 된다. 이는 청중이 설교를 확실히 이해하는 데 도움이 된다. 또한 존 스토트의 견실한 개요는 논리적인 질서를 드러낸다. 설교의 주요 소주제에 대한 그런 배열은 어떤 사람들이 생각하는 방식과 유사하다. 도널드 밀러는 존 스토트의 강점을 지지하면서 이렇게 말한다. "사람들은 정돈된 패턴으로, 논리적인 연관성과 연상으로, 일련의 합리적인 생각으로, 통일된 사고로 생각한다."[424] 셋째, 존 스토트의 단일 단계 접근법은 원문에서 주된 메시지를 찾아내는 동시에 설교자의 어떤 편견도 끼어들지 못하게 하는 데 필수적이다.

하지만 존 스토트의 주석 방법이 너무 논리적이고 지나치게 구조적이며 전개가 너무 획일적이라고 볼 수도 있다는 점에서 부정적 평가가 나올 수 있다. 예를 들어, 그는 로마서 12장 1-2절에 대한 설교를 두 주요 부분으로 나누어 개요를 서술한다. 하나는 본문에 대한 세 가지 질문(바울의 간청)이고,

---

423 Unger, *Expository*, p.120. I. H. Marshall, "How Do We Interpret the Bible Today?," *Themelios* 5 (1980) p.9와 비교하라.

424 Miller, *Communicator*, p.137. 본문 단락에 대한 개요는 중요하다. "우리에게 중요한 몇 가지 요점에 우리 마음이 쉽게 끌리므로 전체 단락과 그것의 주된 가르침에 확실히 주목할 어떤 객관적인 방식이 우리에게 필요하기 때문이다."

다른 하나는 두 가지 형태를 갖춘 바울의 간청이다. 그리고 나서 그는 이 개요에 살을 붙인다. 이 접근법은 분명 논리적이고 구조적이다. 그러나 존 스토트의 접근법이 '왜와 어떻게'보다 '무엇'에 치우치다 보니 그의 메시지는 이론적인 설교 또는 지루한 강연이 될 수도 있다.[425] "주석은 본문의 뜻을 설명하는데 보탬이 되어야 한다. 주석은 신학교를 나오지 않으면 무슨 말인지 알아듣지 못할 히브리어 단어들과 어구 분석 노트, 문법 용어라는 안개로 자칫 의미를 흐리게 해서는 안 된다."[426] 존 스토트는 대체로 자료를 정리하여 두세 개의 요점 혹은 하나의 명제적 어구를 확보한다. 예컨대, 로마서 8장 1-4절에 대한 설교에서 그는 '그리스도인의 자유'라는 중심 생각을 정의하고, 이를 '모세 율법'과 비교하면서 자유에는 두 종류가 있다고 말한다(1. 죄와 죽음의 율법으로부터의 자유[8:2] 그리고 2. 정죄의 율법으로부터의 자유[8:4]). 자유의 이 두 개념을 설명하기 위해 그는 단어 연구과 구약신학, 학자들의 견해 그리고 짧은 이론적 예화를 사용한다. 그의 접근법은 두 지배적인 생각을 알아내려는 독특한 수단이다.[427]

　존 스토트의 전형적인 설교에서 각 요점은, 탁자 다리들이 탁자 윗면을 떠받치듯이 명제적 사고를 뒷받침한다. 만일 존 스토트가 '하위 요점(sub-point)'에 대해 세 가지를 말한다면, 그는 대체로 자기 청중이나 독자에게 이를 알리고 하나하나 숫자로 언급할 것이다. 하나의 요점에서 다른 요점으로 이동하는 존 스토트 특유의 방식은 앞에서 언급한 요점을 바꾸어 말하는 것이다. 그리고 그는 이미 언급한 요점들을 수시로 열거한다. 덕분에 청중은 주된 주제를 보다 쉽게 파악하겠지만, 이런 반복은

425　Stott, "Transformation." *Romans*, pp.320-324와 비교하라.
426　Chapell, *Christ-centered*, p.120.
427　Stott, "Condemnation": *Romans*, pp.217-222와 비교하라.

따분함을 낳을지도 모른다. 유진 로우리는 존 스토트가 사용하는 접근법의 약점을 다음과 같이 정확히 지적한다. "기껏해야, 형식적인 관점에서 보는 명제적 진술은 한때 살았으나 지금은 죽은 해골에 불과하다 … 최악의 경우, 명제적 사고는 바로 그 본질상 경험적 의미를 왜곡하고 바꾸어놓기까지 해서 그 의미 파악은 거의 불가능하다."[428] 게다가 존 스토트의 언어학적 접근은 그의 설교를 무미건조하고 개념에 치우친 담화로 변모시켜 청중을 따분하게 만든다.[429] 만일 청중이 믿음이 없거나 배우지 못한 사람들이라면 언어학적 접근은 그들에게 학술 강연이나 지적 담화를 듣고 있다는 인상을 준다. "반드시 그렇지는 않으나 교훈적 형태의 설교는 대체로 연역적으로 전개 된다"[430]는 시드니 그레이다너스의 지적은 틀리지 않다.

그런 잠재적 비판이 존재함에도 우리는 앞에서 강조한 긍정적인 면들을 부인할 수 없다.[431] 건전한 주석과 논리적 배열을 통해 설교의 투명성을 높인 것은 존 스토트의 뚜렷한 기여이다.

2) 존 스토트의 설교 해석

앞의 사례에서 우리는 존 스토트의 설교가 구조와 언어학적 연구, 구

---

428 Lowry, *Doing*, pp.79-80.

429 이 진술은 존 스토트의 청중 가운데 이루어진 연구에 기초하지 않는다. 하지만 그러한 연구는 흥미롭고 유익할 것이다.

430 Greidanus, *Modern Preacher*, p.144. I. H. Marshall, "How Do We Interpret the Bible Today?", *Themelios* (1980) p.9.

431 Marshall, "The Epistles of John," *The Evangelical Quarterly* (1965) pp.47-48. 존 스토트의 "해석 원칙들이 올바르다"라고 또한 인정하는 에드워즈(D. L. Edwards & John Stott, *Essentials: A Liberal-Evangelical Dialogue* [London: Hodder & Stoughton, 1988] pp.47-48, 57)와 비교하라. 하지만 그는 존 스토트의 성경 해석 이론에 의견을 달리한다(p.73).

절의 주된 주제를 통해 매우 강력한 주석적 토대를 강해설교의 요소들 중 하나로 세웠음을 보았다. 이 장에서는 강해설교의 필수적 부분인 존 스토트의 해석방법론을 구체적으로 확인하고자 그의 해석에 대해 자세히 살펴볼 것이다. 우리는 먼저 존 스토트의 설교에서 역사적-문화적 상황에 함축된 내용을 분석할 것이다. 그리고 나서 로마서 1장 1-17절, 7장 1절-8장 4절, 12장 1-8절에 대한 설교들을 살펴봄으로써 존 스토트가 성경 문맥에서 본문을 어떻게 다루는지 살펴볼 것이다. 이를 통해 그의 주된 설교학 원리가 밝혀질 것이다.

(1) 역사적—문화적 상황에 대한 해석

성경은 천국의 특이한 언어로 쓰여 하늘에서 뚝 떨어진 게 아니다. 그 책이 기록될 당시의 문화를 반영하는 지역의 관습이나 스타일 혹은 관점을 통해 탄생했다.[432] 따라서 오늘날 설교자들이 성경의 관련성을 이해하려면 성경의 세계와 현대 세계 사이의 간극을 메우려는 세심한 관심과 주의가 필요하다. 이 점에서 한 편의 글이 쓰인 역사적-문화적 배경을 밝히는 것은 그 글이 최초의 독자에게 어떤 의미를 부여했는지를 현대 청중이나 독자들에게 이해시키는 데 도움이 된다는 점을 알아야 한다.

존 스토트의 해석은 주로 역사적-문화적 상황에 토대를 둔다.[433] (폐기되었거나 아니면 적어도 지금의 문화에 생경한 사회 관습들과 관련되어 있어) 그 메시지가 옛날 옷을 입고 있는 게 분명한 성경 본문을 접한다면 사람들은 어떤 반응을 보일까? 존 스토트에 따르면 이 문제를 다루는

---

432 R. C. Sproul, *Knowing Scripture* (Downers Grove: IVP, 1986) p.102.

433 Klein, *Introduction to Bible Interpretation*, pp.172-183과 비교하라. Stott, *Contemporary*, p.186과 비교하라. 다음의 진술은 그의 견해를 명백히 확증한다. "하나님의 말씀은 문화적 진공 상태에서 이야기되지 않았다. 하나님의 모든 말씀은 문화적 상황에서 이야기되었다." (p.194)

방식은 세 가지이다. 첫째는 '단호한 거절'이다. 이와 반대되는 둘째 반응은 '있는 그대로를 수용하기'다. 셋째는 '문화적 전환(轉換)'으로 불리는 보다 현명한 방식이다.[434]

존 스토트는 자신이 쓴 『로마서의 메시지』라는 해설서에서 원래의 역사적 상황과 문화에서 성경을 이해해야 한다고 강조한다. 그리고 성경 구절이 특정 질문들에 답하고 특정 관심사들을 다룬다고 하면서 진부한 목록을 성경 구절에 가져오는 것은 용납될 수 없다고 말한다. 그것은 성경을 경청하기보다 성경에 받아쓰기를 시키는 것이기 때문이다. 전제 조건들을 버려야 자신이 성경 본문의 역사적이며 문화적인 상황 속으로 들어간다는 것을 의식할 수 있다. 그때 설교자는 성경의 저자로 하여금 그가 실제로 말하는 것을 말하게 하되, 사람들이 저자에게서 듣고 싶은 말을 그가 말하도록 강요하지 않아도 되는 유리한 입장에 서게 될 것이다.[435]

로마서 1장 1-17절에 대한 설교에서 존 스토트는 다양한 역사적-문

---

434 존 스토트는 *Contemporary*, pp.195-196에서 문화를 이렇게 설명한다. 문화란 사회적으로 습득되는 온갖 학습된 행위, 말하자면 한 세대에서 다른 세대로 전해지는 구체적이고 비물질적인 특성들이다(*Contemporary*, p.189). 그는 하나님께서 자신이 택한 백성의 언어(고전 히브리어, 아람어와 통속 헬라어)로, 그리고 고대 근동의 문화들(구약성경), 팔레스타인 유대교(복음서)와 헬레니즘의 영향을 받은 로마제국(신약성경의 나머지) 안에서 말씀하시기 위해 자신을 낮추셨다고 주장한다(p.194). 결과적으로 존 스토트는 이를 다음과 같이 요약한다. "우리가 단호한 거절을 지지한다면 우리는 분명 하나님의 말씀에 순종할 수 없다. 대신 우리가 경직된 직역주의라는 입장을 받아들인다면 우리의 순종은 인위적이고 기계적인 것이 되고 만다. 우리가 성경의 가르침에 현대 문화라는 옷을 입힌다면 우리의 순종은 현대성을 띠게 된다. 불순종이 아닌 의미 있는 순종이 문화적 치환의 목표다." (p.206) 나아가 존 스토트는 성경 해석에 영향을 끼치는 두 가지 주장을 지적한다. 첫째는 한 개인의 '문화적 감금'이고, 둘째는 성경 저자들의 문화적 조건화다. 달리 표현하면 성경의 저자들과 독자들은 그들이 실제로 양육 받고 자란 문화적 환경의 소산(그래서 어느 정도는 죄수들)이다. 그러므로 온갖 성경 읽기에서는 성경의 세계와 현대 세계 사이의 문화적 충돌이 일어난다(p.186). 단락을 정확히 해석하고 적용하기 위해 존 스토트는 성경을 해석할 때 문화적 중요성과 문화적 차이 모두를 이해하려 한다. 우리는 그의 로마서 설교에서 이러한 요점들과 관계 있는 그의 해석 방식을 확인하고자 한다.

435 Stott, *Romans*, p.189.

화적 배경들에 대한 관심에 덧붙여 로마인들에게 보낸 편지에 대한 설교의 필요성을 강조하고자 현대적 상황도 언급한다.

> 오늘날 복음 전도라는 개념은 전반적으로 많은 사람들에게 지독한 혐오감을 줍니다. 그들이 보기에 다른 사람들을 설득하여 예수 그리스도를 믿게 하려는 시도는 그들의 사생활에 대한 부당한 간섭입니다. 그것은 유감스럽게도 사회적 예법을 어기는 일이며, 우리 시대의 관용 정신과도 아주 거리가 멀고요. 사람들은 종교가 오로지 개인의 사적인 문제라고 말합니다. "당신은 무슨 권리로 간섭하는가? 당신은 당신 일이나 신경 쓰고, 내 일은 내가 알아서 하게 내버려 두라." 그리고 오늘날에는 어떻게든 복음을 전하려고 하지 않는 교회와 그리스도인들이 많이 있습니다. 자신들의 안건에 전도를 결코 포함시키지 않는 교회 회의와 교회 평의회도 더러 있습니다. 그리고 우리 중에는 증언할 기회가 왔음에도 말문이 막혀 무슨 말을 해야 할지 모르는 사람들도 있지요 … 이런 현상은 전도에 대한 사도 바울의 관점과 극명한 대비를 이룹니다.[436]

그다음에 존 스토트는 현대적 상황과 로마서 최초의 독자들 사이의 간극을 계속 메우면서 선택된 구절들에 대해 설교하는 이유를 자세히 밝힌다. 14절에서 그는 의무의 의미를 이렇게 해석한다. "사도 바울에게 복음 전도는 자선이 아니라 빚이다." 나중에 존 스토트는 자신들은 복음을 전할 의무가 없다고 생각하는 다수의 현대 목사들에게 따져 묻는다. 마지막으로, 그는 복음 전도를 올소울스교회가 교구에 진 빚으로 적용한다.[437]

---

436 Stott, "Nations": *Romans*, p.48과 비교하라.
437 Stott, "News": *Romans*, p.59와 비교하라. Stott, "Nations." 로마서 8:1-17에 대한 설교에서 존

존 스토트는 로마인들에게 보낸 편지를 받는 사람들이 처한 상황에 초점을 맞추면서 로마서 1장 5절을 다음과 같이 해석한다.

아니, 로마가 세계의 수도였고 제국의 권력과 자부심을 상징했었군요. 사람들은 로마에 대해 말할 때면 경외심을 느끼고 숨을 죽였습니다. 로마제국의 시민이라면 누구나 일생에 한 번은 로마를 방문하고 싶어 했습니다. 거기 갔다면 눈을 휘둥그레 뜨고 경탄해 마지않았을 겁니다. 그런데 이 사람 바울은 대체 누구입니까? 여느 사람들처럼 관광객이 아닌, 세계의 수도가 귀 기울여 들어야 하는 말씀을 자신이 전해야 한다고 믿는 전도자로서 로마를 방문하고 싶어 하는 이 사람은?[438]

상황을 이렇게 이해하는 존 스토트는 심리학적 관점에서 바울이 직면한 어려움을 차근차근 설명한다. 끝으로 그는 바울의 삶을 예로 들면서 오늘날 청중이 자기 의와 자기 탐닉, 자기방어 및 회피 유혹에 빠져 있는 것은 아닌지 따져 묻는다.[439] 특히 로마서 1장 5-6절을 해석하기 위해 존 스토트는 바울과 사람들, 특별히 본문에서 언급하는 유대인들의 관계를 설명한다. 바울은 자기 동족을 사랑하는 마음에는 변함없지만, 회심 후 어느 시점에서 인종적 편견에서 벗어났다. 바울이 열방을 대상으로 선교하기 때문에(1:5-6) 존 스토트는 바울의 관점을 자기 청중에게 적용하면서 이렇게 묻는다. "그러면 우리는 어떠한가?"[440]

역사적-문화적 배경을 고려할 때 발생하는 또 다른 중요한 요소는 바

스토트 역시 이러한 해석을 사용한다.

438 Stott, "Nations": Stott, *Romans*, p.58과 비교하라.
439 Stott, "Nations."
440 Stott, "Nations." Stott, *Romans*, p.59와 비교하라.

올의 신체적 외모다. 존 스토트는 로마서를 쓴 바울의 풍채를 다음과 같이 묘사한다.

> 전승에 따르면 바울은 못생긴 데다 덩치가 작고 이마는 툭 튀어나왔으며 다리는 바깥쪽으로 굽었고 대머리인 데다 시력이 나쁘고 말주변도 별로 없는 사람이었습니다. 자부심이 하늘을 찌르는 로마에 맞서 그는 무엇을 성취하고 싶었을까요? 근처에 얼씬도 하지 않는 게 상책이 아니었을까요? 아니면 설령 로마 방문이 불가피하더라도 자신의 큰 입을 꽉 다무는 게 보다 현명한 일이 아닐까요? 자신이 도시에서 그리고 궁전에서 쫓겨나지 않으려면 말입니다. 바울은 틀림없이 이런 것들을 염두에 두었을 것입니다. 하지만 그의 생각은 다릅니다. 예상을 뒤엎고 바울은 입을 열었습니다.[441]

하지만 존 스토트는 로마서 12장을 해석하면서 바울의 외모에 대해 왈가왈부하기보다 내적이며 심리학적인 분석에 집중하기로 한다. 그는 바울의 지성(이성)뿐 아니라 '뜨거운 피가 흐르며 감성이 풍부한 인간'(감정) 또한 그려낸다.[442] 로마서 12장 1-8절을 주제로 한 "새로운 사고방식"이라는 설교에서 존 스토트는 로마서 1장 1-17절에 대한 설교에서 그랬듯이 문화적-역사적 해석을 택한다. 그리고 로마의 배경과 당시의 문화에, 이 편지의 독자들에, 그들의 사회구조에, 또한 인간의 육체에 대한 로마 사람들의 신념에 주목한다.[443]

---

441 Stott, "Nations."
442 Stott, "Transformation": *Romans*, p.323과 비교하라.
443 Stott, "Mindset." 존 스토트는 짧은 구절들에 대해 설교할 때 으레 문화적 배경을 더욱 상세히 설명한다. 로마서 12:1-8에 대해 설교할 때 그는 "너희 몸을 드리라"라는 같은 절에 대해서 더욱 간략히 설명한다("Transformation": *Romans*, p.321과 비교하라).

(2) 성경 문맥에 대한 해석

그럼에도 존 스토트는 시대와 문화를 초월해 적용할 수 있는 진리가 성경에 들어 있다고 믿는다. 이는 그가 "옷을 벗으면 누구나 다 똑같다. 옷을 바꾸더라도 인간은 달라지지 않는다"[444]라고 말하기 때문이다. 게다가 존 스토트는 우리의 계시 이해와 관련하여 이러한 인식을 다음과 같이 논증한다.

이제 우리는 사람과 사람의 옷을 구별하듯이 하나님 계시의 본질(그분의 가르침이나 약속 혹은 명령)과 그분의 계시가 처음 주어졌을 당시의 문화적 옷을 구별해야 합니다. 어느 시대의 문화적 배경이든 메시지의 본질은 영원하며 보편적 타당성을 지닙니다. 문화적 적용은 달라질 수 있지만 계시는 달라지지 않습니다.[445]

해든 로빈슨은 "의미 파악을 위한 실마리는 구절 안의 세부사항들에 대한 검토가 아니라 주변 문맥에 대한 연구를 통해 더 많이 확보된다"[446]라고 확언했다. 이를 염두에 둔 존 스토트는 문화적 배경뿐 아니라 성경의 문맥도 중요하다고 강조한다. 성경 문맥을 이루는 요소는 두 가지다. 하나는 가까운 손닿는 곳에 있는 것, 즉 그 말씀이 들어가 있는 단락, 장, 책이다. 그리고 다른 하나는 좀 더 거리가 있다고 할 수 있는 성경의 전체적인 체계와 관련이 있다.[447]

성경 문맥 연구를 위해 존 스토트는 먼저 직접적인 문맥을 이용한다.

---

444 Stott, *Contemporary*, p.195.
445 같은 책.
446 Robinson, *Expository*, p.58.
447 Stott, *Understanding*, p.177; *The Message of Acts*, p.12.

즉 본문의 앞뒤 문맥을 꼼꼼히 살핀다. 존 스토트는 본문의 앞뒤 문맥이 더 확실하기에 문맥을 고려하지 않고 본문만 떼어낸 해석은 오류를 낳을 수밖에 없다고 주장한다.[448]

앞뒤 문맥을 살펴보려는 시도의 일환으로 존 스토트는 종종 가까이 있는 절을 참조하여 짧은 본문을 이해하는 데 도움을 받는다. "같은 구절이 같은 문맥에서 되풀이되면 같은 의미를 지닌다는 게 성경 해석의 기본 원리"[449]라고 말한다. 우리는 로마서 7장 1절-8장 4절에 대한 존 스토트의 설교 "율법으로부터의 자유"에서 이를 확인할 수 있다. 로마서 7장 22절을 해석하기 위해 존 스토트는 로마서 8장 4절을 인용하고 이 두 구절을 비교함으로써 믿는 자들과 율법 사이의 갈등을 보여준다.[450] 그는 로마서 8장 1-4절에서 말하는 자유에 대한 해석이 로마서 8장 21절에 아주 잘 요약되어 있음을 지적하기 위해 바울이 로마서 8장 21절에서 자유를 다루고 있다는 사실도 강조한다.[451]

간혹 존 스토트는 인접한 절들에서 되풀이되는 단어는 어느 것이든 찾으려 한다. 그는 본문에서 어떤 단어가 사용되는 빈도를 보면 저자가 무엇을 강조하는지 알 수 있다고 생각한다.[452] 또한 설교 본문을 해석하는 토대로 핵심 절들을 종종 고른다. 예컨대, 로마서 8장 1-17절에 대한 설교에서 그는 성령을 설명하기 위해 같은 진실의 부정적이고 긍정적인 양면을 보여주는 말씀으로 두 절(8:9, 14)만 택한다.[453]

---

448   Stott, *Understanding*, p.177.
449   Stott, *Men*, p.39.
450   같은 책, p.79.
451   Stott, "Condemnation": *Romans*, p.320과 비교하라.
452   Stott, "The Spirit": *Romans*, p.189; 203; 208과 비교하라.
453   Stott, "The Spirit."

존 스토트는 로마서 8장 13절을 해석하기 위해 자신이 구절의 의미를 밝히는 수단으로 사용하는 '금욕'이라는 단어에 집중하고, 마가복음 8장 34절과 산상수훈에서의 예수의 가르침을 인용한다.[454] 그는 또한 로마서 8장 15-16절을 해석하고자 아빠 아버지(Abba Father)라는 단어를 사용하는데, 여기서도 산상수훈에 대한 언급은 빠트리지 않는다.[455] 그리고 로마서 12장 1-2절에서 바울이 하는 간청의 근거가 되는 하나님의 자비를 해석하기 위해 존 스토트는 인접한 구절들에서 벗어나 로마서 전체로 나아간다.[456]

게다가 존 스토트는 "두 구절을 하나로 묶어 길어진 구절의 관점에서 짧은 구절을 해석하는 지혜가 있어야 한다"고 주장한다.[457] 로마서 12장 2절의 "너희 몸을 산 제물로 드리라"라는 어구를 해석하기 위해 그는 로마서 3장 13-18절에서의 몸의 다른 지체들을 언급하며 비교한다.[458] 하지만 존 스토트는 설교자가 자신의 목적을 이루고자 본문을 문맥 안에서 이해하기보다 문맥과 무관하게 본문을 사용할 때 생기는 해석의 약점 또한 지적한다. 그는 마태복음 18장 17절을 해석하면서 '옥스퍼드 운동(Tractarian movement)'을 예로 든다. 이 운동의 지지자들은 영국 국교회 '고교회(古敎會)파의(Catholic)' 권위를 회복하고자 했다. 그래서 "이 운동의 추종자들은 '교회의 말을 들어라(hear the church)'라는 세 단어를 귀가 따갑도록 역설했다. 이로 인해 심기가 불편해진 대주교 와틀리는 '그(대주교)가 교회의 말을 듣지 않겠다면 그러도록 내버려 둬라(if he refuses to hear

---

454 Stott, "The Spirit": *Romans*, pp.228-229와 비교하라.
455 Stott, "The Spirit": Stott, *Romans*, p.232.
456 Stott, "Transformation": *Romans*, p.320과 비교하라.
457 Stott, *Mount*, p.93.
458 Stott, "Transformation": *Romans*, p.322와 비교하라.

the church, let him)'라는 똑같이 잘라서 줄인 본문에 대한 설교로 되받아쳤다."[459]

둘째, 존 스토트는 성경을 해석할 때 더 넓은 문맥도 고려한다. 그는 어떤 점에서 "성경을 전체로서 보고, 전체의 관점에서 각각의 본문을 읽는 법을 터득하는 것이 훨씬 더 중요하다"고 강조한다.[460] 이에 대한 사례는 로마서 1장 2절에 대한 해석에서 찾을 수 있다. 이 절을 해석할 때 존 스토트는 범위를 넓혀 신약성경 전체를 망라한다. 다음 구절이 이를 보여준다.

> 둘째, 만일 그것(복음)의 기원이 하나님이라면 이를 입증하는 것은 성경입니다. 2절에서 보듯이 하나님의 복음은 하나님이 성경에서 선지자들에게 혹은 선지자들을 통해 미리 약속하신 것입니다. 그러므로 하나님이 그것을 사도들에게 나타내셨다 하더라도 새로울 게 없습니다. 하나님이 이미 구약성경에서 그것을 예언하신 적이 있기 때문입니다. 구약성경과 신약성경 사이에는 근본적으로 연속성이 있기에 구약의 선지자들과 신약의 사도들 공히 예수 그리스도의 증인입니다.[461]

셋째, 존 스토트는 해석할 때 성경적이며 신학적인 체계를 사용한다. 이에 대한 사례로 존 스토트는 로마서 8장 1-4절에 대해 설교할 때 로마서 본문에 대한 적절한 이해를 위해 구약성경에 의존한다. 그리스도인의 자유를 해석하기 위해 정죄가 이루어지는 시내산을 예수 그리스도가

---

459 Stott, *Understanding*, p.177.
460 Stott, *Men*, p.39.
461 Stott, "Nation": *Romans*, pp.48-51과 비교하라.

우리의 정죄를 뒤집으신 갈보리산과 비교한다.[462] 존 스토트가 더 신학적인 문맥을 사용하는 또 다른 사례는 그가 로마서 12장 1-8절을 해석하기 위해 바울의 로마서 신학 전체를 이용하는 것이다. 존 스토트는 사도 바울이 가르치는 방식의 두드러진 특징으로 교리와 실천의 결합을 든다. 그런 까닭에 존 스토트는 "하나님이 교리와 윤리를, 신앙과 행위를, 신조와 행동을 결합시켰다고 그[바울]가 믿었다"는 점을 해석학적 열쇠로 삼는다.[463]

넷째, 존 스토트는 몇몇 경우에 문화적 해석과 성경적 해석을 결합해서 사용한다. 로마서 12장 2절을 해석하기 위해 그는 구약성경과 베드로전서, 바울 및 문화적 배경을 참조하여 "너희 몸을 드리라"라는 어구의 의미를 이끌어 낸다. 그는 "너희 몸을 드리라"는 구약성경의 제사 제도에서 사용되는 전문 용어라고 설명한다. 나중에 존 스토트는 교회를 "예수 그리스도를 통해 하나님이 받아들이실 만한 영적 제물을 드리는데 필요한 거룩한 제사장직으로" 언급하면서 베드로전서에서 베드로가 사용한 이 어구를 이용한다. 마지막으로 존 스토트는 신약성경과 구약성경의 사용법을 비교하면서 '우리 몸' 또한 다음의 사례가 보여주듯이 개념 적용과 직접 연관이 있다고 결론짓는다.

분명한 유사점이 있습니다. 즉, 두 제물[동물과 우리 몸]이 드려졌고, 그것들은

---

462 Stott, "Condemnation." 하지만 존 스토트는 자신의 신학적 해석을 사적으로 사용하지 않는다. 오히려 그는 여러 학자들(던, 호지, 물, 로이드 존스)의 견해를 사용한다고 주장한다. *Romans*, pp.217-218과 비교하라. 골즈위디 역시 이 접근법을 존 스토트의 성경적 및 신학적 해석 방식과 밀접한 연관이 있는 것으로 분류했다. "우리는 시내산에서 율법이 주어진 것에서 시작하여 그것을 적용하는 단계를 거쳐 마침내 신약성경에 다다를 수 있다." (*Preaching The Whole Bible: As Christian Scripture* [Leicester: IVP, 2000] pp.138, 152-153)
463 Stott, "Mindset": *Romans*, p.317과 비교하라.

성별될 터이고, 그것들은 받아들여질 것이고, 그것들은 우리가 드리는 예배의 일부가 될 것입니다. 두 제물 사이에는 유사점이 있지만, 사뭇 다른 점도 있습니다. 구약성경에서는 동물을 제물로 드려 피를 흘리고 뿌렸지만, 신약성경에서는 제물이 동물이 아니라 사람이고, 죽은 자가 아니라 그의 피가 지금도 우리 혈관에 흐르고 있는 산 사람이라는 사실입니다. 그러므로 하나님이 우리더러 그분에게 드리라고 하는 제물은 우리 몸입니다.[464]

다섯째, 존 스토트는 체험 사용과 주어진 본문에 대한 성경의 해석을 결합한다. 예를 들어, "하나님은 선택하시는가?"(하나님의 선택 목적)라는 로마서 9장 1-29절에 대한 설교에서 존 스토트는 선택 교리를 다룬다. 짧기는 하지만(대략 10%), 그는 선택 교리와 관련된 체험의 측면을 다룬다. 하지만 존 스토트는 구약성경(대략 90%)을 포함하여 로마서 9장 1-29절의 구절 전체를 통해 청중에게 성경의 분명한 증거를 제시한다. 즉 하나님의 선택은 구약성경의 시대에 시작되었고(6-13), 하나님의 선택은 그분의 자비를 드러내며(14-18), 하나님의 선택은 창조자의 사역이고(19-21), 하나님의 선택은 그분의 기질을 드러낸다(22-29)는 것이다.[465]

(3) 본문 분석 중심의 해석

첫째, 존 스토트 해석의 중요한 요소 하나는 그가 원문의 의미를 명확

---

464   Stott, "Transformation." 로마서 12:6에서의 '예언'에 대한 언급을 해석하기 위해 존 스토트는 고린도전서 1장을 참조하면서 두 사용법을 비교한다("Mindset": Stott, *Romans*, p.321과 비교하라).
465   Stott, "Does God Choose?(God's Purpose of Election)" Romans 9:1-29 (1976-1977); *Romans*, pp.263-275. 존 스토트는 동일한 쟁점을 다루지만 칼뱅주의(Calvinism)과 아르미니우스주의(Arminianism)를 비교하면서 다른 접근법을 사용한다("Go Forth and Tell," Romans 10:14-21).

히 밝히기 위해 종종 논쟁적인 방식을 사용한다는 점이다. 일례로, 로마서 7장 24절의 '나'의 때와 같은 논쟁의 여지가 있는 문제(회심 이전의 체험인가, 이후의 체험인가?)를 해석하기 위해 존 스토트는 우선 과거에서부터 현재에 이르기까지 대표적인 학자들(오리게누스, 아우구스티누스, 더글러스 무, 찰스 크랜필드, 마틴 로이드 존스, 제임스 던)을 언급하면서 이 쟁점에 대한 다양한 견해를 선보인다.[466] 학자들의 다양한 견해를 알기 쉽게 요약한 후 존 스토트는 제임스 던의 견해에 동의하면서 '나'에 대한 자신의 견해를 마무리한다.

그 결과 믿는 자인 '나'는 두 시대 사이에서 분열되고 불안에 떨며, 그리스도와 이 세대에 양다리를 걸치고 있습니다. 이는 '믿는 자의 체험에 양면성'이 있다는 뜻입니다. 즉, 아담 안에 거하는 동시에 그리스도 안에 거하고, 노예 상태에 있는 동시에 자유로운 상태에 있다는 것을 말합니다 … 이 설명에 대해 우리는 그리스도인들이 하나님 나라가 '이미(already)' 시작되었다는 것과 그 나라의 완성은 '아직 아니(not yet)'라는 것 사이에서 긴장하고 있다는 사실에, 그리고 이 긴장이 고통을 일으킬 수 있다는 사실에 확실히 동의해야 합니다. 하지만 자유와 노예 상태 사이의 대립이 동시에 한 사람에게 일어난다면 이는 너무 가혹한 일이 아니겠습니까?[467]

---

466 Stott, *Romans*, pp.205-208. 이 사례는 구어 형태의 설교에서 온 것이 아니다. 그럼에도 그것은 그의 실제 설교 스타일과 크게 다르지 않다. *The Bible Speaks Today*는 "세 가지 이상, 즉 성경 본문을 정확히 풀이하는 것, 그것을 현대인의 삶에 연관시키는 것, 그리고 술술 읽히게 하는 것을 그 특징으로 한다." (Stott, *Romans*, p.7) 그래서 우리는 그것이 설교자들을 위해 출간된 강해라고 말할 수 있다.

467 같은 책, p.208. 나아가 그는 자신의 논지를 강력하게 펼치기 위해 세 가지 범주를 통한 분명한 논리적 설명으로 다른 학자들의 견해를 반박한다. 그 세 가지 범주는 다음과 같다. "첫째, 그(바울)는 중생했다. 둘째, 중생하기는 했지만 그는 정상적이고 건강하며 성숙한 신자가 아니다. 셋째, 이 사람은 성령 이해나 성령 체험 둘 중의 하나에서 아는 바가 전혀 없는 듯하다." (pp.208-211)

둘째, 존 스토트는 구절들에서 사용되는 전문 용어의 범위 전체를 분석했다. 예컨대, 로마서 7장 1절-8장 4절에 대한 설교에서 존 스토트는 '마음(the mind)'과 '육체(the flesh)'라는 용어를 분석했다. 그리고 '내 마음의 율법'과 '내 지체 안에 거하는 죄의 율법'을, '생명의 성령의 법'과 '죄와 사망의 율법'을 구별했다.[468] 같은 설교에서 로마서 7장 5절을 설명하기 위해 존 스토트는 '육체' '죄' '율법' '사망'이라는 단어들을 분석했다. 그다음에 관련 질문들을 제기하고 그것들에 답함으로써 이 구절들에서의 논쟁에 대한 실마리를 제공하는 논리적 명제를 세웠다.[469] 로마서 7장 1절의 '구속(binding)'을 설명하기 위해 그는 "구속에 대한 단어가 마가복음 10장 42절에 나온다"고 주장했다.[470]

셋째, 존 스토트의 고유한 특징 중 하나는 단어들을 비교하고 성경의 다른 책들에서 다른 본문들을 이용한다는 점이다. 한 예로, 그는 갈라디아서 5장의 '육체와 성령'이라는 단어들을 로마서 7장 25절의 '마음과 육체'와 비교했다.[471] 로마서 7장 5절의 '옛 삶과 새 삶'을 설명하기 위해 두 종류의 노예 상태가 서로 대비되는 로마서 6장의 마지막에 나오는 대비 사례를 이용했다.[472] 존 스토트는 이따금 성경의 다른 책을 사용해 본문을 해석하기도 했다. 로마서 7장 5-6절의 대비를 강조하기 위해 고린도후서 3장 6절을 인용했다.[473] 그리고 로마서 7장 8b절의 "율법을 떠나서는 죄가 죽었느니라…"를 설명하기 위해 그는 본문을 레위기 18장 5절

---

468 Stott, *Men*, p.61.
469 같은 책, p.65.
470 같은 책, p.62.
471 같은 책, p.61.
472 같은 책, p.64.
473 같은 책, p.65.

의 "이를 행하라 그러면 살리니"와 비교했다.[474]

넷째, 본문의 효과적 해석을 위해 존 스토트는 각 구절의 주된 주제의 분석과 논리적 일관성, 질의응답 과정을 사용했다. 예컨대 그는 먼저 로마서 7장 1절을 원리로, 로마서 7장 2-3절을 예화로, 그리고 7장 4-6절을 적용으로 분류했다. 그러고 나서 각 구절에서 별개의 요점들을 종합하여 다음과 같이 명시했다. "그것은 이와 같다. 죽음으로써 결혼생활이 끝나듯이 죽음으로써 우리는 율법의 속박에서 벗어났다."[475] 그는 또한 "로마서 7장 전체는 거의 …라는 주제에 집중한다"[476]라고 하면서 로마서 7장의 논리적이며 교리적인 일관성을 언급하면서 로마서 8장 4절을 설명했다. 존 스토트는 현대가 직면한 문제를 찾고 그것에 답하는 또 다른 해석 방식을 채택한다. 그는 로마서 8장 1-2절에 대한 설명을 통해 로마서 8장 1-4절을 분석했다. 존 스토트는 "하나님이 어떻게 그 일(구원)을 행하셨나?"라는 질문으로 이중 구원("정죄도 없고, 속박도 없다")의 범위를 보여주었다. 7장 3-4절에서 그는 "하나님이 자기 아들을 통해 그리고 자기 성령을 통해 그 일을 행하셨다"라고 말함으로써 이에 답했다.[477]

(4) 존 스토트의 해석학 원리에 대한 평가

존 스토트의 성서해석학에서 주석적 측면은 강해자로 하여금 성경의 원래 의미를 찾을 수 있게 해준다. 그러나 성서해석학에는 해석도 포함되는데, 이를 통해 오늘날의 청중은 해석의 중요성을 이해하게 된다. 인간 저자들이 성경을 기록할 당시의 문화적 배경과 독자들에게

---

474 같은 책, p.69.
475 같은 책, p.63.
476 같은 책, p.82.
477 같은 책, p.80.

영향을 끼치는 사회적 환경에 대한 존 스토트의 이해를 통해 알 수 있듯이 그는 일반적인 문화적 배경에 각별한 주의를 기울인다. 존 스토트의 역사적 해석은 그가 최초의 청중이 들었던 말들의 문맥에서 단어와 문장, 단락들을 강조하는 것에서 드러난다. 존 스토트는 애매모호한 절이나 단어들과 우연히 마주칠 때 인접한 문맥과 떨어져 있는 문맥 모두를 이용해 그것들의 참된 의미를 밝히려 노력한다. 게다가 그는 성경의 문맥(성경적이며 신학적인 틀, 성경과 문화적 측면, 성경의 체험보다 성경 자체를 중시하는 태도, 논리와 주장)을 사용할 때 해석의 일환으로 성경이 성경을 해석하게 해야 한다고 특히 강조한다.

존 스토트의 해석학적 패러다임은 여러 강점을 보인다. 첫째, 그는 문화적-역사적 해석학에 대해 문맥을 고려하는 방법론을 쓰는데, 이는 저자의 의도와 성경이 현대인에게 주는 의미를 이해하는 데 있어 결정적 단서를 제공한다. 이는 독자(해석자)의 문화적 제약과 성경의 문화적 배경이라는 두 영역의 중요성을 이해하는 것이 문화와 관련된 문제들이 성경 해석에 끼친 영향을 숙고할 때 가장 중요한 열쇠가 되기 때문이다. 더욱이 문맥에 각별히 신경 쓰면 많은 문제가 저절로 해결된다.[478]

두 번째 두드러진 강점은 '다리 놓기'라는 존 스토트의 특별한 해석학적 수단이다. 그는 해석을 주석의 일부로 이해한다. 게다가 '주석에 해석을 더하면 적용이 된다.'[479] 이 해석학적 다리를 이용해 존 스토트는 현대

---

478 구어(spoken language)의 으뜸가는 그리고 가장 중요한 규칙은 구어의 의미가 그것의 문맥에 의해 결정된다는 브루스 왈트케의 말은 옳다. "Historical-Grammatical Problems," in E. D. Radmacher and R. D. Preus (eds.), *Hermeneutics, Inerrancy & the Bible* (Grand Rapids, MI: Zondervan, 1984) p.99. 문맥이 모든 건전한 주석의 토대로 작용한다는 루이스 벌코프의 주장 역시 옳다(*Interpretation*, p.104). B. Ramm, *Protestant Biblical Interpretation* (Grand Rapid, MI: Baker Book House, 1970) p.136과 비교하라.
479 존 스토트, 필자와의 인터뷰, 2000년 6월 14일.

와 아주 오래된 본문 사이에 균형을 맞춘다.

셋째 장점은 본문의 문화적 배경을 통해 존 스토트가 본문에 대한 논리적이고 객관적이며, 균형 잡힌 연구에 통찰력 있는 주의를 기울임으로써 해석자가 자기 설교에 주관적인 영감이나 통찰력을 주입할 수 없게 된다는 점이다. 존 스토트는 이를 일컬어 "성경과 우리 사이에 이루어지는 일종의 대화"[480]라고 한다. 그의 대화자로서의(dialogistical) 접근법에 힘입어 해석자는 객관성과 주관성 사이에 균형을 유지할 수 있게 된다. "우리가 성경에 말을 걸듯이 성경도 우리에게 말을 건다. 우리는 문화적으로 조건화된 우리의 전제 조건들이 도전을 받고 있으며, 우리의 질문들이 수정되고 있다고 생각한다."[481]

그러나 존 스토트의 해석 접근법은 몇 가지 약점이 있다. 무엇보다도 그의 해석은 본문의 문학적 측면을 해석할 때 현대적인 접근법을 선호하기보다 문화적-역사적 해석학의 다양한 측면으로 기우는 경향이 있다. 존 스토트는 "성경의 저자들이 매우 다양한 문학적 장르를 사용했고, 각 장르는 그 나름의 규칙에 따라 이를테면 역사는 역사로, 시는 시로, 비유는 비유로 해석되어야 한다는 것을 우리는 충분히 인지하고 있다"[482]고 말한다. 하지만 그의 실제 설교에서 이 통찰에 대한 증거는 빈약하다. 예컨대 존 스토트는 로마서 11장 17절의 감람나무를 서사 형태의 암시로 인식하기는 하지만, 감람나무 이야기 전체를 서사로 설명하기보다는 여전히 감람나무의 의미를 설명할 뿐이다.[483] 존 스토트와 달리

---

480   Stott, *I Believe*, p.186.

481   같은 책.

482   Stott, *Understanding*, p.50.

483   Stott, "God's Plan for the Jew" (Sermon Cassette Tape on Romans 11:1-32); London: All Souls Church, 1977). 존 스토트는 요점 대 요점 방식에 따라 이 본문(11:1-32)에 대해 설교했다.

옥한흠은 서사 형태를 통해 감람나무의 의미를 자세히 설명했다. 아울러 그는 그 의미를 자기 청중에게 적용하면서 자기 친구가 실제로 실수한 이야기를 하나의 사례로 곁들였다.[484]

서신들에 대한 설교에서 문학적 해석을 하는 경우 '본문은 도입부나 감사 기도나 본론이나 권고 혹은 마감 중 어디에 속하는가, 이것이 해석에 어떤 차이를 가져오는가'라는 질문이 자연스레 제기된다는 시드니 그레이다너스의 지적은 매우 소중하다.[485] 하지만 존 스토트의 로마서 설교에 대한 사례에서 볼 수 있듯이 그는 '복음의 진술' '자유' '바울의 교리와 윤리'와 같은 추상적이고 명제적인 것으로 설교를 시작한다.[486] 따라서 존 스토트의 추상적이고 명제적인 패러다임은 그의 설교를 이론적이거나 지나치게 관념적인 것으로 만들 수 있다. 그런 패러다임은 청중을 변화시키지 못할 수도 있는 반면, "매우 효과적인 서사들은 사람들이 반응하고 행동하도록 힘을 실어준다."[487]

둘째, 성경 해석을 할 때 객관성과 주관성의 균형을 유지하려는 존 스토트의 의도는 로마서 설교에 충분히 반영되지 않는다. 그는 둘 사이에

필자와의 인터뷰에서 존 스토트는 로마서 11장으로부터 내러티브에 대한 암시를 인지했다. 게다가 그는 이런 고백도 했다. "그것이 내가 받은 은사라고는 생각하지 않는다. 나는 일화와 이야기를 다루는 데는 소질이 없다. 그래서 나는 이야기라면 발을 뺀다." 그는 이런 위험도 지적했다. "이따금 그것들(이야기들)은 내가 예증하고 싶어 하는 것을 정확히 예증하지 않기 때문에 나를 혼란케 하는 것 같다 … 그것들(이야기들)이 사람들에게 빛을 비추기보다는 오히려 그들을 오도할 수 있기 때문이다." 필자와의 인터뷰, 2000년 6월 14일. Stott, *I Believe*, pp.240-241과 비교하라.

484   Oak, "The Reason Why We Can Not Be Proud As the Chosen Ones," (Romans 11:11-24) in *My Salvation*, pp.245-248.

485   Greidanus, *Modern Preacher*, p.325.

486   특히 로마서 1:1-17; 8:1-17; 12:1-8에 대한 존 스토트의 설교를 보라.

487   C. M. Smith, *Preaching as Weeping, Confession, and Resistance: Radical Responses to Radical Evil* (Louisville: Westminster Press/John Knox Press, 1992) p.6. 하지만 명제적 접근법도 여러 장점이 있다. 2.5.2장을 보라.

균형을 이루어 고대 본문(성경)을 현대적 상황에 맞는 옷으로 갈아입히려
한다. 하지만 위에서 보았듯이 존 스토트의 로마서 설교는 적용을 희생
하면서 성경 본문을 계속 강조할 뿐이다. 옛것을 강조하면 옷을 갈아입
지 못한다. 그냥 옮겨질 뿐이다. 그의 로마서 설교는 본문을 설명하고 객
관적인 해석을 위해 문법적–역사적 방식을 사용하여 현대에 말을 걸지
만, 고대 본문을 온전히 오늘날에 적용하는 데는 실패한다.[488] 이에 대해
서는 적용에 관한 장에서 다시 자세히 다룰 것이다.

존 스토트의 해석 방식이 비판을 받기는 하지만, 그의 해석학적 패러
다임이 고대 본문과 오늘날의 상황 사이에서 가교 역할을 하는 해석에
지대한 공헌을 하고 있음은 분명하다.

3) 존 스토트의 설교 적용

앞 장에서 우리는 많은 학자들이 강해설교에서 적용이 중요하다는 것
을 매우 강조하고 있음에 주목했다. 그리고 "만일 우리가 세심함과 연민,
설득력이 수반되는 명백한 적용을 하지 않았다면 우리는 강해설교를 한
것이 아니라 단순히 강해를 한 것"[489]이라는 결론을 내렸다. 이 장에서는
특히 존 스토트의 로마서 설교를 참조하여 그의 적용을 살펴보면서 적
용이 강해설교를 이해하는 핵심 열쇠임을 보여줄 것이다.

적용 문제는 세 단계로 다룰 것이다. 첫째, 우리는 존 스토트 강해설교
의 관점에서 그의 적용 이론이 무엇으로 구성되어 있는지 살펴볼 생각
이다. 둘째, 우리는 존 스토트의 로마서 설교 원고를 참조하여 그의 적용

---

488 Duane, "John Stott's Preaching," pp.215-216.
489 Liefeld, *Exposition*, p.107.

방식을 명확히 하고, 그것을 직접 적용과 간접 적용이라는 두 범주로 나눌 것이다. 마지막으로 설교에서 적용에 할당된 시간에 각별히 주목할 것이다. 우리는 적용에 대한 존 스토트의 전반적 접근법이 개인적이고 특히 청중 지향적인 것이라기보다 성경 본문에 여전히 초점을 맞춘다는 점을 고찰하면서 결론 내릴 것이다.

(1) 적용 이론

존 스토트는 다음과 같은 말로 적용에 대한 자신의 입장을 강조한다. "강해설교자는 하나님의 말씀과 인간의 마음 사이의 넘을 수 없는 큰 간격을 메우기 위해 다리를 놓는 사람이다. 그는 역량을 최대한 발휘하여 성경을 매우 정확하면서 명료하게 해석하고 그것을 매우 효과적으로 적용하여 진리가 그 다리를 건너가게 해야 한다."[490] 존 스토트의 설교는 진정한 다리 놓기가 본문과 현대 청중에 똑같이 관계한다는 믿음을 구체적으로 보여준다.[491] 다리 놓기가 청중에게 그들의 삶이 어떤 상태에 있든지 그것에 대해 생각하고, 예수 그리스도를 삶의 모든 영역에서 주인으로 섬기며, 그분이 이 시대와 관련이 있음을 보여주라고 촉구하기 때문이다.[492] 존 스토트는 하나님이 드러내신 진리가 성경에서 흘러나와

---

490 Stott, *Portrait*, p.25. 존 스토트는 적용을 이렇게 정의한다. "적용이란 당신의 말을 듣고 있는 사람들에게 본문이 그들의 삶과 관련이 있음을 깨닫게 하는 일이다"(필자와의 인터뷰, 2000년 6월 14일).

491 존 스토트는 설교의 정확한 적용은 우리가 택한 본문의 성격과 우리 청중의 구성이라는 두 측면에 달려 있다고 거듭 주장한다(*I Believe*, pp.251-252). Dudley-Smith, *John Stott: A Global Ministry*, p.333과 비교하라.

492 Stott, *I Believe*, p.147. 존 스토트는 현대 교회의 두 주요 신학 집단을 이렇게 진단한다. "보수주의자들은 성경에 충실하지만 시대의 흐름을 읽지 못한다. 반면에 진보주의자들과 급진주의자들은 시대의 흐름은 읽지만 성경에는 충실하지 않다." 결론적으로 그는 하나님의 변함없는 말씀을 끊임없이 변화하는 세상과 결부시키려는 노력이 필요하다고 주장한다(*I Believe*, p.144).

현대인의 삶 속으로 흘러 들어갈 수 있게 하는 것이 설교자의 과제라고 믿는다.[493]

적용의 또 다른 두드러진 측면은 설교자가 청중에게 귀를 기울이는 것이 중요하다고 존 스토트가 강조하는 것에서 볼 수 있다.[494] 그는 한편으로 하나님 말씀에 귀를 기울이고, 다른 한편으로 세상에 귀를 기울이는 두 지평을 제안한다.[495] 그는 사람들의 행동 뒤에 숨어 있는 생각과 동기를 찾기 위해 귀를 기울인다. 성경에 대한 지식은 설교자가 청중보다 많겠지만 현실 세계에 대한 지식은 그 반대라고 존 스토트는 믿는다.[496] 게다가 그는 "우리가 기대하는 바는 청중이 우리의 가르침을 이해하거나 기억하거나 혹은 즐기는 것은 물론 그 가르침에 대해서도 무언가 할 것이라는 점이다"[497]라고 말한다. 그러면서 청중의 반응 영역을 포함하는 것으로 자신의 적용 이론을 전개한다. 그럼에도 존 스토트는 자신의 설교에서 현대 청중이 아닌 본문을 우선으로 한다. 그는 "어떤 다리를 놓을 것인지를 결정하는 것은 '시대정신(Zeigeist)'이 아니라 성경의 계시이다"라고 주장한다. 그리고 "우리가 세계의 고유한 자기 이해에 아무 생각 없이 동의한다면 우리는 우리 자신이 하나님의 종이 아니라 세상 풍조를 따르는 종이 되어 있음을 발견하게 될지도 모른다"라고 덧붙인다.[498] 마

---

493 같은 책, p.138.
494 특히 존 스토트는 하나님이 기대하시는 바가 청중을 알아보는 것이라고 주장한다(Stott, *I Believe*, p.176). 그는 이렇게 덧붙인다. "전령은 자신이 하는 말에 귀 기울이는 사람들에게 무관심할 수 없고, 대사는 자신이 탄원하는 사람들을 외면할 수 없고, 청지기는 자신이 책임지고 있는 집안사람들을 모른 체할 수 없다"(p.137). Stott, *Contemporary*, p.109와 비교하라.
495 존 스토트는 이러한 이중 책임을 '이중 경청'이라고 일컫는다(*Contemporary*, p.110). Liefeld, *Exposition*, p.106과 비교하라.
496 Stott, *I Believe*, pp.192, 194-199.
497 같은 책, p.246. 존 스토트는 "소환(summons)이 없다면 설교도 없다"라고 결론 내린다.
498 같은 책, p.139. 177과 비교하라. J. R. W. Stott, "Creating the Bridge," in M. Duduit (ed.), *Communication with Power* (Grand Rapids, MI: Baker Books, 1996) pp.190-191.

크 두에인은 존 스토트가 본문 강조를 이처럼 우선하는 것을 제대로 이해하였고, 이를 자신의 적용에서 다음과 같이 주장한다.

존 스토트의 적용은 실제로 그의 해석학 여정을 드러낸다. 적용을 통해 존 스토트는 결론으로 이어지는 해석의 과정을 청중에게 밝힌다. 그는 자신이 본문의 지배적 생각에 어떻게 이르렀는지 청중이 이해하기 바란다. 오늘날의 상황에서 본문의 어느 부분을 다시 옷 입혀야 하는지를 자신이 어떻게 추론했는지도 청중이 이해했으면 한다. 따라서 존 스토트의 해석은 일관되게 순차적이고 논리적이다. 회의론자들과 조용히 대화하거나 관심 있는 신자들로 하여금 기독교의 지적 사고를 본받게 하려는 그의 의도는 언제나 분명하다.[499]

(2) 적용 방법

존 스토트는 다리 놓기 이론의 관점에서 적용을 위한 두 가지 뚜렷한 방법, 즉 직접 적용과 간접 적용을 사용한다. 직접 적용의 사례들은 그의 로마서 설교에서 볼 수 있다. "복음을 함께 나누기를 열망하며"라는 설교에서 존 스토트는 다음과 같은 결론으로 청중이 해야 할 일을 분명히 밝힌다. "우리가 해야 할 일은 이것입니다. 우리는 무릎 꿇고 하나님께 기도하는 가운데 이 진리들을 묵상해야 합니다. 그리고 하나님이 하신 말씀을 통해 성령이 생생한 목소리로 이야기하시고, 우리의 나태한 정신과 마음과 의지를 움직여 마침내 진리에 불이 붙게 해달라고 기도해야 합니다."[500] 존 스토트는 종종 설교의 어떤 특정 측면들을 구체적인 상황에

---

499 Duane, "John Stott," p.90. Dudley-Smith, *John Stott: A Global Ministry*, p.335를 보라.
500 Stott, "Eager": *Romans*, pp.58-65와 비교하라.

적용하지 않지만, 마지막으로 직접 적용을 이용하여 다음과 같은 결론을
내린다.

이제 결론을 내리면서 두 가지를 제안하고자 합니다. 첫째, 우리 마음속에
자유에 대한 긍정적인 생각들을 발전시키는 것을 배웁시다. 우리가 자유에
대해 이야기할 때 자유를 억누르는 폭정에 대해서만 말한다면 그건 너무
도 순진한 생각입니다. 자유를 그 존재 목적에 맞게 정의하는 것, 즉 우리
는 자유하기를 갈망하고 우리가 그것을 위해 지음 받은 자유의 본질을 이
해하고 우리가 그것으로부터 구원받아야 하는 폭정들을 알게 될 때 비로
소 이러한 폭정들의 포악함을 아는 것이 훨씬 더 성숙한 자세입니다 … 둘
째는 이것입니다. 제가 말씀드린 자유의 첫째 측면, 곧 죄책감으로부터의
자유, 정죄로부터의 자유, 그리고 하나님의 용서를 받은 자녀로서 살아가
는 자유를 마음껏 찬양하는 법을 우리는 배워야 합니다 … 그것은 우리를
감동시켜 낮의 해처럼 우리의 양심을 늘 깨끗하게 해줄 것입니다. 시인하
지 않고, 고백하지 않고, 회개하지 않고, 용서받지 않은 죄가 어느 것이든
우리의 양심에 남아 있다면 그것이 우리가 하나님의 자녀로서 누리는 자
유를 훼손하기 때문입니다.[501]

존 스토트는 여러 유형의 간접 적용을 시도한다. 첫째는 대화를 통한
적용이다.[502] 다음의 설교 발췌문은 대화를 통한 적용에 관한 그의 확신
을 증명한다.

---

501 Stott, "Condemnation": *Romans*, pp.216-222와 비교하라.
502 본 장의 "존 스토트의 설교 철학"이라는 제목의 존 스토트의 설교 접근 장을 보라.

성도 여러분, 우리가 우리 몸을 하나님께 드리고 하나님의 뜻에 따라 변화되라는 그분의 요구와 맞닥뜨릴 때, 우리에게 그러한 요구가 주어질 때 우리 안에 각인된 자아중심주의는 그분에게 반기를 듭니다. '내가 왜 하나님께 머리를 조아려야 하는 거지? 하나님은 자기 일이나 신경 쓰시게 하고, 내 일은 내가 알아서 할 것이다! 내가 왜 내 자율성을 포기하고 주 예수 그리스도의 주인 되심에 굴복해야 하는 거지?' 그런 반항심은 우리 각자 안에 있지만, 우리는 그런 반항에서 돌아서야 합니다. 우리가 왜 그리스도께 나오고 하나님께 굴복해야 하느냐에 대한 답변을 말씀드리자면, 그것은 그분의 크신 자비 때문입니다.[503]

존 스토트에게 대화는 본문을 청중에게 적용하는 중요한 열쇠다. 이 적용에서 그는 자신이 올바른 질문을 한다는 것을 확실히 하고자 청중과의 대화를 시도한다.[504] 이런 식으로 존 스토트는 청중에게 생각하고 대답하며 자신과 논쟁할 것을 촉구한다.

둘째, 존 스토트는 논쟁적인 방식을 사용한다. 그는 적용의 일환으로 종종 성경적인 관점과 세속적인 관점을 비교한다. 로마서 12장 1-2절에 대한 설교에서 존 스토트는 세상 철학을, 세상과 말씀, 즉 시대의 덧없는 풍조와 하나님의 변함없는 뜻이 사사건건 서로 대적하고 있음을 보여주는 말씀과 비교한다. 나중에 그는 "타협 가능성은 없다. 우리는 이 시대의 풍조를 따르든지 하나님의 뜻에 따라 스스로 변화되든지 둘 중의 하나를 택해야 한다"[505]는 것을 명확히 한다. 이 두 종류의 비교를 통해 존

---

503   Stott, "Transformation": *Romans*, pp.320-324와 비교하라.
504   대화에 관한 적절한 생각에 대해서는 위어스비가 내린 정의를 존 스토트가 인용한 것을 보라. *I Believe*, p.64.
505   Stott, "Mindset": *Romans*, pp.317-324와 비교하라.

스토트는 성경의 정신과 세속의 정신을 구별한다. 결국 그는 청중에게 기독교적인 정신과 세속적인 정신을 스스로 평가하고 둘 중의 하나를 택하라고 권면한다.

셋째, 존 스토트는 일련의 질문들을 이용하여 청중에게서 분명한 이해를 이끌어 내고, 본문에서 성경적 의미를 도출한다. "열방을 위한 복음"이라는 설교에서 존 스토트는 이런 유형의 적용을 사용한다.

우리에게 무슨 일이 일어났습니까? 우리는 하나님과 화해했습니까? 우리는 의롭다 함을 받았습니까? 다시 말해, 하나님이 우리를 사랑하셨고 우리를 구원하셨고 우리를 인정하셨고 우리를 환영하셨기에 그분에게 받아들여진 우리는 새로운 자존심과 자부심을 갖고 고개를 들 수 있게 되었습니까? 이제 우리는 하나님의 얼굴을 쳐다보면서 "자신이 사랑하시고 용서하시는 자녀인 우리를 내려다보시는 사랑하는 아버지"라고 말할 수 있습니까? 우리는 이런 체험이 있습니까? 그렇다면 우리가 어떻게 우리를 변화시킨 복음을 부끄러워할 수 있겠습니까? 복음이 우리를 변화시켰다면 다른 이들도 변화시킬 수 있습니다.[506]

존 스토트는 전적으로 논리적인 질문 절차를 밟는다. 논리적인 질문들을 통해 그는 구원에서부터 하나님의 자녀로서 하는 응답에 이르기까지 스스로 적용할 수 있는 핵심 진리에 손을 뻗치라고 청중에게 촉구한다.

넷째, 예화는 존 스토트가 하는 적용의 형태 중 하나다. 예화는 동시대적인 삶에서 이끌어내는 어떤 구체적인 사례로서, 이 세계와 성경의

---

506 Stott, "Good News": *Romans*, pp.46-65와 비교하라.

세계 사이의 간극을 메운다.[507] 존 스토트는 예화 사용의 위험을 지적한
다. 그럼에도 그는 "예화가 회중의 상상력을 자극하고 그들로 하여금 마
음속에서 사물을 명확히 볼 수 있도록 돕는다"라고 말하면서 예화 사용
의 관례를 긍정적으로 평가한다.[508] 우리는 이에 대한 좋은 사례를 로마
서 12장 1-2절에 대한 설교에서 볼 수 있다. 여기서 존 스토트는 결론을
내리는 적용에서 진첸도르프의 사례를 든다. 이 예화를 들기 전에 그는
다음과 같이 말하면서 청중에게 예수 그리스도를 영접하라고 권면한다.
"이제 그리스도는 우리 자신을 그분에게 드리라고 하십니다. 하나님의
자비를 드러내는 역사에서 십자가 사건이 최고로 멋진 광경임을 우리가
언뜻 보았을 때 사실상 그분에게 나아가는 것 외에는 달리 선택이 없습
니다."[509] 그런 다음에 존 스토트는 청중의 편에서 구체적인 결단이 일어
나도록 진첸도르프의 예화를 언급하며 핵심 질문을 던진다. "그리스도가
말씀하시기를, 나는 너를 위해 이렇게 하였는데, 너(진첸도르프)는 나를 위해
무엇을 하느냐?"[510] 그리고 나서 존 스토트는 진첸도르프가 개인적으로

---

507 Baumann, *Contemporary Preaching*, p.250.
508 Stott, *I Believe*, pp.239-241. 존 스토트는 바울이 갈라디아서 3:1에서 상상력을 발휘하는 사
     례를 이렇게 묘사한다. "자신의 실감나는 선포를 통해 바울은 이 사건을 과거에서 현재로,
     풍문에서 극적인 영상 이미지로 옮길 수 있었다." (p.238) 긍정적인 측면에서 "예화는 추상
     적인 것을 구체적인 것으로, 옛것을 현대적인 것으로, 낯선 것을 친숙한 것으로, 일반적인
     것을 특수한 것으로, 모호한 것을 정확한 것으로, 비현실적인 것을 현실적인 것으로, 그리고
     보이지 않는 것을 보이는 것으로 변모시킨다." (p.239) 나아가 존 스토트는, 설교자는 누구
     나 다 구약성경과 신약성경에서 예화에 대한 사례들을 수집할 수 있다고 생각한다. 성경 자
     체가 예화에 관한 자료들을 가장 완벽하게 소장하고 있기 때문이다. 브라운을 비롯한 여러
     학자들은 존 스토트의 다음 견해를 지지한다. "성경은 예화의 으뜸가는 원천이다 … 성경에
     서 예화를 이끌어 낼 수 있다는 사실은 다른 원천에서 도출되는 예화로서는 제공하지 못할
     권위를 많은 사람들에게 제공해준다." (H. C. Brown, G. Clinard & J. Northcut, *A Thorough,
     Practical Guide for Pastors into the What, How and When of Steps to the Sermon* [Nashville:
     Broadman Press, 1991]).Killinger, *Fundamentals of Preaching*, p.110과 비교하라.
509 Stott, "Good News."
510 Stott, "Transformation": *Romans*, pp.320-324와 비교하라. 그는 자신의 책 『로마서』에서 이 예

적용하면서 사용한 것과 똑같은 질문을 청중에게 던지는 것으로 설교를 끝낸다. "여러분은 '나는 너를 위해 이 모든 것을 주었다. 너는 나를 위해 무엇을 주느냐?'라는 예수의 질문에 어떻게 답해야 할지 생각해 보았습니까?"[511]

(3) 적용 위치

적용 시기는 신중히 고려해야 한다. 설교 원고를 분석한다고 해서 식별 가능한 패턴이 드러나는 것은 아니다. 적용은 시초에 발생하고, 설교의 결론에서 메시지나 표상을 통하여 분산된다.

적용은 설교 내내 지속되는 과정이라서 모든 적용은 설교가 끝날 때까지 미루면 안 된다는 점에 존 스토트는 주목한다. 그럼에도 그는 결론을 너무 일찍 드러내는 것이 위험하다고 지적한다.[512] 따라서 설교자는 마지막 결론에 의지하되, 성령이나 자신의 노력에 의해 청중에게 필요한 행동을 취하라고 권고할 수 있다.[513] 하지만 고전적인 설교학자 헨리 데이비스는 존 스토트의 견해를 반박한다. 적용의 연속은 단지 결론 단계에서만 중요한 것이 아니라 설교 내내 중요하다고 그가 믿기 때문이다.[514]

존 스토트는 적용 시간의 할당이 본문에 따라 다르다고 말하기는 하

화를 사용하지 않는다.

511 Stott, "Transformation."
512 Stott, *I Believe*, p.246.
513 같은 책. 필자와의 인터뷰, 2000년 6월 14일. 이전에 존 스토트는 적용을 위해 성령께 의존했다. 하지만 얼마 전 존 스토트와 가진 인터뷰에서 그는 설교자의 노력을 강조했다. 본문이 완전히 말하도록 허용할 때 적용은 설교자의 예상을 훨씬 뛰어넘어 성령의 도우심으로 배가된다는 존 스토트의 견해에 맥아더 역시 동의한다("Moving from Exegesis to Exposition" in R. L. Mayhue and R. L. Thomas, *Rediscovering Expository Preaching* [London: Word Publishing, 1992], p.300).
514 Davis, *Design*, p.193.

지만, 그의 많은 설교에서 적용은 짧고 직접적인 진술의 형태로 마지막에 온다.[515] 예컨대, 로마서 7장 1절-8장 4절, 8장 1-17절에 대한 설교에서 결론을 제외하면 어떤 특정한 위치에서든 적용은 보이지 않는다. 그리고 12장 1-8절에 대한 설교를 보면 존 스토트의 적용은 다음과 같이 일반적이며 짧다.[516]

우리는 우리 몸을 그분에게 드리고 우리 몸을 통해 영적 제물을 바칩니다. 이는 우리 손으로 그분을 위해 수고하고 우리 발은 그분을 위해 달려가고, 우리가 듣고 말하는 귀와 입을 그분에게 드림으로써 우리가 서로 소통하는 가운데 자랄 수 있도록 하기 위해서입니다 … 우리가 아침에 잠에서 깨어 침대에서 내려와 침대 가장자리에 앉아 또 다른 날을 살도록 하나님께 우리 몸을 드리는 것은 좋은 일입니다. 여러분은 그렇게 해보시기 바랍니다. 우리 몸의 지체들, 곧 몸과 눈과 귀와 코와 입과 입술과 손과 발을 그분에게 드려 그분을 위한 삶을 사시기 바랍니다. 따라서 첫째 명령의 말씀은 이것입니다. "너희 몸을 드리라."

본문을 적용하더라도 존 스토트의 적용은 구체적인 사회 문제나 개인적인 문제가 아닌 영적 훈련만을 다룰 정도로 지극히 일반적이다. 존 스토트와 달리 옥한흠은 그리스도인이 일상에서 접하는 빈민 구제, 노동의 정직함 그리고 환경 보호 문제를 거론하면서 이 구절("너희 몸을 드리라")을 청

---

515 결론에 대한 장에서 지적했듯이 존 스토트는 흔히 요약과 적용이라는 두 기능을 채택하기 때문에 그의 적용은 명료하지만 짧다.

516 Stott, "In the Beginning The Patriarch" (Sermon Cassette Tape on Genesis 12:1-9); London: All Souls Church, 1986/1988).

중이 현실에서 직면하는 여러 구체적인 문제들에 적용했다.[517]

(4) 존 스토트의 적용에 대한 평가

지금까지 우리는 존 스토트의 로마서 설교에 초점을 맞춰 강해설교의 관점에서 그의 적용을 살펴보았다. 이제 그의 적용에 대해 평가해 보자. 존 스토트의 적용은 몇몇 강점을 확실히 보여준다. 첫째, 가장 두드러진 강점은 그가 다리 놓기 방법론에 기여했다는 점이다. 현대 설교학에서 다리 놓기[518]를 지지하는 존 스토트는 강해설교에 뚜렷한 기여를 해왔다. 그는 설교자라면 모름지기 '다리 놓기'를 이용하여 고대에 기록된 말씀의 진리를 오늘의 세계와 연관시켜야 한다고 강조한다. 이 점에서 그가 설교에서 하는 적용은 성경의 진리를 현대 청중에 전달하는 다리 역할을 톡톡히 해낸다. 두 가지('하나님의 목소리를 듣는 것'과 '하나님의 백성이 그분에게 순종하는 것')를 기대하는 존 스토트는 다음과 같은 질문으로 다리 놓기에 대한 자신의 확신을 분명히 드러낸다. "그렇다면 사람들은 어떻게 반응해야 하는가? 어떤 종류의 순종이 요구되는가?"[519] 그리하여 존 스토트는 적용을 희생하면서 강해에 집중하는 강해설교의 단점들을 바로잡고자 다리 놓기라는 개념을 전개시킨다.[520]

둘째, 존 스토트의 간접 적용은 개인에 초점을 맞추는 매체 중심의 세상에서 지적인 청중과 이기적인 청중 둘 다로부터 큰 호응을 얻는다. 이

---

517 옥한흠, "교회 봉사부터 먼저 하라," 『구원받은 자는 이렇게 산다』(서울: 두란노, 1994) pp.15-19.

518 존 스토트가 "다리 놓기에 있어 내 유추가 허용할 수 있는 것보다 더 많은 역사적 연속이 있었다"라고 인정하기는 하지만, 사람들은 그를 성경 메시지와 현대 청중의 특별한 문화 사이의 큰 차이를 감히 메우려 하는 사람으로 생각한다(*I Believe*, p.39).

519 존 스토트는 이 두 가지 기대를 확인한다. *Contemporary*, pp.216-218을 보라.

520 본 장의 2.5.1잘을 보라.

는 적용이 청중에게 설교의 적용이 제기하는 도전에 그들 나름의 방식으로 적절히 대처할 자유를 주는 것은 물론, 그들의 사생활과 자유의지도 존중하기 때문이다. 결과적으로 존 스토트가 현대 청중의 성향을 제대로 파악했다고 볼 수 있다.[521] 프레드 크래덕은 오늘날 청중이 '기독교에 대해 수박 겉핥기식으로 알고 있는' 사람들과 이야기할 때 간접 적용이 청중에게 이점이 된다는 존 스토트의 견해에 동의한다. 간접 적용은 사람들이 청중의 이야기를 들을 때 그들 자신과는 하등 무관한 남의 얘기를 '엿듣는' 것 같은 느낌을 갖게 한다.[522] 간접 적용의 의도는 정보 제공이 아니라 사람들의 관심을 끌고 청중을 개인적으로 끌어들이며, 또한 청중이 문제에 대해 자기 나름의 결론을 내리게 하는 것이다.

셋째, 적절한 예화 사용도 존 스토트의 강점이다. 그가 예화를 사용하는 일은 매우 드물지만 예화를 사용할 때는 상상력을 발휘한다.[523] 예를 들어, 진첸도르프에 대한 예화는 청중으로 하여금 그와 똑같은 질문을 받는다는 상상을 하게 한다. 그러므로 이는 매우 효과적인 적용이 될 수 있다.

하지만 존 스토트 설교의 적용에 대해서는 유의할 점도 있다. 첫째, 존 스토트는 '왜'와 '어떻게'라는 질문보다 '무엇'을 적용할 것인가를 지나

---

521 존 스토트는 간접 적용을 지지하여 "우리는 논쟁의 여지가 있는 문제들을 다룰 때 성경적 그리스도인들이 해온 적용과 그들이 자신들의 결론을 뒷받침하기 위해 사용해온 논증들을 공정하게 요약해야 한다"라고 단언한다. 게다가 그는 "우리는 우리가 가르쳐 온 원리를 이해하고 회중의 마음을 정하기 위해 밑그림을 그려온 쟁점들의 경중을 따져본 후 회중이 자기 뜻대로 할 수 있게 내버려 두어야 한다"라고 말함으로써 자신의 확신을 드러낸다(*I Believe*, p.171). Craddock, *Overhearing*, p.82와 비교하라.

522 Craddock, *Overhearing*, pp.24-25. 크래덕은 예수로부터 하나의 사례를 제시한다. 전달을 쉽게 하기 위해 예수는 종종 엿들을 수 있는 방식으로 비유를 말씀하셨다. 이를테면 "어떤 사람이 있었다." 그런데 그는 이름을 알 수 없었고 과거시제로 되어 있으며, 또 다른 장소에 있었으며, 분명한 것은 특히 어느 누구에게도 말을 걸지 않았다는 것이다.

523 Stott, *I Believe*, pp.239-241.

치게 강조하는 함정에 빠진다. 예컨대, 그는 종종 "우리는 해야 합니다" "응답합시다" "제가 성령의 사역에 대해 무엇을 알고 있습니까?" "우리에게 무슨 일이 일어납니까?" "우리가 다른 사람들과 나눠야 할 것은 …"과 같은 표현들을 사용한다.[524] '무엇'을 중시하는 접근법은 적용이라기보다 해설에 가깝다. 그런 접근법은 현대 청중의 삶과 동떨어져 있다.[525] 존 스토트에 대한 최근 전기에서 티모시 스미스는 그의 설교가 성경 강해를 통해 말씀을 드러낼 뿐 아니라 동시대에 적절히 적용하기까지 한다고 주장한다.[526] 이에 대한 증거로 그는 설교에 대한 존 스토트의 생각을 개진하고,[527] 그의 주요 저작인 『설교의 능력』과 『현대 사회 문제와 그리스도인의 책임』(IVP 역간)을 언급한다. 다른 학자들(딕 루카스, 톰 쿠퍼, 폴 웨스턴, 조지 캐리) 역시 존 스토트의 글에서 적용을 발견한다.[528] 위에서 보았듯이 적용이 존재한다는 것은 사실이다. 하지만 "우리는 성경이 실제로 말하는 것의 결론에 이르렀으며, 회중에게 그 비결을 알려주고 싶다"[529]는 존 스토트의 말을 유념해야 한다. 이 때문에 그의 적용은 티모시 더들리-스미스의 주장과는 달리 삶과 직접적인 연관이 없다. 이는 적용 그 자체라기보

---

524 위에서 구조를 다룬 장에서 이미 언급한 그의 설교 제목들을 보라.

525 존 스토트는 자신도 전에 그러했다면서 이렇게 고백한다. "요 몇 년 사이 나는 내 방식을 바꾸었으면 했지만, 예전의 내 이론과 실천은 성경 본문을 풀이하는 것이고 적용은 주로 성령께 맡기는 편이었다." 그럼에도 존 스토트는 이 방식의 가치를 과소평가하는 대신 두 가지 장점을 언급한다. "첫째, 성경 본문 자체는 놀랄 만큼 동시대성을 띤다. 둘째, 성령은 성경 본문을 사용하여 청중으로 하여금 죄를 깨닫게 하고 그리스도를 믿게 하며, 또한 거룩한 성품을 계발하게 하신다." (*I Believe*, p.141)

526 Timothy Dudley-Smith, *John Stott: A Global Ministry*, pp.331-346.

527 존 스토트는 "… 회중은 성경이 가르치는 것뿐 아니라 성경의 가르침에 관해 우리가 결론 내리는 방식으로도 가르침을 받는다. 따라서 우리는 회중에게 우리의 해석학적 방식들이 무엇인지 보여주어야 한다." Dudley-Smith, *John Stott: A Global Ministry*, p.335.

528 Dudley-Smith, *John Stott: A Global Ministry*, pp.334-341.

529 같은 책.

다 성경에 대한 알기 쉬운 해설을 강조하는 것에 가깝다. 어떤 글에서 존 스토트는 "강해설교자의 간절한 바람은 이를테면 성경이 스스로 이야기하게 하는 것이다"[530]라고 말하면서 그런 강조를 분명히 지지했다. 이는 캐논 킹이 더들리-스미스에게 보낸 최근 편지에서도 입증된다. 내용인즉 이렇다. "존 스토트는 강해설교의 최고 모델을 보여주었는데, 이는 유익하기도 하고 도전이 되기도 했다. 하지만 나는 그의 설교 스타일이 더 큰 적용을 통해 도심 지역과 다른 환경에 '접지(接地, earthing)'될 필요가 있음을 알았다."[531]

더욱이 더들리-스미스가 다른 목회자들과 학자들에게서 입수한 존 스토트에 관한 정보는 정확하지 않다. 더들리-스미스의 견해는 존 스토트의 "현대 기독교에 대한 런던 강연들"에 근거를 두는데, 여기서 존 스토트는 현대 사회가 직면한 쟁점들에 대해 성경적인 답변을 제시하려 한다. 이 강연들은 현실성이 있지만 설교가 아님은 분명하다. 오히려 강의와 가르침에 가깝다. 설교는 본문을 해설하고 그것을 청중의 실제 삶에 적용해야 한다. 더들리-스미스는 존 스토트가 자신의 설교에서 본문 중심의 분석에 치우치는 경향은 충분히 강조하지 않는다.

이런 경향은 존 스토트의 로마서 설교에 분명히 나타난다. 예를 들어, 그는 로마서 7장 1절-8장 4절에 대해 설교하면서 7장에서는 다소 복잡한 논쟁에 대해 언급한다. 설교 중에 그는 청중의 삶에 대한 구체적 적용은 하지 않은 채 분명한 설명과 정확한 주석과 다양한 해석을 통해 '율법으로부터의 자유가 무엇인지'를 논증한다.[532] 이는 익명의 친구가 존 스

---

530   Stott, "Some Thoughts on Expository Preaching," p.106.
531   Dudley-Smith, *John Stott: A Global Ministry*, p.335.
532   Stott, *Men*, pp.58-83. 설교 마지막에서 그는 '어떻게'를 다음과 같이 짧게 다루었다. "이것이 무엇을 뜻하는지를, 성령의 뜻에 따라 걷는 것이 무엇인지를 이해하려면 우리는 지금 로마

토트에게 보낸 편지에 요약되어 있다. "당신이 쓴 『새로워진 인간』이라는 책은 창문 없는 집이요, 건포도가 빠진 푸딩과 같군요."[533] 또한 존 스토트는 로마서 12장 1-2절에 대해 설교하면서 청중에게 "너희 몸을 하나님께 드리라"고 촉구하지만, 청중 개개인의 삶에서 자기 몸을 어떻게 드려야 하는지에 대해서는 언급이 없다. 존 스토트가 오늘날의 상황을 다루기는 하지만, 그가 실제로 하는 말은 그렇게 심오하지도 그렇게 구체적이지도 않다.

게다가 그는 개인적으로 적용하기보다 학자들의 견해를 즐겨 언급한다. 그는 마르틴 루터[1:1-5], 프랭크 가벨린 박사, 존 필립스 및 제임스 스튜어트[1:14-17], 마이클 램지[8:1-4], 맬컴 머거리지[12:1-2]를 지칭한다.[534] 이 비판에 대한 지지는 선교대회 후 발행된 「더 가제트」라는 학생 신문에 나타난다. "무언가 빠져 있다"라는 제목의 기사에서 저자는 적용 분야에서 존 스토트의 설교가 보이는 약점을 이렇게 지적한다. "우리가 느끼기에 성경 이론은 부지기수로 등장하지만, 기독교 이론을 일상의 문제에 의미심장하게 적용하는 사례는 매우 드물다."[535]

존 스토트도 이 비판을 받아들인다. "나는 분석에 너무 치중한다. 그리고 나는 예화 자료를 선보이려고 하지만, 막상 그림같이 아름다운 예화가 많이 나오는 설교를 들으면 기분이 상한다. 그런 설교는 내게 쓸모없기 때문이다."[536] 따라서 존 스토트가 적용에 큰 역점을 두기는 하지만,

서 8장의 다음 장을 연구해야 한다"(*Men*, p.83).

533   Stott, *I Believe*, p.240.
534   자신의 책 『로마서』에서 존 스토트는 위에 언급된 사람들보다 케제만, 라이트, 크랜필드, 피츠마이어 및 던과 같은 일류급 신약학자들을 언급한다(*Romans*, pp.47-48, 63, 216-222, 320-324).
535   Dudley-Timothy, *John Stott*, p.382.
536   존 스토트, 필자와의 인터뷰, 2000년 6월 14일.

그의 적용 사용은 여전히 설득력이 없다고 결론 내릴 수 있다. 존 스토트의 설교 관행에 관한 한, 그가 성경 본문과 해설에 초점을 맞춘다는 결론이 자연스러워 보인다. 즉 강해설교에 있어서는 어느 한쪽 측면이 과장됨을 보여준다. 1장에서 보았듯이 강해설교가 본문에 충실하고 청중의 필요에 응답해야 함을 강조할 뿐 아니라 또한 청중의 영혼 깊은 곳을 만짐으로써 그들의 삶을 변화시키는 방식으로 적용되어야 하기 때문이다.

둘째, 존 스토트의 적용은 너무 막연한 데다 개인을 고려하지 않으며, 실생활의 구체적인 상황과도 직접적인 관련이 없다. 이에 대한 대표적인 사례는 "복음을 함께 나누기를 열망하며"라는 그의 설교에서 볼 수 있다. 존 스토트는 알아듣기 쉽게 해설하고 학자들의 견해를 소개함으로써 복음 전도의 개념과 바울의 간청을 설명한다. 하지만 해당 구절을 다음과 같이 적용할 뿐이다. "성도 여러분, 복음 전도를 가로막는 단 하나의 큰 장애물은 말하기조차 부끄러운 우리의 빈곤한 영적 체험입니다. 이는 우리가 하나님의 구원하시는 능력을 모르기 때문입니다 … 만일 우리가 체험을 통해 하나님의 구원 능력을 알게 된다면 당연히 우리는 복음을 부끄러워하지 않는다고 말할 수 있습니다."[537] 겉보기에는 괜찮은 적용이지만, 그것은 구체적이지 않고 복음 전도와의 관련성 또한 막연하다.

그것은 빛의 의미가 무엇인지, 청중이 누구인지에 대해서는 확실히 말한다. 하지만 본문이 청중에게 부여하는 의미나 청중이 메시지에 어떻게 반응할 수 있는지에 대해서는 일언반구도 없다. 또 다른 분명한 사례는 로마서 7장 1절-8장 4절에 대한 설교에서 볼 수 있다. 기독교 성결 교리의 세 가지 주된 진리를 강조하고 나서 존 스토트는 이에 대한 적용으로

537　Stott, "Eager": *Romans*, pp.58-65와 비교하라.

다음과 같이 말한다. "기독교의 성결에 관한 이 세 가지 핵심 진리는 우리가 왜 거룩해야 하는지와 거룩함이 무엇인지, 그것을 어떻게 얻을 수 있는지를 말해 줍니다. 우리가 거룩해야 하는 것은 그리스도의 오심과 죽으심 때문입니다 …"[538]

헨리 브라운에 의하면 "적용은 청중이 메시지의 진리를 사용하고 그들 개개인이 실제적으로 사용할 수 있음을 그들에게 보여준다는 것을 의미한다."[539] 지극히 옳은 말이다. 적용은 성경의 세계와 오늘의 세계 사이의 간극을 메울 뿐 아니라 진리인 하나님의 말씀을 통해 청중의 삶을 변화시키기도 한다. 이 점에서 존 스토트는 자신의 메시지를 청중 개개인에 실제로 적용하는 데에는 시간을 별로 쏟지 않는다.

마지막으로 존 스토트의 적용은 지나치게 짧고 단순하기 그지없다. 예컨대 로마서 8장 1-17절에 대한 설교에서 그는 주석과 본문 해설에는 32분 정도 쓰지만, 적용과 그에 따른 질문에는 마지막에 겨우 1-2분 정도 쓴다.[540] 예화에 관한 한 존 스토트는 1976년과 1992년에 동일한 본문을 사용하는 두 설교에서 '빚진 자'를 예로 들되, 약간 변형하여(즉, 100파운드와 1,000파운드) 되풀이한다.[541]

그렇기는 해도 존 스토트가 강해설교와 적용의 결합에 크게 기여한 점은 인정해야 한다. 그는 자기 청중의 행동과 태도, 신념을 지향하는 적용과 가르침의 분야에서 수고를 아끼지 않음으로써 성경적인 강해설교에 이르는 길을 펼쳐 보인다.

---

538 Stott, *Men*, p.82.
539 Brown, *Practical Guide*, p.60.
540 Stott, "Ministry."
541 Stott, "Nations," "Good News."

4) 존 스토트와 청중 간의 소통

존 스토트에게 있어 '성경적인 강해설교는 언제나 대화식이다.' 하지만 그 대화는 말이 아닌 침묵으로 한다.[542] 따라서 그는 정확한 어휘 선택을 통한 '분명한 생각과 심오한 감정의 결합'이 청중에 지대한 영향을 끼치는 의사소통이 될 것으로 믿는다.[543] 이 장에서 우리는 의사소통에 관한 자신의 독특한 견해를 구체화하려는 존 스토트의 방법론에 특별히 초점을 맞춰, 설교자와 청중 사이의 의사소통에 관한 그의 대표적 이론과 실천을 검토하고 평가할 것이다. 이를 위해 우리의 설명을 네 가지 범주로 나눌 것이다.

(1) 언어를 통한 의미 전달

존 스토트는 설교에서 사용하는 언어가 의사소통에 중요하다고 생각한다. 정확한 메시지를 전하려면 정확한 어휘 선택이 중요하다고 강조하는[544] 그는 "각각의 상황에 들어맞는 정확한 단어가 있다"[545]고 말한다. 존 스토트는 의사소통에 관한 자기 생각을 이렇게 피력한다.

알아듣기 쉽게 전하려면 우리의 생각에 말이라는 옷을 입혀야 합니다. 정확한 단어를 고르지 않으면 정확한 메시지를 전할 수 없습니다 … 설교자

---

542 Stott, *I Believe*, pp.60-61.

543 존 스토트, 필자와의 인터뷰, 2000년 6월 14일. 이러한 대화 기술에 대해 존 스토트는 "과거 인물 중 이 기술의 대가는 사도 바울이었고, 최상의 사례는 그가 쓴 로마서이다"라고 말한다 (*I Believe*, p.63).

544 존 스토트, 필자와의 인터뷰, 2000년 6월 14일. "제 말에 오해가 없기 바랍니다. 그래서 저는 정확한 메시지를 전하려면 정확한 단어들을 선택해야 합니다"라고 그는 말한다.

545 Dudley-Smith, *John Stott*, p.179.

의 말은 가능한 한 쉽고 분명해야 합니다 … 청중에게 어떤 메시지를 전하려고 고심할 때 설교자는 그들이 이해할 수 있는 쉬운 단어, 설교자가 하는 말을 상상하는 데 도움이 되는 생생한 단어, 그리고 과장하지 않고 분명한 진리를 말해 주는 솔직한 단어를 찾아야 할 것입니다.[546]

존 스토트는 로마서 설교에서 '우리의 영적 예배'(12:1)의 의미를 설명하기 위해 같은 우려를 표명한다. "여러분은 말과 어휘, 심상(imagery)이 어떻게 제물과 제사장의 이미지를 떠올리는지 알고 있습니까?"[547]

하지만 설교 언어에 대한 존 스토트의 초점은 동시대 설교자들의 초점과 다소 다르다. 위에서 요약한 그의 견해에서 볼 수 있듯이 언어가 의사소통 수단이라는 존 스토트의 생각은 본문의 의미를 밝히는 것을 지향한다.[548] 그의 생각은 의사소통의 효과보다 '말씀의 핵심'을 강조하는 쪽으로 기운다. 예컨대 설교 제목을 정할 때 존 스토트는 청중의 흥미를 끄는 단어들을 고르기보다 구절에 대한 분명한 진술을 택한다. 이를테면 "믿음으로 의롭게 됨"(로마서 5:1-30), "율법으로부터의 자유"(로마서 7:1-8:4), "예배"(로마서 11:33-36), "변화"(로마서 12:1-2) 등이다.[549]

---

546 Stott, *I Believe*, pp.231-233.

547 Stott, "Mindset": *Romans*, p.321과 비교하라.

548 존 스토트, 필자와의 인터뷰, 2000년 6월 14일. 필자가 "회중에게 지대한 영향을 끼치는 의사소통은 어떤 유형입니까?"라고 묻자 존 스토트는 "저 같으면 심오한 감정과 결합된 분명한 생각이라고 답하겠습니다"라고 말했다.

549 존 스토트의 견해는 그가 루이스의 다섯 가지 조언을 인용하는 것에서 볼 수 있다. "정말 중요한 것은 다음과 같다. 1. 당신이 말하고자 하는 바를 매우 분명히 전할 수 있는 언어를 사용하도록 늘 힘쓰라. 2. 솔직하고 직접적인 단어를 늘 선호하라. 3. 구체적인 명사로 충분하다면 추상명사는 절대 쓰지 말라. 4. 당신이 묘사하고 있는 것들에 대해 우리가 느꼈으면 하고 당신이 바라는 방식을 단순히 말해 주는 형용사들은 쓰지 말라. 5. 주제에 대해 너무 거창한 단어는 쓰지 말라." (Stott, *I Believe*, p.235) 필자와의 인터뷰에서 그는 "제 설교 마지막에 훌륭한 사례가 되는 지배적 생각을 인식시키고 싶습니다. 그렇게 하면 회중의 마음속에 이미지

반면에 현대 설교학자들은 설교에서 사용하는 언어가 쉽고 정확하며 솔직해야 '청중의 귀에 설교 메시지를 침전물(deposit)처럼 남긴' 후 사라지는 기능을 할 수 있다고 주장한다. 청중은 설교에서 입수해야 할 정보가 있는데, 그들과 무관한 단어나 구에 대해서는 신경 쓸 시간이나 관심이 없다고 설교학자들은 생각한다."[550] 뿐만 아니라 사람들은 마음 깊은 곳에서 말씀을 거부하기도 하고 수용하기도 하는데, 이는 궁극적으로 설교의 가르침에 의해서만 결정되지 않는다.[551] 단어와 구의 선택에서 최우선 고려사항은 그들의 반응을 이끌어 내는 것이다. 다시 말해 청중들이 말씀을 잘 듣고 그 의미를 이해하는 데 도움이 되고자 하는 것이다.[552] 의 사소통을 효과적으로 하려면 설교자는 설교 언어의 주된 기능에 관심을 가져야 하는 동시에 상상력이 풍부하고, 시적이고, 무언가를 환기하고, 이야기체이며, 비유적인 언어를 사용해야 한다고 프레드 크래덕과 데이비드 버트릭, 유진 로우리는 강조한다.[553] 위의 분석으로부터 내릴 수 있는 결론은 존 스토트의 접근법이 본문 중심인데 반해 오늘날의 설교자들은 청중에게 메시지를 효과적으로 전달하는 데 다소 초점을 맞추는 경향이 있다는 것이다.

게다가 존 스토트는 효과적인 전달을 위해 상상력을 시각 언어로 활용한다. 존 스토트의 설교에 반영된 상상력의 개념은 예화의 목적을 달성할 때라야 포함될 뿐이다. 상상력을 자극하는 예화는 로마서 8장 1-4

가 형성되거든요"라고 거듭 설명한다(2000년 6월 14일).

550 Craddock, *Preaching*, p.196.

551 W. Brueggemann, *Finally Comes the Poet: Daring Speech for Proclamation* (Minneapolis: Fortress Press, 1989) pp.109-110.

552 Craddock, *Preaching*, p.196.

553 Craddock, *Authority*, chap.4; *Preaching*, chap.10; Buttrick, *Homiletic*, chaps.8-10; Lowry, *Dancing*, chap.3; *Doing Time*, chap.5를 보라.

절에 대한 설교에 나타난다.

물고기를 예로 들어봅시다. 당연히 하나님은 온갖 물고기를 창조하셔서 물
에서 살고 번성하게 하셨습니다. 물고기는 물에서만 자신의 역량을 충분히
발휘하고 자유를 찾을 수 있습니다. 여러분 집에 금붕어가 담긴 그릇이 있
다고 상상해 봅시다 … 금붕어는 자신이 몸 담고 있는 그릇이나 탱크를 발
견하면 스스로 자유를 제한할지 모릅니다. 금붕어가 물속에 있기 때문이
아니라 물이라는 이 요소가 어항에 의해 큰 제약을 받기 때문입니다 … 이
제 화제를 물고기에서 인간으로 돌려 봅시다. 여느 피조물처럼 인간은 하
나님이 인간을 지으시고 그분의 뜻대로 존재하게끔 하신 것의 본질 안에
서만 비추어 자유의 의미를 파악하고 자유를 찾을 수 있을 뿐입니다.[554]

설교자가 사용하는 상상력은 추상적 개념을 예화의 한 방식인 상징이
나 그림으로 바꾸는 수단이 될 수 있다고 존 스토트는 주장한다.[555] 이런
시각 언어의 사례로 존 스토트는 다음과 같이 묘사적인 단어들을 사용
하기도 한다. 로마인들에게 보낸 편지를 '복음에 대한 가장 완벽하고 가
장 장엄하며, 또한 가장 솔직한 진술'[556]로, 로마를 '제국의 자존심과 군
사력의 상징'[557]으로 묘사하는 것이다.

하지만 오늘날 설교자들은 상상력이 단지 표현 방식의 차원을 넘어선

---

554 Stott, "Condemnation": *Romans*, pp.216-222와 비교하라. 존 스토트는 자신의 책에서 이 예화
를 사용하지 않는다. 오히려 그는 이러한 주장을 하기 위해 다른 학자들의 견해나 성경의 다
른 구절들을 받아들인다.

555 Stott, *I Believe*, pp.238-239.

556 Stott, "Good News": *Romans*, p.19와 비교하라.

557 Stott, "Eager." 그는 로마서에 대한 자신의 책에서 이 형용사를 사용하지 않는다.

다고 반박한다. 그들의 주장에 따르면 상상력은 그 자체로 개인의 현실을 바꿀 수 있는 행위다. 엘리자베스 액트마이어는 이렇게 주장한다. "만일 우리가 누군가의 삶을, 비기독교적인 것에서 기독교적인 것으로, 죽음에서 삶으로, 절망에서 소망으로, 근심에서 확신으로, 부패한 것에서 온전한 것으로 바꾸고 싶다면 이미지들, 즉 마음속 상상-요컨대 그 사람에게 삶의 버팀목이 되는 단어들-을 바꿔야 한다."[558] 그러므로 설교자들이 청중의 삶을 근본적으로 싶다면 상상력을 자극하는 언어의 실제 능력을 알고 있어야 한다. 이는 상상력이 풍부한 언어에 대한 존 스토트의 개념이 본문을 설명하는 수준에 머물고 있음을 여실히 보여준다.[559]

(2) 비언어적 의사소통

존 스토트는 의사소통 수단보다 설교 내용을 중시한다. 이는 그가 몸짓이나 억양 혹은 눈 맞춤보다 설교자의 개성과 성령의 역할을 강조하기 때문이다.[560] 크리스토퍼 터크가 비언어적 의사소통에서 중요한 요소인 개성에 주목하는 것은 옳다. 말하는 사람은 오해의 여지가 없게끔 청중에게 자신의 개성과 태도를 전한다. 이를테면, "만일 여러분이 감정이 없는 연사의 말에 귀를 기울여야 한다면 그가 어떤 부류의 사람인지, 그와 함께 저녁을 보내면 어떤 기분일지 분명히 알게 될 것이다"[561]라는 식

---

558 Achtemeir, *Creative Preaching*, p.24.
559 존 스토트는 언어가 '지배적 생각'을 따돌리는 것의 일부라고 말한다(*I Believe in Preaching*이라는 책 전체를 보라). 게다가 그는 상상력을 '지배적 생각에 기여'해야 하는 것으로 취급한다(pp.228-242).
560 이것들은 언어의 의미를 다루는 의미론이 아니라 기호학이다. 존 스토트는 *I Believe*에서 두 장(7-8장)을 설교자의 조건을 다루는 데에 할애한다. 그럼에도 설교는 또한 설교자의 비구어적 신호들을 통해 전달되기 때문에 이것들은 소중하다.
561 C. Turk, *Effective Speaking* (London: E & FN Spon, 1985) pp.146-147.

이다. 여기서 우리는 비언어적 의사소통의 두 가지 주된 측면(설교자의 개성과 성령의 역할)이 존 스토트의 주요 관심사이기에 그런 측면의 유용한 사례들을 살펴보고자 한다.

존 스토트에게 있어 '설교의 실천은 설교자의 인격과 분리될 수 없다.'[562] 설교자는 자신만의 체험, 관심사 및 신념과 동떨어진 주제들에 대해 이야기하는 강연자가 아니라 자신이 전하는 메시지에 개인적으로 헌신하는 사람이기 때문이다. 그래서 설교자는 여느 사람들보다 더 진실해야 한다. 존 스토트는 존 풀턴의 다음 견해를 지지하면서 설교자의 진심이라는 자질이 중시되어야 한다고 주장한다. "회중이 크게 공감하는 설교는 자신이 하는 말을 실천에 옮기는 자들에게서 나온다. 그들이 곧 메시지다. 그리스도인은 말과 행동이 일치해야 한다. 의사소통을 좌우하는 것은 단어나 생각들이 아니라 사람이다."[563] 이 점에서 남의 시선을 의식하는 부자연스런 설교에 대한 존 스토트의 비판은 귀담아 들어야 한다.

그는 설교를 준비할 때 녹음이나 녹화를 이용하면 도움이 되기는 하겠지만 자칫 마음이 산란해질 수 있다고 경고한다. 이는 설교의 주체이신 하나님과 설교의 대상인 청중을 점점 더 의식하는 가운데 사심을 버리는 훈련을 하는 것이 참으로 중요하기 때문이다. 존 스토트에 의하면 "설교자는 배우가 아니고, 강단은 무대가 아니다."[564] 반면에 강해설교의 또 다른 지지자인 라메시 리처드는 설교를 녹음이나 녹화해서 검토하면 설교자의 목소리와 몸짓을 교정하는 데 도움이 된다고 말한다.[565] 존 스토트와 라메시 리처드 둘 다 옳다. 그러나 설교의 질을 높이는 데 사용되

---

562 Stott, *I Believe*, p.265.
563 같은 책, p.70.
564 존 스토트, 필자와의 인터뷰, 2000년 6월 14일. *I Believe*, p.272와 비교하라.
565 Richard, *Scripture*, p.47.

는 방법들보다 더 중요한 것은 설교자의 인격이다. 설교자가 자신의 행동을 통해 무의식적으로 의사소통하고, 선택된 주제와 청중을 대하는 설교자의 태도가 말씀을 효과적으로 전하는 데 중요한 역할을 하기 때문이다.[566] 녹화하면 문제점들을 파악하는 데 도움이 되겠지만 그 때문에 설교자의 주의가 산만해지면 곤란하다.

둘째, 존 스토트는 마틴 로이드 존스의 의견에 동의하면서 설교에서 성령의 능력도 중요하다고 역설한다.[567] 이 근본적인 기준에 비추어 존 스토트는 다음과 같이 말한다. "설교의 열정은 설교자의 열정에서 나오는 것이며, 이는 곧 성령으로부터 오는 것입니다. 마틴 로이드 존스는 설교가 성령으로 하여금 우리의 마음을 불태우고, 우리 스스로 성령으로 충만하게 되어 달궈지지(로마서 12:11) 않으면 그 설교는 불을 가지지 못한다고 주장합니다."[568] 첫 부활절 오후에 엠마오로 가던 두 제자(누가복음 24:32)의 사례를 통해 존 스토트는 그들 가운데 불이 지펴졌기에 성령이 메시지 전달에서 핵심 역할을 했다고 단언한다. 불이 타오르기 시작하는 것은 사람들이 진리의 새로운 계시를 흘긋 보았을 때였다. 존 스토트는 이렇게 말한다. "마음속에 불을 지피는 것은 여전히 진리, 곧 그리스도 중심의 성경적인 진리다."[569] 존 스토트가 보기에 성령이 역사하면 "설교자는 잊히고, 사람들은 살아 계신 하나님을 마주 대하여 보고 그분의 조용

---

566 Turk, *Speaking*, p.147. 고린도전서 2:17과 야고보서 1:23을 보라.
567 Stott, *I Believe*, p.285. 존 스토트 역시 로마서 8장의 성령을 해석하기 위해 마틴 로이드 존스를 여러 차례 인용한다. Tony Sargent, *The Sacred Anointing: The Preaching of Dr. Martin Lloyd-Jones* (London: Hodder & Stoughton, 1994) pp.49-98과 비교하라. 마틴 로이드 존스는 "이 능력(성령)을 구하고, 이 능력을 기대하고, 이 능력을 사모하라. 그리고 이 능력이 임할 때 그분에게 굴복하라 … 이 '도유(塗油)', 이 '기름 부으심'은 최상의 것이다"(p.325)라고 주장하면서 자신의 책 『설교와 설교자』(복있는사람 역간)의 결론을 내린다.
568 Stott, *I Believe*, p.285.
569 같은 책, p.286.

하면서도 세미한 음성에 귀를 기울이게 된다."[570]

존 스토트는 성령을 이해하는 데 도움이 되는 두 가지 이미지를 강조한다. 하나는 결혼식에 참석한 신랑 들러리의 이미지이고, 다른 하나는 오케스트라 지휘자의 이미지이다. 더욱이 그는 설교자의 겸손도 성령과 관련이 있고, 설교자들은 자신의 정신적 능력과 인격이 하나님에게서 비롯된다는 점을 확실히 인정해야 한다고 말한다. 존 스토트에 의하면, 하나님이 주시는 복은 제쳐두고 하나님이 주시는 재능만으로도 사람들을 그리스도께로 인도할 수 있다고 생각해서는 안 된다.[571] 그러므로 설교에서 진리의 성령이 없으면 말씀을 알아들을 수 없고, 성령의 능력이 없으면 말씀을 효과적으로 증거 할 수 없다고 그는 주장한다.[572]

(3) 설교 형식

존 스토트는 본문 주석을 통해 어떻게 메시지에 도달하는가? 그는 설교 구상에서 귀납적 접근법과 연역적 접근법이 서로 보완해야 한다고 믿는다.[573] 예컨대 존 스토트는 질문을 사용하더라도 통상 연역적 설교의

---

570 같은 책, p.326.
571 같은 책, p.328.
572 Stott, *Acts*, p.60.
573 존 스토트, 필자와의 인터뷰, 2000년 6월 14일. 그는 성경적 귀납법을 연역적 접근법을 위한 토대로 설명한다. 각 부분은 성경 전체의 관점에서 전개되기 때문이다(*I Believe*, p.183). 루이스는 귀납적 설교를 잘 설명한다. "귀납법은 삶의 체험에 관한 세부사항으로 시작하여 원리와 개념, 결론을 지향한다. 귀납적 과정은 설교자의 불확실성보다는 청중의 욕구에서 태동될 수 있다 … 설교자는 사람들이 발견하는 것을 설명하기 전에 사람들과 더불어 탐색에 나선다. 귀납적 설교는 발견을 위한 탐색이다"(*Inductive Preaching*, p.32). 그러니까 "귀납적으로 감동을 주는 설교는 권고보다는 묘사의 성격이 짙고, 모든 명령 가운데 가장 강력한 것은 지금까지 신봉되어 온 명백한 단언이라는 깨달음과 함께 명령보다는 단언의 성격이 강하다"(Craddock, *Authority*, p.58). 크래덕은 연역적 설교가 "의사소통 방식치고는 매우 부자연스러운 것"이라고 비판한다(p.54). Greidanus, *Modern Preacher*, p.143; Davis, *Design*, p.76과 비교하라. 이에 반해 연역적 접근법에서 핵심은 그것이 일반 원리(본문)와 함께 시작하

특징이라 할 수 있는 매우 개념적이고 명제적인 일반 원칙으로 시작한다.[574] 이 연역적 접근법에 귀납적 형태를 부여한 사례는 그의 로마서 설교 "열방"에서 볼 수 있다.

그래서 바울은 어떻게 유혹을 이겨냈을까요? 자, 많은 사람들에게 약한 것처럼 보이는 복음이 실은 구원에 이르는 하나님의 능력이었다는 사실만을 기억했기 때문입니다. 바울은 이를 어떻게 알았을까요? 자신의 체험을 통해서였습니다. 우리 역시 마찬가지입니다. 복음이 우리를 구원한 것은 우리를 위해 죽으시고 다시 살아나신 구세주 예수의 기쁜 소식을 통해, 그리고 우리가 예수를 우리 자신의 개인적인 구세주로 믿는 것을 통해서였습니까? 우리에게 무슨 일이 일어났습니까? 우리는 하나님과 화해했습니까? 우리는 의롭다 함을 받았습니까? 말하자면 하나님이 우리를 사랑하셨고, 우리를 구원하셨고, 우리를 영접하셨고, 또한 우리를 반가이 맞아들이셨기에 우리가 그분에게 받아들여졌고, 그로 인해 우리가 새로운 자존심과 자부심으로 고개를 들 수 있게 된 것입니다….[575]

이 질문들을 통해 존 스토트는 청중을 도와 스스로 성경적 결론에 도달하도록 그들과의 의사소통을 추구한다. 그리고 성경의 개념들로부터

여 구체적인 것들로 나아간다는 점이다. 연역적 및 명제적 요점을 주장하는 설교 스타일에서 설교자들은 성경 본문에서 서너 개의 요점을 이끌어 내 그러한 생각들을 뒷받침하는 두 예화로 요점을 전개할지도 모른다. 통상적으로 설교자들은 본문의 의미를 밝히거나 주제를 설명하는 것으로 설교를 시작한다. Craddock, *Authority*, p.58; Lewis, *Inductive Preaching*, pp.31-32와 비교하라. D. E. Stevenson, *In the Biblical Preacher's Workshop* (Nashville: Abingdon Press, 1967) pp.200-201. 스티븐슨은 본문이 먼저 오느냐 나중에 오느냐에 따라 연역과 귀납을 구별한다.

574 Lewis, *Inductive Preaching*, p.109, 119; Craddock, *Authority*, pp.54-58과 비교하라.
575 Stott, "Good News."

도출되는 여러 질문에 하나님이 어떻게 답하시는지를 보여준다. 이것이 연역적 접근법이다. 존 스토트는 설교를 시작할 때마다 질문을 던지지만, 그의 설교는 '사람 중심이 아닌 주제 중심'이다.[576] 우리는 존 스토트의 설교 결론에서 또 다른 사례를 볼 수 있다. 이는 그가 통상 연역적으로 접근하는 부분이다. 같은 설교에서 존 스토트는 다음과 같이 분명한 사례를 든다.

> 이제 결론을 내립니다. 복음을 전하려는 바울의 열정은 그의 두 가지 인식에서 비롯됩니다. 첫째는 복음이 세상에 대한 '갚아야 할 빚'입니다. 둘째는 복음이 하나님의 구원 능력이라는 것입니다. 첫째 인식은 바울에게 '내가 빚을 꼭 갚아야겠다'라는 의무감을 안겼습니다. 둘째 인식은 복음이 자신을 구원했다면 다른 사람들도 구원할 수 있겠다는 확신을 그에게 불어넣었습니다. 오늘날에도 여전히 복음은 우리의 '월드 포커스 선데이'가 청산해야 할 빚인 동시에 체험해야 할 능력입니다. 우리가 이것들을 이해하고 느낄 때 비로소 사도 바울과 함께 이렇게 고백할 수 있을 것입니다. "나는 복음을 부끄러워하지 않습니다. 나는 복음을 세상에 알려야 할 의무가 있습니다. 그래서 나는 열방과 함께 복음 나누기를 간절히 소망합니다."[577]

여기서 존 스토트는 메시지를 전하는 내내 귀납적 형태와 연역적 형태 모두를 사용한다.[578] 하지만 그가 통상 메시지를 시작하고 끝내는 방식은 연역적이다. 게다가 본문의 본론과 주된 주제의 적용을 위해 존 스

---

576 Lewis, *Inductive Preaching*, p.119.
577 Stott, "Good News": *Romans*, pp.52-53과 비교하라.
578 Stott, *I Believe*, p.183.

토트는 연역적 접근법을 더 자주 사용한다. "성령의 사역"에 대한 설교에서 내주하시는 성령이 누구인지를 기술할 때 존 스토트는 연역적 접근법을 사용해 청중에게 핵심 주제를 분명히 전한다.[579]

(4) 전달 방법

설교의 의사소통에서 고려해야 할 또 다른 중요 사항은 전달 방법이다. 존 스토트의 전달 방법은 꽤 신중하다. 그가 설교할 때 말의 속도는 크게 바뀌지 않지만, 발음은 또렷하고 힘이 있다. 설교 시 감정의 기복이 심하지 않다. 존 스토트는 자신의 책 『설교의 능력』에서 설교 원고와 관련해 특별한 기준은 세우지 않는다고 말한다. 그는 양 극단을 경계한다. 하나는 철저히 즉흥적인 설교이고, 다른 하나는 원고를 읽다시피 하는 설교다. 전자는 꼼꼼함이 부족하고, 후자는 설교자와 청중 사이에 교감이 이루어지지 않는다고 존 스토트는 지적한다.[580] 라메시 리처드는 매번 즉흥적으로 말씀을 전하는 몇몇 설교자들이 설교 준비도 계획도 하지 않다 보니 순간적인 영감에 의존하게 되고 전달 방법은 구태의연하며 비슷한 주제와 예화를 되풀이한다고 신랄하게 비판하면서 즉흥적인 설교의 단점을 지적한다.[581] 존 스토트는 원고를 외웠지만 경우에 따라 까먹을 수도 있기에 암기 방식은 추천하지 않는다. 대신에 그는 자신이 최선이라고 생각하는 대안을 제시한다. 이는 설교 원고를 메모로 줄이는 것이다. 이렇게 하면 설교자는 원고에서 어느 정도 벗어나 설교하거나

---

579 로마서 8:1-17에 대한 "성령의 사역"이라는 설교에서 그는 이렇게 제시한다. "첫째, 내주하시는 성령은 생명을 부여하시는 영이시다. 둘째, 내주하시는 성령은 거룩한 영이시다. 셋째, 내주하시는 성령은 증거 하시는 영이시다."

580 Stott, *I Believe*, p.255.

581 Richard, *Scripture*, p.138.

메모에 대해 상세히 말할 수 있다.[582] 실제 설교에서 존 스토트는 메모 유형을 사용한다. 이는 그가 '완전한 메모'라고 부르는, 메모와 원고의 중간 형태이다. 존 스토트 고유의 약어들로 구성된 그 메모는 문장보다 단락의 형태로 정리되어 있다.[583]

설교의 가장 중요한 목적은 청중에게 메시지를 들려주는 것이다. 설교 메모를 사용할 때 큰 장점은 유연성과 자연스러움, 열린 마음이다. 청중의 반응에 따라 설교자는 그들의 필요와 흥미를 고려하여 설교의 구조와 내용을 바꿀 수 있다. 둘째 장점은 눈 맞춤과 자연스러운 몸짓이다. 설교자는 말씀을 전하면서 청중을 바라볼 수 있고, 몸짓으로 어떤 생각을 하는지를 거리낌 없이 나타낸다.[584] 하지만 온전한 원고를 사용하는 것에 비해 존 스토트의 접근법은 분명 약점이 있다.[585] 대충 준비한 설교 메모는 게으른 설교자의 편리한 도구로 전락할 수 있다. 설교자 개인의 기질에 따라 청중과의 원활한 의사소통을 방해할지도 모른다. 설교 원고는 가능한 한 일찍 완성해야 한다는 존 킬링어의 주장(즉, 주일 설교 전의 수요일까지)은 틀리지 않다. 그다음에 설교자는 시간을 내어 설교 원고를 반복해서 읽고, 효과적인 전달을 위한 메모를 작성해야 한다.[586] 이런 준비 없이

---

582 Stott, *I Believe*, pp.255-256

583 필자에게 보낸 1999년 12월 8일자 편지에서 존 스토트는 이렇게 쓰고 있다. "제게는 목사님께 드릴 수 있는 활자화된 원고가 없습니다. 저는 메모를 보고 설교하는데, 이 메모는 제가 아닌 다른 사람은 통상 알아보기가 힘듭니다." (2000년 6월 14일 저자와 가진 인터뷰와 비교하라. 그는 그것을 설교 내용 전체가 아니라 자신이 말하고 싶은 것을 생각나게 해주는 '완전한 메모'라고 부른다)

584 Turk, *Speaking*, p.89.

585 우리는 앞에서 존 스토트의 전달 유형('어떻게'와 '왜')이 지닌 약점들을 살펴보았다. 1장의 1.4.3절의 요약 방식을 보라. 존 스토트는 "나는 원고를 준비하면 그 원고를 여러 번 살펴본다. 그렇게 하면 원고 내용이 자연스럽게 머리에 떠오른다"라는 킬링어의 견해에 또한 동의한다(필자와의 인터뷰, 2000년 6월 14일).

586 Killinger, *Fundamentals*, p.167.

설교 메모를 사용하는 것은 설교 원고를 읽는 것과 다름없다.

(5) 존 스토트의 의사소통 방식에 대한 평가

존 스토트의 설교 스타일의 본질적 요소들은 설교 내용뿐 아니라 진리를 전하는 독특한 방식도 포함한다. 그는 대다수 청중이 알아들을 수 있는 친숙한 단어들을 사용한다. 그래서 존 스토트의 설교는 더욱 명료해진다. 그는 추상 명사와 형용사, 과장된 단어들 그리고 복잡한 문장은 피한다. 존 스토트는 청중의 이해를 돕기 위해 단순하고 분명하며 솔직한 표현을 즐겨 사용한다. 그러니까 그의 설교는 명료해질 수밖에 없다.

존 스토트는 당대의 설교자들이 종종 외면해 온 비언어적 의사소통의 요소 중 하나인 설교자의 인격이 청중에게 영향을 끼친다는 점을 크게 강조한다. 하나님의 성육신은 그분이 겸손하게 자기를 드러내신 사건이기에 설교자의 인격은 의사소통의 중요한 측면이다. 그러므로 설교자들은 자기의 개인적 삶에서 예수를 본보기로 삼아야 한다. 만일 설교자들이 자신의 본모습을 감춘다면 복음의 진리는 쉽게 드러나지 않는다. 이는 설교가 교리를 설명하는 것은 물론, 하나님의 말씀에 기초하여 설교자의 언어와 생각을 전달하는 것에도 관심을 가지기 때문이다.[587]

성경의 몇몇 구절이 복음 전도에서 성령이 하는 역할을 언급하기 때문에 존 스토트가 성령에 대한 의존을 단언하는 것은 비언어적 의사소통의 범주로서 적절하고 소중하다.[588] 제리 바인스는 사도 바울과 관련하여 다음과 같이 단호히 말한다. "설교 메시지 전달의 성공은 설교자의 기

---

587   예수는 평생 '자신을 따르는 사람들의 본'이 되셨다(NIV). 베드로전서 2:21, 4:3을 보라.
588   마태복음 10:19-20; 고린도전서 2:1-5, 12:3; 사도행전 11:5, 14:3과 비교하라. Vines, *Delivery*, pp.157-158.

량에 달려 있지 않다. 설교가 효과를 거두려면 성령의 능력을 나타내야
한다."[589] 이 점에서 성령이 비언어적 의사소통의 중요한 요소라는 존 스
토트의 인식은 청중에게 메시지를 전할 때 성령의 역할을 간과하는 설
교자들에게 도전이 된다. 설교는 예술 작품을 선보이는 것에 관한 것이
아니라 죄 가운데 있고 곤경에 처한 인간이 하나님의 말씀을 체험하고
그 말씀에 의해 용기를 얻는 것에 관심을 두기 때문이다.[590]

　그럼에도 존 스토트의 방식은 약점이 있다. 그것은, 그가 구어적 의사
소통을 위한 언어를 사용하면서 본문으로부터 '지배적 생각'을 밝혀내
고, '간결하고 생생하며 솔직한' 진술을 통해 청중에게 주제를 드러내는
것을 주된 목적으로 삼는다는 것이다.[591] 그래서 존 스토트의 설교는 일
반 원리에서 특수 원리로 나아가는 연역적 방식을 주로 사용한다.[592] 그
의 연역적 방식은 본문의 요지를 가르칠 때 청중에게 진리를 효과적으
로 전할 수 있다. 하지만 설교는 말씀과 진리를 선포하는 것은 물론, 오
랫동안 그것에 친숙해진 사람들에게 진리를 들려주고 말씀을 새롭게 전
해야 하는 과제도 떠안고 있다. 설교자는 본문의 의미를 드러낼 뿐 아니
라 새로운 개념들을 생성하는 언어의 역동적이며 창조적인 기능도 되살

589　Vines, *Effective*, p.158.
590　C. E. Fant, *Bonhoeffer: Worldly Preaching* (Nashville: Thomas Nelson, 1975) p.171.
591　Stott, *I Believe*, pp.231-235.
592　존 스토트의 연역적 접근법은 마틴 로이드 존스의 원리 강조와 맞아떨어진다. 로이드 존
　　　스는 이렇게 주장한다. "언제나 원리와 함께 시작하는 것이 더없이 중요하다. 제대로 실
　　　천하지 못하는 사람들은 언제나 자신들의 원리에 확신이 없는 사람들이다."(Lloyd-Jones,
　　　The Sermon on the Mount, p.181.) 그는 또한 연역적 방법이야말로 바울 사상의 어떤 영역
　　　이나 분야에서든 통하는 더 나은 방법이라고 믿는다("The Law: Its Function and Its Limits"
　　　in *Romans 7:1-8:4* [Edinburgh: The Banner of Truth Trust, 1975] p.179). Ian H. Murry, *D. M.
　　　lloyd-Jones: The First Forty Years 1899-1939* (Edinburgh: The Banner of Truth Trust, 1982) p.198
　　　과 비교하라.

려야 한다.[593] "그러한 들음이 없다면 내용과 실체가 대단하다고 주장하더라도 그것은 기능상 이론적인 것으로 남고, 아직 채굴되지 않은 광석을 자랑하는 셈이다."[594]

둘째, 그림 언어는 청중의 주의를 끌고 "그들의 귀를 눈으로 바꿈으로써 메시지를 보고 느끼며 그 메시지에 긍정적으로 반응할"[595] 수 있게 해야 한다. 이 점에서 존 스토트가 설교를 위한 단어들을 사용하는 목적은 증명하거나 묘사하기보다 설명하고 해석하며 분석하는 데 도움이 되는 언어를 채택하는 것이다. 따라서 그 언어는 효과적인 의사소통 방식이라기보다 설명하는 도구라고 볼 수 있다. 이 접근법에는 이야기를 그것이 마치 교리인 양 전하는 일이 수반된다. 달리 말해서 존 스토트는 설교할 때 서사 형태보다 관념으로 생각하는 경향이 매우 크다.[596]

셋째, 존 스토트 상상력의 범주는 오로지 예화로 제한되어 있어 설명 방식으로는 매우 협소하다. 그러나 루시 로즈가 엘리자베스 액트마이어의 통찰을 상상력의 개념으로 발전시키면서[597] 상상력의 범주를 청중의 내적 삶의 변화를 망라하는 것으로 확대하는 것은 인상적이다. 로즈는 새로운 언어 사용이 새로운 현실을 만들어낸다고 주장한다. 여기에는 두 가지 중요한 점이 있다. "하나는 말씀과 개인의 내적 삶의 방식과의 관계이고, 다른 하나는 그 삶을 바꿀 수 있는 말씀의 능력이다."[598]

마지막으로 존 스토트의 연역적이고 단언적이며 요점을 말하는 설교

593 Craddock, *Authority*, pp.36-37.
594 Craddock, *Overhearing*, p.19.
595 같은 책, p.17.
596 Richard. A. Jensen, *Thinking in Story: Preaching in a Post-literate Age* (Lima: C.S.S. Publishing Co. Inc., 1993).
597 Achtmeier, *Creative Preaching*, p.24.
598 Rose, *Sharing*, p.67. Wilson, *Imagination*, p.50.

는 청중을 설교자의 명제적 모델로 제한할 수 있다. 설교 방식은 설교 내용만큼 중요하다. 설교 방식이 "설교를 빚는 진흙에 부여하는 형상이자 설교 자료를 체계화하는 구조"[599]이기 때문이다. 성경이 연역적 접근법처럼 언제나 조직신학의 방식으로 진행되는 것이 아니라는 인식도 중요하다. 의사소통을 더 효과적으로 하려면 설교를 구체화하고 활기차게 하는 체계적 훈련이 필요하다. 설교 형식은 설교 내용의 필수 부분이다. 설교 형식은 복음 전도를 뒷받침할 수도 있고 약화시킬 수도 있다. 프레드 크래덕은 전통적인 연역적 방식의 문제점을 부각시켜 설교자는 경청하지 않고 청중은 반응하지 않는다고 비판한다. 올바른 지적이다.[600] 존 스토트에 대한 마크 두에인의 다음과 같은 비판은 적절하다. "존 스토트의 주제는 메시지의 의도와 방향을 판에 박힌 듯이 보여준다. 메시지는 사실상 명제적이거나 단선적인, 분명한 틀 안에서 말씀 선포를 성취한다. 그러고 나서 메시지의 결론은 처음에 말한 주제와 일치하는 단일 과제 안으로 설교가 이동하는 것에 초점을 맞춘다.[601]

그럼에도 강해설교에서 존 스토트가 선보인 의사소통 이론과 실천이 지닌 강점들은 무시하면 안 된다. 그의 설교는 설득력이 있다. 매사에 분석적이며 교양 있는 영국의 청중들이 변화되게 하는 데 능력을 발휘한다.[602] 이 점에서 라메시 리처드는 지식인들에 대한 편견이 있는 그리스 철학의 영향을 받은 문화에서는 종종 내용의 전달보다 내용의 질을 더

---

599   T. G. Long, "Form" in William H. Willimon and Richard Lischer (eds), *Concise Encyclopedia of Preaching* (Louisville: Westminster/John Knox Press, 1995) p.144.

600   Craddock, *Authority*, p.55.

601   Duane, 'John Stott', p.112.

602   필자와 인터뷰한 존 스토트는 설교에 대한 응답에서 영국 사람들이 한국 사람들보다 더 분석적이지만 덜 감정적이라는 데 동의한다.(2000년 6월 14일).

강조한다고 단언한다. 올바른 지적이다.[603]

4. 존 스토트의 강해설교에서 배워야 할 것들

그렇다면 존 스토트의 설교에 대해 어떤 결론을 내릴 수 있을까? 첫째, 존 스토트가 회심 체험에 지대한 영향을 받아 복음주의 설교자가 되기로 작정했음은 의심의 여지가 없다. 그는 자신의 부모와 여러 복음주의 지도자들의 영향을 받기도 했다. 존 스토트가 참된 설교의 본질에 대해 확신하게 된 것은 그들로부터 받은 영향에 기인한다. 설교자가 성경적인 강해설교라는 목표를 달성하려면 '다리 놓기'라는 개념에 덧붙여 건전한 신학적 토대(하나님, 성경, 교회, 목사의 직 그리고 설교)를 구축하는 일이 필요하다고 존 스토트는 말한다. 또한 설교자는 하나님과 그분의 백성 사이에서 중재자 역할을 하도록 힘써야 한다.

둘째, 존 스토트의 로마서 설교를 살펴보면 그의 설교 이론과 실천이 두 가지 주된 목적을 지니고 있음을 알 수 있다. 하나는 성경 본문의 의미를 밝히는 일이고, 다른 하나는 자기 교회 성도들이 건의하는 목회적 필요를 채우는 일이다. 전자는 교리로서의 복음의 진수와 기독교적 삶의 실천이고, 후자는 전도적 목적이다. 존 스토트와 그의 성도들은 교회 청중이 매 3년마다 바뀌기 때문에 그들이 계속해서 기본으로 돌아가기를 바랐다. 이는 강해와 강해설교의 중요한 요소가 되는 적용이 조화를 이루는 것을 나타낸다. 존 스토트는 본문의 진리를 드러내기 위해 효과적

---

603   Richard, *Scripture*, p.143.

이고 포괄적인 서론과 결론을 주창한다. 서론에서 그는 주된 주제를 분명하면서도 논리적으로 설정한다. 문제는 그의 서론이 구체적이지 않고 지나치게 일반적인 데다 형태가 다양하지 않다는 점이다. 존 스토트는 분명한 결론을 내리고 연역적 접근법을 자주 사용한다. 그렇지만 그는 짧고 단순한 적용을 하면서 주로 요점을 되풀이하는데, 이는 성도의 가슴에 강한 호소력을 발휘하지 못하는 단점이 된다.

셋째, 존 스토트의 주석 패러다임은 본문 자체에 초점을 맞춘다. 그는 본문의 '중심 생각'을 찾기 위해 본문의 구조적이고 언어학적인 특징들을 다양하게 탐구함으로써 본문의 원래 의미를 어떻게 드러낼 수 있는지 보여주었다. 특히 '지배적 생각'(주된 주제와 명제 둘 다)에 집중하는 그의 단일 단계 접근법은 그가 본문에 접근하는 방식이 객관적임을 드러낸다. 하지만 그의 주석 접근법은 지나치게 논리적이고 구조적이며, 획일적이고 또한 명제적인 성격을 띤다. 결과적으로 존 스토트의 주석 접근법은 진리를 명료하게 드러낼지 모르나 사람들이 크게 호응하지 않는다. 그가 그런 접근법을 사용하는 것은 아마도 그의 청중이 교육을 많이 받은 사람들로서 교육을 별로 받지 못한 사람들보다 이론에 대한 추상적인 설명에 더 익숙하기 때문일 것이다.

이에 반해 교육을 적게 받은 사람들은 그의 설교가 지나치게 지적이라고 생각한다. 자신의 해석학 방법론에서 존 스토트는 강해설교의 열쇠가 되는 고대 본문을 언제나 긍정적으로 다룬다. 그는 문화적-역사적 맥락과 성경 문맥, 본문 분석을 통해 저자의 의도와 본문이 오늘날의 청중에게 어떤 의미를 부여하는지 이해하려 한다. 여기서 그는 본문과 성경 문맥이 성경과 청중이라는 두 세계와 어떻게 관련되는지를 연구하는 일에도 관심을 둔다. 자신의 로마서 설교가 타당함을 입증하기 위해 존 스토트는 문학적 접근법보다 문화적-역사적 접근법을 주로 이용한다. 그는 본문을 주관적으로 오늘날의 상황에 결부시키기보다 객관적으로 다루는 일에 초점을 맞춘다. 간접 적용을 통해 존 스토트는 청중이 성령의 도우심으로 본문을 자유롭게 자신들의 삶에 적용하도록 권면한다. 어떤 이들은 그가 적용을 위해 '왜'와 '어떻게'보다 '무엇'이라는 질문에 종종 집중한다고 비판한다. 게다가 존 스토트의 적용은 구체성이 매우 떨어지는 데다 짧다. 그의 적용은 대개 원리들로 구성되어 있다. 그의 가르침을 청중 개개인이 자신의 사적이며 사회적인 삶에서 어떻게 적용할지에 대해서는 구체적인 지침을 별로 주지 않는다.

마지막으로 존 스토트에게 있어 "우리가 무엇을 말하느냐"는 "우리가 그것을 어떻게 말하느냐"보다 훨씬 더 중요하다.[604] 그는 성경적인 강해설교가 언제나 대화식이고 의사소통이 되는 설교를 하면 청중이 말씀에 귀를 기울이게 마련이라고 단언한다. 하지만 설교자가 본문을 알아듣기 쉽게 설명하면 의미 전달이 자연스레 뒤따를 것으로 그는 믿는다. '신학에 불이 붙는' 것은 바로 그때라고 존 스토트는 주장한다. 그리고 성경의 진리에 접촉되면 사람은 감정에 휩싸인다. 우리는 존 스토트가 언어를 사용하여 원문의 주된 주제를 드러내는 것을 보았다. 그는 설교자가 메시지를 전할 때 간결하고 강력한 표현을 써야 한다고 주장한다. 이 점에서 의사소통에 대한 존 스토트의 개념은 이상적인 접근법이다. 그와 동시에 언어를 사용하는 그의 특별한 방식은 청중의 가슴에 효과적으로 메시지를 전하기보다 설교 구절들의 주된 주제의 의미를 설명하는 쪽으로 기운다.

---

604 존 스토트, 필자와의 인터뷰, 2000년 6월 14일.

로마서를 토대로 한 위의 비평적 연구를 통해 내릴 수 있는 결론은 이렇다. 존 스토트는 본문 패러다임(강해에 대한 강조)과 적용 패러다임(다리 놓기를 이용한 적용에 대한 강조)의 결합을 통해 성경적인 강해설교(강해와 변화를 위한 적용)에 이르는 관문을 열려고 한다. 하지만 그의 이론과 실천은 본문 중심의 강해설교를 지향하고, 적용을 포함하는 그의 설교는 정확히 명제적이고 획일적이며 논리적이라는 특징을 지닌다고 할 수 있다.

그런 비판에 대한 무거운 짐이 있기는 하지만, 하나님의 말씀을 드러내고 그것을 청중에게 적용하기 위한 존 스토트의 공헌에 대해서는 반드시 언급해야 할 것이다. 존 스토트의 강해설교는 '무엇'이라는 질문에 초점을 맞춘다. 하지만 이는 성경에 충실하려는 노력이고, 그의 청중이 영국의 지식층이라는 문화적 배경을 고려한다면 이는 상당한 강점이다. 그런 상황에서 설교자가 중심 생각을 명확히 구별하고 그것의 여러 요점에 따라 그것을 논리적이며 적절히 나눌 수 있을 때 설교의 효율성은 높아진다. 이 점에서 우리는 존 스토트의 설교를 현대성을 강조하는 전형적인 설교요, 본문 중심의 설교로 재평가할 수 있다.[605] 게다가 존 스토트가 적용의 목적을 달성하고자 고대와 현대 사이에 다리 놓기를 한 것은 대체로 강해에 초점을 맞추는 전통적인 설교에서 그가 세운 독특한 공로라고 할 것이다. 존 스토트는 강해설교에서 종종 무시되어온 비언어적 의사소통과 설교자의 인격을 강조했다. 이는 그가 성령의 역할에 대해 세운 공로와 더불어 또 하나의 공로다.

미국 설교에 대한 존 스토트의 견해는 흥미롭다. 그는 이렇게 말한다.

---

605 베빙턴에 따르면 존 스토트는 계몽('합리적 인간의 가치')과 복음주의('복음주의적 그리스도인들의 몇몇 타고난 가치들') 사이에 균형을 이루었다. "Evangelical" in *Modern World*, p.78. 우리는 문화적 쟁점을 다루는 마지막 장에서 이 요점을 다룰 것이다.

"말하기가 조금 어렵지만, 일반적으로 미국에서는 강해설교를 찾기가 매우 힘들다. 신학교에서는 강해설교가 일화를 들려주는 것이라고 가르친다. 미국 설교자들은 성경보다는 자기 이야기, 자기 체험을 말하기 일쑤다. 그들은 걸핏하면 자기 이야기로 설교를 시작하다가 나중에 본문으로 나아간다. 설교 순서가 거꾸로 되어야 한다는 생각이 든다."[606]

이런 비판은 종종 미국 설교를 답습하는 한국 설교에도 해당된다.[607] 이는 정확한 평가인가? 다음 장에서 우리는 한국의 대표적 설교자인 옥한흠의 로마서 설교를 특별히 참조하면서 그를 분석하고 평가할 것이다.

---

606 존 스토트, 필자와의 인터뷰, 2000년 6월 14일.
607 한국 설교는 감정에 호소한다고 필자가 간단히 평하자 존 스토트는 한국 설교에 대해 다음과 같이 논평했다. "저도 그러한 생각에 동의합니다. 저는 한국을 방문한 적이 있습니다. 한국에서 설교를 몇 차례 들었는데, 그때마다 저는 당황스러웠습니다. 설교들이 지나치게 감정에 치우쳤기 때문이었습니다. 설교를 들으면서 저는 교인들이 이해는 제대로 하는지, 이해는 하지 않고 완전히 흥분 상태에 빠지는 것은 아닌지 걱정이 되었습니다. 반면, 김대조 목사님, 제가 읽고 있는 신약성경은 여전히 이해를 강조하고 있습니다. 바울은 시종일관 이렇게 묻습니다. '너희는 알지 못하느냐, 너희는 이것을 알지 못하느냐, 너희는 저것을 알지 못하느냐' 그리고 '나는 너희가 알지 못하기를 원치 아니하노라' 그리고 '나는 너희가 이해하기를 바라노라.' 바울의 설교는 시종일관 교인들의 지성에 호소하고 있습니다." 필자와의 인터뷰, 2000년 6월 14일.

옥한흠의 강해설교

앞장에서 보았듯이 존 스토트의 설교는 본문을 현대 청중에게 명확히 설명하는 것에 초점을 맞춘다. 그래서 언제나 본문을 우선으로 한다. 존 스토트의 강해설교와의 비교를 위해 이제 우리는 옥한흠이라는 한 한국 목사의 강해설교를 살펴보려고 한다. 이 장에서는 옥한흠의 설교 원리와 방법론, 실제 설교를 분석하고 비평적으로 평가하는 데 집중할 것이다. 다음 장에서 이루어질 적절한 비교를 위해 존 스토트에 대해 사용한 것과 동일한 패턴을 따를 것이다. 다시 말해 옥한흠의 로마서 설교를 살펴보면서 그가 선택된 본문에서 설교로 나아가는 과정을 어떻게 다루는지 볼 것이다. 특히 이 장에서는 옥한흠이 본문 설교 자체를 통해 청중의 변화를 꾀하는 데 최우선 관심을 두고 있음을 보게 될 것이다.

1. 옥한흠의 설교 철학

1) 옥한흠의 삶과 사상

앞장에서 우리는 설교자의 설교를 이해하려면 그의 삶과 사상에 대해 잘 아는 것이 중요하다고 말했다. 우리는 존 스토트에게 적용된 것과 같은 범주들을 사용하면서 옥한흠의 배경을 고찰할 것이다. 여기서는 옥한흠의 회심 체험과 그의 목회, 사회적·문화적 배경에 대한 분석을 통해 그에게 큰 영향을 끼친 요소들을 자세히 살펴볼 것이다.

옥한흠이 하나님의 은혜를 구하고 성경을 읽으며 설교자가 되라는 하나님의 부르심을 들어야겠다고 결심하게 된 결정적 계기는 그의 회심 체험이었다. 더욱이 이 체험은 그의 설교와 떼려야 뗄 수 없는 관계에 있다. "회심 체험을 통해 설교자가 강한 확신과 하나님의 은혜로 복음을 전한다"[608]고 그가 믿기 때문이다. 옥한흠은 열 살이 되었을 때 초빙 설교자의 말씀을 들은 후 회심했다. 『한국 교회를 깨운다』를 쓴 박용규는 옥한흠의 회심이 존 웨슬리의 경우처럼 특별한 순간에 일어나지 않았다고 기술한다.[609] 하지만 옥한흠이 회심 체험을 자신의 삶에서 일어난 엄청난 사건으로 설명하기 때문에 박용규는 뭔가 오해한 듯하다.

제가 초등학교에 다닐 때 제 삶에 중요한 사건이 있었습니다. 그 당시 저는 어머니와 함께 부흥회에 자주 참석했습니다. 하루는 예수님께서 나 때문에 죽으셨다는 사실이 저의 가슴에 매우 뜨겁고 강하게 전해졌습니다. 이것이

---

608 옥한흠, 필자와의 인터뷰, 2001년 3월 30일.
609 박용규, 『한국 교회를 깨운다』(서울: 생명의 말씀사, 1998), pp.22-23.

바로 저의 회심 사건이었습니다. 그 사건은 제가 바닷가에 서 있을 때 저의 발이 조류에 의해 젖어가는 것처럼 아주 자연스러운 은혜였습니다.[610]

회심 후 얼마 동안 옥한흠은 표지도 없고 몇 장이 찢어져 너덜너덜해진 성경을 가지고 다녔다. 회심 이후 옥한흠은 칠 년에 걸쳐 성경을 수차례 통독했다. 어머니를 비롯한 많은 사람이 그에게 목사가 되라고 여러 차례 권면했다.[611] 옥한흠이 중학생이었을 때 주변 사람들 대다수는 그가 언젠가 목사가 될 것으로 생각했다.[612] 하지만 그는 목사가 되는 것의 부정적인 면을 보았기에 그런 권면을 거부했다.[613]

옥한흠의 최우선 관심은 다른 데 있었다. "믿음 좋은 젊은이들이 죄다 신학교에 간다면 이 세상은 누가 변화시킬 것인가? 신실한 그리스도인들이 공직에 투신하여 사회 곳곳을 복음화하면 하나님이 기뻐하시지 않겠는가?"[614] 그래서 옥한흠은 사회에서 신실한 평신도로 살아가야겠다고 생각해서 신학교가 아닌 해군사관학교에 지원했다.[615] 너무 긴장한 탓인지 그는 해군사관학교 시험에서 두 번이나 떨어졌다. 그러자 옥한흠은 "사람이 마음으로 자기의 길을 계획할지라도 그의 걸음을 인도하시는

---

610 옥한흠, 『제자훈련 열정 30년: 그 뒤안길의 이야기』(서울: 두란노, 1998), p.14. (이후로 옥한흠의 모든 저서와 설교 제목은 필자가 사역[私譯]했다.)
611 같은책, p.15.
612 박용규, 『한국 교회를 깨운다』, p.23.
613 그 당시 한국에서 목사의 삶은 경제적으로 매우 어려웠다. 게다가 한국의 교인들은 목사는 교회에 머물면서 성경을 읽고 복음을 전하는 일에 전념해야지 여느 평범한 사람들처럼 일해서는 안 된다는 생각을 갖고 있었다. 옥한흠은 "나는 교회 안에만 머무는 목사의 역할을 좋아하지 않았다. 또 나의 가족이 가난해지는 것도 원하지 않았다"라고 고백한다. 『제자훈련 열정 30년: 그 뒤안길의 이야기』, pp.15-16.
614 같은 책, p.16.
615 솔직히 그가 사관학교에 지원한 동기 중 하나는 목사의 삶에서 도피하려는 생각도 있었다. 같은 책, pp.15-17.

이는 여호와시니라"[616]라는 성경 말씀이 생각났다. 며칠 동안 기도하면서 하나님과 씨름한 끝에 그는 자신을 목사로 부르셨다는 하나님의 뜻을 받아들였다.[617]

옥한흠의 삶과 사상은 그리스도를 믿는 그의 가족과 학자들, 설교자들의 영향을 받았다. 옥한흠은 1938년 7월 1일 경상남도에서 태어났다.[618] 그는 세 아들 중 첫째였다. 선교사의 설교를 들은 옥한흠의 어머니의 증조부는 그의 가문에서 처음으로 그리스도인이 되었고, 고향마을에 작은 교회를 세웠다.[619] 옥한흠의 어머니 이희선은 많이 배우지 못했지만 독실한 기독교 가정에서 성장했다. 그의 어머니는 매우 순종적이고 독실한 그리스도인이었고, 고신 측 장로교회에서 집사로 봉사했다.[620] 하지만 엄하기 이를 데 없는 아버지 옥약서는 옥한흠이 농부가 되기를 바랐다. 그의 아버지는 이름뿐인 그리스도인으로 일 년에 몇 차례 교회에 출석했다. 그러나 그는 새벽부터 밤늦게까지 일하는 매우 부지런한 농부였다.[621] 이런 배경에서 성장한 옥한흠은 하나님을 향한 어머니의 헌신적인 삶과 아버지의 근면한 생활 태도에 의해 영향을 받았다.

옥한흠의 사상과 개인적 확신은 자신의 목회 사역 경험과 한국의 사

---

616 잠언 16:9. NIV.

617 옥한흠이 결단한 순간에 대해서는 『제자훈련 열정 30년: 그 뒤안길의 이야기』를 보라. 그는 지금 자신을 설교자로 부르신 하나님께 감사드린다. "되돌아보면 그것은 하나님의 은혜였다"라고 그는 고백한다. 같은 책, p.23.

618 이 당시는 일본의 식민지 통치가 한창일 때였다. 일본은 평양신학교를 폐쇄하고 조선기독교교협회(한국)와 YMCA를 해체했다. 그들은 한국인들에게 일본 천황을 신으로 예배하도록 강요했다.

619 그는 옥한흠의 외가가 그리스도를 믿게 했다.

620 옥한흠, 『제자훈련 열정 30년: 그 뒤안길의 이야기』 pp.15-16. 고신 교단은 한국에서 가장 보수적인 교단이다.

621 옥한흠, 『예수 믿는 가정은 무엇이 다른가?』(서울: 두란노, 1991), p.208, 『무엇을 기도할까?』(서울: 두란노, 1990) pp.35-36. 하지만 그는 세상을 떠나기 일 년 전 독실한 그리스도인이 되었다.

회적·문화적 상황에서 비롯된다. 옥한흠이 성장하는데 크게 영향을 끼친 곳으로는 자신의 모교인 성균관대학교, 한국과 미국의 신학교들, 성도장로교회 그리고 사랑의교회가 있다.[622] 성도교회 대학부 담당 목사로 사역을 시작했을 때 그는 청년부가 침체 상태에 있는 반면, 네비게이토와 대학생선교회 같은 교회 밖 선교단체들은 활발히 움직이고 있다고 생각했다. 옥한흠은 이들 선교단체가 채택한 방식에 세 가지 강점이 있음을 알았다. 그것은 복음 전도와 후속 조치, 분명한 비전이었다. 이는 적용이 빠진 교리의 가르침과 적절한 목회적 돌봄이 없는 예배의식, 그리스도인의 삶을 변화시키기에 비효율적인 제도와 대비를 이루었다. 바로 이 세 가지 약점이 당시 한국 지역 교회들의 특징이었다. 사정이 이러하자 옥한흠은 교회의 약점을 선교단체들의 강점으로 대체하려 했다. 그는 '교회 안의 선교단체'[623]라는 목표를 이루기 위해 제자훈련 계획을 세웠다.

청년부 담당 목사로서의 경험에 비추어 옥한흠은 평신도의 잠재력과 제자훈련의 커다란 가치를 발견했다. 하지만 그는 신학 공부를 통해 그

---

622 1963년부터 1966년까지 옥한흠은 한국의 사학 명문 중 하나인 성균관대학교에서 영문학(학사)을 전공했다. 그는 목회자가 되기 위해 1968년부터 1971년까지 총신대에서 신학을 공부하여 1972년에 목회학석사 학위를 받았다. 그는 총신대 신학대학원의 마지막 학년에는 성도교회의 부교역자로 섬기기 시작했다.

623 방선기 목사 및 자신의 다섯 친구들과 함께 옥한흠은 세 가지 비전-3M(캠퍼스 사역[Campus Ministry], 직장 사역[Business Ministry], 세계 사역[World Ministry])-을 품고 일 년 반 동안 제자훈련에 주력했다. 옥한흠,『제자훈련 열정 30년: 그 뒤안길의 이야기』, pp.30-32. 옥한흠은 3M 비전을 택한 이유를 이렇게 설명한다. "복음으로 사회를 변화시키려면 믿음이 신실한 대학생들을 신학교로 보내기보다는 사회로 파송하는 것이 더 낫다는 생각이 들었다.(32) 그는 자신의 방식을 영어로 'A Crazy Man's Formula[C(Crazy for Christ) = B(Belief) + E(Enthusiasm) + V(Vision)]'로 소개한다. 제자를 만들려면 우리가 제자훈련에 미쳐야 한다고 옥한흠이 믿기 때문이다(p.35). 처음에 청년부 회원은 딱 한 명이었다. 삼 년이 지나자 회원은 삼백오십 명으로 늘어났다(p.36).

런 발견에 대한 증거를 제시하고 싶었다. 옥한흠은 여기서 두 가지 사안을 염두에 두었다. 하나는 제자훈련에 대한 신학적 토대를 구축하는 일이었다. 다른 하나는 제자훈련이 청년층을 제외한 다른 교인들에게 얼마나 효과적으로 적용될 수 있는지의 여부였다. 제자훈련에 관한 이 두 가지 문제를 해결하기 위해 옥한흠은 미국 유학길에 올라 칼빈신학교(1975-1977년)와 웨스트민스터신학교(1978년)에서 공부했다.[624]

사랑의교회는 '제자훈련'에 대한 옥한흠의 확신에 기초하여 설립되었다. 귀국한 지 딱 두 달이 지난 1978년 7월 23일, 그는 서울의 신흥 개발 지역으로 부유층이 사는 강남에서 아홉 명의 신도와 함께 교회를 시작했다. 옥한흠은 평신도 훈련과 젊은 세대 끌어안기, 공산권 국가 복음화라는 세 가지 비전을 제시했다. 이런 비전과 더불어 선포하는 교회와 가르치는 교회, 치유하는 교회라는 목회의 세 가지 목표를 세웠다.[625] 처음에 9명으로 시작한 교회는 출석 교인 수나 영향력 면에서 엄청난 성장을 했다. 2000년 11월 현재, 장년 교인 17,500명과 주일학교 학생 4,200명이 출석하는 교회로 커졌다.[626] 1978년 이후 옥한흠은 사랑의교회 담임목사로 사역해 왔다. 이 점에서 사랑의교회는 옥한흠 및 그의 설교와 떼려야 뗄 수 없다.

옥한흠은 사회적·문화적 상황의 영향을 받기도 했다. 그는 사회의 변화를 목격하면서 성장했다. 옥한흠은 일본의 식민지 억압이 한창일 때

---

624 옥한흠, 『제자훈련 열정 30년: 그 뒤안길의 이야기』, pp.37-44. 그는 1977년 미국 그랜드래피즈 소재 칼빈신학교에서 신학석사 학위를 받았다.

625 사랑의교회, 『개척 10년, 나누고 싶은 이야기들』 (서울: 사랑의교회 출판부, 1994), pp.15, 20-24; 박용규, 『한국 교회를 깨운다』, p.49.

626 이근미, "평신도를 제자 수준으로 훈련시켜, 함께 교회를 꾸려간다" (『월간조선』, 2000년 11월 3일)

태어났다. 어린 시절에는 한국전쟁 내내 고난을 겪기도 했다. 일본의 식민지 시절 옥한흠은 한국 교회가 당대 그리스도인의 삶에 초점을 맞추기보다 내세의 삶을 추구하고 있음을 보았다. 군사정부 시절에는 교회가 사회로부터 분리되었다. 그는 사회가 부패하고 나아가 그리스도인들과 교회에서 분열이 일어나는 것도 경험했다.[627] 옥한흠은 이런 상황을 목도하면서 복음이 우리 사회와 국가에서 어떤 중요한 역할을 할 수 있을지 깊이 고민했다. 그의 사상은 지역 교회에 국한되지 않고 사회와 국가 둘 다에 개입하는 교회를 통해 나타나는 기독교의 형태에 근거한다.[628] 이러한 사회적·문화적 배경을 염두에 둔 옥한흠의 설교는 훈련된 평신도들을 이용하여 복음을 통한 사회 변혁을 지향해 왔다. 믿음은 교회와 세상에서 삶으로 살아내야 한다고 옥한흠은 생각했다. 그는 세상의 빛과 소금이라는 균형 잡힌 복음주의 신앙의 삶을 추구한다. "옥한흠 목사의 설교를 듣고 1970년대의 기복주의 신앙에 대한 지나친 집착에서 벗어날 수 있었다"라고 그의 성도들은 고백한다.[629]

옥한흠의 목회에 중요한 영감을 준 사람은 가톨릭 신학자 한스 큉이었다.[630] 그는 큉에게서 두 가지 필수적인 목회 원리를 발견했다. 하나는

---

627 옥한흠, 『건강한 그리스도인이 건강한 교회를 만든다』, pp.38-39. 박용규, 『한국 교회를 깨운다』, p.171.

628 그것은 그의 교회 활동을 통해 드러난다. 사랑의교회는 사회봉사 사역을 위한 몇몇 프로그램을 운영하고 있다. 지역사회를 위한 사역, 장애인들을 위한 사역, 성매매 여성들을 위한 사역, 호스피스를 위한 사역 등. 사랑의교회에서는 1997년에 정신지체자들을 위한 사랑복지센터를 건립했다. 사랑의교회에서는 1998년 교회 1년 예산의 30%를 복지선교를 위해 썼다. 박용규, 같은 책, pp.222-223.

629 사랑의교회, 『개척 10년, 나누고 싶은 이야기들』, p.42. 박용규는 옥한흠의 설교가 당시 사회·문화적 상황에서 한국 교회가 체험해 온 번영 신학과 건강, 부의 복음으로부터 새로운 지평을 열었다고 평가한다. 박용규, 『한국 교회를 깨운다』, p.171.

630 옥한흠은 웨스트민스터신학교에서 공부하고 있을 때 한스 큉이 쓴 『교회란 무엇인가?』 (분도출판사 역간, 1978)라는 책을 알게 되었다. 옥한흠, 『제자훈련 열정 30년: 그 뒤안길

사도직 계승자인 평신도의 정체성 확립이었다. 이를 통해 옥한흠은 평신도 지도자 사역에 대한 확신을 얻었다.[631] 자신이 왜 평신도를 일깨워 그리스도의 제자로 만들어야 하는지에 대한 뚜렷한 명분이 그에게 주어졌다. 옥한흠은 자신의 사도적 사명을 지속하고자 복음이 하나님의 뜻이기에 자신의 설교에서 핵심이 되어야 하고,[632] 나아가 교회는 복음을 열방에 전하기 위해 존재한다고 거듭 단언한다.[633] 따라서 (평신도를 포함하는) 설교자들의 역할은 설교를 통해 교회 밖의 사람들에게 교회의 사도적 사명을 선포하는 것이다.[634] 다른 목회 원리는 모든 신자들이 적법한 제사장이라는 사실이었다.[635] "제사장으로서의 신자들"에 대한 설교에서

의 이야기』 p.41. Oak, "A Discipleship-Making Program for Lay Leadership Development at Sarang Presbyterian Church in Korea"(Westminster Theological Seminary D. Min. Thesis, 1996) pp.46-47과 비교하라.

631 옥한흠, 『제자훈련 열정 30년: 그 뒤안길의 이야기』 p.41.

632 이러한 입장을 지지하기 위해 옥한흠은 요한복음 4:34; 누가복음 10:21; 빌립보서 2:10-11과 함께 하나님의 뜻에 대한 게트로프 슈렝크와 크로밍가의 견해를 인용한다. "A Discipleship-Making Program," pp.49-50.

633 옥한흠, 『건강한 그리스도인이 건강한 교회를 만든다』 p.102.

634 옥한흠, "A Discipleship-Making Program," pp.48-49. 옥한흠은 "한국 교회는 예수 그리스도가 사도들에게 직접 내린 대지상명령의 본질을 신학적으로 제대로 이해하지 못해 왔다"라고 지적한다. 그가 이렇게 말하는 것은 한국 교회가 하나님의 부르심이 전적으로 특정 목회자나 선교사들에게만 해당된다는 믿음을 쉽게 받아들였기 때문이다. 옥한흠, 『건강한 그리스도인이 건강한 교회를 만든다』 p.100.

635 옥한흠이 큉의 이론에 기초하여 교회에 관해 제시하는 네 가지 생각은, 신자들은 누구나 제사장의 능력을 지니고 있다는 결론으로 이어진다. 옥한흠, "A Discipleship-Making Program," pp.62-67을 보라. 박용규는 두 가지 특별한 이점을 강조하면서 모든 신자들이 제사장이라는 사실의 재발견에 대한 옥한흠의 확신을 긍정적으로 그리고 올바로 평가한다. 한 가지 이점은 한국 교회의 심각한 문제 중 하나인 목회자의 과도한 권위 행사를 극복한다는 것이다. 다른 이점은 그리스도의 몸 안에서 평신도의 역할과 정체성을 재발견함으로써 하나님의 사역에 적극적으로 동참하도록 권고한다는 점이다. (박용규, 『한국 교회를 깨운다』 pp.96-97). 한국 교회는 이제까지 목회자 중심으로 운영되어 왔는데, 이렇게 된 책임은 서구 선교사들에게 있다고 박용규는 주장한다. 한국 교회 초창기 서구 선교사들이 한국인 리더들과 협력하면서 많은 교회를 돌봐야 했기 때문이었다. 선교사들은 그들에게 교회를 좌우지할 수 있는 권한을 주었고, 그로 인해 목회자와 평신도 사이의 차이가 두드러지게 과장되었다. 하지만 유교라는 또 다른 문화적이며 종교적인 이유를 살펴보는 것이 필요하다. 유교는 본디

옥한흠은 모든 그리스도인들이 제사장의 일원이라는 자기 정체성을 인식해야 한다고 강조했다.[636] 큉의 이 두 가지 사상은 옥한흠의 목회와 설교의 토대가 되었다. 옥한흠은 설교를 통해 평신도들을 먼저 변화시키고, 그다음에 복음으로 사회를 변화시키려 했다. 그가 이렇게 하는 것은 복음서에서 예수가 어떤 식으로 사역을 했는지 이해하였기 때문이다. 먼저 개인이 하나님과 관계를 맺는다. 그다음에 하나님 나라를 위한 사역에 참여한다.[637] 그러므로 옥한흠의 설교에서 가장 중요한 목적 중 하나는 개인과 청중 전체를 변화시켜 그리스도의 헌신된 제자로 살아가게 하는 것이다.

옥한흠의 신학적 배경은 보수적 칼뱅주의다. 이 때문에 그는 총신대와 칼빈신학대, 웨스트민스터신학대를 택했다.[638] 옥한흠의 설교를 들어 보면 그의 사상이 칼뱅주의의 성경 해석에서 비롯된다는 것을 확인할 수 있다. 예컨대 옥한흠은 로마서 12장 19-21절에 대한 설교에서 부자는 가난한 사람들을 도와야 할 책임과 의무가 있고 가난한 사람들은 그들의 도움을 받을 자격이 있다고 주장한다.[639] 여기서 그는 "부자들은 하

다음과 같은 다섯 가지 관계-① 부자유친, ② 부부유별, ③ 장유유서, ④ 붕우유신, ⑤ 군신유의-의 지배를 받는 한국인의 삶의 방식이기 때문에 유교가 보다 근본적인 원인이다. 이러한 관계들은 수직적이거나 위계질서를 나타낸다. J. Y. Lee, *Korean Preaching: An Interpretation* (Nashville: Abingdon Press, 1997) p.36을 보라.

636 옥한흠, 『그리스도인의 자존심』(서울: 두란노, 1997), pp.42-54, 70.
637 옥한흠, "A Discipleship-Making Program," p.70.
638 이들 세 학교는 모두 칼뱅주의 계열이다.
639 옥한흠, 『우리가 바로 살면 세상은 바뀝니다』(서울: 두란노, 1998), pp.221-222. 로마서에 나오는 "야곱은 사랑하고 에서는 미워하고"(로마서 9:6-33)에 대한 설교에서 옥한흠은 "피조물은 창조자의 공의와 자유와 권리를 논할 자격이 없습니다. 오직 그분의 처분에 따를 뿐입니다"라고 말하면서 하나님의 절대 주권을 강조했다. "God Loves Jacob" in *My Salvation*, p.187. "잘못된 열심"에서 옥한흠은 로마서 10:1-3의 하나님의 절대 주권에 관한 교리를 재확인한다. *My Salvation*, p.197을 보라.

나님의 명령에 따라 가난한 자들에게 헌신하는 청지기적 사명으로 가난한 자들의 종이 된다는 조건 하에 많은 부를 소유하게 된 것"[640]이라는 칼뱅파의 견해를 따른다. 게다가 자신의 설교 대부분에서 옥한흠은 칼뱅의 논평을 인용한다. 이 점들을 고려할 때 우리는 옥한흠의 사상이 대체로 칼뱅의 영향을 받았다고 결론지을 수 있다.

옥한흠이 설교할 때 영혼들을 위해 감정에 호소하고 진지한 열정을 보이는 것은 찰스 스펄전의 영향이 컸다.[641] 그는 자기 설교에 대한 논평에서 다음과 같이 스펄전에게 감사를 표한다. "주석과 해석을 끝내고 설교 원고를 작성하기 전에 나는 종종 스펄전의 설교를 읽는다. 그분의 설교를 읽으면 마음속에서 서서히 불꽃이 타올라 마침내 가슴이 뜨거워진다. 그리하여 설교 원고 작성은 순조롭게 진행된다."[642] 옥한흠의 설교는 뜨거운 열정과 더불어 여러 섬세한 표현들을 보여준다. 우리는 본 장의 뒷부분에서 이 요소 모두를 다룰 것이다.

옥한흠의 설교에서 드러나는 중요한 사상 하나는 한국의 선두적인 성경학자이자 설교자인 박윤선 박사에게서 비롯되었다.[643] 옥한흠은 총신대 신학대학원에서 그의 지도를 받았다. 옥한흠은 그의 가르침을 이렇게 기술한다. "그의 강의는 이론뿐만 아니라 그의 삶과 인격이 포함된 실천하는 신학이었다."[644] 라고 표현한다. 두 사람이 미국에서 다시 만났을 때

---

640 John Calvin, *The Acts of The Apostles 1-13*, translated by J. W. Fraser and W. J. G. McDonald, D. W. Torrance and T. F. Torrance (eds.), (Edinburgh: The Saint Andrew Press, 1965), p.335.

641 스펄전은 "강한 열정, 영혼에 대한 타오르는 열정, 하나님의 목적에 대한 열심, 거룩한 사랑으로 타오르는 마음"의 중요성을 강조하면서 의미심장하고 아름다운 언어의 레퍼토리를 구축하는 것이 중요하다고 역설했다. Spurgeon, *Lectures*, pp.145-146, 305.

642 옥한흠, 『설교의 성육신 원리』, p.255.

643 옥한흠, 필자와의 인터뷰, 2001년 3월 30일. 옥한흠은 자신의 설교가 박윤선 박사의 설교와 비슷하다는 말을 종종 들었다고 회상했다.

644 옥한흠, 『제자훈련 열정 30년: 그 뒤안길의 이야기』, p.22.

박윤선은 옥한흠에게 지금부터라도 추상적인 설교(본문과 청중 사이에 간극이 있는 설교)는 지양하고 구체적인 설교(청중의 삶과 관련되는 설교)를 하라고 강력히 권고했다. 그의 조언에 고무된 옥한흠은 적용에 초점을 맞추는 설교의 새로운 장을 열었다.[645]

요컨대 옥한흠은 회심 체험을 통해 설교와 목회 사역에서 복음에 대한 강한 확신을 갖게 되었다. 그리고 당시의 사회적 및 문화적 배경은 그에게 설교의 목적과 방향을 제시해 주었다. 나아가 몇몇 사람들은 옥한흠이 설교의 내용과 구조, 전달에 대해 나름의 생각을 형성하는 데 영향을 끼쳤다. 가장 중요한 것은 자신의 회심과 평신도를 일깨워 그리스도의 제자로 살도록 하겠다는 각오가 그를 저명한 설교자로 성장하게 만든 주된 요소라는 점이다.

2) 옥한흠의 설교 접근

설교에 대한 옥한흠의 생각은 설교 세미나에서 밝힌 확신을 통해 드러난다. "설교는 교회의 중심이기에 교회 설교자의 중심이 된다. 교회가 흥하고 망하는 것은 설교에 달려 있다."[646] 그와 동시에 옥한흠은 설교의 치명적 위기를 폭로한다. 그는 다음과 같이 마틴 로이드 존스의 말을 인용한다. "오늘날 여러 다른 형태의 활동을 희생하면서 설교의 가치를 떨어뜨리려는 경향에 비추어 볼 때 … 설교가 쇠퇴하면서 다른 것들(예식과 형식, 예전)이 강조되어 왔다."[647] 옥한흠은 로이드 존스의 날카로운

---

645 옥한흠, 『설교의 성육신 원리』, pp.263-264.
646 옥한흠, "제자훈련과 설교," (44차 제자훈련 지도자 세미나 카세트테이프, 서울: 국제제자훈련원, 2000년 3월).
647 옥한흠, 『설교의 성육신 원리』, p.287. Lloyd-Jones, *Preaching*, p.26.

비판에 동의하면서 그의 비판을 설교자의 위기를 포함하는 것으로 확대한다. 설교의 심각한 문제는 설교자가 성경으로부터 하나님의 말씀을 듣지 않기 때문에 성경이 침묵하는 것이라고 그는 주장한다. 그러므로 오늘날의 문제는 설교 자체가 아니라 설교자이다.[648] 나아가 그는 현대 설교자들 가운데 어떤 사람들이 성경적 교리에서 떠났고, 다른 사람들은 초대 교회가 전한 복음 메시지를 잃어버린 것이 문제라고 인식한다. 어떤 설교는 하나님의 목적보다 설교자 개인의 관심사에 초점을 맞춘다.[649] 다른 설교는 적용이 빠져 현실과 괴리감이 있다.[650] 이런 설교 위기들을 극복하기 위해 옥한흠은 설교에 대한 자신의 일곱 가지 주된 신념을 선보인다.

첫째, 모든 설교는 강해설교가 되어야 한다.[651] 따라서 설교자는 본문을 고수하면서 말씀의 의미를 충실히 밝혀내고 그것을 청중에게 이해시켜야 한다. 만일 설교자가 본문에서 벗어난다면 그는 더 이상 말씀을 전하는 설교자가 아니다.[652] 권성수는 이렇게 이해한다. "옥한흠은 본문에 충실한 나머지 다소 지루하다 싶을 만큼 자신과 회중을 본문에 구속시

---

648 같은 책, p.259, 287.

649 옥한흠, "제자훈련과 설교," (제자훈련 지도자 세미나 카세트테이프, 서울: 사랑의교회, 1991).

650 옥한흠, 『설교의 성육신 원리』, pp.263-264.

651 옥한흠, "강해설교의 적용과 결론에 관한 연구"(서울: 두란노 세미나 강의, 1994).

652 옥한흠은 강해설교를 이렇게 기술한다. "설교가 강해설교가 되기 위해서는 말씀 자체에서 나와야 한다. 원문에 충실한 설교와 같다. 그러나 그 방법은 다양할 수 있다. 오랜 시간에 걸쳐 전체 말씀을 시리즈별로 설교할 수도 있고, 특정한 구절을 짧은 시간에 할 수도 있다" 옥한흠, 필자와의 인터뷰, 2001년 3월 30일. 로빈슨은 이것의 다른 측면에 초점을 맞추었다. "강해설교의 핵심은 방법보다는 철학에 있다"(Expository, p.20). 이 점에서 강해설교에 대한 옥한흠의 정의는 분명 제한을 받지 않는다(강해설교의 정의를 다루는 1.2절을 보라). 그럼에도 그는 자신이 모든 설교의 특징이라고 주장하는 구체적 원리를 통해 강해설교에 대한 자신의 정의가 무엇을 의미하는지 보여준다. 우리는 다음 장에서 그의 원리들을 자세히 살펴볼 것이다.

킨다."[653] 그러나 그의 강해설교가 "따분하다"는 권성수의 평가는 설득력이 없다. 이는 옥한흠이 본문으로부터 단순히 추상적이고 형이상학적인 설교를 하기보다 자신과 다른 이들의 실제 삶에서 비롯된 체험과 확신으로 청중에게 다가가기 때문이다.[654] 이를 위해 옥한흠은 본문 중심의 설교에서 변화 중심의 설교로 초점을 바꾼다. 따라서 그의 강해설교는 서술하는 데 치중하지 않는다. 청중의 마음을 사로잡지 못하는 순차적이거나 획일적인 접근법을 따르지도 않는다. 그보다는 청중을 감동시켜 그들에게서 반응을 이끌어 낸다.

둘째, 설교와 제자훈련은 병행되어야 한다. 오늘날 설교는 강단에서 이용할 수 있는 시간과 형식에서 제약을 받는다. 그러므로 청중을 변화시키고 그들이 예수가 명령한 모든 것에 순종하도록 가르친다는 목적은 달성되기 어렵다. 이는 설교 자체에 내재된 약점이 아니라 오늘날 강단에서 선포되는 말씀과 관련된 약점이다. 옥한흠은 여러 해 목회 사역을 하면서 제자훈련이야말로 현대 설교의 진짜 약점을 극복할 최선의 방법이라는 결론을 내렸다고 말한다.[655] 그는 영적 제자훈련이 설교에 자신감을 불어넣는 한편, 확신에 찬 설교는 제자훈련을 풍요롭게 한다고 단언한다.[656] 그럼에도 옥한흠은 설교가 최고의 권위를 지니고 있기에 제자훈

---

653 권성수, "An Awakening Preacher," p.70.
654 박용규, 『한국 교회를 깨운다』, pp. 148-150. 162-163. 박용규는 옥한흠의 설교를 "새로운 유형의 강해설교"라고 일컫는다. 하지만 박용규는 한국의 대다수 설교자들의 강해설교를 옥한흠의 설교와 비교했을 때 상당히 과장된 주제별 강해설교라고 평하면서 그들의 접근법이 옥한흠과 다르다고 말한다. 사실상 옥한흠의 강해설교는 두 가지 요소가 있다. 하나는 토대로서의 성경 본문이고, 다른 하나는 청중이 그의 설교에 주의를 기울이게 만드는, 실제적으로 적용되는 성경의 문맥에 대한 설명이다. 옥한흠은 본문을, 자신의 설교를 "새로운 유형의 강해설교"로 만드는 데 핵심이 되는 명백한 현대적 언어로 전환시킨다는 것이 그의 분석이다.
655 옥한흠, 필자와의 인터뷰, 2001년 3월 30일. 박용규, 『한국 교회를 깨운다』, p.288.
656 옥한흠, "제자훈련과 설교"(2000). 이 점에서 옥한흠은 설교와 가르침을 함께 강조한다. 설

련으로 대체될 수 없음을 재확인한다.[657]

셋째, 설교의 토대는 성경이 타당하다는 확신이다. 옥한흠은 성경이 하나님의 계시이자 영감을 받은 책이라고 강조한다. 따라서 성경에는 오류가 전혀 없고 성경의 권위는 하나님의 권위와 같다.[658] 옥한흠은 성경이 진리이며 오류가 없다는 이 깊은 확신을 바탕으로 자신이 하나님의 권위와 강한 확신으로 복음을 전한다고 믿는다. 그는 성경의 사건들, 예컨대 창세기에 나오는 아담과 하와의 타락과 노아의 홍수 사건, 에녹의 승천 및 바벨탑 사건뿐 아니라 욥과 요나의 이야기도 역사적 사실로 믿는다.[659] 로마서 13장 1-7절에 대한 설교에서 옥한흠은 로마서 13장 1-7절은 바울이 쓴 것이 아니므로 하나님의 말씀으로 볼 수 없다는 몇몇 학자들의 견해를 반박한다. 여기서 그는 명확히 단언한다. "우리는 하나님의 말씀을 더하거나 덜어낼 수 없다 그것은 죄이다. 성경에는 실수가 전혀 없다."[660]

교는 청중에게 인상을 남기고 그들의 반응을 일으킬 수 있지만, 청중의 삶을 변화시켜 그들이 예수의 제자가 되도록 하는 데는 설교만으로는 충분치 않다. 옥한흠, 『건강한 그리스도인이 건강한 교회를 만든다』 pp.194-195.

657 옥한흠, "제자훈련과 설교"(1991). 자신의 책 『평신도를 깨운다』(서울: 두란노, 1987)에서 옥한흠은 설교와 가르침을 구별한다. 그는 기본적인 의미에서 가르침의 영역은 설교보다 더 광범위하고 구체적이라는 존 피에트의 사상에 근거하여 이 둘을 구별한다. 설교가 세상에 대한 선포를 지향한다면, 가르침은 말씀을 통한 교회와 세상의 필요 채우기를 지향한다. 그러므로 설교가 청중의 반응을 구하는 반면, 가르침은 그들의 생각을 넓히는 수단으로서의 지적 동의를 요구한다(pp.247-248, 『건강한 그리스도인이 건강한 교회를 만든다』 pp.276-278과 비교하라). 하지만 옥한흠은 설교가 현대 목회의 전문 용어의 의미에서 단순히 선포 이상이라고 주장한다. 오히려 설교는 가르침과 선포, 치유를 포함하는 세 가지 기능을 지니고 있다(에베소서 4:12, 디모데후서 3:16-17). (옥한흠, 필자와의 인터뷰, 2001년 3월 30일. 옥한흠, "A Discipleship-Making Program," p.44; "제자훈련과 설교"(2000). 설교에 대한 이전 강의에서 옥한흠은 설교와 가르침의 결합을 강조한다. 옥한흠, "제자훈련과 설교"(1991)을 보라.

658 옥한흠, 『제자훈련 인도자 지침서』(서울: 국제제자훈련원, 1999), p.87.

659 박용규, 『한국 교회를 깨운다』 p.154.

660 옥한흠, "그리스도인과 정치적 책임(로마서 13:8-10)," 『구원받은 자는 이렇게 산다』 p.72.

넷째, 옥한흠은 설교가 진리에 의해, 설교자의 인격에 의해 영향을 받는다고 역설한다. 진리는 본문에 대한 주석적 연구와 해석, 묵상을 통해 찾을 수 있다. 그는 진리 자체로 충분치 않다고 믿는다. 진리는 설교자의 인격을 통해 전해지기에 설교자의 인격은 진리를 전하는 방식에 영향을 미친다. 진리는 불변이지만 설교자의 인격은 다듬어지고 변화한다. 그러므로 설교자는 인격 수양에 힘써야 한다.[661] 인격이 진리보다 우월하지는 않지만, 설교자는 진리와 자신의 인격이 균형을 이루도록 애써야 한다.[662]

다섯째, 설교는 특히 청중의 필요에 초점을 맞춰야 한다. 이를 성취하려면 설교자가 청중에 대해 분석하는 일이 중요하다고 옥한흠은 강조한다.[663] 르우엘 하우는 설교자가 말씀을 전할 때 평신도의 문제는 다루려 하지 않는다는 그들의 불만에 대해 연구했다. 옥한흠은 이에 근거하여 추상적이며 먹혀들지 않는 설교를 비판적으로 분석한다. 이는 설교자들이 청중에 대한 이해를 포함하여 성육신의 원리를 무시하면서 본문을 그들 개개인의 실생활에 적용하지 못하기 때문이다.[664] 따라서 설교자는 청중의 삶 속으로 들어가 그들의 기준, 관심사, 언어, 생각, 그리고 내면

661 옥한흠, 필자와의 인터뷰, 2001년 3월 30일.
662 옥한흠, "제자훈련과 설교"(2000).
663 옥한흠, 『전도 프리칭』(서울: 규장, 1999), p.27, 52, 232, 275.
664 옥한흠, 『설교의 성육신 원리』, pp.269-270. 『설교의 파트너들』, 정장복 옮김(서울: 엠마오출판사, 1982)에서 하우는 다음과 같이 여섯 가지 반응을 제시한다. 1. 설교 내용은 매우 복잡하다. 2. 설교는 본문을 지나치게 분석하지만, 제시하는 답안은 현실적이기는 해도 너무 짧다. 3. 설교의 서론과 본론, 결론은 형식을 엄격히 따르지만, 개인적인 적용은 하지 않는다. 4. 설교에는 회중이 자신들의 삶에 적용하기에 어렵다고 생각하는 신학 용어와 성경 용어가 지나치게 많다. 5. 설교에는 많은 명제들이 있지만, 설교자의 실제 삶이 보여주는 예화는 없다. 6. 설교는 목표에는 도달하지만 회중으로 하여금 자신들의 실제 삶에서 무언가를 하게끔 동기를 부여하지 못한다. pp.29-36.

의 깊은 감정을 이해해야 한다.[665] 자기 청중의 삶과 언어를 이해하려는 옥한흠의 노력은 사려 깊고 진지하다. 이는 청중의 실제 상황이 어떠한지를 파악해야 그들이 공감할 수 있는 설교를 할 수 있다고 믿기 때문이다.[666] 그의 설명을 들어보자. "불신자 남편의 학대 속에서 살아가는 아내의 입장에서 그녀의 하루 일과를 상상해 봅시다. 남편은 아내에게, 예수와 자기 사이에서 하나를 택하라고 으름장을 놓습니다. 아내의 삶이 어떨지 여러분은 이해할 수 있습니까?"[667] 그러니까 설교자는 말씀을 전하기에 앞서 개인적으로 큰 고통 가운데서 말씀을 듣는 청중을 먼저 생각해야 한다.[668]

성육신이 중요하다는 이 확신에 비추어 옥한흠은 청중에 대한 자기 이해를 세 가지 주된 요점으로 나눈다. 우선 설교자는 예수가 많은 사람들에게 그러하셨듯이 자비와 사랑을 베푸는 가운데 청중을 이해해야 한다. 옥한흠은 설교자가 청중의 죄를 탓하더라도 그들의 삶을 이해하면서 설교해야 한다고 말한다. 게다가 현대 사회와 문화에 대해 잘 알아야 한다는 자신의 깊은 확신과 관련하여 그는 청중 개개인이 자신이 속해 있

---

665 옥한흠, 필자와의 인터뷰, 2001년 3월 30일. "제자훈련과 설교"(2000). 옥한흠은 설교를 "말씀이 육신이 되었다"(요한복음 1:14)라는 성육신으로 묘사한다. "영원하신 예수님이 사람의 몸을 입고 오셔서 무리들 앞에 서서 말씀하실 때 무리들이 그 말씀을 바로 자신들을 위해 하나님이 주시는 말씀으로 들을 수 있도록 하는 것이 설교입니다. 이것이 말씀이 육신이 되는 것입니다." 옥한흠, 『설교의 성육신 원리』, p.262.

666 옥한흠, 『설교의 성육신 원리』, p.275.

667 같은 책, p.274.

668 같은 책, pp.273-275. 옥한흠은 이렇게 지적한다. "생각과 지식을 나누는 것은 쉽지만, 회중의 삶을 이해하는 핵심이 되는 그들의 감정까지 나누기란 쉽지 않습니다. 그럼에도 말씀이 회중의 삶을 적절하게 변화시키게 하는 열쇠가 이것입니다. 때문에 설교자는 평신도의 자리로 내려가 그들이 이해할 수 있도록 해야 합니다. 왜냐하면 평신도의 언어는 목사의 언어와 다르기 때문입니다." pp.275-279. 옥한흠은 설교자가 청중의 각 가정을 심방하여 그들이 실제로 어떻게 살아가는지 보고, 듣고 또한 느껴야 한다고 주장한다. 셀 성경 공부 그룹은 청중의 언어, 정서 및 겉으로 드러나지 않는 삶을 이해할 수 있는 최상의 방법이다.

는 사회와 문화의 영향을 크게 받기에 이런 배경을 이해하지 못하면 설교는 현실과 동떨어질 수밖에 없다고 주장한다. 이와 반대로 틀에 박힌 설교를 하면 현대 청중이 외면할 수 있다. 설교 준비는 대충 하고 어려운 본문은 피하는 즉석 설교를 옥한흠은 문제 삼는다. 그는 설교 준비에 도움 되는 자료들이 우리 사회에 널려 있다고 말한다. 하지만 참된 설교를 하려면 설교자는 광부가 금광에서 금을 캐듯이 준비해야 하기 때문에 옥한흠은 그런 자료를 거의 이용하지 않는다. 광부가 금을 캐내듯이 할 때라야 심금을 울리는 설교가 나온다.[669] 게다가 전통이나 습관에서 비롯되는 편견은 어느 것이든 설교자가 청중을 이해하는 데 걸림돌이 되기 때문에 극복되어야 한다.

여섯째, 설교는 청중의 시선을 끌어야 한다.[670] 설교는 하나님에 관한 인간의 말이 아니라 인간을 향한 하나님의 말씀이다. 옥한흠이 생각하는 설교는 추상적인 단어들의 나열이 아니라 가슴에 와닿는 적용이다. 설교가 교리와 체계적이고 학문적인 신학에 치우칠 때 적용은 힘을 잃는다. 설교를 더 구체적으로 하기 위한 방편으로, 옥한흠은 자신의 체험을 통해 청중의 삶을 어루만지면서 그들에게 공감을 나타낸다. 그는 체험이 본문과 청중 사이의 간극을 메운다고 믿는다.[671] 더욱이 옥한흠은 자신이

---

669 같은 책, pp.280-283. 강명옥은 인터뷰에서 이렇게 술회한다. "나는 20년간 옥한흠이 같은 설교를 하는 것을 듣지 못했다. 옥한흠은 영어 원서를 비롯한 많은 자료를 읽으면서 설교를 준비하기 위해 최선의 노력을 한다. 그는 영혼을 위해 설교에 최선을 다한다." 「월간조선」 (2000년 11월 3일). 옥한흠, 『설교의 성육신 원리』, p.267.

670 옥한흠은 2001년 필자와의 인터뷰에서, "성도들이 알아듣지 못한다면 그 설교는 의미가 없다"라고 말한다. 그는 "어떤 설교자는 성경에 나오는 짐승의 열 발가락, 스랍의 얼굴, 언약궤의 예표적인 의미나 솔로몬 성전에서 창문의 영적인 의미 등에 대해 설명하는 데에는 뛰어나지만, 직장인이 현실에서 받게 되는 죄의 유혹이나 오늘을 사는 사람들의 영적 요구에 대해서는 거의 다루지 않는다. 그런 설교자를 보면 쥐를 사냥하고 있는 사자 같다는 생각이 든다"라는 스펄전의 견해를 인용한다. 『설교의 성육신 원리』, p.268.

671 예를 들어 고통을 당하고 있는 사람들에게 다가가기 위해 옥한흠은 욥기를 자신이 과거에

몸소 감내해야 했던 고통을 이따금 청중에게 들려주면서 그들에 대한 이해의 폭을 넓히려 한다.[672] 이 고백을 통해 교인들은 위로와 공감을 얻고 옥한흠의 설교를 경청하게 된다. 우리는 적용에 대한 장에서 이 점들을 다룰 것이다.

마지막으로 설교는 복음 선포를 통해 청중을 변화시켜야 한다. 옥한흠의 설교는 청중이 예수 그리스도를 개인적으로 만날 수 있게 하고, 이를 통해 그들이 일상에서 그분의 헌신하는 제자로 거듭나게 하는 데 지대한 관심을 둔다.[673] 옥한흠은 좋은 설교가 청중의 마음속에 생생한 이미지를 각인시켜 그들의 인격이 변화되게 하고, 이를 통해 그리스도인으로서 신실한 삶을 살 수 있게 한다고 역설한다.[674]

요컨대 옥한흠의 주된 설교 방식은 귀납적 접근이다.[675] 옥한흠은 설교

겪었던 고통과 연관 지어 그 책에 대해 설교했다. 옥한흠, 『고통에는 뜻이 있다』(서울: 두란노, 1988), p.3.

672 옥한흠, "가시와 함께 온 기쁨(고후 12:7-10)," 『고통에는 뜻이 있다』 p.101.

673 대다수 설교에서 옥한흠은 이 두 가지 결정적 요점을 함께 적용한다. 예를 들어, 다음 설교 서적들의 제목을 보라. 『내가 얻은 황홀한 구원』(서울: 두란노, 1992), 『아무도 흔들 수 없는 나의 구원』(서울: 두란노, 1993), 『구원받은 자는 이렇게 산다』 『고통에는 뜻이 있다』 『이 험한 세상을 어떻게 살까?』(서울: 두란노, 1992), 『나의 고통, 누구의 탓인가?』(서울: 두란노, 1994), 『그리스도인의 자존심』 『우리가 바로 살면 세상은 바뀝니다』(서울: 두란노, 1998). 그리스도인의 가정에 대한 설교에서도 옥한흠은 예수를 가정 문제의 해결책으로 제시한다. 옥한흠, 『예수 믿는 가정, 무엇이 다른가?』 pp.79, 97, 116, 131-132, 148, 194 등.

674 옥한흠, 『설교의 성육신 원리』 p.265. 옥한흠, 『제자훈련 열정 30년: 그 뒤안길의 이야기』 p.137.

675 옥한흠은 귀납적 접근법을 강조하며 이 접근법의 많은 장점을 보여준다. 비록 그가 많은 귀납적 설교자들보다 성경에 훨씬 더 많은 자리를 물려주기는 했지만 말이다. 그는 "귀납적 접근법은 행동의 변화뿐 아니라 영의 변화를 일으키는 데 있어서도 가장 효율적이고 유용한 방식이다"라는 결론을 내린다.(옥한흠, "A Discipleship-Making Program," p.89). 그는 또한 매우 빈번하게 본문을 현대적 상황과 연관 지어 설명한다. 우리는 로즈와 크래덕의 정의에 비추어 옥한흠의 귀납적 방식들을 이해할 수 있다. 로즈는 귀납적 설교에 대한 크래덕의 개념을 이렇게 종합한다. "그래서 귀납적 형식은 설교자들이 말씀의 의미에 도달하는 자신의 경험을 통해 청중을 위한 경험을 만드는 도구가 된다"(Rose, Sharing, p.75). 옥한흠은 귀납적 방식의 성경 연구를 네 단계로 나눈다. ① 관찰, ② 해석, ③ 반응, ④ 적용. 이 네 가지 원리는 그

의 핵심 과제가 말씀과의 만남을 통해 청중의 삶을 변화시키는 것이라고 본다. 그는 현실에 맞는 적용이 뒤따르는 실제적인 설교는 설교자가 청중을 이해하고 말씀에 진정으로 순종할 때 가능하다고 본다.[676] 그렇게 되면 설교자의 메시지는 진정성을 띠고 청중의 삶을 변화시키는 힘을 지니게 된다. 따라서 옥한흠의 설교에서 중요한 점은 성경 본문을 청중의 일상과 연관시켜 그 본문이 그들의 가슴에 와닿게 하려는 노력이다.

2. 옥한흠의 설교 원칙

1) 설교의 목적

앞서 주목했듯이 설교의 목적을 명시하는 것은 매우 중요하다. 설교의 목적을 세우지 않으면, 하나님의 실제 말씀이 왜곡되고 잘못 받아들여져서 그 힘과 권위를 잃을 수 있기 때문이다.[677] 우리는 옥한흠이 적용을 다루는 것에 대해 살펴볼 때 이 문제, 즉 그가 로마서에 대한 설교를 하기 위해 본문과 설교를 어떻게 다루는지도 언급할 것이다.

로마서에 대한 신학적 확신과 관련하여, 옥한흠은 로마서의 중심 주제를 로마서 1장 1절에 나타나는 '하나님의 복음'으로 선보인다.[678] 나아

의 설교 전체에 반영되어 있다. (옥한흠, "A Discipleship-Making Program," pp.90-97).

676 옥한흠, "우리는 성령의 능력이 필요합니다," 「그 말씀」(1994년 1월), pp.27-28. Adams, *Purpose*, p.27, 2.4절의 "강해설교의 목적"과 비교하라.

677 Adams, *Purpose*, p.27, 2.4절의 "강해설교의 목적"과 비교하라.

678 옥한흠, "로마교회는 복음을 다시 들어야 했다(I)(로마서 1:8-17)," 「내가 얻은 황홀한 구원」 p.25, 3.2.1절에서의 로마서의 목적에 대한 우리의 논의를 보라.

가 로마서에 관한 바울의 의도를 이해하는 열쇠는 '하나님의 복음'과 구원의 큰 기쁨을 잃어버린 로마 교회^(수신자들)가 어떤 관계인지를 파악하는 데 있다.[679] 로마인들에게 보낸 편지에서 이를 중점적으로 강조하기 때문에 옥한흠은 이 서신이 무엇보다도 구원의 큰 기쁨을 회복하는 일에 특별히 신학적인 역점을 두는 것으로 본다.[680] 그는 "로마 교회는 복음을 다시 들어야 했다(1)"라는 로마서 1장 8-17절에 대한 설교의 서론에서 바울이 로마서에서 의도하는 바를 분명히 밝힌다.

수년 동안 목회를 하면서 얻은 경험을 바탕으로 바울이 로마 교회에 왜 복음 전하기를 간절히 소원했는지 이해하게 되었습니다. 그것이 뭐냐 하면 목회적인 의도에서 로마서를 기록했다고 보는 것입니다. 저는 바울이 로마에 있는 교인들에게 의도적으로 복음을 한 번 더 전하려 했다고 생각합니다. 로마 교회가 언제 시작되었는지는 아무도 모릅니다. 그러나 바울이 이 편지를 쓸 당시에는 적어도 20년 가까운 전통을 가진 교회로 보고 있습니다. 그러므로 벌써 로마 교회 안에서는 첫 믿음의 순수성과 열정을 잃어버린 사람들이 꽤 많았을 것이라고 가정하는 것은 절대로 지나치지 않을 것입니다. 로마서 13장 13절 이하에 보면 바울이 아주 엄격하게 경고하는 말씀이 나옵니다. "낮에와 같이 단정히 행하고 방탕하거나 술 취하지 말며 음

---

679 같은 책, pp.25-28.

680 옥한흠은 학자들(그는 학자들의 이름을 구체적으로 언급하지 않는다)의 연구에 기초하여 바울의 의도가 지녔을 수도 있는 세 가지 양상을 감지한다. 첫째 양상은 거듭되는 복음에 대한 확증을 통해 로마 교회를 이교주의로부터 보호하는 것이다. 둘째는 간증을 하려는 바울의 의도이다. 그는 자신이 죽을 수도 있는 예루살렘에 가고자 했었다. 마지막은 로마를 방문하고자 하는 그의 전략이다. 이는 바울이 로마에 가기 전에 로마 교회에 복음을 전한다면 그것은 자신의 로마 선교에 이득이 되기 때문이다. 옥한흠은 이 견해들에 반대하지 않는다. 오히려 그는 목회적 관점에서 로마서를 해석한다. 옥한흠, "로마교회는 복음을 다시 들어야 했다(I)," pp.28-29.

란하거나 호색하지 말며 다투거나 시기하지 말고 오직 주 예수 그리스도로 옷 입고 정욕을 위하여 육신의 일을 도모하지 말라." 얼마나 무서운 충고입니까? 예수를 믿고 교회를 드나들고 있지만, 무엇인가 잘못된 사람들이 꽤 있었던 것입니다. 그런 사람들은 복음을 다시 듣고 은혜를 받아야 할 필요가 있었습니다. 저는 바울이 로마서를 가지고 영적으로 힘을 잃어가고 있는 그들에게 다시 한번 복음을 생생하게 전하려는 간절한 소원을 가지고 있었다고 생각합니다.[681]

옥한흠은 "왜 전도는 은혜인가?"라는 로마서 15장 14-18절에 대한 설교에서 바울이 "선함이 가득하고 모든 지식이 차서 능히 서로 권하는" 그 사람들과 복음을 함께 나누려 했음을 또한 보여준다. 이는 하나님이 그(바울)에게 주신 은혜 때문이다. 옥한흠은 이렇게 설명한다.

14절을 봅시다. "내 형제들아 너희가 스스로 선함이 가득하고 모든 지식이 차서 능히 서로 권하는 자임을 나도 확신하노라." 그들은 선한 사람들이었습니다. 또한 그들은 하나님의 말씀에 대해서 지식이 있는 사람들이었습니다. 또 그들은 서로 도우면서 위로하며 살아가는 성도들이었습니다. 로마교인들은 이와 같이 나무랄 데 없는 아름다운 성도들이었습니다. 그런데 왜 바울이 그들에게 편지를 써서 보내려고 했을까요?
15절을 보시기 바랍니다. "그러나 내가 너희로 다시 생각나게 하려고 하나님께서 내게 주신 은혜로 말미암아 더욱 담대히 대략 너희에게 썼노니." 바울은 로마 교인들에게 이래라저래라 명령하는 고압적인 자세로 편지를 쓴 것

---

681 옥한흠은 같은 제목으로 로마서 1:8-17에 대해 두 차례 설교했다. 옥한흠, "로마교회는 복음을 다시 들어야 했다(I)," pp.29-30.

이 아닙니다. 그가 로마서를 쓰고 싶어 했던 이유가 분명히 있었습니다. 하나님으로부터 너무나 큰 은혜를 받았기 때문에 그 은혜를 그들과 함께 나누고 싶었던 것입니다. 그 은혜를 나눔으로써 로마 교인들에게 복음의 감격을 다시 회복시켜 주고 싶었던 것이 로마서를 쓰게 된 동기였습니다.[682]

그와 동시에 옥한흠은 바울의 로마서 집필 목적을 자신의 로마서 설교 목적, 곧 사랑의교회에 대한 개인적이고 목회적인 필요와 연관 짓는다. 1989년 그는 몸을 사리지 않고 사역하다가 과로로 쓰러졌다. 1990년 옥한흠은 투병 생활을 하면서 안식년을 가졌다. 그가 복귀했을 때 건강은 완전히 회복되지 않았다. 교회에서는 좀 더 쉬라고 권면했지만, 옥한흠은 아픈 몸을 이끌고 강단으로 돌아왔다. 그는 당시 상황을 이렇게 기술한다.

제가 몇 달간 병과 투쟁하고 강단에 돌아온 후에 갑자기 로마서가 생각났습니다. 저 자신과 교회를 새롭게 회복하기 위해 저에게 열린 유일한 길입니다. 저는 로마서로 돌아가 하나님의 은혜의 강물에 빠질 필요가 있습니다. 저는 로마서를 통해 하나님의 은혜의 강물에서 다시 한번 복음의 능력과 구원의 기쁨을 경험한다면 그것은 저 개인적으로는 물론이고, 교회도 다시 살리는 것임을 확신했습니다. 그것은 성령의 음성이었고, 하나님의 은혜였음이 틀림없습니다. 저는 14개월에 걸쳐 로마서 전체를 설교할 계획을 세웠습니다.[683]

---

682 옥한흠, "왜 전도는 은혜인가?(로마서 15:14-18)," 『구원받은 자는 이렇게 산다』 p.186. NIV 의 로마서 15:14-15와 비교하라.

683 옥한흠, 『제자훈련 열정 30년: 그 뒤안길의 이야기』 pp.159-163. 로마서에 대해 쓴 자신의 책 서론에서 옥한흠은 로마서 전체를 설교하게 된 동기를 약간 다르게 기술한다. "10여 년 전

자신의 책 『제자훈련 열정 30년, 그 뒤안길의 이야기』의 "나를 구한 로마서"라는 소제목에서 옥한흠은 이렇게 고백한다. "로마서 연속 설교는 쉽지 않았다. 하지만 내 영적 침체가 구원의 순전한 기쁨을 잊어버렸기 때문이라는 깨달음은 큰 축복이었다."[684]

　　목회적 측면에서 사랑의교회는 1980년 이래 급속한 성장을 이루었다. 신자든 불신자든 많은 사람들이 이 교회에 첫발을 내딛기 시작했다.[685] 옥한흠은 이렇게 말한다. "십 년 동안 복음을 전했음에도 제 주일 설교가 아직도 어떤 교인들에게 은혜를 주지 못하고 있음을 깨달았습니다. 저는 성도들에게 체계적이고 명확하며 깊이 있게 복음을 전하고 싶었습니다. 이는 교회가 구원의 기쁨과 구원의 능력을 잃어버린다면 더 이상 교회가 아니라는 믿음 때문입니다. 제가 로마서를 택한 이유 중 하나가 이것입니다."[686]

　　　수요일 저녁 강단을 통해 로마서를 강해한 일이 있었으나 만족스러운 것이 아니라서 늘 다시 해야지 하는 생각을 가지고 있었다." 옥한흠, "예수 그리스도의 종, 바울," 『내가 얻은 황홀한 구원』, p.7.

684　옥한흠, 『제자훈련 열정 30년: 그 뒤안길의 이야기』, p.163.

685　1990년 옥한흠의 교회 신도 수는 8,323명(어른 성도 5,573명과 주일학교 학생 2,750명)이었다. 그런데 그가 로마서 설교를 끝낸 후 일 년 반이 지나자 신도 수는 10,562명(어른 성도 7,710명과 주일학교 학생 2,852명)으로 늘어났다. 박용규, 『한국 교회를 깨운다』, p.191. 사랑의교회는 1982년부터 18년 넘게 매년 10월이나 11월에 삼일 동안 '대각성 전도집회'를 개최해 왔다. 이 집회는 사랑의교회에서 가장 중요한 프로그램 중 하나이다. 모든 평신도들과 목회자들이 불신자들이나 명목상의 그리스도인들을 예배에 초대하여 드라마와 간증, 복음주의 설교를 통해 그들에게 복음을 전한다. 1992년의 통계에 따르면 1,455명이 이 예배에 참석하였고 그중에서 615명이 회심했다. 1997년에는 4,323명이 참석하여 1,997명이 회심했다. 1997년에는 22.2%(어른 성도 400명)가 사랑의교회에 등록하였고, 13%(어른 성도 242명)이 셀 성경공부 그룹에 참여했다. 박용규, 『한국 교회를 깨운다』, pp.178-189. 최근 2000년 11월에는 5,200명이 참석하여 2,607명이 회심했다. 옥한흠의 설교 테이프, "당신은 우리의 영광(데살로니가전서 2:7-20)", 2000년 10월 22일.

686　옥한흠, 필자와의 인터뷰, 2001년 3월 30일. 로마서에 대한 연속 설교에 기반을 둔 자신의 책 서론에서 옥한흠은 현대 교회에는 선포되는 복음을 들어야 할 사람이 꽤 많다고 지적한다. 예를 들어 복음에 대해 알지 못하는 사람들, 단 한 번도 예수 그리스도를 개인적으로 만난

당시 사랑의교회를 이렇게 진단한 옥한흠은 특히 로마서 1장 1-7절에 대한 설교에서 로마서 설교의 목적을 다음과 같이 분명히 밝힌다.

바울처럼 말씀을 통해 예수 그리스도가 자기의 하나님이요, 구원자 되심을 철저히 확인하고 감격하는 자리로 나아가야 합니다. 그래서 바울처럼 자신을 송두리째 예수의 종으로 내어놓을 수 있어야 합니다. 이것이 예수 그리스도께서 우리에게 바라고 계신 믿음의 수준입니다 … 제가 주일 낮 강단에서 로마서를 설교하기로 마음먹은 이유가 여기에 있습니다. 우리 모두가 예수의 종으로 새롭게 헌신할 수 있는 동기를 부여하기 위해서입니다. 우리가 로마서를 통해 흘러넘치는 은혜의 생수를 마시기 시작하면 흔쾌히 예수의 종이 되기를 원하는 사람이 될 것이기 때문입니다.[687]

앞서 보았듯이 옥한흠은 언제나 특별한 의도와 목회적 필요를 염두에 두고 성경 본문이나 장을 선택한다. 이는 그의 로마서 본문 선택을 보면 알 수 있다. 옥한흠의 설교 목적에 관한 한, 설교자를 비롯하여 청중과 관련한 본문 선택은 그에게 가장 중요한 열쇠가 된다.[688] 그는 본문에 의

적이 없는 사람들, 복음을 되풀이해서 들었지만 마음에 감동을 받지 못한 사람들, 그리고 거짓 복음에 익숙해진 사람들까지도 말이다. 옥한흠의 주장에 따르면 이러한 사람들을 위한 처방은 로마서를 통해 그들이 스스로 죄인임을 깨닫고, 십자가에 달린 예수를 만나고, 믿음의 능력을 발견해야 하고, 하나님 및 성령과 사랑에 빠지는 체험을 해야 한다는 것이다. 서론 말미에서 그는 "이 책은 구원의 감격과 능력을 회복하는 데 도움이 될 것입니다"라고 힘주어 말한다. 옥한흠은 1991년부터 1992년까지 1년 반 동안 사랑의교회에서 로마서 1-16장에 대해 52번 설교했다. 그의 설교는 세 권의 책으로 출간되었다. 『내가 얻은 황홀한 구원』(로마서 1:1-5:21, 1권), 『아무도 흔들 수 없는 나의 구원』(로마서 6:1-11:36, 2권), 『구원받은 자는 이렇게 산다』(로마서 12:1-16:27, 3권).

687 옥한흠, "예수 그리스도의 종, 바울", p.15.

688 옥한흠은 본문을 택하게 된 동기를 밝히기 위해 종종 자신을 청중의 일원으로 간주한다. "오늘 제가 이 본문을 선택한 이유를 고백하고 싶습니다. 이것은 저를 위한 것입니다. 지난주에

지하여 교인들이 제기하고 그들의 상황에 밀접하게 적용할 수 있는 질문들에 대해 구체적인 답을 찾는다.[689] 위의 분석을 통해 우리는 로마서에 대한 옥한흠의 신학적 확신이 그의 개인적 상황과 청중의 상황에서 비롯되는 목회적 필요와 긴밀하게 결합되어 있음을 알 수 있다. 나아가 옥한흠의 로마서 설교 목적이 구원의 순전한 기쁨을 회복시켜 자신과 교인들이 영적 침체에서 벗어나도록 일깨우고 그로 인해 교회를 새롭게 하는 것임은 분명하다.

2) 설교의 구성

설교 목적을 달성하기 위해 설교자는 본문의 진리에 충실하고 청중의 필요에 적합한 설교학적 구조를 설계한다. 이 구조는 설교자가 자신의 생각과 전개 방식을 전부 드러내기 때문에 중요하다. 그러므로 설교를 만들어내는 첫 열쇠는 자신이 전하고 싶어 하는 메시지의 구조를 설교자가 결정하는 것이다.[690] 옥한흠이 설교의 틀을 어떻게 짜는지 이해하기 위해 우리는 여기서 서론과 결론에 주로 집중할 것이다. 본론의 구조에 대해서는 나중에 언급할 것이다.

(1) 설교의 서론
"서론에서 나의 가장 큰 관심은 성도들이 어떻게 스스로 말씀 앞으로

저는 제 마음 깊은 곳에서 많은 악한 생각들이 떠오르는 것을 깨달으면서 이 말씀을 여러 번 묵상했습니다." 옥한흠, "당신은 자족할 줄 아는가?," 『고통에는 뜻이 있다』, p.208.

689 옥한흠, 필자와의 인터뷰, 2001년 3월 30일.

690 Chapell, *Christ-Centered*, p.127. Greidanus, *Modern Preacher*, p.15와 비교하라.

나오도록 하는가이다."[691] 옥한흠은 설교 전체를 어떻게 구성할지를 생각하면서 서론과 본론, 결론을 어떤 형식으로 이끌어 갈지를 고민할 때 본문과 청중 둘 다에 각별히 집중한다. 이런 주된 관점에서 그는 서론의 목적 세 가지를 말한다. 첫째는 청중의 시선 끌기, 둘째는 설교자와 청중의 관계 설정, 그리고 마지막은 메시지 이해시키기이다.[692]

이 세 가지 주된 목적을 달성하기 위해 옥한흠은 로마서 설교의 서론에서 네 가지 방식을 사용한다. 본문 접근법, (청중의 실제 상황과 그들의 정체성을 파악하기 위한) 진단 접근법, 적용 접근법, 그리고 통찰력 있는 접근법(예화, 간증, 논증, 비교 및 이전 설교의 요약)이 그것이다.[693] 이 넷은 본문 접근법과 적용 접근법이라는 두 가지 주된 범주로 나눌 수 있다. 본문 접근법은 특별히 본문의 설명과 분석, 본문의 요약을 포함한다. 적용 접근법은 여러 통찰력 있는 방식들을 통해, 본문에서 청중의 삶의 체험으로 점차 발전해가는 것과 함께 그들에 대한 진단을 포함한다.

옥한흠의 설교에서 본문 접근법은 서론의 60퍼센트를 차지한다. 이 접근법에서 48퍼센트라는 가장 높은 비율을 차지하는 것은 명제에 대한 진술이다.[694] 이는 로마인들에게 보낸 편지에 대한 그의 설교의 서론에 분명히 나타난다. 옥한흠은 로마서 15장 3-33절에 대해 설교하면서 서

---

691 옥한흠, "제자훈련과 설교"(2000). 옥한흠은 서론이 결론보다 훨씬 더 어렵다고 토로한다. "나는 개인적으로 서론을 마치기 전에는 본론에 들어갈 수 없다. 서론이 너무 중요하기 때문이다. 나는 서론을 준비하는 데만 많은 시간을 투자한다." 옥한흠, "적용과 결론에 관한 연구" 하지만 존 스토트는 이와 반대되는 견해를 나타낸다. 그는 "결론이 서론보다 훨씬 더 어렵다"라고 토로한다. Stott, *I Believe*, p.244.

692 Stott, *I Believe*, p.244.

693 우리는 지금부터 옥한흠의 로마서 설교 52편 전체를 원고나 테이프의 형태로 사용할 것이다. 다음의 수치는 옥한흠 목사가 설교 서론에서 사용하는 네 가지 주된 범주를 시간 비율(빈도)로 분배한 것이다. 본문 접근법 60%, 진단 33%, 적용 12%, 통찰력 있는 접근법 39%(혼합 %: 각각 본문 접근법 15%, 진단 5.7%, 적용 8%, 통찰력 있는 접근법 35%).

694 채플은 서론에서 명제의 역할이 어떤 것인지를 명확히 보여준다. *Christ-Centered*, p.233.

론을 다음과 같이 시작한다.

이 시간에는 복음을 전하는 일과 또 그 일을 맡은 사역자들을 위해 합심해서 기도하는 것이 얼마나 절실한 것인가를 말씀을 통해서 배우려고 합니다. 땅끝까지 복음을 증거하기 위해서는 반드시 기도가 수반되어야 합니다. 우리 중에 이 사실을 모르는 사람은 아마 한 사람도 없다고 생각합니다. 그러나 그 기도가 얼마나 분초를 다투는 절박한 문제인가를 깊이 인식하고 있는 분은 많지 않은 것 같습니다. 선교를 위한 기도의 절박성, 이것이 오늘 본문 말씀이 주는 귀중한 교훈입니다. 먼저 본문 말씀을 통해서 몇 가지 중요한 내용을 정리할 필요가 있다고 봅니다. 지금 사도 바울은 한 번도 대면한 일이 없는 생면부지의 로마 교인들에게 기도해 달라고 SOS 신호를 치고 있습니다. 급전을 보내고 있는 것입니다. 본문을 유심히 한번 읽어 보십시오. 매우 다급하고 간절하게 기도를 부탁하고 있는 바울의 심정이 금방 가슴에 와닿는 것을 느낄 수 있습니다. 30절을 읽어 봅시다.[695]

위 설교의 서론에서 옥한흠은 '긴급 기도 요청'의 필요성을 처음 언급하자마자 이 요청을 말하는 본문에서 제안을 이끌어 낸다. 그렇게 하여 청중이 마땅히 기도해야 한다고 강조한다. 이로부터 그는 본문의 주장에 대해 간략히 언급하면서 청중의 실제 상황을 계속 진단한다. 옥한흠은 다시 한 번 본문이 주는 교훈을 강조한다. 마지막으로 그는 30절의 단어와 구를 인용하면서 세 가지 핵심을 통해 제안을 명확히 하려 한다. 본론

---

695 옥한흠, "긴급한 기도 요청"(로마서 15:30-33에 대한 설교, 1992년 11월 1일), 『구원받은 자는 이렇게 산다』, pp.231-232. 이 책에서 우리는 옥한흠의 설교 원고를 읽을 수 있지만, 그는 더 세련된 표현을 사용하여 구어체에서 문어체로 약간 변형한다.

에서 옥한흠은 "복음 전도자들을 위한 긴급 기도 요청이 필요하다"라는 제안이 타당함을 본문에서의 적용으로 입증한다. 옥한흠은 로마서 8장 26-27절의 메시지를 전하고자 여러 통찰력 있는 방식과 더불어 진단 접근법도 사용한다.

> 짧다면 짧은 생이지만 제가 지금까지 살아오면서 크게 깨달은 것이 인간은 모두 다 약하다는 것입니다. 그리고 제가 거듭난 후 지금까지 40여 년을 신앙생활 하면서 발견한 것이 하나 있는데, 아무리 믿음이 좋은 사람도 인간으로서의 연약함에서는 벗어나지 못한다는 사실입니다. 사람이 몸을 입고 땅 위에서 숨을 쉬고 사는 한, '연약함'이라는 십자가는 벗을 수가 없습니다. 이것은 우리 모두가 이미 경험을 통해서 공감하고 있는 진리라고 생각합니다. 어느 신학자는 인간의 연약함을 가리켜 '인간 조건의 총체' 혹은 '피조물다움'이라고 표현했습니다. 옳은 말입니다. 우리 가운데 그 어느 누구도 피조물로서의 연약함을 가지고 있지 아니한 자가 없습니다. 이런 의미에서 사도 바울이 26절에서 말씀하시는 인간의 연약함은 우리에게 매우 친근한 개념으로 다가오는 것 같습니다 … 하나님은 우리 몸을 질그릇에 비유하셨습니다. 질그릇은 얼마나 깨어지기 쉽습니까? 우리는 너무 지나쳐도 안 되고 너무 못 미쳐도 안 되는 약한 존재입니다 … 이 연약성은 아담이 범한 원죄로 말미암아 유전된 타락의 결과라고 할 수 있습니다. 우리가 중생 받았다고 해서 이 연약성이 없어지는 것이 아닙니다 … 이와 같이 연약한 우리를 하나님은 어떻게 다루시는 줄 아십니까?[696]

---

696 옥한흠, "성령과 우리의 연약"(로마서 8:26-2에 대한 설교, 1992년 4월 5일), 『아무도 흔들 수 없는 나의 구원』(로마서 6:1-11:36, 제2권), pp.121-122.

로마서 8장에 대한 다섯 번의 연속 설교 중 네 번째에서 옥한흠은 자신의 신앙고백과 함께 기도를 마친 후 그리스도인으로 살았던 대략 40년간의 경험을 간증하면서 설교를 시작한다. 이로 인해 청중은 위로를 받고 설교자에 대해 더욱 친밀감을 느끼게 된다. 옥한흠은 자신의 주관적인 체험을 뒷받침하기 위해 신학자의 견해를 인용하기도 한다. 게다가 그는 사람들에게 큰 위로가 되는, 하나님이 인간의 약함을 인정하신다는 사실에 근거하여 로마서 8장 26절에서 인간의 정체성을 발견하고자 한다. 옥한흠은 하나님이 인간의 약함을 받아들이신다고 말하면서 교인들로 하여금 약함이라는 마음의 짐을 내려놓게 한다. 이 접근법은 청중 스스로 마음의 문을 열어 말씀을 받아들이게 한다. 옥한흠은 우리가 질그릇과 같다는 하나님의 비유를 언급하고 자신의 원죄 개념을 말하면서 이 약함이 현실임을 강조한다. 마지막으로 그는 이 약함의 사상을 청중 개개인의 삶에 적용한 후에 바울이 쓴 본문을 통해 하나님의 해결책을 전하려 한다. 로마서 12장 1-2절에 대한 설교의 서론에서 옥한흠은 본문 접근법과 적용 접근법을 결합한다.[697]

로마서 12장에 대한 네 편의 설교 중 첫 번째에서 옥한흠은 앞의 로마서 1-11장들을 요약하고 세 가지 주된 주제를 이끌어 내면서 '그러므로'라는 핵심어로 신약성경 본문을 직접 다루기 시작한다. 이로부터 그는 '그러므로'의 의미를 계속 규명한다. 옥한흠은 본문 접근법에서 '그러므로'가 그리스도인의 삶에서 어떤 의미를 지니는지 보여주는 적용 접근법으로 이동한다. 그리고 나서 (자신을 포함하는) 청중의 삶과 교회에까지 그것^(그러므로)을 적용한다. 마지막으로 옥한흠은 본론의 출발점이 되는 위

---

697 옥한흠, "구원받은 삶이 있는가?"(로마서 12:1-2에 대한 설교, 1992년 6월 21일), 『구원받은 자는 이렇게 산다』, pp.9-11.

치에 있는 '그러므로'라는 단어의 중요성을 언급한 후 로마서 12장 1절의 활자화된 본문으로 돌아옴으로써 결론을 내린다.

따라서 옥한흠이 서론에서 의도하는 바는 청중에 대한 날카로운 분석과 자신의 체험, 학자들의 견해, 다른 성경 본문 및 설교 본문에서 도출되는 설득력 있는 논리의 도움을 받는 수용적인 자세로 청중이 본문에 주목하도록 준비시키는 것이라고 결론지을 수 있다. 이 접근법은 청중에게 본문에 대한 강한 인상을 주고 설교의 목적을 서서히 밝힘으로써 그들을 준비시키는 효과적인 방식이다.

이에 대한 비판이 더러 있다. 전체적으로 볼 때 옥한흠의 서론은 설교의 목적을 강력하면서도 구체적으로 밝힌다. 하지만 그의 서론은 적용 접근법에 크게 의존하며, 이 접근법은 대체로 청중에 대한 진단과 적용, 여러 통찰력 있는 방식들을 통한 본문 적용까지도 포함한다. 설교자는 본문 자체의 중심적이며 일관된 주제를 놓치기 쉽다. 상식이나 경험을 지나치게 강조하면 하나님이 인간의 즉각적인 경험에 지나치게 의존하게 되는 신학적 관계주의를 낳을 수 있다. 찰스 캠벨은 "사적 영역과 공적 영역이라는 이 같은 양분에 굴복하고 설교의 초점을 '사적인' 경험에 맞춤으로써 현대 설교학은 진보적인 현대 미국 문화의 전제들에 자신을 팔아넘기는 위험을 무릅쓴다"[698]라고 하면서 개인적인 경험에 대한 지나친 의존을 비판한다. 올바른 지적이다.

(2) 설교의 결론

하나님이 청중에게 말씀을 전하시는 것은 굳이 결론이 아니더라도 그

---

698   Campbell, *Preaching Jesus*, p.143.

분과의 다양한 만남을 통해서 가능하기에 옥한흠은 결론이 꼭 필요하다고는 생각하지 않는다. 하나님은 설교의 결론은 물론이고 서론이나 본론 그 어디에서도 교인과 소통하실 수 있다. 그럼에도 좋은 결론은 청중들에게 다가가기에 효과적이라는 점을 인정한다.[699]

옥한흠이 내리는 결론의 두 가지 주된 특징은 그의 로마서 설교 결론에서 확인된다. 하나는 본문 적용이고, 다른 하나는 통찰력 있는 개인적 적용이다. 본문을 적용하는 결론은 두 부분으로 되어 있다. 그것은 성경의 절들을 직접 인용하는 적용(3번, 6%)과 모든 적용의 요약(6번, 12%)이다. 하지만 옥한흠은 자신의 로마서 설교에서 여러 통찰력 있는 개인적 적용이 포함되는 결론을 43번(83%)이나 내린다.[700] 다음은 본문 적용에 초점을 맞추는 그의 전형적인 요약 결론의 하나이다.

결론적으로 다시 한 번 본문을 봅시다. 우리는 성령에게 빚지고 사는 사람입니다. 그러므로 해야 할 첫 번째 일은 12절 말씀대로 육신대로 살면 절대 안 됩니다. 그리고 13절에 가서 영으로써 몸의 행실을 죽여야 합니다. 14절에 가서 성령으로 인도함을 받는 사람이 되어야 합니다. 그다음에 15절에 가서 하나님을 '아바 아버지'라 부르는 삶을 살아야 합니다. 이것이 행복한 성령의 사람의 생활입니다. 우리 모두에게 이와 같은 복된 은혜가

---

699 옥한흠, "적용과 결론에 관한 연구." 로빈슨은 이에 대해 다른 견해를 보인다. "훌륭한 설교자는 결론을 위해 신중하게 준비해야 한다는 것을 이해한다. 목사가 그 기술을 사용하든 안 하든 특별한 관심을 가지고 결론을 준비해야 한다. 그렇지 않으면 모든 것이 수포로 돌아가기 때문이다. 결론의 목적은 결론을 내리는 것이지, 단순히 멈추는 것이 아니다"(*Expository*, p.167). 존 스토트 역시 결론 없이 설교를 끝내는 설교자들을 비판한다. "그들은 안개 낀 날 계기가 없어 착륙할 수 없는 비행기처럼 주위를 돌기만 한다." (Stott, *I Believe*, p.244)

700 우리는 옥한흠의 로마서 설교의 결론 52편을 살펴왔다.

충만하기를 바랍니다."[701]

옥한흠은 마치 요리 전문가처럼 본문 내용과 상황, 청중에 따라 다양한 결론을 내려야 한다고 주장한다. 52편의 로마서 설교에서 그는 실제로 청중에게 변화하라는 권면을 28번^(9번은 질문과 함께) 하고, 예화를 네 번 사용하고, 결론을 2번 생략하고, 두 편의 시를 포함하고, 경고를 한 번 하고, 간증을 한 번 하고, 이상적인 결론을 한 번 내린다.[702] 한 가지 특이한 점이라면 52번의 설교 중 42번은 청중과 함께 기도하기 전에 하나님의 말씀에 대한 응답으로 10분가량 함께 찬송을 부른다는 것이다.[703] 옥한흠은 로마서 1장 8-17절에 대해 설교하면서 늘 하던 대로 청중에게 변화를 받으라고 권면한 후에 찬송으로 마무리한다.

그러므로 우리는 세상을 보는 인식을 바꾸어야 합니다. 행복한 자를 보는 인식을 바꾸세요. 형통한 사람, 성공하는 사람을 보는 시각을 바꾸세요. 성

---

701 옥한흠, "성령의 사람은 성령으로 행한다"(로마서 8:12-17에 대한 설교, 1992년 3월 15일), 『아무도 흔들 수 없는 나의 구원』, p.104.

702 로마서 1:1-7에 대한 자신의 첫째 설교의 이상적인 결론의 한 사례로서 옥한흠은 1절과 6절에 바울의 이름 대신 자신의 이름을 써넣으라고 청중에게 말한다. 청중의 이러한 참여를 통해 그는 청중으로 하여금 바울과 같은 그들의 정체성과 의무 또한 파악하게 만든다. 옥한흠, 『내가 얻은 황홀한 구원』, p.23. 또 다른 이상적인 결론은 그가 다른 성숙한 그리스도인들을 마지막으로 인용하는 것에서 볼 수 있다. "새로 열린 구원의 길"이라는 설교 말미에서 옥한흠은 존 버니언의 시 「십자가의 은혜」에서 일부를 인용한다. 고백시를 통해 존 버니언은 하나님의 은혜에 감사하고 그 은혜를 찬양하는 법을 청중에게 가르쳤다. "새로 열린 구원의 길"(로마서 3:27-31에 대한 설교, 1991년 11월 17일), 『내가 얻은 황홀한 구원』, p.153-154.

703 옥한흠은 이렇게 고백한다. "많은 경우에 결론은 찬송가의 말씀과 함께 끝났다. 그리고 나서 찬양을 하기 전에 찬송가를 소개했다. 만약 그와 같은 찬송가를 찾을 수 없을 때에는 비슷한 가사의 찬송가를 골랐다. 나는 설교가 끝날 때마다 구원의 기쁨을 온전히 느꼈고, 이것이 성도들과 함께 찬송 부르고 싶게 만들었다. 구원의 큰 기쁨은 내가 그분을 찬양하지 않고는 강단에서 내려올 수 없게 만들었다." 옥한흠, "적용과 결론에 관한 연구."

경이 그들을 향해 무엇이라고 말하고 있는가를 정확하게 판단하세요. 그들의 실체를 바로 볼 줄 알아야 합니다. 누구든지 예수 없이 살면 성공할수록 하나님의 진노를 더 쌓는 일임을 알아야 합니다. 그럴 때 그들을 불쌍히 여길 수 있습니다. 우리는 이제 믿지 않는 남편, 아내, 자녀들과 친구들 그리고 세상 물질이 풍족해서 예수 앞에 돌아오지 못하는 사람들을 긍휼히 여기면서 찬양을 합시다. 우리가 이 찬양을 부르는 동안 그들을 생각하십시오. 찬양집 269장입니다 … 게다가 과거에 우리가 이 찬양을 불렀을 때 우리는 눈물로 믿지 않는 가족과 친구들을 생각하며 불렀습니다. 여러분은 하나님의 진노를 아십니까? 하나님의 진노 아래에 있는 여러분의 사랑하는 가족들을 생각하십시오. 우리가 이 찬양을 부르는 동안 우리의 가슴은 뜨거워져야 합니다. 찬양합시다.[704]

옥한흠은 청중들이 하나님의 말씀을 토대로 그들의 생각이 스스로 변화되도록 도전한다. 게다가 그는 불신자들의 실제 상태를 정확히 진단하면서 본문을 청중의 삶에 명확하게 적용한다. 마지막으로 옥한흠은 청중에게 무엇을 해야 할지 결정하라고 그들 마음에 호소하기도 한다. 그는 10분가량 여러 차례 반복되는 찬송을 통해 간접적으로 이를 호소한다.

요컨대 효과적인 결론을 내리기 위해 일반적으로 옥한흠은 청중의 이해를 성경적인 이해로 바꾸어 그들의 삶이 집중적인 적용을 통해 변화되도록 애쓴다. 그런 후에 청중의 결단을 촉구하여 마지막 메시지에 응답하게 한다. 본문에 근거한 그의 분명하고 다양하며 구체적인 도전들은

---

704 옥한흠, "하나님의 진노"(로마서 1:18, 22에 대한 설교, 1991년 9월 22일), 『내가 얻은 황홀한 구원』 p.66. 이 책에서 옥한흠은 찬송가의 몇몇 도전적인 가사를 소개하면서 설교를 끝낸다. 찬송가 제목은 찰스 웨슬리가 지은 「웬일인가 내 형제여」이다.

청중의 삶을 크게 변화시키는 결론으로 이어진다. 더욱이 옥한흠은 진리가 그냥 청중의 머릿속에 머물러 있기를 바라지 않는다. 이를 염두에 두고 청중에게 찬송을 부르자고 권면한다. 청중이 찬송할 때 진리는 그들의 머리에서 가슴으로 전해진다. 말씀에 은혜를 받으면 청중은 메시지를 통해 자기 삶을 변화시키겠다고 결단하게 된다. 결론의 두 부분은 그들의 머리와 가슴으로부터 하나님의 말씀에 대한 균형 잡힌 반응을 이끌어 내는 효과적인 방법이다.

하지만 옥한흠이 결론에 접근하는 방식에도 단점은 있다. 그가 결론에서 주된 주제를 사용하기는 하지만, 본문에 대한 언급은 개인적인 적용에 비해 매우 짧고 단순하다. 옥한흠은 이따금 결론에서 본문에 대한 간략한 언급조차 하지 않는다. 또한 주관적인 적용, 곧 그가 초점을 맞추는 목적을 지나치게 강조한다. 그것은 옥한흠 자신이 제시하는 한 가지 결론으로 청중을 제한하기 때문에 주관적이라는 비판을 받을 수 있다. 예를 들어 "하나님의 진노"라는 로마서 1장 18절에 대한 설교의 결론에서 옥한흠은 다른 어떤 주제보다 복음 전도를 더 강조한다. 그렇게 되면 결론에서 적용이 어느 한쪽으로 기울기 때문에 본문의 원래 의미를 쉽사리 잊게 된다. 게다가 그는 간혹 결론을 넣지 않기도 한다. 설교의 한 측면인 결론은 영적 잠재력이 매우 큰데, 이에 대한 준비가 소홀하다는 것은 말이 안 된다.[705] 이는 결론에서의 영향력 있는 문장이 수준 높은 설교를 만들기 때문이다.[706]

---

705 Chapell, *Christ-Centered*, p.251.
706 B. L. Harbour, "Concluding the Sermon," in *Handbook of Contemporary Preaching*, pp.221-222. 이러한 쟁점의 분류에 대한 유용한 토론은 Chapell, *Christ-Centered*, pp.250-251에서 볼 수 있다. Broadus, *Preparation and Delivery*, p.123; Stott, *I Believe*, p.243과 비교하라.

3. 본문에서 설교까지

1) 옥한흠의 설교 주석

앞장에서 우리는 옥한흠의 로마서 설교에 기초하여 그의 주석을 살펴보았다. 존 스토트와 옥한흠을 비교하려면 옥한흠이 로마서 설교의 틀을 짤 때 그의 본문 이해가 어떤 영향을 끼치는지 검토해야 한다. '주석의 구조가 구절에 담긴 생각의 흐름을 나타내기'[707] 때문에 우리는 존 스토트의 경우와 마찬가지로 옥한흠의 주석 방법을 분석할 것이다. 이어서 세 가지 주요 본문인 1장 1-17절, 7장 1절-8장 4절, 12장 1-8절을 이용하여 단어와 문법에 대한 분석을 포함하는 언어학적 연구를 통해 옥한흠의 주석 방법을 보여줄 것이다.

(1) 설교 구조에 대한 분석

여기서는 옥한흠이 로마서 설교에서 선보이는 구조에 대한 대표적 모델을 탐구하고자 한다.

옥한흠에게 있어 주석은 최초의 독자들이 자신들이 처한 상황에서 본문을 어떻게 받아들였나 하는 것이다.[708] 이를 청중에게 설명하기 위해 그는 설교의 틀을 짤 때 평균적으로 두세 개의 주요 대지(division)를 사용한다.[709] 각 대지는 메시지를 현대 청중에게 선보이기 위해 본문의 의미를 명확하게 하고, 보다 구체적인 적용을 위해 메시지를 전개하여 청중

---

707 Chapell, *Christ-Centered*, p.127.
708 옥한흠, 필자와의 인터뷰, 2001년 3월 30일.
709 옥한흠의 강해설교를 평가하기 위해 사랑의교회에서 설교한 3개의 대표적인 본문과 관계된 설교 카세트테이프와 책에서 발췌한 구조들을 전형적인 사례로 선보인다.

이 그 메시지에 반응할 수 있게 한다.

옥한흠은 로마서 1장 설교를 6번 했다.[710] 1991년 9월에 한 첫째 설교는 로마서에 대한 그의 52편의 설교 전체의 서론 격이다. 이 설교에서 바울과 로마서를 간단히 소개한다. 바울과 그의 종으로서의 신분을 논하면서 그는 대지를 셋으로 나누어 "예수 그리스도의 종 된 바울의 신분"이라는 자신의 주장을 전개한다.

로마서 1장 1-7절에 대한 강해, "예수 그리스도의 종, 바울"(1991년 9월 1일)

서론: 바울의 배경과 그가 과거부터 현재까지 로마인들에게 보낸 편지에
        세운 공로 소개

I. 바울은 왜 자신을 그리스도 예수의 종이라 불렀나?(1:1)

II. 바울은 언제 그처럼 겸손한 사람으로 바뀌었나?(1:2-4)

III. 바울의 이야기가 우리에게 주는 의미는 무엇인가?

   A. 누가 예수 그리스도의 종인가?(1-6)

   B. 우리는 예수 그리스도의 종이다

   C. 종으로서의 삶이 지닌 독특성

옥한흠은 서론에서 바울의 배경과 로마서가 고대 및 현대에서 어떤 가치를 지니는지 설명한다. 이는 청중이 본문과 친숙해지고 흥미를 느끼도록 하기 위함이다. "예수 그리스도의 종 된 바울의 신분"이라는 자신의 주

---

710 옥한흠은 로마서 1장을 다음과 같이 나누었다. "예수 그리스도의 종 바울"(1:1-7); "로마 교
     회 [제목이 같은 두 번의 설교]"(1:8-17); "하나님의 진노"(1:18); "하나님에 대한 불경건의
     죄"(1:19-25); "사악함, 사악함 그리고 사악함"(1:26-32).

장을 청중에게 납득시키기 위해 바울이 교인들에게 글을 쓰면서 왜 자신을 그런 사람으로 언급했는지를 말하고 그 이유를 본문^(1:1)에서 직접 인용한다. 나아가 청중으로부터 예상되는 질문들에 답함으로써 교회를 박해한 바울의 이전 삶에 대해 품을 수 있는 어떤 의심도 해소한다. 바울의 변화라는 문제를 다루는 한편, 로마서 1장 2-4절에 특히 주의하면서 그 당시 바울에게 계시된 예수의 정체를 밝힌다.[711] 그리고 나서 본문^(1:6)의 적용을 통해 바울이 자신을 자기 성도들과 동일시하고 있음을 드러낸다. 그 결과 청중도 예수를 따르는 사람이라는 자신의 정체성을 발견하고, 그에 따라 그들의 삶은 바뀔 수 있다. 존 스토트와 달리 옥한흠은 로마서 1장 5, 7절을 언급하지 않았다. 이는 자신의 설교가 로마 교회에 있는 이방인들과 유대인 그리스도인들을 구별하는 데 초점을 맞추지 않기 때문이다.[712]

1991년 9월 둘째 주 설교에서는 바울이 로마서를 집필하게 된 동기에 주목했다. 그는 로마서 1장 8-17절로부터 자신이 이끌어 낸 핵심 테마를 완벽히 설명하고자 같은 본문으로 설교를 두 번 했다. 이 설교를 하는 동안 옥한흠은 청중의 영적 상태를 간접적으로 진단했고, 그에 대한 해답을 제시했다.

로마서 1장 8-17절에 대한 강해, "로마 교회는 복음을 다시 들어야 했다"(1991년 9월 8일, 1991년 9월 15일)[713]

---

711 옥한흠은 바울이 아라비아 사막에서 3년간 공부했다고 말한다. 우리는 해석을 다루는 장에서 이 문제를 자세히 언급할 것이다.

712 하지만 존 스토트는 로마의 유대인들과 이방인들의 동등에 신학적으로 초점을 맞추기 때문에 이 구절을 의미심장하게 다룬다. "존 스토트의 설교 원칙" 중 "설교의 목적"을 보라.

713 옥한흠, "복음을 부끄러워하지 말라"(로마서 1:13-17, 23에 대한 설교, 1988년 10월), 『내가 얻은 황홀한 구원』과 비교하라.

서론: 복음이란 무엇인가?

I. 바울은 왜 로마에 있는 교회에 복음 전하기를 간절히 바랐는가?(1:6-8, 10-11, 13, 15)

　A. 바울은 자기 청중이 잃어버린 구원의 기쁨을 되찾기 바랐다(1:11-12, 15)

　B. 바울은 자기 청중이 구원의 능력을 되찾기 바랐다(1:16-17)

　C. 바울은 자기 청중이 복음 전도의 열매를 거두기 바랐다(1:13)

결론: 우리는 구원의 기쁨과 구원의 능력, 열매 맺는 삶을 회복해야 한다. 이런 것들을 회복하려면 복음을 다시 들어야 한다.

　　로마서의 핵심 주제인 복음을 강조하고자 옥한흠은 복음의 의미에 관한 가장 중요한 질문으로 설교를 시작한다. 이 질문에 답하기 위해 그는 '하나님'과 '복음'이라는 단어의 사용 빈도를 언급한다. 로마서에서 복음이 지니는 중요성을 밝힌 후 '왜'라는 질문을 던지고 본문(1:6-8, 10-11, 13, 15)을 언급함으로써 청중이 바울의 로마서 집필 동기에 관심을 갖게 한다.[714] 뿐만 아니라 자신의 목회적 의도에 따라 그는 1장 14절를 제외한 1장 11-17절에 대한 특별 분석을 포함하여 로마에 있는 교회가 복음을 들어야 했던 세 가지 주된 이유를 제시한다. 그는 당시 로마 교회의 상황을 자기 청중과 자기 교회의 상황에도 적용한다. 설교를 마치면서 자신의 청중이 거듭해서 복음을 들어야 하는 '이유'를 터놓고 이야기한다. 각각의 이유는 본문에서 도출했지만, 그는 설교의 초점이 흐려지지 않도록 14절을 무시한다. 설교 서론에서는 바울이 로마 교회에 대해 어떤 목적을 갖고 있음을 강조한다.

714　이 쟁점에 대한 자세한 논의는 "존 스토트의 설교 원칙" 중 "설교의 목적"을 보라.

그리고 자신이 특별히 로마서 설교를 하는 것은 바울의 목적을 자기 청중이 처한 상황에 적용하기 위해서라고 말한다.

이와 같은 설교 구조는 로마서 8장에서 볼 수 있다. "하나님의 복음이란 무엇인가?"라는 로마서 1장 8-17절의 질문과 같으면서 기본이 되는 질문을 통해 서론에서 '하나님의 복음'의 중요성을 거듭 강조한다. 그는 로마서 8장에 대한 자신의 첫 번째 설교로 로마서 8장 1-11절을 상세히 설명한다.[715] 설교 제목은 "정죄함이 없는 성령의 사람"(1992년 3월 8일)이다.

서론: '하나님의 복음'이란 무엇인가? 우리는 '하나님의 복음'으로 인해 하나님의 은혜의 강으로 뛰어들 수 있다

I. 정죄함이 없다는 분명한 이유는 무엇인가?(8:1, 9-11)

II. 이 '정죄함이 없나니'에서 성령의 역할은 무엇인가?

　A. 성령은 죄와 사망의 법에서 우리를 해방하신다(8:2)

　B. 성령은 우리가 거룩한 삶을 살 수 있게 하신다(8:3-8)

　　1. 죄인의 마음

　　2. 성령의 다스림을 받는 마음

　　3. 영적 삶이 주는 축복

결론: 그리스도 예수 안에 있는 자에게는 정죄함이 없다

715　옥한흠은 로마서 8장에 대한 6편의 설교를 다음과 같이 나눈다. ① "정죄함이 없는 성령의 사람"(8:1-12). ② "성령의 사람은 성령으로 행한다."(8:12-17, 1992년 3월 15일). ③ "고난, 탄식, 영광"(8:18-25). ④ "성령과 우리의 연약"(8:26-27). ⑤ "모든 것을 합력하여 선을 이루시는 하나님"(8:28-30). ⑥ "끊을 수 없는 하나님의 사랑"(8:31-39). 옥한흠은 또한 로마서 8장을 평신도 리더 교육의 교재 일부로 사용한다. Oak, "A Discipleship-Making Program," pp.99-100. 옥한흠, 『제자훈련 인도자 지침서』 1장과 비교하라.

옥한흠은 복음에 관한 기본 질문으로 시작하여 "은혜의 강으로 뛰어들라"라는 한국의 그리스도인들이 익히 알고 있는 표현으로 교인들을 자연스레 본문으로 이끈다. 그리고 나서 우리가 '왜' 하나님의 정죄로부터 해방되는지를 강조하는 본문에 대해 더 구체적인 질문을 먼저 던진다. 게다가 옥한흠은 첫 번째 질문에 대한 답변으로 성령에 관한 두 번째 질문을 소개한다. 두 번째 질문으로부터 그는 두 가지 진술, 곧 로마서 8장 2-8절에 대한 분석과 함께 성령을 통한 자유와 성령과 함께하는 삶을 상세히 설명한다. 그는 두 번째 진술(성령과 함께하는 삶)을 시간을 들여 구체적으로 설명하고 적용한다. 마지막으로 옥한흠은 본문을 두 가지 방식으로 적용한다. 영적인 사람으로서 어떻게 살 것인가라는 문제에는 간접적용을 하고, 하나님의 축복 아래에서 어떻게 살 것인가라는 문제에는 직접 적용을 한다. 그는 자기 설교의 논리와 목적을 통해 그리고 질의 응답을 이용해 설교를 진행하는 가운데 자연스레 청중의 흥미를 불러일으키며 설교 구조를 처음부터 끝까지 전개한다.

로마서 7장 13-25절에 대한 설교, "오호라 나는 곤고한 사람이로다"(1992년 3월 1일)

서론: 두 가지 주요 논쟁이 있다. 하나는 '나'(바울 혹은 다른 사람들)는 누구인가이고, 다른 하나는 이 체험이 언제 일어났느냐 하는 것이다(회심 전인가, 후인가?)

I. 두 번째 논쟁에 대한 옥한흠의 입장: 회심 후

II. 거듭난 그리스도인이 보이는 모순

　A. 욕망과 실제 행함 사이의 불일치(7:15, 18-19)

B. 한 몸에서 대립되는 두 가지 욕망(7:17, 25)

C. 악한(육체적) 욕망에 굴복하다(7:23)

D. 바울의 고뇌는 사실보다 감정의 문제다(7:14)

III. 바울의 고뇌가 드러내는 긍정적인 모습들(7:24)

　A. 고뇌가 없다는 그리스도인의 믿음은 비정상이다

　B. 고뇌는 성화에 이르는 과정이다

　C. 고뇌에 너무 오래 머물지 말라(7:24-25)

결론: 우리는 고뇌를 통해 하나님의 은혜를, 그리스도 안에서의 감사함
　　을 통해 하나님의 은혜를 알아야 한다

　옥한흠은 서론에서 본문의 두 가지 주요 논쟁을 보여주었다. 하지만 그는 자신의 경험에 비추어 바울의 체험이 회심 이후의 사건이라고 단언하면서 두 번째 주장에 초점을 맞추었다. 이에 대해서는 아무런 자세한 논의가 없다. 그다음에 바울이 내면에서 겪는 세 가지 모순을 언급하면서 그가 고뇌하는 이유를 명시했다. 하지만 그는 바울이 이미 회심한 그리스도인으로서 하나님의 정죄로부터 해방되었기 때문에 그의 고뇌는 하나님 앞에 선 그의 실상을 나타내기보다 그가 그렇게 느꼈기 때문임을 확증했다. 특히 그는 그리스도인의 고뇌에 긍정적인 면들이 있다고 말하면서 고뇌에 너무 오래 머물지 말라고 경고한다. 마지막으로 그는 고뇌를 통해 체험하는 은혜를 강조한 다음 하나님께 감사하면서 결론을 내린다.

　이 구조를 살펴보면 우리는 그의 설교가 본문을 해설하고 곤경에 빠진 청중을 위로하기 위해 그 본문을 적용하는데 초점을 두고 있음을 알게 된다. 이는 기독교적 삶과 세속적 삶의 상충되는 요구 앞에서 어찌할

바 모르는 자기 교인들을 위로하는 바울의 방식과 비슷하다. 그러나 옥한흠은 '나'는 누구인가? 라는 첫 번째 질문은 전혀 다루지 않았다. 그의 설교가 '나'의 정체성보다 바울의 고뇌에 초점을 맞추었기 때문이다. 옥한흠은 7장 16, 21-22절에 대해서도 전혀 언급하지 않았다.

옥한흠은 매번 초점을 달리하면서 로마서 12장 1-2절에 대한 설교를 두 번 했다. 하지만 "하나님 앞에서 그리스도인의 헌신된 삶"이라는 기본 메시지는 동일하다.[716] 로마서 12장 1-2절에 대한 설교, "우리의 온 삶을 헌신함으로 경배하라"(1985년 10월 6일)의 개요는 다음과 같다.

> 서론: 삶의 허무주의는 극복되어야 한다. 예수를 만나면 삶의 목적이 뚜렷해져 그것을 극복할 수 있다. 게다가 큰 기쁨을 맛보며 살 수 있다. 그리스도인이 실제 삶에서 큰 기쁨을 누리는 이유는 무엇인가?
>
> I. 하나님이 우리 몸을 거룩한 제물로 받겠다고 약속하셨기 때문이다(12:1)
>
>   A. 몸은 무엇을 의미하는가?
>
>   B. 우리 몸이 거룩한 제물이 되기 위한 조건은 무엇인가?
>
> II. "우리 몸을 드린다/바친다"는 것은 무슨 뜻인가?
>
> III. 우리는 끊임없이 우리 삶을 거룩한 제물로 내려놓아야 한다
>
> 결론: 우리는 왕 같은 제사장으로서 우리의 삶 전체를 하나님께 드려야 한다. 그래야 삶의 공허함을 극복할 수 있다[717]

---

716 그는 12:1-2에 대해 두 번 설교했다. 한 번은 1985년 10월이었고, 다른 한 번은 1992년 6월이었다. 하지만 1992년에 그는 다음과 같은 제목으로 로마서 12장에 대해 네 번 설교했다. ① "구원받은 삶이 있는가?"(12:1-2), ② 교회 봉사부터 먼저 하라"(12:3-8), ③ "교회 안에서 이렇게 봉사하라"(12:9-13), ④ "하나님의 자녀다운 인간관계"(12:14-21)

717 옥한흠, "그리스도인의 자존심," pp.56-70과 비교하라.

서론에서 옥한흠은 삶의 문제에 대한 해결책을 제시한다. 하지만 (예수가 답이라는) 이 말에 청중들이 이의를 제기할 수도 있겠다고 생각하는 그는, '왜'라는 질문을 던짐으로써 그들이 어떤 식으로 대답하든 그것을 이해하고 있음을 보여준다. 설교 본론에서 본문의 의미를 설명함으로써 자신이 이미 서론에서 제시한 답변을 뒷받침하려 한다. 중요한 것은 설교 본문의 반을 차지하기는 하지만, 진정한 기독교적 삶에서 오는 큰 기쁨을 보여주는 데 계속 초점을 맞추려고 12장 2절을 뺀다는 것이다. 그리고 마침내 그 메시지를 청중의 삶에 적용하면서 그들에게 달라질 것을 요구한다. 결론에서 청중을 격려하기 위해 그들이 왕 같은 제사장의 정체성을 지니고 있음을 재확인한다.[718]

하지만 그가 로마서 연속 설교에서 본문을 해설하던 1992년에는 초점이 바뀌었다. 로마서 12장에 대한 네 편의 설교 중 첫 번째 설교의 제목은 "구원받은 삶이 있는가?"(1992년 6월 21일)이다.

> 서론: 진리와 삶은 하나이다. 말씀과 순종은 하나이다. 하지만 현실의 삶은 어떠한가?
> I. 무엇이 구원받은 그리스도인의 삶인가?(12:1)
>   A. 무엇이 산 제사인가?
>   B. 무엇이 영적 예배인가?[719]
> II. 어떻게 우리는 이것을 우리 삶에 실제로 적용할 수 있는가?

---

718 왕 같은 제사장직은 그의 목회신학에서 더없이 중요한 요점이다. "옥한흠의 설교 접근"을 보라.
719 옥한흠은 이를 '제대로 예배드리기' 혹은 '자연스러운 예배'로 번역한다.

옥한흠은 말씀과 그리스도인의 삶 모두 드러나도록 본문을 다른 방식으로 다룬다. 또한 청중들의 상태를 진단하기 위해 핵심 질문으로 설교를 시작한다. 설교 본론에서 옥한흠은 무엇보다도 주석을 통해 중요한 단어들을 분석하여 본문의 의미를 찾으려 한다. 두 번째로 설교의 본론의 장 안에서 그는 '어떻게'라는 질문으로 첫 번째 답변을 (자신을 포함하여) 청중의 삶에 적용한다. 여러 예화를 제시하며 적용한 후, 옥한흠은 12장 2절에 대한 특별 분석에 덧붙여 두 개의 작은 대지로(sub-section)으로 또 다른 제안(비그리스도인의 삶과 상반되는 그리스도인의 삶의 중요한 특징들)을 펼친다. 여기서 그는 이전 설교에서 그랬듯이 하나가 아닌 두 절을 풀이한다. 결론에서 기본적인 질문으로 청중의 상태를 진단하고 본문의 요점을 반복한다. 그리고 구원받은 그리스도인으로서 믿지 않는 자와 다른 삶을 살라고 촉구한다.

옥한흠의 설교는 서론, 본론, 결론 사이에 전혀 주제에서 벗어남 없이 처음부터 끝까지 전체적으로 부드럽게 이어간다. 청중들이 가지고 있는 현실적인 문제들과 성경 사이의 상호관계를 소개하면서 처음부터 본문에 대한 청중들의 관심을 불러일으키고자 하는 목표를 이어가는데, 이것은 질문을 분석하거나 적용을 설명하는 것에서 볼 수 있다. 그때에 본문에 대해 청중들이 가지고 있는 물어봄 직한 질문들에 대해 부드럽게 대처하는데, 청중의 변화를 위해 현실의 삶을 가지고 설명하는 방식이다. 마지막에는 그의 메시지가 청중들의 반응을 더 북돋우게 해서 개인적으로 적용하도록 하고, 질문하고, 호소하고, 설득함으로써 결단하게 만든다.

(2) 언어학적 연구

옥한흠은 언어학적 연구가 주석의 핵심 요소임을 인정한다. 옥한흠의 로마서 설교를 연구해 보면 그가 본문의 의미를 결정짓는 중요한 역할을 하는 단어-시제, 구조적 역할, 반복, 빈도, 기능 또는 관계된 문맥에 있는 다른 단어들과의 관계-에 세밀하게 관심을 가진다는 것이 명백하다.

옥한흠은 본문에서 강조하는 중요한 단어들이나 핵심 용어들을 검토한다.[720] 이에 대한 사례는 로마서 1장 1-7절에서 볼 수 있다. '종'에 대한 강조는 설교 내내 지속된다. 그는 "예수 그리스도의 종, 바울"이라는 제목의 설교에서 이 단어를 사용한다. 또 설교 본론으로 들어가면서 '종'이라는 단어가 얼마나 놀라운 표현인지 언급한다.[721] 게다가 그는 노예 (doulos)라는 표현이 당시에 깜짝 놀랄 만한 것이었음을 입증하기 위해 문화적 배경, 문장에서 그 표현이 점하는 위치, 그리고 바울의 개인적 배경을 거론한다. 그리고 헬라어 단어 둘로스의 실제 의미를 종(servant)으로 번역함으로써 이 단어를 더욱 강조한다.[722] 설교 내내 옥한흠은 본문

---

720 단어를 강조하는 요소들을 찾으려면 Liefeld, *New Testament Exposition*, p.41을 보라. 단어의 핵심 주안점들은 두 가지 주요 특징을 지닐 수 있다. 그러한 특징들은 본문에 나타나는 빈도에 의해 확인하거나, 주제적 명제에 나타나면서 전략적 위치를 차지할 수 있다. 다른 단서로는 이 단어들이 단락에 특별한 뉘앙스들을 덧붙이기 때문에 주석할 때 자주 우리를 혼란에 빠뜨릴 수 있다는 점이다. Kaiser, *Toward An Exegetical Theology*, 155.
721 옥한흠, "예수 그리스도의 종, 바울," 『내가 얻은 황홀한 구원』, p.10.
722 우리는 해석을 다루는 장에서 그것의 문화적 및 개인적 배경을 상세히 분석할 것이다.

분석의 초점을 '종'이라는 단어에 맞추고, '종'이라는 단어와 관련된 예화들을 사용하기도 한다. 마지막으로 그는 종의 신분이라는 전체 메시지를 적용하고 신자들을 그리스도의 종과 동일시한다.[723]

옥한흠은 단어의 반복이 그 단어가 중요하다는 증거라고 본다.[724] "로마 교회는 복음을 다시 들어야 했다"라는 설교에서 그는 본론으로 들어가 어떤 특정한 단어의 사용 빈도가 중요하다고 강조한다. 바울이 로마서 서론에서 '하나님의 복음'이라는 용어를 사용하는 것은 이 때문이다. 로마서에서 가장 빈번하게 사용되는 단어는 '하나님'으로, 그 횟수가 153회나 된다."[725] 옥한흠은 로마서 1장 1-17절에서 일곱 번이나 반복되는 '복음'이라는 단어도 강조한다.[726] 단어를 강조하는 방식 중 하나는 특정 구절에서 그 단어를 선택하는 것이다. 옥한흠은 청중들이 일상을 살아가는 데 도움이 될 만한 단어들에 특히 주목한다.[727]

본문의 원래 의미를 파악하기 위한 언어학적 분석의 일환으로, 옥한흠은 헬라어 원문에 나오는 단어들의 시제들을 분명히 밝히기도 한다. 시제 사용의 전형적인 사례로, 그는 로마서 7장 14절을 설명하기 위해 "죄

---

723   옥한흠, "예수 그리스도의 종, 바울," 『내가 얻은 황홀한 구원』, pp.9-23. '옥한흠의 변화 중심의 설교가 서구 설교에 끼친 영향'에 내린 이상적인 결론의 일례를 보라. 우리는 그의 설교에서 이러한 사례를 많이 볼 수 있다. 예컨대, "삶의 가치와 죽음에 대한 기대"라는 설교에서 옥한흠은 또한 설교 본문에서 '떠남'이라는 핵심어를 이끌어 내 죽음이라는 주제를 적용과 결론 안으로 가져온다. 옥한흠, 『이 험한 세상을 어떻게 살까?』, pp.200-214.
724   옥한흠은 "반복은 강력한 교육 자원이다. 우리가 중요한 정보를 되풀이하듯 하나님 역시 그러하시다"라고 말한다. "A Discipleship-Making Program," p.90.
725   옥한흠, "예수 그리스도의 종, 바울," p.26.
726   같은 책, p.27.
727   같은 책, pp.90-93. 예를 들어 로마서 1:18에 대한 설교에서 그는 '분노'의 의미에 초점을 맞춘다. 설교 내내 그는 여러 하위 요점들(sub-points)로 이 단어를 설명하고 해석한다. 끝에 가서 그는 이 단어를 하나님의 진노를 잊기 시작하는 현대 청중에 적용하고, 그들에게 하나님의 진노를 경고함으로써 결론을 내린다. 이것이 적용을 목적으로 하는 옥한흠의 단어 연구가 보여주는 전형적인 사례다.

아래에 팔렸도다"의 시제를 명확히 한다. "우리말 성경은 과거시제로 번역되어 있지만, 원문을 보면 그렇지 않습니다. 분명히 현재시제입니다. 자, 보십시오."[728] 또한 옥한흠은 로마서 8장에서도 시제를 분명히 한다. "13절 중간 부분입니다. '영으로써 몸의 행실을 죽이면 살리니.' 성령의 사람은 성령으로 자기 몸의 행실을 죽인다고 합니다. 여기서 죽여야 된다는 말은 현재동사입니다. 한 번 죽이는 것으로 끝나는 말이 아닙니다. 날마다 죽이는 반복 행위를 의미하고 있습니다."[729] 죽여야 되는 것처럼 시제를 분명히 함으로써 본문으로부터 유용한 의미를 이끌어 내고 그것을 청중들의 삶에 적용한다.

옥한흠의 로마서 설교는 동시언어학적(synchronistic linguistic)의 접근법과 의미의 미묘한 차이가 무엇인지 보여주는 좋은 사례가 된다. 로마서 12장 1-2절의 '그러므로'라는 단어를 설명하기 위해 그는 이 단어의 사용을 갈라디아서와 골로새서, 고린도전서 및 고린도후서에 나오는 '그러므로'의 사용과 비교한다. 특히 옥한흠은 마태복음 19장 6절을 인용한다. 그는 로마서 12장 1-2절에 대한 설교에서도 적용과 결론을 내리는 단어들의 미묘한 차이를 설명한다.

게다가 옥한흠은 한국어 단어와 영어 단어의 의미를 비교한다. 예를 들어, 로마서 8장 6절에서 "성령에 의해 구속받는 영혼"의 의미를 청중들이 이해하는지 확실히 하기 위해 두 언어 사이의 미묘한 차이를 비교한다. "오늘 본문에 나오는 '생각'이라는 단어는 영어로 'Mind'라고 표기

---

728 옥한흠, "오호라 나는 곤고한 사람이로다(로마서 7:13-25)," 『아무도 흔들 수 없는 나의 구원』, p.65.
729 옥한흠, "성령의 사람은 성령으로 행한다." 라이펠트 역시 시제의 차이가 설교에서의 적절한 적용을 위한 중요한 요점이 될 수도 있다고 단언한다. *Exposition*, p.41.

합니다. 그런데 우리는 'Mind'를 주로 '마음'이라고 번역합니다. 생각은 곧 마음입니다. 생각은 마음의 흐름이요, 표현입니다. 생각이 가면 마음이 따라가기 마련입니다."[730] 그는 자신의 청중들이 성경을 잘 이해할 수 있도록 이러한 번역을 통해 정확한 의미를 제공한다.

(3) 옥한흠의 주석 접근법에 대한 평가

옥한흠의 주석 접근법은 여러 강점을 지닌다. 특히나 성경의 내용에 대한 무지가 설교의 위기를 초래하는 현실을 감안할 때 그러하다.[731] 그는 언어학적 연구의 여러 측면을 통해 본문에서 단어의 심층적 의미를 파악하기 위한 노력을 게을리하지 않는다. 이를테면 헬라어 단어의 시제와 의미의 미묘한 차이들을 고려하고 한국어 번역을 다른 번역들과 비교한다. 이렇게 함으로써 서론의 단어들에 대한 연구를 통해 본문을 더 분명히 이해하고자 여러 방식으로 중요하거나 핵심이 되는 단어들에 대한 분석을 시도하는 것이다. 이 수단들을 통해 주석을 충실하게 함으로써 옥한흠은 성경적인 설교를 할 수 있게 된다.

옥한흠의 주석은 단순해서 청중들이 이해하기 쉽다. 그는 주석을 상세히 하느라 많은 시간을 보내기보다 본문의 번역을 고려하면서 더 중요한 단어와 구절들을 설명한다.[732] 이 점에서 주석 접근법은 대다수 평신도들에게 유익이 된다. 그들이 본문의 의미가 결정되는 과정이 아닌 본

---

730 옥한흠, "정죄함이 없는 성령의 사람," p.85.

731 J. D. Smart, The Strange Silence of the Bible in the Church: A Study in Hermeneutics (Philadelphia: Westminster, 1970) p.10. Greidanus, Modern Preacher, pp.22-123과 비교하라.

732 여기서 옥한흠의 입장을 지지하는 마크쿼트는 "주석은 본문의 의미를 설명하는 데 도움이 되어야 한다. 주석은 단순히 신학교 학위가 없는 사람들에게는 생소한 히브리어 단어들과 어구 분석 노트, 문법 용어들이라는 안개 속에서 의미를 흐리게 해서는 안 된다"라고 말하면서 난해한 주석을 설교에 포함하는 것을 비판한다. Quest for Better Preaching, p.105.

문의 참된 의미를 파악하는 일에만 관심을 두기 때문이다.[733] 나아가 청중의 일상과 관련된 특정 단어들을 강조하면 그들은 누가 시키지 않아도 성경대로 살아야겠다는 다짐을 하게 된다.[734]

하지만 옥한흠의 주석 방법에 내재된 몇몇 약점은 간과할 수 없다. 그는 자기 나름으로 성경을 풀이해서 단어의 강조나 의미의 미묘한 차이라고 생각되는 것들을 찾아내려는 경향이 있다. 로마서 1장 17절에 대한 설교에서 옥한흠은 '종'이라는 단어는 강조하면서 그 밖의 다른 특정한 단어나 구절은 경시한다. 이는 그가 무엇보다도 교인들에게 바울처럼 섬기는 삶을 살라고 권면하고 싶었기 때문이다. 그리하여 옥한흠의 설교는 바울과 그의 헌신을 강조하는 단순하면서 분명한 메시지를 지닌다. 이는 잘못된 주석은 아니지만, 로마서 1장 1-7절에서 정말 강조하는 것은 바울과 복음 모두이다. 옥한흠과 달리 존 스토트가 같은 구절을 다룰 때^(제임스 던과 더글러스 무 또한) 그는 "복음에 대한 바울의 진술"[735]이라는 제목을 붙인다. 따라서 옥한흠이 설교 내내 '바울'이라는 한 단어에 집중하기 때문에 그가 주관적인 강조를 한다고 볼 수 있다.[736]

더욱이 옥한흠은 어떤 핵심어들을 설명하는 과정에서 '어원 오류(root fallacy)'[737]라는 함정에 빠진다. 로마서 15장 1절의 "믿음이 약한 자의 약

---

733 채플이 선보인 R. G. Rayburn, *Christ-Centered*, p.121.

734 D. L. Larsen, *The Anatomy of Preaching: Identifying the Issues in Preaching Today* (Grand Rapid: Baker, 1989) p.6과 비교하라. 라슨은 "참된 강해 메시지는 자신의 온갖 자료를 활용하여 적용이 빛을 발하게 한다"라고 말한다.

735 2.2.1절을 보라. 던은 "일곱 구절에서 '예수 그리스도'의 이름이 네 차례 거명되는 것은 그리스도가 바울의 전체 사상과 노력에서 중심을 차지한다는 것을 보여주기" 때문에 같은 구절들에서 복음을 강조했다. *Romans 1-8 (WBC)*, p.6; Moo, *Romans*, p.40.

736 옥한흠, "예수 그리스도의 종, 바울," 『내가 얻은 황홀한 구원』 pp.9-23. 사실상 모든 주석은 불가피하면서도 필연적으로 주관적 요소를 지닌다. 그럼에도 우리는 어떤 사람들이 다른 사람들보다 더 주관적이라는 사실을 무시할 수 없다.

737 '근본적인 오류'는 어원학에 의해 결정되는 언어학적 실수로 정의된다. '근본적인 오류'에

짐을 담당하고"를 뜻하는 '바스타조(bastazo)'에 대한 설명을 예로 들어 보자. 그는 바스타조가 '짐을 받아들이는 것과 짊어지는 것' 둘 다를 뜻한다고 하면서 이사야 53장 4, 6절(히브리어 본문)의 두 절을 인용하여 이 둘의 의미가 같다고 주장한다.[738] 하지만 옥한흠은 히브리어 단어들을 비교하거나 그 단어들의 실제 의미를 조사하지 않는다. 이사야 53장 4절에 나오는 나사(nasa)라는 단어는 '들어 올리다' 혹은 '지탱하다'를 뜻하는데, 이는 로마서 15장 1절의 바스타조와 의미가 비슷하다. 그러나 이사야 53장 6절의 파가(paga)라는 단어[히브리에서 파가는 '넘어지다'(12번), '만나다'(11번), '도달하다'(7번)를 뜻한다]는 바스타조와 의미가 다르다. 옥한흠이 비슷한 실수를 하는 것은 주어진 단어가 포함된 문맥에서 어떻게 사용되는지를 도외시하기 때문이다. 그는 이렇게 말한다. "'소마(soma)'와 '사르코스(sarkos)'의 의미는 엄밀히 구별된다. 소마는 '몸'을 뜻하지만 사르코스는 '옛 사람'[로마서 7장]을 뜻한다.[739] 하지만 소마와 사르코스의 의미가 어떤 맥락(즉, 고전 12:12; 딤전 3:16)에서 겹치기 때문에, 이 두 단어의 의미를 정확히 구별하기는 어렵다. 여기서 소마는 주격이고 사르코스는 소유격이다."

또 다른 단점은 단어분석 오류에 빠지기 쉽다는 점이다. 예컨대, 옥한흠은 영어 번역을 참조하여 한국어 번역을 수정한다. (한국어 성경의 "이와 같이 성령도 우리의 연약함을 도우시나니"와 같은 방식으로) 로마서 8장 26a절에 대해 주석하면서 그는 '~도(also)'가 오역임을 지적한다.

대한 자세한 논의는 D. A. Carson, *Exegetical Fallacies* (Grand Rapids, Michigan: Baker Book House, 1984) pp.26-32, James Barr, *The Semantics of Biblical Language* (Oxford: University Press, 1978) p.96, 218을 보라.

738 옥한흠, "연약한 자의 약점을 담당하라"(로마서 15:1-13에 대한 설교, 1992년 12월 20일), 옥한흠, 『구원받은 자는 이렇게 산다』 pp.171-172.

739 옥한흠, 로마서 12:1-2에 대한 설교(1985).

'~도'라는 단어가 성령의 갑작스런 출현을 암시하기 때문에 '성령도(the Spirit also)'라는 번역은 잘못되었다는 것이다. 성령은 진즉에 우리를 돕고 계셨다. 그러므로 올바른 번역은 "성령은 우리의 약함을 도우시나니(the Spirit helps us in our weakness)"이다.[740] 여기서 옥한흠은 헬라어 단어를 상세히 설명하기 위해 영어 번역을 사용한다. 하지만 헬라어 본문에 '~도'를 뜻하는 '카이(kai)'라는 단어가 나온다. 이는 영어 번역이 주어진 본문의 문맥에서 타당하게 이루어졌는지 여부를 옥한흠이 확인하지 않았다는 증거다.[741]

옥한흠의 설교에서는 문법적으로 오류의 증거도 발견할 수 있다. 예컨대, 로마서 3장 19-26절에 대한 설교에서 "모든 사람이 죄를 범하였으므로(For all have sinned · hamartano)"의 시제가 과거라고 설명한다. 그러므로 "모든 것이 아담의 죄다."[742] 하지만 바울의 진술은 단지 과거 시간과 관련되는 것은 아니다. '죄를 범했다'라는 말은 5장 12절에서처럼 하마르타노(hamartano)의 "부정과거 용법의 제2 부정과거 직설법(constative second aorist indicative)이다. 이 시제는 하나의 진술에 인류 전체를 포함시킨다(시간을 초월하는 부정과거). 따라서 '모든'이라는 단어는 단지 아담의 타락만이 아니다. 그것은 '모든 인간'을 가리키고 인간 타락의 결정적이고 보편적인 특성과 관계있다.[743] 아오리스트(부정과거) 시제에 대한 옥한흠의 이해는 "아오리스트는 최종적인(once-for-all) 행동을 뜻한다"[744]라는 부정확

---

740 옥한흠, "성령과 우리의 연약함," p.123.

741 Kwon, "An Awakening Preacher," p.73. A. C. Thiselton, *Two Horizons*, p.128과 비교하라.

742 옥한흠, "새로 열린 구원의 길,"『내가 얻은 황홀한 구원』, pp.146-147.

743 Dunn, *Romans 1-8(WBC)*, p.167; Dunn, P. E. Hughes 및 S. E. Porter를 참고하여 더글러스 무는 이렇게 설명한다. "부정과거, 과거의 죄를 한순간으로 사람들의 죄를 모으는 것." *The Epistle to the Romans* (Grand Rapids, Michigan: Eerdmans, 1996) p.226.

744 D. B. Wallace, *Greek Grammar Beyond The Basics: An Exegetical Syntax of the New Testament*

한 진술로 요약할 수 있다.

때때로 옥한흠은 주석이나 설명 없이 본문 번역에서 해석으로 넘어간다. 그는 로마서 12장 1절을 예로 들면서 "우리는 '영적 예배(spiritual act of worship, NIV)'를 '올바른 섬김이나 자연스러운 섬김(proper serving or natural serving)'으로 대신할 수 있다"라고 말한다.[745] 그는 아무런 설명 없이 NIV 번역에서 '올바른 섬김이나 자연스러운 섬김'의 의미로 도약한다. 그러고 나서 "올바른 섬김이란 무엇인가?"라고 계속 묻는다.[746] "교회 봉사부터 먼저 하라"라는 설교에서 "우리가 교회에서 먼저 봉사해야만 하는 이유를 보여주고, 14절 역시 교회에서 먼저 봉사하라는 것을 보여준다"[747]라고 말한다. 그는 설교 내내 해석에는 어느 정도 신경 쓰지만 구체적인 주석은 어떤 식으로든 하지 않는다. 옥한흠과 달리 존 스토트는 자신의 정확한 주석을 통해 은사를 받았으니 서로 사랑하라고 지속적으로 권고한다.[748] 정확한 주석이 빠진 설교는 자칫 주관적인 오류에 빠지기 쉽다.

어떤 경우에는 옥한흠의 단어 연구는 문맥을 벗어난다. "하나님의 진노"라는 설교에서 그는 하나님의 진노를 두 가지로 정의한다. 하나는 죄에 대한 반응이고, 다른 하나는 자기 자녀를 향한 하나님 사랑의 한 측면이다. 두 번째 정의를 뒷받침하기 위해 옥한흠은 "대저 여호와께서 그 사랑하시는 자를 징계하시기를 마치 아비가 그 기뻐하는 아들을 징계함

with Scripture, Subject, and Greek Word Indexes (Grand Rapids, Michigan: Zondervan Publishing House, 1996) p.557.

745 옥한흠, "구원받은 삶이 있는가?," 『구원받은 자는 이렇게 산다』 p.15.

746 옥한흠, "구원받은 삶이 있는가?"

747 옥한흠, "교회 봉사부터 먼저 하라," 『구원받은 자는 이렇게 산다』 p.23.

748 Stott, "Living in the Light of the Gospel: Love" Romans 12:3-21. All Souls Cassette, 1992.

같이 하시느니라"라는 잠언 3장 12절을 언급한다.[749] 하지만 바울의 문맥에서 보면 두 번째 정의는 설득력이 없다. 오히려 로마서에 나타나는 하나님의 진노는 믿지 않는 자들과 관련되는 반면 잠언의 '징계'는 하나님을 두려워하는 사람, 하나님의 징계 대상이 되는 사람을 가리킨다.

2) 옥한흠의 설교 해석

설교의 전개라는 두 번째 단계에서 옥한흠은 역사적-문화적 배경, 신학적이고 성경적인 문맥을 밝힘으로써 그리고 타당한 해석을 하기 위해 본문의 상황을 분석함으로써 본문의 지평을 펼쳐 보인다. 그는 이렇게 단언한다. "깨달음이 없으면 어떠한 삶의 변화도 있을 수 없다. 깨달음을 얻으려면 해석해야 한다. 본문의 의미는 무엇인가? 본문이 암시하려는 바는 무엇인가?"[750] 이 장에서는 옥한흠의 해석학적 패러다임을 분석하고자 한다. 이를 위해 그가 강단에서 성경을 어떻게 해석하는지에 집중하면서 그의 설교를 살펴볼 것이다. 그러고 나서 옥한흠의 해석은 구절에서 의도하는 원래 의미를 되살리는 것이 아니라 그 구절이 오늘날의 청중에게 어떤 의미를 주는지를 설명하는 데 초점을 둔다는 점을 보여줄 것이다. 나아가 우리는 그의 해석에 대한 비판적 평가를 꼼꼼히 할 것이다.

---

749 옥한흠, "하나님의 진노," 『내가 얻은 황홀한 구원』 p.55.
750 "A Discipleship-Making Program", pp.93-94. 베일리와 오스본의 견해는 옥한흠의 기본 원리를 지지한다. 베일리는 이렇게 말한다. "설교자는 청중이 성경 메시지를 경험하도록 해석학적 다리가 되려고 노력한다. 설교자는 이해를 설명으로 바꿔줘야 한다." *Hermeneutics for Preaching: Approaches to Contemporary Interpretations of Scripture*, R. Bailey (ed.) (Nashville: Broadman, 1993) p.10. G. R. Osborne, *The Hermeneutical Spiral*, p.12와 비교하라.

(1) 역사적—문화적 상황에 대한 해석

본문을 정확히 해석하기 위해 옥한흠은 주어진 본문의 역사적 배경과 문화적 중요성을 먼저 이해하려 한다. 그는 옛날의 상황과 지금의 상황 사이에 문화와 의사소통의 장벽이 있다고 믿는다. 따라서 본문을 해석하려면 이들 장벽을 고려해야 한다.[751] 우리는 로마서 1장 1-17절에 대한 설교에서 그가 어떻게 역사적이며 문화적인 해석을 이용하여 본문에 나타난 바울의 주된 목적을 밝히는지, 그리고 그렇게 함으로써 청중들에게 어떻게 예수의 종으로서 헌신하는 삶을 살라고 독려하는지에 대한 분명한 사례를 볼 수 있다.

본문의 원어인 헬라어로는 '노예'를 가리키는 말입니다. 지금은 노예가 없으니 노예가 얼마나 천한 신분인가를 실감할 수 없습니다. 그러나 당시에는 로마 인구의 약 절반에 해당하는 6천만 이상이 노예로 살아가고 있었습니다. 그들은 오늘날 공장의 기계나 다를 바 없는 생산 수단이었습니다. 사람이 아니라 생산 수단이었단 말입니다. 그래서 "노예와 당나귀는 똑같은데, 노예는 말을 할 줄 알고 당나귀는 말을 하지 못한다"라는 말이 공공연히 사람들의 입에 오르내릴 정도로 사람대접을 못 받았습니다. 당시 노예 시장에 가면 반나체가 되어 단 위에 전시되어 있는 노예들을 얼마든지 볼 수 있었습니다. 지나가던 사람들이 구경하다가 마음에 들면 흥정을 해서 사갑니다. 집에 가서는 이미 뚫려 있는 귓구멍에다가 주인이 자기 이름을 새긴 귀걸이를 달아줍니다. 그러면 그 시간부터는 귀걸이에 쓰여 있는 주인의 소유가 되어 버리는 것입니다. 노예는 자기 이름도 없습니다. 자기 생

---

751 Oak, "A Discipleship-Making Program," pp.93-94.

각도 있을 수 없습니다. 자기의 어떤 의지나 꿈 또는 계획이라는 것은 상상조차도 할 수 없습니다. 말할 줄 아는 짐승처럼 그저 주인인 귀족을 위해서 농사나 짓고 심부름이나 하는 도구에 지나지 않았던 것입니다. 이와 같은 상황에서 바울이 편지 첫 줄에다 자기를 예수 그리스도의 노예라고 소개하면서 한 번도 대면한 일이 없는 로마 교인들에게 보냈다는 사실은 정말 놀라운 일이 아닐 수 없습니다. 그는 당대 석학이었습니다. 시민권을 가진 당당한 로마 사람이었습니다. 그러나 그는 자기를 예수의 노예로 소개하기를 더 자랑스러워했던 것입니다. 그러면 바울이 강요에 못 이겨 자기를 예수의 노예라고 불렀습니까? 저는 그렇게 보지 않습니다. 물론 우리가 아는 바와 같이 그가 예수님을 처음 만난 것은 강제적이었습니다. 당시 그 가슴에는 무서운 증오가 치밀어 오르고 있었습니다. 예수가 앞에 있었다면 침을 뱉어 주고 싶은 심정이었습니다. 그러나 예수님이 그를 만나 '너는 택한 나의 그릇'이라고 하시자 반항할 수도 없고 도망갈 수도 없어 죽지 못해 끌려가는 노예와 같이 되어 있었습니다. 죽지 못해 끌려가는 종이 아니라 주인 되신 그리스도를 위해 자신을 기꺼이 드리는 자원하는 종으로 변해 있었습니다. 바울이 언제 그렇게 변했다고 생각합니까? 물론 성령이 그에게 새 마음을 주신 순간부터 그런 변화가 일어났을지 모릅니다. 그러나 저는 그렇게 단순하게 결론을 내리고 싶지 않습니다. 누구나 자기를 종으로 누구에게 드리는 일은 절대 하루아침에 되지 않습니다. 그렇게 결단하지 않을 수 없는 분명한 계기가 생겨야 할 수 있는 일입니다. 제가 보기에는 그가 예수님을 처음 만났을 때 당장 그러한 심령의 변화가 일어났다고 하기는 어려울 것 같습니다 … 바울은 예수님을 만나고 얼마 지나지 않아 구약성경을 팔에 끼고 저 아라비아 사막으로 들어간 일이 있었습니다. 거기서 그는 3년 동안 은둔하면서 주님의 말씀을 철저하게 검토하고 연구할 수 있는 기회를 가졌습니다(갈라디아서 1장 17-18절). 그동안 그는 자기가 다메섹 도상에서 만난 그분이 과연 하나님이 구약의 선지자들을 통해서 약속하신 메시아인지, 과연 인류에게 복음이 되시는 구원자인지를 철저히 검토하기 시작했다고 생각합니다.[752]

옥한흠은 역사적이며 문화적인 상황을 고려한 접근을 해석의 토대로 삼는다. 이에 대해 그는 '노예'라는 표현이 그 당시 얼마나 놀라운 것인지를 보여주기 위해 바울의 개인적 배경과 더불어 이 단어 자체를 분석한다. 또 바울의 아라비아 체류를 통해 그의 회심 체험을 설득력 있게 증명한다. 이러한 접근법을 통해 그는 마침내 핵심 주제에 도달하고, 자기 청중에게서 커다란 공감을 이끌어 낸다. 그는 노예 제도의 개념을 청중에게 적용하는 것으로 설교를 마친다.[753] 한 가지 주목할 점은 역사적이며 문화적인 배경을 설명하면서 그것을 청중과 연관시키기 위해 '제 생각에는'이라는 표현을 사용한다는 것이다. 이에 대해서는 상황에 대한 그의 해석을 논할 때 자세히 다룰 것이다.[754]

---

752 옥한흠, "예수 그리스도의 종, 바울,"『내가 얻은 황홀한 구원』pp.9-12. 설교 제목을 보면 그의 설교 초점이 무엇인지 알 수 있다.

753 같은 책, pp.15-16.

754 이 접근법의 또 다른 사례는 그가 로마서 13장의 배경을 다루는 것에서 볼 수 있다. "그리스도인과 정치적 책임"(로마서 13:1-7에 대한 설교, 1992년 9월 13일),『구원받은 자는 이렇게 산다』pp.72-73. 역사적 상황의 분석에 대한 또 다른 명백한 사례는 "교회 안에서 왜 분쟁이 일어나는가(로마서 14:1-4에 대한 설교, 1992년 11월 15일),『구원받은 자는 이렇게 산다』, pp.121-123에서 볼 수 있다. 옥한흠은 또한 로마서 14:5-12의 안식일과 음식에 관한 쟁점으로 이와 동일한 사례를 다룬다. "형제를 판단하지 않으려면"(로마서 14:5-12에 대한 설교, 1992년 12월 6일),『구원받은 자는 이렇게 산다』pp.136-137.

(2) 신학적 상황에 대한 해석

옥한흠은 주어진 본문의 신학적 상황도 면밀히 탐구한다. 예를 들어 "야곱은 사랑하고, 에서는 미워하고"라는 설교에서 그는 쟁점이 되는 선택의 교리를 다룬다. 하나님의 선택을 로마서 9장의 주된 주제로 소개한 후 곧장 질문을 던진다. "하나님은 왜 어떤 사람들(남은 자들)은 선택하고, 또 어떤 사람들은 선택하지 않으실까요?" 로마서 9장 11절을 통해 이 질문에 답하는데, 로마서 9장 11절에서는 '하나님의 주권'을, 에베소서 1장 5절에서는 '그 기쁘신 뜻대로'를 언급한다. 이와 반대되는 견해는 어느 것도 설명하지 않는다. 그는 다른 구절들, 예컨대 로마서 9장 14, 15, 16, 17, 18절, 출애굽기 4장 21절, 창세기 6장 5절을 통해, 그리고 아우구스티누스와 칼뱅, 조너선 에드워즈의 견해를 참조하면서 하나님의 선택 교리를 증명하려고 한다. 옥한흠은 이렇게 결론짓는다. 옥한흠은 "하나님, 왜 나같이 형편없는 사람을 사랑하십니까?"라고 질문을 한다면 하나님은 "그것은 나의 기쁨이다"라고 말씀하실 것이다. 그러면서 "이 대답 앞에 누가 무슨 말로 대답할 수 있겠습니까?"라고 결론을 내린다.[755] 옥한흠과 달리 존 스토트는 로마서 9장 6-13절을 통해, 그리고 구약성경에서는 이삭과 야곱의 선택을 통해 '하나님의 선택 교리'가 타당하다고 설명한다.[756] 옥한흠은 선택 교리와 관련하여 (칼뱅의 예정설을 부정하는) 아르미니우스파(Arminian)의 견해를 전혀 다루지 않았다. 이는 그의 해석이 균형을 잡지 못한 것임을 보여준다. 그렇지만 강한 확신과 더불어 옥한흠은 강단에서 청중을 지루하게 만들지 않고 능숙하면서도 실

---

755 옥한흠, "야곱은 사랑하고, 에서는 미워하고"(로마서 9:6-33에 대한 설교, 1992년 5월 3일), 『아무도 흔들 수 없는 나의 구원』, pp.179-194.

756 Stott, "Does God Choose?" Romans 9:1-29. *Romans*, pp.266-270과 비교하라.

감 나게 선택 교리라는 복잡한 신학적 쟁점을 다룬다. 나중에 평가를 다루는 장에서 이를 자세히 언급할 것이다.

(3) 성경 문맥에 대한 해석

성경 문맥을 파악하기 위한 옥한흠의 해석학적 도구 중 하나는 문제의 구절 가까이 있는 절들의 단어들과 구들을 비교하는 것이다. 예컨대 로마서 1장 8-17절에 대한 설교에서 그는 구원의 개념을 설명하기 위해 '하나님으로부터의 의'(1:17)를 '율법을 지킴으로써'(3:20)와 비교한다.[757] 같은 설교에서 또한 1장 11절을 1장 15절과 비교하는데, 여기서 그는 로마서 1장 11절을 해석하기 위해 '어떤 은사'(1:11)와 '복음'(1:15)을 해석한다. 이를 통해 바울의 로마서 집필 동기를 파악한다.[758] 게다가 그는 청중이 본문이나 단어를 더 잘 이해하도록 종종 성경의 다른 책을 언급하기도 한다. 로마서 1장 8-17절에 대한 자신의 설교를 뒷받침하기 위해 에베소서 1장 17-19절과 고린도후서 2장 2절의 복음의 능력을 인용한다.[759] 로마서 7장 25절을 설명하기 위해 갈라디아서 5장 17절("육체의 소욕은 성령을 거스르고 성령은 육체를 거스르나니")도 끌어들인다.[760] 비교를 통한 또 다른 해석을 위해 간혹 사복음서를 동시적으로 비교한다.[761] 그의 해석 방식은 가깝고 또한 먼 문맥에서 본문의 일관성을 찾는 것에 초점을 맞춘다.[762] 로마서 8장 18-25절에 대한 설교에서 마태복음에서 요한계시록에 이르

---

757 옥한흠, "로마 교회," 『내가 얻은 황홀한 구원』, pp.40-41.
758 같은 책, p.40.
759 같은 책, pp.33-35.
760 옥한흠, "오호라 나는 곤고한 사람이로다," 『아무도 흔들 수 없는 나의 구원』, p.63.
761 옥한흠, 『시험이 없는 신앙생활은 없다』(서울: 두란노, 1989), p.70, 81.
762 Oak, "A Discipleship-Making Program," p.94.

기까지, 그리고 오늘의 상황에서 1세기 당시의 상황에 이르기까지 고통의 개념이 일관되게 나타나는 분명한 증거가 있다고 말한다.[763] 로마서 8장 1-11절에 대한 설교에서 로마서 8장 2절('죄와 사망의 법에서')과 6장 6절('죄의 몸')의 분명한 차이를 다음과 같이 설명한다.

> 그러면 성령께서 하시는 두 가지 일을 조금 더 자세히 살펴봅시다. 첫째로 성령은 우리를 죄와 사망의 법에서 해방시킴으로써 정죄를 당치 않게 하십니다. 우리는 이미 6장에서 우리의 새로운 신분에 대해 배웠습니다. "우리가 알거니와 우리의 옛사람이 예수와 함께 십자가에 못 박힌 것은 죄의 몸이 죽어 다시는 우리가 죄에게 종노릇 하지 아니하려 함이니"(로마서 6장 6절) 예수 그리스도가 십자가에 못 박힐 때 우리가 그와 함께 죽었으므로 이제 우리는 죄의 세력에서 벗어났다는 것을 분명히 말씀하고 있습니다. 그런데 왜 8장에 와서 새삼스럽게 성령이 그리스도 예수 안에서 우리를 죄와 사망의 세력으로부터 해방시킨다고 하는 것입니까? 6장 6절과 8장 2절은 어떻게 다른 것입니까? 분명히 차이가 있습니다. 앞의 말씀은 근거요, 뒤의 말씀은 적용입니다. 알기 쉽게 비유를 들어 설명하겠습니다.[764]

옥한흠은 멀리 떨어진 문맥에 대해 '멀리 볼 수 있는 상상(telescopic vision)'을 이용한다.[765] 이에 대한 사례는 로마서 7장 24절에 대한 그의 해석에서 볼 수 있다. "오호라 나는 곤고한 사람이로다"라는 구절을 적절히 해석하기 위해 옥한흠은 '멀리 볼 수 있는 상상'의 예를 구약성경에서 따온다.

763   옥한흠, "고난, 탄식, 영광,"『아무도 흔들 수 없는 나의 구원』 p.80.
764   옥한흠, "정죄함이 없는 성령의 사람,"『아무도 흔들 수 없는 나의 구원』 p.80.
765   Oak, "A Discipleship-Making Program," p.92.

"오호라"의 탄식이 은혜라는 사실을 증명할 수 있는 이유가 또 하나 있습니다. "오호라"의 탄식은 죄를 범해서만 나타나는 현상이 아니라는 것입니다. 이것은 앞에서 설명한 이유와 정반대가 됩니다. 죄를 범해서가 아니라 하나님 앞으로 더 가까이 나가는 성결의 생활이 발전하면서 터지는 탄식일 수 있기 때문입니다. 그 대표적인 예로 이사야를 들 수 있습니다. 이사야는 하나님의 보좌의 환상을 보았습니다. 그가 하나님을 보자마자 뭐라고 소리쳤는지 아십니까? "화로다 나여 망하게 되었도다 나는 입술이 부정한 사람이요 나는 입술이 부정한 백성 중에 거주하면서 만군의 여호와이신 왕을 뵈었음이로다"(이사야 6장 5절) 이것은 하나님의 거룩하심을 목격하고 터져 나오는 탄식이요, 고통입니다. 그러면 이사야가 죄를 지어서 그렇게 탄식했나요? 아닙니다.[766]

(4) 상황에 대한 해석

옥한흠은 저자가 살았던 1세기의 상황에서 오늘의 상황으로 해석의 범주를 확대하여 청중들의 삶에 영향을 주려고 한다. 이런 관점에서 그는 먼저 개인으로서 그리고 목회자로서 했던 경험을 활용한다. 이 경험에 근거한 해석의 예로, 옥한흠은 로마서 7장 13-25절에서 문제가 되는 구절을 다음과 같이 다룬다.

본문에서 논쟁의 초점이 되는 두 가지 질문이 있습니다. 먼저 본문 중에 나오는 '나'는 누구냐 하는 문제입니다. 그 주인공이 바울이냐, 아니면 제3자

---

766 옥한흠, "오호라 나는 곤고한 사람이로다," 『아무도 흔들 수 없는 나의 구원』 p.68. 또한 로마서 9:1-5의 '양자로 삼음'을 해석하기 위해 옥한흠은 전도서 14:1을 인용한다. 옥한흠, "나만 구원받아 행복할까?"(로마서 9:1-5, 26에 대한 설교, 1992년 4월 26일), 『아무도 흔들 수 없는 나의 구원』 p.168.

냐 하는 것을 놓고 서로 의견이 대립 되고 있습니다. 또 다른 하나는 이 이 야기가 '언제'의 경험인가 하는 문제입니다. 만약 바울이 자기의 경험을 이 야기하는 것이라면 그가 예수 믿기 이전에 체험한 것이냐, 아니면 예수 믿 고 나서 체험한 것이냐, 아니면 어떤 특별한 경우에 체험했던 이야기냐 하 는 것을 놓고 서로 의견이 대립 되고 있습니다. 참 어려운 문제라고 생각 합니다. 그가 예수 믿기 이전에 체험한 이야기를 쓴 것이라고 하는 사람들 의 말을 들으면 그 주장이 옳은 것 같습니다. 반면에 그가 중생 받은 다음 의 심정을 말한다고 주장하는 사람들의 말을 들으면 또 그 나름대로 일리 가 있는 것 같습니다. 따라서 설교자는 먼저 자기의 입장을 분명히 정해야 할 줄로 압니다. 제가 이 본문을 가지고 설교를 하기 위해서는 먼저 저의 입장부터 밝히는 것이 좋을 것 같습니다. 사실 저는 한동안 방황을 하고 있 었습니다. 본래는 이 본문을 중생 받은 자의 체험으로 알았습니다. 그러나 유학 시절 저를 지도해 주신 교수님은 저와 반대되는 견해를 가지신 분이 었습니다. 그 교수님은 바울이 중생 받기 전에 겪었던 영적 갈등을 이야기 하는 것이라고 주장했습니다. 그의 말은 그 나름대로 설득력 있는 근거와 논리를 가지고 있었습니다. 저는 한 학기 동안 갈등하면서 연구를 계속하 는 중 교수님의 입장이 매우 매력적임을 알게 되었습니다. 성령의 사람은 7장에 기록된 영적 패배를 절대로 하지 않는다는 것이었으니 매력을 안 느 낄 수 없었습니다. 제가 이 본문을 중생자의 갈등으로 생각하는 자체가 성 령 충만을 알지 못해서 생긴 부정적인 시각이라는 논리였으니 기가 죽지 않을 수 없었습니다. 그래서 교수님의 입장에 동의하기로 마음먹었습니다. 그러나 사랑의교회를 개척하고 십여 년이 넘도록 목회를 해오는 과정에서 저의 생각은 다시 옛날로 돌아가고 말았습니다. 이 본문은 중생 받은 사람 의 영적 갈등을 이야기하는 것이 틀림없다는 확신을 갖게 된 것입니다. 아무리 믿음이 좋은 분들을 보아도 신앙생활의 과정에서 이런 체험이 따라 다니는 것을 수없이 보아왔기 때문입니다. 또한 저의 실제적인 경험을 통해서 볼 때도 이것은 남의 이야기가 아니라는 것을 부인할 수 없었기 때문입니다. 그래서 본래의 입장으로 되돌아왔습니다. 그러므로 바울은 이 본문에서 자기가 중생 받은 다음 몸소 체험한 내적 모순과 갈등을 이야기하는 것이라고 보는 것이 저의 견해입니다.[767]

그리고 나서 옥한흠은 이 견해를 모든 교인들에게 적용한다. 그가 설교 본론으로 들어가 이런 해석상의 쟁점을 다루기는 하지만 어떤 다른 학자의 견해를 구체적으로 언급하지는 않는다. 오히려 논쟁의 주된 요점들을 지적하고 자신의 개인적 체험을 통해 이 까다로운 쟁점에 대한 해결책을 제시한다. 또한 그는 여기서 '나는 누구인가'라는 첫째 질문을 다루지 않는다. 하지만 로마서 7장 24절을 해설하는 설교의 마지막 단계에서 옥한흠은 어떤 논의도 없이 '나'를 바울 자신으로 간주한다.[768] 이런 접근은 청중의 공감을 이끌어 내는 데 효과적이다. 이 접근을 통해 청중은 어려운 구절을 쉽게 이해할 수 있다. 로마서 7장 14-25절과 관련하여 번 포이트레스는 청중이 성경 해석에 대한 결정을 내릴 때 개인의 경험이 영향을 미친다고 강조한다. 이는 "사람들이 과거 경험의 영향을 받아 그들이 기대하는 대로 보기"[769] 때문이다. 게다가 포이트레스는 경험

---

767 같은 책, pp.58-59. 옥한흠은 또한 "모든 것을 합력하여 선을 이루시는 하나님(로마서 8:28-30)"이라는 설교에서 삶의 체험이 하나님의 섭리를 깨닫는 비결이라고 언급한다. 『아무도 흔들 수 없는 나의 구원』 p.147.
768 옥한흠, "오호라 나는 곤고한 사람이로다," 『아무도 흔들 수 없는 나의 구원』 pp.57-71. 로마서 1:8-17에 대한 두 번째 설교에서 옥한흠은 다른 접근법들을 보여준다. 그는 이번에도 학자들을 특별히 거론하지 않은 채 학자들의 견해 중 세 가지를 보여준다.
769 Vern S. Poythress, "Science and Hermeneutics; Implication of Scientific Method for Biblical

에 근거한 해석의 타당성을 강조한다. 이는 "하나님의 말씀인 성경에 대한 연구가 일반적으로 경제학이나 사회학에 대한 연구보다 사물의 핵심에 더 근접하고, 경험론자의 세계관에 의해 영향을 받은 사람들만이 전체(wholes)에 대한 인간의 전인적(holistic) 경험으로부터 감각을 어느 정도 분리하는 법을 배우기 때문이다."[770] 이런 해석 수단이 잘못된 것은 아니다. 하지만 우리는 그것이 지닌 약점을 간과하면 안 된다. 그 약점이란 주석에 근거하여 정확하고 객관적인 해석을 하지 않으면 잘못된 해석이 나올 수 있기 때문이다.

둘째, 옥한흠이 상황을 해석할 때 중시하는 또 다른 요소는 그가 상상력의 역할을 이용한다는 것이다.[771] 상상력이 풍부한 해석의 한 예로 옥한흠이 "죄 아래에 팔렸도다"라는 설교에서 로마서 7장 14절에 나타난 바울의 고백을 어떻게 해석하는지 보라.

그렇다면 어떻게 이런 말을 할 수 있습니까? 아무도 쉽게 설명할 수 없는 난해한 구절입니다. 저도 퍽 난처함을 느낍니다. 겸손하게 성령의 인도를 받으면서 기다려야 할 필요가 있다고 생각합니다. 그러나 전 나름대로 이렇게 이해하고 있습니다. 이것은 사실의 표현이 아니라 감정의 표현이라고 보는 것입니다. 우리는 바울이 모순투성이인 자기 내면을 보면서 절망감을 느꼈다는 것을 쉽게 짐작할 수 있습니다. 이 본문은 바로 이 절망감을 감

Interpretation" in Moises Silva (ed.), *Foundations of Contemporary Interpretation* (Grand Rapids, Michigan: Apollos, 1997) pp.440-441, p.481.

770 *Poythress*, p.472.
771 옥한흠은 이렇게 믿는다. "성경이 모든 것을 말하지는 않는다. 그래서 설교자는 본문의 내용을 요약하거나 구체적으로 설명할 필요가 있다. 이러한 상상력으로 성도가 말씀을 더 깊이 이해할 수 있도록 도와줘야 한다." 옥한흠, 필자와의 인터뷰, 2001년 3월 30일.

정적으로 묘사하고 있다고 생각합니다. '나의 꼴이 죄에게 다시 팔려간 사람과 다른 것이 무엇입니까?' 하는 말로 해석해야 한다고 봅니다 … 누가복음 15장을 보면 탕자의 비유가 나옵니다. 아버지께 유산을 받아 멀리 도망가서는 허랑방탕한 생활 끝에 거지가 되어 돌아온 둘째 아들의 이야기입니다. 그는 거지꼴이 된 자기 자신이 부끄럽고 한심스러웠는지 아버지께 다음과 같이 간청을 했습니다. "지금부터는 아버지의 아들이라 일컬음을 감당하지 못하겠나이다 나를 품꾼의 하나로 보소서"(누가복음 15장 19절) 이 아들의 말을 사실적으로 받아들일 수 있습니까? 아닙니다. 이것은 어디까지나 감정의 표현입니다.[772]

옥한흠은 바울의 내면과 개인적인 이해를, 바울이 마치 자기 청중을 대표하는 것처럼 인식한다. 그는 '탕자의 비유'에 관한 자신의 가설에 대해 증언한다. 마찬가지로 프레드 크래덕은 설교자의 상상이 '현실과 밀접한 연관이 있을 때' 명확히 드러나는 평범한 삶의 경험들을 강조한다. 설교자의 상상이 청중의 세계를 반영해야 설교가 '현실'이 된다.[773] 토머스 키어는 "설교자들이 성경의 상상 속으로 들어가 자기 나름의 상상력을 발휘해야 한다. 그래야 설교자들은 성경 저자들의 의도를 파악하려 애쓰는 해석자가 된다"[774]라는 것에 동의한다. 하지만 설교자가 지나친 상상을 통해 불필요한 요소들을 끌어들인다면 본문 이해가 잘못될 수도 있다.[775] 이에 대한 사례는 로마서 7장 14절에서 바울의 고백에 대한 가

---

772 옥한흠, "오호라 나는 곤고한 사람이로다."
773 Craddock, *Authority*, p.80. G. Green, *Imagining God: Theology and the Religious Imagination* (Grand Rapids, Michigan: Eerdmans, 1998), pp.73-74와 비교하라.
774 Keir, *The Word in Worship*, p.69.
775 Unger, *The Principle*, p.225.

정을 뒷받침하는 옥한흠의 비교가 될 것이다. 제임스 던은 "죄 아래에 팔렸도다"를 "종말론적 긴장의 현실"로 해석한다.[776] 찰스 크랜필드도 바울의 고백(7:14)을 감정의 표현이 아닌 '실제 상황 인식'으로 해석한다.[777]

셋째, 옥한흠은 해석을 위해 교회론(ecclesiological)의 틀을 사용한다.[778] 로마서 12장 3-8절에 대한 설교에서 그는 교회와 관련된 관심사를 표명한다. 이 본문(12:3-8)에 대한 해석에서 그는 어떤 구체적인 주석도 하지 않은 채 교회를 섬기는 일이 우선이라고 강조한다. 옥한흠의 해석에 따르면 그리스도인이 희생적인 삶을 살기 시작하는 곳은 교회다. 예배에 관한 한 교회가 우선이다. 이는 그리스도가 교회의 머리(12:5)이시기 때문이다. 자신의 해석을 뒷받침하기 위해 "네 이웃을 네 자신과 같이 사랑하라"를 언급하면서 더불어 '교회는 그리스도의 몸이고 또한 우리의 몸이다'라고 설명한다. 이것은 교회가 우리의 이웃보다 우리에게 더 가깝다는 의미다. 그래서 우리는 하나님의 자녀로서 먼저 교회에서 봉사해야 하고, 그 후에 우리의 가족과 이웃을 적절히 봉사할 수 있다.[779] 뿐만 아니라 우리는 그리스도의 몸된 지체이기 때문이다(로마서 12장 4절). 마지막으로 그는 "우리가 사회에서 사랑으로 다른 사람을 섬기기 위해서는 먼저 교회 안에서 어떻게 봉사해야 하는지 배워야 한다"[780]라고 말한다. 이 해석은 이미 적용을 염두에 둔 것이다.

넷째, 옥한흠은 상징적 해석을 사용한다. 예컨대 "은혜로 남은 자"라는

776 Dunn, *Romans 1-8(WBC)*, p.406.

777 Cranfield, *A Critical and Exegetical Commentary on The Epistle to the Romans* (Edinburgh: T&T Clark, 1975) 358. 무는 '죄 아래 팔렸다'를 '객관적 평가'로 해석한다. *Romans*, p.454.

778 교회론의 틀(ecclesiological framework)은 교회를 우선한다는 뜻이다.

779 옥한흠, "교회 봉사부터 먼저하라" (로마서 12:3-8에 대한 설교, 1992년 6월 28일), 『구원받은 자는 이렇게 산다』, pp.23-38.

780 같은 책.

설교에서 로마서 11장 9절을 해석하기 위해 바울이 인용한 시편 69편 22절을 설명한다. 특히 그는 하나님의 선택에서 제외된 자들을 설명하는 '밥상(table)'이라는 단어를 다음과 같이 설명한다.

'밥상'이란 세상을 살면서 사람들이 밤낮없이 추구하는 육적인 관심사를 가리키는 상징적인 말입니다. 먹고 마시며 즐기는 것을 바라지 않는 자가 어디 있습니까? 이것은 사람이 누리는 분복이요, 그 자체가 잘못된 것은 아닐지 모릅니다. 그러나 많은 사람들에게는 먹고 마시는 데 빠져서 즐기는 생활 자체가 죽음의 길로 빠지게 하는 덫이 될 수 있다는 것입니다. 다시 말해서 쾌락을 누릴 수 있는 부요한 환경이 결국은 멸망을 자초하는 불행의 덫이 되고 올무가 된다는 말입니다.[781]

이 설교를 통해 우리는 옥한흠 생각의 한 측면을 다룰 수 있다. 그는 '밥상'에 대한 해석에서 상징적 생각을 발전시킨다. 세상 속에 살아가는 청중들의 실제 삶에 상징을 적용하려 한다. 그는 설교 본문에 매우 충실하고 로마서 11장의 신학적 의의를 청중에게 분명하고 힘차게 전달한다. 하지만 설교는 현실성이 있어야 하고 대다수가 신자인 청중에게 본문을 적용할 때는 가능한 한 명쾌하게 해야 한다는 필요성이 크게 대두된다. 옥한흠은 "여러분은 이 구절을 이해하십니까?"라고 물으면서 시편 69편 22절의 '밥상'을 통해 하나님의 선택에서 제외된 사람들에게 '밥상'을 관련시킨다. 하지만 바울이 로마서 11장을 기록하면서 밥상에 대한 생각은 조금도 하지 않았음은 아주 분명해 보인다.[782] 그럼에도 상징

---

781 옥한흠, "은혜로 남은 자"(로마서 11:1-10에 대한 설교), 『아무도 흔들 수 없는 나의 구원』, p.233.
782 Moo, *Romans*, p.683. 더글러스 무는 '밥상'의 세 가지 가능한 의미를 제시하고 이 문제에 대

을 이용해서 해석에 접근하는 방식은 그것이 청중들에게 상황을 인식시
킨다는 점에서 긍정적인 면을 지닌다.[783] 존 드러리는 "그것(상징적 접근
법)의 진가를 알아보고, 그것을 엉터리 골동품이 아니라 인간적으로 더
없이 중요한 그 무엇으로 소중히 여겨야 한다"[784]라고 말한다. 그의 말은
상징적 접근법의 강점을 잘 드러낸다.

(5) 옥한흠의 해석학 원리에 대한 평가

지금까지 살펴보았듯이 옥한흠의 주석이 본문으로부터 핵심 주제를
이끌어 낸다면 청중은 그의 해석을 통해 쉽고 간단한 설명을 듣게 된다.
그는 다양한 방식으로 예표론적(typological) 해석을 한다.[785] 옥한흠의 해
석 구조는 몇 가지 분명한 강점이 있다.

의사소통이라는 관점에서 청중은 해석을 통해 본문의 원래 의미를 찾
는 일에 자발적으로 참여하게 된다. 따라서 그의 해석은 청중에게 실생
활에서 부딪치는 문제와 걱정거리에 대한 해답을 성경에서 찾아낸다는

한 많은 학자들의 입장을 명확히 한다. 각주 64와 비교하라. 더러 상징적 해석의 의미는 우
화적 해석의 의미와 겹친다. J. Drury, "Symbolic," in *A Dictionary of Biblical Interpretation* by R.
J. Coggins & J. L. Houlden (eds.). (London: SCM Press, 1990) p.656. 이 점에서 우화적 해석에
대한 모이세스 실바의 비판은 소중하다. 그는 우화적 해석이 기독교 신학을 형성하는 데 중
요한 역할을 수행했다는 사실은 인정하지만, 이 해석을 '고립된 해석학적 접근법'으로 기술
한다. "Has the Church Misread the Bible?: The History of Interpretation in the Light of Current
Issues" in *Foundations of Contemporary Interpretation*, p.56. 크래덕 역시 우화적 해석이 고대 본
문에서 현대적 상황으로 이행하는 손쉬운 수단이라며 이 해석의 긍정적 측면을 언급한다.
Craddock, *Preaching*, p.139.

783 Drury, "Symbols," p.655.
784 같은 책, p.656.
785 Craddock, *Preaching*, p.141에서는 예표론을 다음과 같이 정의한다. "예표론은 청자들에게
관련성을 명백히하면서 식별력을 갖추고 고대 본문을 현재 청자들에게 전달하는 방법이
다. 고대 문헌 이스라엘 역사 또는 초대 교회에서 일어난 사건이 현재 공동체 경험의 예표가
될 수 있다. 따라서 현재 청중들은 과거의 일이나 경험을 통해 적절하게 지도를 받고 격려를
받고 경고를 얻을 수 있다. 그러므로 예표론적 해석은 유추를 기반으로 한다."

느낌을 준다. 그 결과 그의 해석은 "회중 스스로 생각하고 자신들이 처한 상황을 다루며, 자신들의 믿음에 책임지는 일에서"[786] 청중 스스로 나름의 해결책을 찾게 한다. 그런 참여는 청중이 성경에 비추어 자기 삶을 반추할 수 있게 한다.[787] 이것이 중요한 까닭은 그의 해석 방식이 청중들에게 한갓 수동적인 청취자가 아닌 해석자가 될 수 있는 기회를 제공하기 때문이다.

자신의 체험과 유비, 이야기 및 상상을 통한 본문 설명은 청중의 적극적 반응을 이끌어 낸다. 그리고 그들이 성경에 따라 변화된 삶을 살아야겠다고 스스로 결단하게 하는 데 효과가 있다. 프레드 크래덕은 청중의 구체적 경험이 설교를 구성하는 중요한 요소라고 말한다.[788] 나아가 유진 로우리와 크래덕은 "설교자와 본문의 상호작용을 되살려 교인들이 무언가 경험할 수 있게 하는 설교"가 필요하다고 주장한다.[789] 이는 설교가 청중이 지성으로가 아닌 청중 개개인이 변화를 경험할 것으로 기대되는 '경험적 사건'이 되기 때문이다.[790] 더욱이 옥한흠의 이야기를 통한 접근법은 청중의 이목을 끈다. 그리고 그들에게 성령의 인도하심을 따르고 "성경 본문과의 대화에 참여하며 설교의 해석과 제안, 약속을 재구성하거나 확증하도록"[791] 요청함으로써 그들에게 이러한 종교적 체험을 환기할 수 있다. 옥한흠의 이야기식 접근 스타일은 대체로 이렇게 시작된다.

---

786 Craddock, *Authority*, p.157.

787 같은 책, p.60, 73.

788 같은 책, p.61.

789 Lowry, *Dancing*, p.20, 6; Craddock, *Authority*, pp.61-62; Rose, *Sharing*, p.77. 로즈 역시 "이야기 체는 경험을 만들어 내거나 불러일으킬 수 있는 독특한 능력으로 인하여 그 가치가 있다"라는 주장에 동의한다. "Parameters of Narrative Preaching," p.39.

790 Campbell, *Preaching Jesus*, p.122.

791 Rose, *Sharing*, p.115.

"최근 몇 년 사이에 자연재해가 여러 번 일어났습니다…."[792] "저의 이야기를 하는 것이 좀 쑥스럽지만 도움이 될 것입니다. 제가 지금까지 살아오면서 치고받는 싸움은 꼭 한 번 해 보았습니다…."[793]

옥한흠의 두드러진 특징은 고대 본문의 구체적인 역사와 문화를 활용하여 역동적이고 변하지 않는 영적 진리를 추구하는 것이다. 이는 청중이 실제 삶에서 성경 본문을 이해하는 데 도움을 준다. 크래덕의 말대로 "하나님의 백성 특유의 역사적 상황은 실제였고 지금도 그러하기에 효과적인 유추를 이끌어 낼 수 있다."[794] 이제 예표론적 해석을 통해, 성경의 기록과 이 기록이 백성의 역사와 맺는 관계가 청중의 상황에 직접 말을 걸 수 있게 된 것이다.

시대와 장소를 달리 하는 사람들을 위해 해석 가능한 '인간 경험의 보편성'에 호소하는 것도 옥한흠의 강점이다. 이는 "성경 본문에 대한 이 접근이 신앙 공동체의 연속성과 함께 그 공동체 특유의 삶과 믿음에 귀를 기울이고 그것들을 늘 새롭게 해석하는 지혜를 가져오기" 때문이다.[795] 옥한흠의 분명한 강점은 성경 본문을 청중의 일상으로 가져옴으로써 성경 본문의 시야를 그들의 시야와 융합하려는 노력이다. 그는 자신의 설교가 죄와 고통과 투쟁하는 청중들의 실제 삶과 무관하지 않음을 보여준다.[796]

옥한흠의 신학적 해석이 모호하다는 점도 눈에 띈다. 그는 로마서 설

792　옥한흠, "하나님의 전도," p.58.

793　옥한흠, "정죄함이 없는 성령의 사람," p.81.

794　Craddock, *Preaching*, p.141.

795　같은 책, p.142.

796　Kwon, "An Awakening Preacher," p.75. 3.3.2절에서 신학적 상황에 대해 옥한흠이 해석하는 하나의 사례를 보라.

교를 하면서 하나님의 예정설(선택 교리)을 '은혜'로 다룬다. 누군가 이 교리를 조건 없이 받아들인다면 그는 하나님의 은혜를 아는 사람이지만, 거부한다면 그분의 은혜를 모르는 사람이라는 것이다.[797] 그런 확고한 신념은 힘이 있다. 한국의 어떤 목사들은 설교할 때 신학적으로 심오하고 묵직한 진리를 전하는 것에 부담을 느낀다. 그러한 설교는 머리를 써야 하는 성가신 것을 싫어하고 즐거움과 위로만 원하는 청중들이 싫어할지도 모르기 때문이다. 그러나 옥한흠은 청중들에게 그러한 식으로 채워 주지 않는다. 오히려 맛은 없지만 영양가 있는 음식을 소화하도록 설득한다.[798] 신학적 맥락을 다루는 옥한흠에 대한 권성수의 평가는 정확하다. 그는 이렇게 말한다. "그는 청중의 학문적 호기심을 충족시키기 위해서 그런 방법으로 주어진 본문의 신학적 배경을 다루지 않고 청중들의 삶에 본문을 적용함으로 청중의 마음에 긴장을 주고 깊이 뿌리박힌 혼란을 해결하기 위해서 다룬다."[799]

그럼에도 옥한흠의 지나친 자신감은 설교와 신학적 해석에서 약점으로 작용한다. 설교자는 자신이 하는 것보다 신학적으로 더 논리적이고 설득력 있는 해석을 보여주어야 하기 때문이다. 옥한흠은 신학적인 설교를 하지만 깊이는 떨어진다.[800] 반면에 존 스토트가 하나님의 선택이라는 같은 쟁점을 다루는 방식은 논리적 객관성을 띤다. 그는 극단적 칼뱅주의와 극단적 아르미니우스주의라는 두 가지 상반된 오류를 지적한다. 그럼에도 존 스토트는 마지막에 자신의 칼뱅주의 입장을 분명히 밝힌다.[801]

---

797 옥한흠, "야곱은 사랑하고 에서는 미워하고," 『아무도 흔들 수 없는 나의 구원』 pp.179-194.

798 Kwon, "An Awakening Preacher," p.72.

799 같은 책, p.72.

800 3.3.2(2)절에서 신학적 정황에 대한 옥한흠의 해석을 보라.

801 Stott, "Go Forth and Tell" (Romans 10:14-21) All Souls Cassette, 1976-1977.

게다가 옥한흠은 설교 본문에서 특정 절들을 지나치게 강조한다. 로마서 1장 1-7절, 12장 1-2절에 대한 설교에서 그는 1장 1-4, 6절, 12장 1절을 다룬다.[802] 옥한흠은 이 특정 절들을 통해 청중의 필요를 충족시켜 그들에게 그리스도인으로서 구별된 삶을 살라고 촉구하려는 의도를 내비친다. 물론 청중에게 강한 인상을 주려면 몇몇 특정 절들에 집중하는 것이 효과적이다. 그럼에도 특정 절들은 중시하면서 후반 절들의 중요한 내용을 경시하는 이런 위험은 간과하면 안 된다. 이는 본문의 자연스러운 단위가 특징인 강해설교로서의 옥한흠 설교의 약점이다.

이야기체로 접근하는 그의 해석은 상상이 지나칠 때가 있다. 이야기와 상상력을 이용한 해석의 긍정적인 면은 앞에서 언급한 바 있다. 하지만 이야기가 본질적으로 주제 중심인 설교의 예화와 장식, 윤색으로 사용될 경우 이야기하기(story-telling)는 잘못 사용될 가능성이 있다.[803] 이는 이미지가 이야기에 초점을 맞추지 못하면 설교가 본문의 핵심에서 벗어나 정처 없이 표류하고 알쏭달쏭해지며 점점 더 막연해질 수도 있기 때문이다.[804] "본문을 회중의 상태와 유사하게 서술하려다 보면 왜곡된 해

---

802 4.3.1절을 보라. 옥한흠, "삶 전부를 드리는 예배(로마서 12:1-2에 대한 설교, 1985년 10월 6일)," 『그리스도인의 자존심』, pp.56-70.

803 Eslinger, *Hearing*, p.173.

804 같은 책, pp.177-178. Lloyd-Jones, *Preaching*, p.236. "사람을 감동시키는 것은 진리 자체이지, 우리의 상상력이 아니다." 따라서 그가 상상력을 발휘할 여지를 남겨두기는 했지만, 그럼에도 그는 "사람을 감동시키는 것은 우리의 상상력이 아니라 하나님의 진리이다"(p.237)라고 주장한다. 우리는 또 다른 사례를 볼 수 있다. 옥한흠은 욥을 그 당시 가장 막강한 사람이자 최고의 권위를 지닌 인물로 묘사한다. 그는 욥이 하나님의 권위를 추구하기까지 했다고 말한다. 여기서 옥한흠은 현대 가정에서의 아버지 권위의 상실을 언급한다. 옥한흠의 설교 본문 선택을 보면 가정에서의 욥의 권위를 하나님의 권위로 적용하려 한다는 점에서 그가 메시지를 미리 생각한 듯하다. 하지만 이는 본문과 정황에 대한 해석치고는 상상력을 지나치게 발휘한 해석이다. 옥한흠의 예화는 청중으로 하여금 힘 그 자체가 아닌 예수의 권위를 오해하게 만들 수 있다. 이러한 해석은 해석을 예상하는 설교자가 저지르는 예표론적 실수다. 옥한흠은 이렇게 해석한다. "욥이 지나가는 모습을 보면 뛰어놀던 동네 아이들조차 들어가

석이 나올 수 있다"[805]는 프레드 크래덕의 지적은 매우 정확하다.

비유에 대한 옥한흠의 지나친 확대 사용은 본문의 원래 의미를 곡해할 수 있다. 이는 특히 역사적 배경과 관련된다. '데마의 배신'이라는 설교에서 옥한흠은 데마가 받은 일종의 유혹에서 교훈을 이끌어 낸다. 그는 데마와 누가를 비교하면서 데마의 행동을 이렇게 기술한다. "전설에 따르면 데마는 데살로니가로 돌아가서 그 도시에 있는 어떤 절의 중이 되었다는 일설이 있습니다."[806] 옥한흠은 불교가 한국의 대표적 종교 중 하나라서 그의 배신을 청중에게 실감나게 묘사하고 싶었던 모양이다.[807] 본문에 나오는 데마의 배신을 두고 한국인이 납득할 수 있게 불교로 개종했다고 보는 것은 불교의 배경을 지닌 한국 청중에게 설득력을 지닌다. 하지만 데마가 불교 신자가 되었다는 전설과도 같은 이야기를 마치 사실인 양 설교에서 소개하는 것은 유추의 지나친 확대 사용이라고 할 것이다.[808]

숨어서 나오지 아니했다고 합니다." "집에 있는 교회(골로새서 4:15-16; 욥기 1:1-5)," 『예수 믿는 가정, 무엇이 다른가?』 p.58.

805 Craddock, *Preaching*, p.142.

806 옥한흠, "데마의 배신(디모데후서 4:10)," 『시험이 없는 신앙생활은 없다』(서울: 두란노, 1989) p.99.

807 기원 후 4세기에 한국에 들어온 불교는 14세기 이(李) 왕조 때 유교를 받아들이기까지 국가의 공식 종교였다. 불교는 샤머니즘과 함께 한국인의 생활방식을 풍성하게 한 전통의 일부가 되었다. 한국 불교와 유교의 특징과 영향력은 아직도 한국 사회와 문화 구석구석에서 찾아볼 수 있다. 문상희, 『한국 종교』(이리: 원광대학교 출판사, 1973)를 보라. 또한 Lee, *Korean Preaching*, pp.31-34를 보라.

808 J. W. Simpson Jr. 'Thessalonians' in *Dictionary of Paul and His Letters* G. F. Hawthorne, R. P. Martin, D. G. Reid (eds.) (Downer Grove, Il: IVP, 1993) p.933과 비교하라. 고든 피는 데마가 배신한 이유는 그리스-로마 세계의 논쟁의 여지가 있는 문제 중 하나라고 지적하지만, 그는 "아마도 그의 고향 때문일 것"이라고 말한다. *1 and 2 Timothy, Titus, NIBC* (Peabody: Hendrickson, 1984) p.293. 로널드 워드조차도 데마가 교회를 떠난 것은 "더 좋은 교회로부터 부름을 받은"과 같은 긍정적인 이유 때문일 것이라고 조심스럽게 말한다. *Commentary on 1 & 2 Timothy & Titus* (Waco, Texas: Word Books, 1974) p.214. 우리는 데살로니가의 상황에서 불교에 관한 역사적 혹은 문화적 언급은 그 어느 것도 찾아볼 수 없다. 옥한흠의 설

과장된 해석 그리고 한 결론에서 다른 결론으로의 도약도 옥한흠 설교의 단점이다. 로마서 4장 1-17절에 대한 설교에서 옥한흠은 로마서의 구절을 요한복음 8장 56절(특히 "아브라함은 나의 때를 보았다")과 연관시키면서 아브라함이 문자 그대로 예수를 보았다고 생각한다.[809] 아브라함은 자기 눈으로 예수 그리스도를 본 적이 없으므로 이는 과장된 해석이자 잘못된 적용이다. 요한복음 8장 56절은 "하나님이 다가올 시대(즉, 메시아의 시대)의 비밀을 아브라함에게 드러내셨다"는 것을 의미한다.[810] 이 구절은 종말론적 구원의 관점에 적용될 수 있듯이 하나님 약속의 성취의 시작에도 적용될 수 있다. 그러니까 "아브라함은 그날을 메시아가 오실 것이라는 기대로 보았다."[811] 만일 아브라함이 역사적 예수를 알았더라면 그는 자기 후손에게 메시지를 보냈을 것이므로 그것은 매우 분명하다. 하지만 아브라함 이후로 유대인들은 예수의 성육신에 대해 알지 못했다. 이런 오류는 원문을 현대 청중에 적용할 때 간혹 도가 지나치는 예표론적 해석에서 발견되는 오류와 비슷하다.[812]

옥한흠이 성급하게 결론 내리는 또 다른 사례는 로마서 7장 24-25절

교에서 유추를 지나치게 사용한 해석의 또 다른 사례를 보라. "The Role of Wives and Their Priority," (Ephesians 5:22-24) in *Christian Home*, p.103; "Tragedy of Samson," Judges 16:15-22 in *Christian Life*, pp.140-153. p.151.

809 옥한흠, "일한 것도 없고 경건치도 못하는데(로마서 4:17)," 『내가 얻은 황홀한 구원』 p.174. 레온 모리스는 "그리스도의 날"이 지닌 의미의 두 가지 범주를 구별한다. 하나는 "재림과 마지막 심판"(빌 1:10; 2:16)이고, 다른 하나는 "성육신에 대한 언급"이다. *The Gospel According to John Revised Edition* (Grand Rapid, Michigan: Eerdmans, 1995) pp.417-418.

810 D. A. Carson, *The Gospel According to John* (Leicester: IVP, 1991) pp.417-418.

811 Herman N. Ridderbos, *The Gospel According to John: A Theological Commentary, translated by John Vriend* (Grand Rapid, Michigan: Eerdmans, 1991) 320-321. 스티븐 모티어는 "아브라함은 세계와 미래를 보는 지식을 받았다"라고 주장한다. S. Motyer, *Your Father the Devil* (UK: Paternoster Press, 1997) pp.206-207. 이는 Schlatter, Barrett, Lona, Brown, Schnackenbug, Beasley-Murray의 견해이다. Motyer, p.206, n.152를 보라.

812 Craddock, *Preaching*, p.142.

을 설명하는 설교에서 볼 수 있다. 그는 이렇게 묻는다.

"오호라" 하고 탄식하던 바울이 어떻게 금방 "감사하리로다" 하고 소리칠 수 있습니까? 중간에 접속사도 하나 없습니다. 이와 같은 급작스러운 전환이 있을 수 있습니까? 여기에는 큰 진리가 숨어 있다고 생각합니다. 그것은 "오호라" 하고 탄식하는 자리에 오래 머무르지 말라는 것입니다.[813]

옥한흠은 그렇게 주석하는 이유나 증거를 전혀 제시하지 않는다. 정확한 주석의 부재는 주관적 해석에서 비롯되는 오류의 사례가 될 수도 있다.

옥한흠은 종종 이런 실수를 한다. 그럼에도 우리는 본문을 오늘의 상황에 적용해 다시 이야기하려는 그의 노력을 무시하면 안 된다. 강해설교가 놓치면 안 되는 결정적 관점은 본문을 해석할 때 청중에 초점을 맞춰야 한다는 것이다. 이는 "설교 핵심이 성경 본문이 아니라 본문에 나타난 본문의 '뒤에 숨은' 인간의 경험이고,"[814] "설교 주제가 하나님의 본성이 아니라 하나님의 관점에서 보는 청중의 상황이기"[815] 때문이다.

3) 옥한흠의 설교 적용

이 장에서는 존 스토트의 적용 접근법과 비교하기 위해 그의 로마서 설교를 참조하여 같은 구조를 따르면서 옥한흠의 로마서 설교를 특별히 참고하여 그의 적용에 대해 살펴볼 것이다. 그러므로 여기서는 옥한흠이

---

813 옥한흠, "오호라, 나는 곤고한 사람이로다," p.69.
814 Rice, *Interpretation*, p.7.
815 Craddock, *Authority*, p.59.

강조하는 적용이 그의 설교에서 핵심이 되며, 그가 본문 중심보다 적용 중심으로 설교를 구상하여 청중의 삶의 변화에 초점을 맞춘다는 사실을 부각시킬 것이다.

(1) 적용 이론

옥한흠은 다음과 같이 강조함으로써 적용에 관한 자신의 입장을 분명히 밝힌다. "우리 의지가 하나님 말씀에 응답할 때 비로소 성경을 이해할수 있다. 오늘날 기독교에 문제가 있다면 그것은 적용과 관계 있다. 적용이 없는 설교는 마치 결혼했는데 자식이 없거나 건물의 기초를 놓지만 마무리는 결코 하지 않는 것과 같다."[816] 옥한흠은 적용을, "본문의 진리를 회중의 상황과 필요에 특히 회중 개개인의 영적 문제에 결부시키고 이 진리가 어떻게 그들의 실제 상황과 관련되는지를 보여주는 작업"[817]으로 정의한다. 그러니까 적용은 자신들의 마음이 본문의 진리에 의해 감동과 격려를 받는 청중에게 말씀이 그들의 삶 속에서 자유롭게 역사하도록 기회와 공간을 제공하는 수단이다.[818] 옥한흠이 생각하는 적용의 목

---

816 Oak, "A Discipleship-Making Program," p.96. 게다가 옥한흠은 "설교의 목적이 설명하는 것은 아니다. 회중이 자신을 향한 하나님의 음성을 듣게 하는 데 초점을 맞추는 것이다"라고 말한다. ["적용과 결론에 관한 연구" 세미나]. 채플은 옥한흠과 비슷한 견해를 보인다. "우리가 진리를 적용할 때까지 강해는 불완전한 것으로 남아 있다." Chapell, *Christ-Centered*, p.203. S. Greidanus, *Sola Scriptura: Problems and Principles in Preaching Historical Texts* (Toronto: Wedge Publishing Foundation, 1970) p.157; Adams, *Truth Applied: Application in Preaching* (London: The Wakeman Trust, 1990) p.39; J. F. Better, "Application", in *The Preacher and Preaching*, Samuel T. Logan, (ed.) p.332와 비교하라.

817 옥한흠, "적용과 결론에 관한 연구" 2001년 3월 30일 필자와의 인터뷰에서 옥한흠은 이렇게 설명한다. "적용이 없다면 설교자는 설교할 이유가 없다. 적용이 없는 진리는 쓸모없기 때문이다. 이것은 설교의 핵심이 단순히 진리를 선포하는 데 있는 것이 아니라 진리를 적용하는 데 있다는 것을 의미한다." 그는 또한 "설교는 회중의 실제 삶과 영혼을 위해 열매를 필요로 한다"라고 덧붙였다.

818 옥한흠, 『건강한 그리스도인이 건강한 교회를 만든다』 pp.247-248.

적은 청중을 변화시키고 그들의 삶을 바꿔놓으며, 그들을 영육 간에 하나님이 원하시는 "온갖 선한 일을 하도록 철저히 준비된" 사람으로 성장하도록 돕는 것이다.[819]

이런 확신을 견지하는 옥한흠은 무엇보다도 적용이 명확해야 하고 구체적인 목적을 지닌 실천 가능한 계획을 세워야 한다고 주장한다.[820] 어떤 사람이 설교자의 메시지를 자기 문제가 아닌 과거 다윗의 문제였다는 태도로 듣는다면 그 메시지는 그의 혼과 영, 관절과 골수에 영향을 끼치지 못하며, 하나님 말씀의 목표를 성취하는 실제적 결론으로 이어질 수 없기 때문이다.[821]

옥한흠은 오늘날 많은 설교자들이 막연하고 추상적인 설교를 해서 청중의 삶과 괴리가 생겼다고 날카롭게 지적한다. 설교자가 틀에 박힌 설교에서 벗어나려면 적용을 준비할 때 청중의 특징과 관심사에 대해 잘 알고 있어야 한다.[822]

옥한흠은 적용이 본문의 세부사항들에 의해 뒷받침되는 원리 위에 기

---

819 옥한흠, "적용과 결론에 관한 연구."

820 같은 책. Adams, *Truth Applied*, p.17과 비교하라. Chapell, *Christ-Centered*, p.201. 옥한흠은 인터뷰에서 청중의 삶과 동떨어진 메시지는 무의미하다는 주장을 계속했다. (필자와의 인터뷰, 2001년 3월 30일). 제이 애덤스는 다음과 같은 사실에 주목하면서 옥한흠과 비슷한 주장을 펼친다. "적용이 없다면 설교자는 설교할 이유가 없다. 적용이 없는 진리는 쓸모없기 때문이다. 이것은 설교의 핵심이 단순히 진리를 선포하는 데 있는 것이 아니라 진리를 적용하는 데 있다는 것을 의미한다." *Truth Applied*, p.39.

821 옥한흠, "적용과 결론에 관한 연구."

822 같은 책. 옥한흠은 설교에 내재된 위험을 이렇게 지적한다. "그것은 정보를 지적한다는 점에서 훌륭하지만, 실제적인 영적 변화가 일어나지 않을 수 있다. 그것은 지적으로는 강하지만 도덕적으로는 정체된 것이다. 성경은 영적인 차원을 가지고 있어서 우리의 단순한 언어 분석을 통해서는 그것을 이해할 수 없기 때문이다." Oak, "A Discipleship-Making Program,", p.96. Adams, *Truth Applied*, pp.42-44; Stuart, *Old Testament Exegesis*, p.47과 비교하라. 데이비드 라슨은 이렇게 구체적인 상황에 맞춘 적합성, 관련성, 현실성을 '성숙한 설교의 특징'이라고 일컫는다. *Anatomy*, p.96.

반을 두어야 한다고 주장한다.[823] 적용이 본문과 관련되지 않으면 성경적인 적용은 물 건너간 것이다. 그에 반해 적용이 본문에서 비롯된다면 청중은 하나님이 하시는 말씀을 듣고 이해할 수 있게 된다.[824] 본문을 설명하는 목적은 적용의 근거가 되어야 하는 원리가 타당한지를 밝혀 청중으로 하여금 "우리는 성경이 하는 말씀을 알았기에 이것을 해야 한다"라고 결론짓게 하는 것이다.[825] 옥한흠은 히브리서 4장 12절과 디모데후서 3장 16-17절을 적용을 위한 성경적 토대로 부각시키려 한다.[826]

적용에 대한 옥한흠의 견해는 설교자가 노력해야 한다는 결론으로 이어진다. 이는 성경의 진리를 청중이 당면한 문제와 상황에 적용하려면 설교자가 그들의 형편과 염려에 대해 고심해야 하기 때문이다.[827] 옥한흠은 이렇게 말한다. "나는 적용을 가장 중시한다. 그래서 설교를 준비할 때 적용에 대해 깊이 생각하고 고민하느라 많은 시간을 쏟는다. 적용은 아기를 낳는 고통과도 같다."[828] 강해설교의 목표에 대한 브라이언 채플의 생각도 옥한흠과 같다. "이는 쉬운 일이 아니다. 실제로 균형 잡히고 적절하며 공정하게 상황의 특수성을 전개해야 하는 부담은 적용이 왜 강해설교에서 가장 어려운 과제인지를 여실히 보여준다."[829] 이런 노력에 비추어 옥한흠은 여러 잘못된 생각을 지적한다. 하나는 많은 설교자들이 적용은 저절로 된다고 추정한다는 것이다. 다른 하나는 어떤 설교자들이 성령만이 청중의 마음속에 메시지를 적용할 수 있다고 믿는다

823 Greidanus, *Modern Preacher*, pp.172-174.
824 옥한흠, "적용과 결론에 관한 연구."
825 Chapell, *Christ-Centered*, p.205.
826 Oak, "A Discipleship-Making Program," p.97과 비교하라.
827 Bragar, *Bible Message*, pp.209-210.
828 옥한흠, "적용과 결론에 관한 연구."
829 Chapell, *Christ-Centered*, p.207.

는 점이다. 옥한흠은 "이는 매우 성경적인 것처럼 들리지만, 실은 속 좁은 생각이다"[830]라고 비판한다.

(2) 적용 방법[831]

구체적인 적용을 위해 옥한흠은 여섯 가지 독특한 방식을 사용한다. 첫째, 대부분의 설교에서 실제적인 적용을 위해 구체적 지침을 많이 제안한다. 그는 로마서 1장 8-17절에 대한 설교에서 로마서의 목적("로마 교회가 복음을 다시 들어야 했듯이 우리 또한 복음을 다시 들어야 한다")을 설명한 후 다섯 가지 방식으로 청중에게 핵심 메시지를 적용한다. 첫째, 항상 예수에 대해 생각하라. 둘째, 예수가 이 땅에서 하신 말씀과 사역을 연구하라. 셋째, 당신을 향한 그분의 사랑이 어떻게 지속되는지 묵상하라. 넷째, 하나님의 자녀라는 특권을 기억하라. 다섯째, 예수가 열어놓으신 천국의 문을 바라보라.[832] 로마서 8장 12-17절에 대한 설교에서 옥한흠은 '어떻게'라는 질문으로 적용의 분명한 사례를 보여준다. "우리가 몸으로 나쁜 짓을 저지르고 싶은 충동을 느낄 때마다 우리는 이 상황을 실제로 어떻게 다루는가? 성경은 이에 대해 뭐라고 말하는가?" 옥한흠은 청중의 귀가 솔깃할 네 가지 구체적인 적용을 제안한다. 첫째, 우리는 성령이 우리 안에 계심을 믿어야 한다. 둘째, 우리는 우리가 누구인지 잊어서는 안 된다. 셋째, 우리는 유혹을 단호히 뿌리쳐야 한다. 넷째, 우리는 말씀으로 무장

---

830 Oak, "A Discipleship-Making Program," pp.96-97.
831 옥한흠은 네 가지 적용원리를 제시한다. 그것은 "개인적(Personal), 실제적(Practical), 실천 가능한(Possible), 점진적인(Progressive)" 적용이다. *Disciple Making Training Leaders' Guide Book* (Seoul: Disciple Making Ministries International, 1999) p.41.
832 옥한흠, "로마 교회는 복음을 다시 들어야 했다(I)(로마서 1:8-17)," 『내가 얻은 황홀한 구원』, pp.37-38. 제목에서 본문의 주된 주제가 이미 드러난 셈이다.

해야 한다.[833] 그는 현실적인 적용을 하고 설교를 통해 청중의 삶이 진짜 변화되도록 본문 해설과 적용에 초점을 맞춘다.[834]

둘째, 옥한흠의 적용 요점은 일반적인 것에서 개인적인 것에 이르기까지 점진적이고 다양하다. 이는 그가 설교에서 한 사람이라도 놓치고 싶지 않기 때문이다. 그의 로마서 설교들은 이를 훌륭하게 입증한다. 로마서 1장 18절-2장 1-16절에 대한 설교에서 죄에 초점을 맞춰 말씀을 네 번 전한다. 로마서 1장 18절에 대한 설교에서는 '경건하지 않음'을 종교적 죄로, '불의'를 도덕적 죄로 언급한다. 로마서 1장 19-25절에 대한 설교에서는 본문을 자신의 지혜와 지식, 돈과 육체적 쾌락을 숭배하는 불신자들에게 적용한다. 게다가 로마서 1장 26-32절에 대한 설교에서는 본문의 적용을 인간의 본성과 성적 문란(간통과 강간, 집단 난교)과 같은 죄, 동성애 관행을 포함하는 것으로 옮겨 간다. 또한 그는 어느 누구든 자신은 죄인이 아니라고 생각할 여지를 조금도 주지 않는다. 그런 사람들에 대해 옥한흠은 로마서 2장 1-16절에 나오는 유대인의 사례를 언급하면서 자신들이 다른 사람들보다 낫다고 생각하는 나머지 사람들도 죄인임을 드러낸다. 나아가 옥한흠은 로마서 15장 19-21절에 대한 설교에서 바울이 소아시아와 이탈리아, 로마에서 했던 역할을 강조하여 청중 모두가 복음 전도에 힘쓰도록 본문을 적용한다. 하지만 그는 청중의 사적인 삶으로 적용을 확대한다. "마찬가지로 우리에게도 이와 같은 책임과 의무가 부여되어 있다는 것을 알아야 합니다 … 여러분의 가족 중에 아직 예수를 모르고 있는 분이 계십니까? 그들에게 복음을 전해야 할 책임은 먼저 믿은 가족에게 있다는 것을 알아야 합니다. 믿지 않는 여러분의 직장

833　옥한흠, "성령의 사람은 성령으로 행한다," 『아무도 흔들 수 없는 나의 구원』, pp.94-104.
834　몇몇 명백한 사례에 대해서는 옥한흠, 『시련이 없는 신앙생활은 없다』 p.132, 149, 199를 보라.

동료도 마찬가지입니다."[835] 그는 이따금 특정 대상에게 본문을 적용한다.[836] 로마서 13장 8-10절에 대한 설교가 이를 보여준다. "우리 중에 특히 젊은 형제들에게 말씀드립니다. 가끔 마음이 공허해지고 무엇인가 자극적인 것을 찾으려고 하는 유혹이 생길 때가 있습니까? 만약 그렇다면 꼭 기억하십시오. 우리 사회에 아무리 성적 범죄가 만연해 있다 할지라도 나만은 그런 사람이 되어서는 안 된다는 결심을 가지고 이 세상을 살아야 합니다. 이것이 바로 이웃 사랑의 자세입니다."[837]

셋째, 옥한흠은 청중이 납득하고 이해할 수 있는 적용을 위해 다양한 예화와 정확한 통계, 최신 정보를 이용한다. 그는 한국과 외국의 정치가들, 환경 문제들, 경제 및 선교사에서 농부들에 이르기까지 다양한 사람들의 실생활에서 지금 일어나는 사건들과 밀접하게 관련된 예화들을 주로 이용한다.[838] "단정하게 생활하라"라는 로마서 설교에서 옥한흠은 본문을 해설한 후 청중에게 이렇게 묻는다. "만약 그렇다면 어떻게 우리가 예수님의 재림을 기다리는 사람처럼 살 수 있을까? 그 답은 단순하다. 단정하게 사는 것이다." 단정한 삶을 구체적으로 적용하기 위한 모델로 옥한흠은 성 아우구스티누스의 이야기를 예화로 소개한다. 그는 아우구스티누스가 허랑방탕했던 자신의 지난 삶으로 괴로워했던 이야기를 들려주면서 청중의 마음을 흔든다.[839] 게다가 옥한흠은 예화를 들기 위해 "최근에 출판된 자료에 따르면"과 "통계에 따르면"이라는 표현을 꽤 자

---

835 옥한흠, "복음을 편만하게 전하였노라,"『구원받은 자는 이렇게 산다』, pp.208-210.

836 옥한흠, "예수 그리스도의 종, 바울,"『내가 얻은 황홀한 구원』, pp.19-21.

837 옥한흠, "평생 갚을 수 없는 사랑의 빚(로마서 13:8-10),"『구원받은 자는 이렇게 산다』, pp.93-94; "신앙생활과 챔피언,"『시험이 없는 신앙생활은 없다』, pp.181-182.

838 옥한흠, "예수 그리스도의 종, 바울(로마서 1:1-7)"; "구원받은 삶이 있는가?(로마서 12:1-2)"; "왜 전도는 은혜인가?(로마서 15:14-18)"과 비교하라.

839 옥한흠, "단정하게 생활하라(로마서 13:11-14),"『구원받은 자는 이렇게 산다』, pp.113-118.

주 사용한다.[840]

넷째, 본문을 자신에게 먼저 적용하는 것도 옥한흠의 특징이다.[841] 그는 설교 중에 하나님 앞에서의 자신의 부족함과 고민을 털어놓는다. 청중은 목회자의 고백을 들으면서 마치 자신들의 약점과 고통이 드러난 것처럼 그에게 깊이 공감하게 된다. 이로써 청중은 목회자가 전하는 메시지에 귀를 기울이고 자연스레 반응을 보인다. 예컨대 로마서 12장 20절을 설명할 때 옥한흠은 다음과 같이 자신의 약함을 고백하면서 이 절을 자신에게 적용한다. "주님, 저는 못 해요. 이 말씀대로 못 살아요. 저는 안 됩니다. 제가 안 되는데, 어떻게 설교합니까?"[842] 옥한흠은 로마서 9장 1절을 해설한 후 다음과 같이 하나님과 나누는 대화의 형태로 자기 점검을 하여 이 구절을 자신에게 적용한다.

감사하게도 저는 하나님의 은혜로 값없이 구원을 얻었습니다. 이제는 저를 정죄할 자가 아무도 없습니다. 하나님의 손에서 끊어놓을 자도 없고 하나님의 사랑에서 빼앗을 자도 없습니다. 얼마나 감격스럽습니까? 저도 바울처럼 좋아합니다. 기뻐합니다. 그렇다면 이것으로 족할 수 있습니까? 하나님께서 저에게 묻습니다. "너 혼자 구원받았다고 감격하고 기뻐하다니 … 너는 정말 행복하니?" 저는 "예" 하려다가 대답을 못합니다. 바울을 보니까 그렇지 않거든요. 우리는 바울을 통해 배워야 합니다 … 구원받아서

---

840 옥한흠, "형제들에게 거침돌이 되지 말라(로마서 14:13-23)," 『구원받은 자는 이렇게 산다』 p.161; 로마서 13:1-17과 비교하라. 『구원받은 자는 이렇게 산다』 pp.84-85; "전파하는 자가 없이 어찌 믿으리요?(로마서 10:14-21)"과 비교하라. 『아무도 흔들 수 없는 나의 구원』 p.220과 비교하라.
841 『내가 얻은 황홀한 구원』 p.23을 보라.
842 옥한흠, "하나님의 자녀다운 인간관계(로마서 12:14-21)." 『구원받은 자는 이렇게 산다』 p.68과 비교하라.

기뻐하는 사람이 다른 형제의 구원에 대해서는 무관심하다면 그것은 정상이 아닙니다. 그런 심령은 하나님이 절대 기뻐하시지 않습니다. 이런 의미에서 저는 주님으로부터 호된 꾸지람을 들었다고 고백하고 싶습니다. 주님이 저에게 묻습니다. "옥 목사, 너는 구원의 확신이 있는가?" "예, 주님 있습니다." "너 구원 받은 것이 굉장히 기쁜지? 감격하는가?" "예, 감격하고 감사하고 기뻐합니다." "그렇다면 아직 구원받지 못한 네 이웃, 네 동족을 생각하는 고통이 마음에 있는가?" "……" 저는 대답을 하지 못했습니다. 고통이 좀 있기는 있는 것 같은데, 쉬지 않고 고통할 정도가 못 된다는 것이 솔직한 저의 고백입니다. 저에게 질문을 던진 주님께서 여러분에게도 똑같은 질문을 던질 것입니다. 여러분의 가슴에 고통이 있습니까? … 여러분의 내면 깊은 곳을 한 번 살펴보시기 바랍니다.[843]

여기서 중요한 것은 옥한흠이 자신과 청중 사이에 차별을 두지 않는다는 점이다. 이런 동일시를 통해 옥한흠은 청중의 내면 깊은 곳을 어루만지고, 그로 인해 자연스레 그들의 깊은 공감을 불러일으켜 그들이 믿음을 행동으로 옮기도록 동기를 부여한다.[844] "아무도 개인적으로 직면하는 것을 좋아하지 않으며, 사람들은 이야기를 듣지 않으려는 경향이 있다 … 우리는 몰래 말하자면, 간접적으로 뒤에서 양심과 의지를 취해야

---

843 옥한흠, "나만 구원받아 행복할까?," 『아무도 흔들 수 없는 나의 구원』 pp.173-174. 『구원받은 자는 이렇게 산다』 p.60, 68, 174에서 이와 동일한 사례들을 보라.

844 우리는 마틴 로이드 존스에게서 똑같은 사례를 찾을 수 있다. "우리 모두는 죄 아래에 있으며 책망을 받아야 함을 느낀다. 나 자신 또한 책망받아야 할 필요가 있음을 고백한다"는 점에 그는 주목한다. Lloyd-Jones, *Preaching*, p.90. 토니 사전트는 "나는 내가 느낀 것, 내가 아프도록 느낀 것을 설교했다"는 존 버니언의 고백을 통한 로이드 존스의 확신과 실천에 대해 평가한다. Sargent, *Anointing*, p.301. 리처드 백스터는 설교자들에게 이렇게 조언한다. "너는 죄인들의 마음을 깨울 자격을 갖추기 위해 단 위에 서기 전에 먼저 네 마음을 깨우도록 노력하라." Sargent, *Anointing*, p.311.

한다."[845] 이는 적용의 목적이 진리를 실제적으로 사용하고, 그로 인해 진리가 말씀을 듣는 사람의 경험과 구체적 삶에 파고들도록 하는 것이기 때문이다.

옥한흠의 적용은 자주 복음 전도에 초점을 맞춘다.[846] 전도에 적용하는 설교의 전형적인 사례는 "복음을 편만하게 전했노라"(로마서 15:19-21)라는 설교에서 볼 수 있다.

이 시간에 주님은 우리에게 조용히 찾아와 물으십니다. "사랑하는 아들, 딸들아! 너희 주변을 그리스도의 복음으로 편만하게 채웠느냐? 바울이 예루살렘으로부터 일루리곤까지 복음을 가득히 채운 것처럼 네 집안에 복음을 가득히 채웠느냐? 네 직장에 복음을 가득히 채웠느냐? 사랑의교회 주변을, 서초동을, 강남을 복음으로 가득히 채우고 있느냐?" 이렇게 주님이 묻고 계십니다. 이 질문에 당신은 무엇이라 대답하시겠습니까? … 자나 깨나 예수의 이름을 전합시다. "나 하나쯤 전도 안 하면 어때?" 하는 생각은 죄악입니다.[847]

그리스도를 믿는 가정에 대한 설교를 할 때에도 옥한흠은 집안의 많은 문제들이 복음으로 해결된다고 주장한다. "가정에서의 선교사"(고전

---

845 Sargent, *Anointing*, pp.189-190. 이러한 접근법에 대해 옥한흠은 다음과 같이 표현한다. "우리 모두가 잘 알지 않습니까?"(로마서 1:8-17)"; "솔직히 한 번 생각해 봅시다(로마서 8:12-17)"; "우리의 현실은 어떻습니까(로마서 12:1-2, 10)."

846 로이드 존스는 "만약 우리 메시지에 복음이 없다면 그것은 기독교적 메시지가 아니다"라고 단언한다. Sargent, *Anointing*, p.276.

847 옥한흠, "복음을 편만하게 전했노라," 『구원받은 자는 이렇게 산다』, p.215. 로마서 1:8-17에 대한 설교에서 그는 마침내 복음 전도를 위한 메시지를 적용한다. 옥한흠, "로마 교회는 복음을 다시 들어야 했다," 『내가 얻은 황홀한 구원』, p.35.

7:13-16)라는 설교에서 그는 믿지 않는 가족 때문에 가정에 위기가 일어난다고 지적하면서 본문을 복음 전도에 적용한다.[848]

마지막으로 옥한흠은 본문 적용을 이용한다. 예를 들어 로마서 2장 1-16절에 근거한 "그래도 남보다 선하다는 사람"이라는 설교에서 본문을 다음과 같이 적용한다.

그래도 남보다 선하다는 은근한 자부심을 가지고 있는 사람에게는 여섯 가지 특징이 있습니다. 모두가 좋지 못한 특징들이지만, 자신이 행여 선하다고 생각하는 사람이 아닌가를 확인하기 위해서 반드시 검토해 보아야 합니다. 이 여섯 가지 가운데 하나라도 자신에게 저촉이 되면 '그래도' 하는 고집이 있는 사람이라는 것을 깨닫고 회개해야 할 것입니다. 첫째는 남을 비판하는 경향이 강하다는 것입니다. 벌써 하나님께서는 이 사람의 별명을 1절에서 "남을 판단하는 사람아"라고 붙였습니다 … 두 번째 특징은 자기가 범하는 죄에 대해서 둔감하다는 것입니다. 2장 1절을 보십시오 … 세 번째 특징은 자신의 형통이나 행복이 자기가 선해서 얻은 복으로 착각하는 것입니다. 4절을 주의해서 봅시다 … 네 번째 특징은 자기의 선이 하나님 앞에서 얼마나 무가치한가를 모른다는 것입니다 … 다섯 번째 특징은 자기 양심을 속이는 것입니다. 14절을 봅시다 … 여섯 번째 특징은 하나님의 심판이 얼마나 준엄한가를 모르는 것입니다.[849]

설교 제목은 그가 전하는 메시지의 주제를 드러낸다. 옥한흠의 메시지는 시작부터 자신들이 남들보다 낫다고 주장하는 사람들에게 초점을 맞춘

---

848 옥한흠, 『예수 믿는 가정, 무엇이 다른가?』, pp.30-45.
849 옥한흠, "그래도 남보다 선하다는 사람," 『내가 얻은 황홀한 구원』, pp.99-108.

다. 설교 본론에서 그는 메시지 전체를 그런 사람들에게 적용하려 한다. 마지막에서 옥한흠은 구체적인 적용으로 청중들에게 결단을 촉구한다.

(3) 적용 위치

옥한흠은 "적용을 위한 특정한 위치가 있는 것은 아니다. 적용은 서론과 본론, 결론 그 어디에서도 할 수 있다"[850]고 믿는다. 그러니까 본문을 선택하면서 본문 적용에 대한 숙고가 시작되는 것이다.[851] 옥한흠이 어느 위치에서 적용을 하는지에 대한 사례는 "교회 봉사부터 먼저 하라"라는 로마서 12장 3-8절에 대한 설교에 나온다. 그는 서론 직후 본문을 선택한 목적을 밝히고 나서 오늘의 청중을 위해 그 본문을 다음과 같이 적용한다.

우리 몸으로 뛰는 삶 전부가 하나님이 기뻐하시는 산 제사가 되도록 하려면 어디서부터 시작해야 한다고 생각합니까? 이론으로 알고 실천하지 않으면 아무리 대단한 진리라 할지라도 휴지 조각이 되기 쉽습니다. 사도 바울이 3절부터 우리가 어디에서 구체적으로 하나님이 기뻐하시는 산 제사를 드려야 하는가를 설명하는 이유가 여기에 있습니다. 무엇보다 먼저 교회 안에서부터 시작하라고 합니다. 3절에서 13절의 내용이 바로 이것을 말씀하고 있습니다. 그리고 14절 이하에서는 사회에서 드릴 산 제사를 말씀하고 있습니다. 순서상으로 볼 때 교회 안에서부터 먼저 섬김의 삶을 살아야 한다는 것입니다. 곧 우선순위가 교회 쪽에 있다는 말입니다. 이것은 열

---

850 옥한흠, "적용과 결론에 관한 연구."
851 같은 책, 브라이언 채플과 제이 애덤스는 설교를 작성하기 전에 적어도 교육적인 특수성을 개략적으로나마 염두에 두어야 한다고 주장하면서 옥한흠의 의견에 동의한다. Chapell, *Christ-Centered*, p.203, Adams, *Truth Applied*, p.41.

번 들어도 옳은 말씀입니다. 교회 안에서 하나님을 위하고 이웃을 위하는 거룩한 삶을 살지 못하는 사람이 어떻게 세상에 나가서 바로 살 수 있겠습니까? 믿는 사람에게 제대로 하지 못하는 봉사를 세상에 나가서 잘할 수 있다고 보기는 어려운 법입니다. 하나님이 기뻐하시는 삶을 살기 원하면 교회 안에서부터 먼저 봉사해야 합니다. 왜 교회 봉사부터 먼저 해야 합니까? 대략 세 가지로 정리할 수 있습니다.

옥한흠은 시작부터 본문을 청중 개개인의 실생활에 적용하려 한다. 그는 본문의 짜임새를 설명하면서 청중에게 다음 사실을 일깨운다. "만약 내가 교회에서 다른 사람을 섬기지 못한다면 세상에 나가서도 섬길 수 없다. 나는 교회에서부터 봉사를 시작해야 한다." 그는 설교 본론에서 당면 문제들, 대인관계, 각기 다른 은사와 교회에서 다른 신자들을 대하는 태도를 망라하는 적용과 더불어 본문도 설명한다. 결론에서는 본문을 구체적인 사례, 예컨대 자신들이 받은 은사와 다른 신자들을 대하는 태도를 통해 매 주일 교인들의 주차 관리를 돕는 사람들에게 적용한다. 옥한흠은 청중에게 자신들의 삶에서 교회를 위해 할 수 있는 일이 무엇인지 생각하도록 격려하고, 설교 내내 적용에 집중한다.

이것이 옥한흠 설교의 한 본보기이다.[852] 그는 그것이 사실임을 전략적

---

852 이것이 마태복음 22:23-33에 대한 옥한흠 설교의 또 다른 사례이다. 이 설교 또한 대체로 산발적인 그의 적용 스타일을 명백히 보여준다. "저처럼 풍경 사진 찍기 좋아하는 사람이 아름다운 장소를 방문했다가 1시간 남짓 떨어진 곳에 멋진 곳이 있다는 이야기를 듣는다면 그 사람은 그곳에 꼭 가야 합니다. 저도 그런 경험을 한 적이 있습니다. 미국에 있을 때 반짝반짝 빛나는 눈이 쌓여 있는 산으로 둘러싸인 아름다운 호수에 대해 이야기를 들었습니다. 그러나 그러한 광경은 이른 아침에만 볼 수 있었습니다. 제가 친구들에게 함께 가자고 했을 때 그들은 거절했습니다. 결국 전 혼자 차를 운전해서 갔습니다. 그 경치가 얼마나 아름다웠는지 모릅니다. 그것을 혼자 본다는 것이 못내 아쉬웠습니다. 형제자매 여러분! 믿음의 삶은 다릅니다. 어떤 사람은 산의 제일 밑에 있는 경치를 보고 다른 사람은 산기슭에 있는 경치를

으로 보여주며, 설교 서론이 시작되면서부터 끝날 때까지 아무 때나 적용이 가능한 방식으로 설교를 전개한다.[853] 이처럼 산발적인 적용 방식을 통해 옥한흠은 "회중이 내 설교에 많은 관심을 보인다는 것을, 성령께서 은혜를 주신다는 것을 정말 많이 느꼈다"[854]라고 고백한다. 그는 설교자가 현실감이 느껴지는 말씀을 적용해 청중이 자기 삶의 자리에서 감동받게 해야 한다고 주장한다. 그렇게 하면 청중은 설교 말씀에 호응할 수 있고 설교자는 자신의 설교 목표를 달성하게 된다.[855] 특히 결론에서 혹은 설교 내내 제시된 특별한 적용을 통해 메시지는 더 강력하고 정확한 추진력을 얻는다.[856] 제임스 브라가는 옥한흠과 같은 확신을 공개적으로 밝히면서 이렇게 말한다. 설교자가 말씀을 전하면서 자신이 해설한 진리를 적용하지 않으면 메시지는 무겁고 난해해져 평범한 청중이 내용을 따라잡기가 어렵게 될 수도 있다. 따라서 강해설교가 밟아야 할 최상의 순서는 본문을 '하나씩 하나씩' 적용하는 것이다.[857]

(4) 옥한흠의 적용에 대한 평가

옥한흠에게 있어 적용의 핵심은 오늘을 살아가는 청중이 본문의 의미를 구체적으로 이해할 수 있게 하는 것이다. 사실상 본문의 진짜 의미는

보고, 또 다른 사람들은 산의 꼭대기에 있는 경치를 봅니다. 당신이 아름다운 장소에 대해 안다고 해도 그곳에 가기를 원하지 않는다면 기본적으로 잘못된 것입니다. 만약 그런 장소가 있다면 가고 싶지 않을까요? 만약 그렇다면 그곳에 갈 수 있는 한 가지 방법이 있습니다. 그것은 성경과 하나님의 능력을 아는 것입니다." "성경과 하나님의 능력을 아는 것." 1994년 1월 9일.

853 옥한흠, "적용과 결론에 관한 연구."
854 같은 책.
855 같은 책.
856 Chapell, *Christ-Centered*, p.212.
857 Braga, *Bible Message*, p.206.

본문의 진리가 삶을 어떻게 지배하는지 파악되고,[858] 그로 인해 청중들의 삶이 영향을 받는다는 사실이 분명해질 때 비로소 드러난다. 이제 옥한흠의 방식이 얼마나 효과적인지 살펴보자. 하나님 앞에서 설교자와 청중 사이의 정체성 확립은 청중의 사기를 높이고 성품을 빚으며 행동에 나서도록 격려하는 중요한 방식이다. 청중에게 왕 같은 제사장의 일원이라는 의식을 주입하여 그들로 목회자처럼 그리스도인이라는 신분에 걸맞게 살도록 동기를 부여하려고 애쓰는 가운데 그들의 변화를 꾀하는 것이 옥한흠의 강점이다. 폴 윌슨은 이 새로운 관계를 적절히 요약한다. "설교자인 우리는 청중들이 받는 유혹이나 고통에 냉담한 채 다가가지 않으면 그들과 함께할 수 없다. 그들과 맞서지 않는다. 우리는 청중들의 일원으로 그들과 함께 말씀을 받는다."[859] 옥한흠은 신분의 동일시를 통해 설교자와 청중 사이의 간극을 메운다. 하지만 한국의 문화적 배경에서 그렇게 하기는 쉽지 않다. 전통적으로 한국의 목사들은 사회적 신분 계층제로 인해 교회에서 거룩하고 권위를 지닌 존재로 여겨진다.[860] 그럼에도 옥한흠은 이런 관습을 어느 정도 타파한다. 목회자와 교인이 동일하다는 인식은 청중으로 하여금 자신이 본래 하나님께 속한 백성이라는 책임의식을 갖게 한다.[861]

---

858 D. M. Lloyd-Jones, *Darkness and Light: An Exposition of Ephesians 4:17-5:17* (Grand Rapids: Baker, 1982) pp.200-201.

859 Wilson, *Imagination*, p.29.

860 공자의 계층적 가치관은 한국 교회에서 권위주의적이고 위압적인 설교 스타일을 강화했다. 설교는 권위를 할당하고 가치와 윤리를 주입하는 행위로 볼 수 있다. 예컨대 이 점에서 설교(문자 그대로의 설교)라는 용어의 일반적 용례는 비교적 부정적인 의미를 지닌다. 누군가가 부적절하게 간섭하거나 사람들에게 지시한다면 그들은 "내게 설교하지 마"라고 그에게 말한다. 이는 한국인들이 설교를, 지시하거나 도덕적 가치를 주입할 수 있는 권위를 지닌 어떤 사람에 의한 권위주의적인 것으로 받아들인다는 것을 나타낸다.

861 S. S. Kwon, "An Awakening Preacher," pp.85-86; 박용규, 『한국 교회를 깨운다』 p.160.

이는 청중의 삶을 변화시키는 결정적 열쇠다. "사람들이 자신의 삶을 새로운 방식, 즉 '복음이 제공하는 방식'으로 되돌아볼 때 변화가 일어나기" 때문이다.[862] 브라가는 다음과 같이 옥한흠과 비슷한 견해를 피력한다. 그런 동일시는 설교자는 권고나 질책 혹은 훈계가 필요하지 않는다는 청중들의 선입견을 없앤다. 이를 계기로 청중은 설교자가 자신을 청중의 눈높이에 맞추고, 설교자도 영적 욕구와 인간적인 연약함, 비슷한 열정이 있음을 깨닫게 될 것이다.[863]

'어떻게'를 강조하는 것도 옥한흠의 강점이다. 그런 강조는 청중의 실생활을 효과적으로 변화시키는 어떤 특정한 행동 사례를 인용하여 그들에게 동기를 부여하는 열쇠가 될 수 있다. 그리고 그것은 강해설교의 중요한 요소다. 이는 "완벽하게 적용하려면 설교자가 설교의 목적을 이루게 하는 실제적인 단계들과 영적 자원들을 명확히 설명해야 하기"[864] 때문이다. 본문이 '어떻게'라는 질문을 다룰 때마다 옥한흠은 다음과 같은 표현을 종종 사용한다. "만일 그렇다면 우리는 고통과 신음, 영광의 소망을 지닌 이 어려운 상황을 어떻게 극복할 수 있을까?"[865] 제이 애덤스는 청중이 예수의 가르침에 어떻게 응답해야 하는지, 어떻게 응답하면 안 되는지를 지시하시는 그분의 설교에 근거하여 복음주의 설교자들을 다음과 같이 비판한다. "일반적으로 성경을 믿는 설교자들은 어떻게 하는 법과 어떻게 하지 않는 법에 의해 긍정적으로 혹은 부정적으로 이행해 왔다. 그들은 회중에게 '무엇'을 하라고 말하는 데는 능숙하지만, '어

862   Rose, *Sharing*, p.61.
863   Bragar, *Bible Message*, p.205. Chapell, *Christ-Centered*, p.221과 비교하라.
864   Chapell, *Christ-Centered*, p.209.
865   옥한흠, "고난, 탄식, 영광," p.117; 옥한흠, "단정하게 살라,"『구원받은 자는 이렇게 산다』 p.113. Bragar, *Bible Message*, p.217과 비교하라.

떻게' 하라고 말하는 데는 서툴기 짝이 없었다."[866] 그것은 설교가 추상적 개념과 현대성의 결여라는 영역에서 탈피할 때 청중이 원리를 이해할 수 있으므로 적절한 견해일 것이다. 게다가 그들은 실제 결과들은 물론이고 지지 받는 행동의 내면에 있는 것이 무엇인지도 깨닫고 이해한다. 이렇게 하여 청중은 헌신적이고 성숙한 성도들이 된다.[867]

옥한흠은 청중이 삶에서 부딪치는 문제들을 구체적으로 진단하여 그들과 효과적으로 소통한다. 이런 이해를 통해 그는 청중이 말씀 앞에 마음을 열게 한다. 옥한흠은 그들의 삶에서 무엇을 바로잡아야 하는지를, 어디에서 그들을 격려하고 위로해야 하는지를 알고 있다.[868] 이를 통해 청중을 친밀하게 이해하고, 그들의 깊은 내적 욕구를 구체적으로 다룰 수 있게 된다. 청중에 대한 이해가 없는 설교는 강연에 불과하므로 이는 설교의 중요한 요소다. 청중이 다음과 같이 물을 수도 있다는 브라이언 채플의 지적은 온당하다. "그래서 그게 어쨌다는 겁니까? 제가 뭘 하기 바라시나요? 답변하지 못하면 목사님은 설교한 게 아닙니다."[869] 그러므로 "가장 건강한 설교는 듣는 사람들이 하나님의 진리를 자기 삶에 알아서 잘 적용하겠지 라고 무심히 넘기지 않는다. 그들이 적절히 적용할 수 있도록 돕는다."[870]

옥한흠은 설교할 때 청중 개개인의 실제 삶과 관련된 적용을 한다. 권성수는 "직장에서 단지 식량을 위해 돈을 모으거나 설거지를 하는 일반

---

866 Adams, *Purpose*, p.138.

867 Chapell, *Christ-Centered*, pp.215-216.

868 박용규, 『한국 교회를 깨운다』, pp.166-171.

869 Chapell, *Christ-Centered*, p.44.

870 같은 책. 옥한흠은 "오늘날, 설교는 선포라기보다는 오히려 함께 나누기에 가깝다. '당신은 어떻게 생각하는가? 나는 … 우리 함께 이야기를 나눌까요?' 우리는 강단의 이미지를 바꿔야 한다." 옥한흠, "설교의 성육신 원리," p.283.

청중들에게 보통 설교자들보다 한발 앞서서 하나님의 말씀을 적용하는 옥한흠의 지혜를 긍정적으로 평가한다."[871] 예를 들어 로마서 14장 1-4절에 대한 설교에서 옥한흠은 한국의 교회 문화에서 매우 민감한 문제인 음주와 흡연, 성수주일을 다룬다.[872]

옥한흠은 구원의 확신에서 시공간에 존재하는 인간의 융통성 있는 표면적 차원을 보완하는 경영과 노사관계 및 환경에 이르기까지 실생활에서 일어나는 문제들을 청중이 다룰 수 있게 돕는다. 이는 그가 본문을 추상적으로 적용하지 않기 때문이다. 건전한 적용은 가상적이고 추상적인 개념에서 과감히 탈피하여 기업 관행, 가정 생활, 사회적 관계, 사회적 태도, 개인의 습관 및 영적 우선순위들로 나아간다. 로마서 1장 1-7절에 대한 설교에서 옥한흠은 적절한 예화로 가정주부와 학생, 근로자 및 회사 경영진을 위해 시간을 들여 본문을 별도로 적용한다. 설교자가 메시지의 주된 요점을 설명하고 예증하는 내내 청중은 동의한다는 표시로 느긋하게 고개를 끄덕일 수 있다. 그러나 적용은 동의와 중립은 물론 헌신과 행동까지 요구한다.[873]

각양각색의 청중들에게 다가가고 보편적 인간애를 고려하면서 적용하는 것도 그의 강점이라고 할 수 있다. 고대와 현대를 막론하고 구약성경과 신약성경 모두에서 전 인류에 적용되는 보편적이고 영원한 원리에 이처럼 초점을 맞추는 것은 고대 문서와 현대 청중 사이에 다리를 놓는 효과적인 방식이 될 것이다.[874]

---

871 Kwon, "An Awakening Preacher," p.76.

872 옥한흠, "교회 안에서 왜 분쟁이 일어나는가?" "형제에게 거침돌이 되지 말라(로마서 14:13-23)," 『구원받은 자는 이렇게 산다』.

873 Chapell, *Christ-Centered*, p.217.

874 Goldberg, "Preaching with Power," pp.14-163. 마틴 로이드 존스는 이렇게 말한다. "설교자는

마지막으로 옥한흠의 또 다른 강점은 효과적인 예화들과 정확한 정보를 사용하는 것이다. 예화를 사용하면 현실적이고 유의미한 적용이 될 수도 있다. 요점에 대한 예화가 적용의 내용으로 손색이 없다는 것과 관련하여 브라이언 채플은 이렇게 말한다. "그것은 양날의 검과 같다 … 예화에는 확실한 상황, 감정, 실패, 느낌, 도전 및 필요를 청중의 마음으로 가져가기에 충분한 묘사가 들어 있다."[875]

브라이언 채플은 정확한 정보에 의해 뒷받침되는 적용의 강점에 주목한다. 그 적용이 청중에게 정보를 제공하여 그들 스스로 결정을 내릴 수 있는 충분한 지침을 주기 때문이다. 만일 청중이 해석상의 통찰과 역사적 사실, 전기(傳記)의 세부사항을 받아들일 이유가 딱히 없다면 설교자는 그들이 설교에 계속 집중할 것으로 기대할 수 없다.[876] 적용을 통해서 설교자는 설교에 대한 특별한 반응의 필요성과 합리성을 제시하기 때문에 말씀을 듣는 청중들에게 암암리에 용기를 북돋워 준다.[877]

하지만 옥한흠의 설교에서 그의 적용 이론과 방식이 드러내는 약점들은 짚고 넘어가야 한다. 그는 '무엇'보다 '어떻게' 적용할 것인가를 지나치게 강조하는 큰 함정에 빠진다. 이따금 그는 본문의 구체적인 메시지보다 본문과 무관한 내용을 전한다.[878] 이 경향은 설교에 대한 그의 견해

자신의 회중에 대해 이런 개인적인 사실들까지 알 필요가 없다 … 자신 앞에 있는 모든 사람들이 같은 질병, 즉 죄로 인해 고통받고 있다는 것을 알고 있기 때문이다. 설교자의 일은 그 병을 치료하는 것이다. 그래서 설교자는 죄가 갖는 특정한 형태에만 지나치게 관심을 주어서는 안 된다." Lloyd-Jones, *Preaching*, pp.133-134; Lloyd-Jones, *Faith on Trial: Studies in Psalm 73* (Grand Rapids, Michigan: Baker Book House, 1982) p.5. Chapell, *Christ-Centered*, p.207.

875 Chapell, *Christ-Centered*, p.215.
876 같은 책, p.220. 브라이언 채플은 그 점을 이렇게 설명한다. "자, 환자에게 이유도 설명하지 않고 '이 약을 드시오'라고 말하는 의사 중 크게 성공한 사람은 거의 없을 것이다. 청중들이 왜 설교의 강해라는 약을 먹어야 하는지 적용을 통해 설명해야 한다."(p.201).
877 같은 책, p.201.
878 제리 빈슨 역시 이 같은 일방적인 강조를 다음과 같이 지적한다. "심지어 적용에 지나친 노

에 분명히 나타난다. "설교 자체가 적용이기에 우리는 적용에 대한 정의조차 내릴 수 없다."[879] 이렇게 확신하는 옥한흠은 어떻게든 자신의 주관적 목적을 본문에 반영하려 한다. 제자훈련과 경험 덕분에 그가 본문 주석 이전에 본문이 무엇을 말하는지를 잘 알고 있음은 당연하다. 주석과 해석을 다루는 장에서 살펴보았듯이 옥한흠은 간혹 강단에서의 특별한 목적을 이루기 위해 본문을 택한다. 이 경우 "설교자의 목적이 본문의 목적을 압도하여 사실상 본문을 침묵시킬 위험이 매우 크다."[880] 제임스 데인은 적용으로 기울어지는 경향을 '교묘해서 뿌리치기 힘든 유혹'으로 다룬다. 이는 설교자가 적용과의 관련을 찾는 데는 열심이지만, 본문이 실제로 말하는 바는 건성으로 듣기 때문이다. 결국 적용이 해석을 지배한다.[881] 게다가 적용이 너무 지나치면 설교자가 본문의 깊은 의미를 탐색하기보다 가능한 생각이 어떠하든 그것에 손을 뻗으려 한다는 인상을 준다.[882] 그런 설교자는 청중에게 하나님이 가능케 하시는 능력을 추구하기보다 육신적인 힘으로 더 잘하라고 단순히 인간 중심의 권고를 하는 경향도 있다.[883]

옥한흠은 유교 문화가 지배하는 한국 사회에서 설교학적 패러다임의 변화를 통해 전통적으로 연역적이며, 주제 중심 스타일의 설교가 드러내는 계층적이고 수직적인 면모를 일신했다. 이것은 그가 적용과 관련하여

력을 기울일 위험이 있다. 강해자는 구절과 상관없는 것을 적용하거나 적합하지 않은 적용을 하려고 노력할지도 모른다. 강해자는 그 말씀에 필요한 중요한 적용을 제한할 수도 있다." *Effective Sermon*, p.97.

879　옥한흠, "적용과 결론에 관한 연구."
880　Greidanus, *Modern Preacher*, pp.107. 166-167.
881　Daane, *Confidence*, p.61.
882　Chapell, *Christ-Centered*, 206, Adams, *Truth Applied*, p.41.
883　Chapell, *Christ-Centered*, pp.209-210.

세운 공로다. 이는 설교에서 매우 중요하다. 옥한흠은 자기 청중들을 수동적으로 받는 사람에서 능동적으로 참여하는 사람으로 변화시켰다.

4) 옥한흠과 청중 간의 소통

옥한흠에게 설교는 단순한 선포가 아니다. 오히려 그것은 말씀을 함께 나누는 일이다.[884] 설교는 일방적 선언이 아니다. 오히려 그것은 하나님의 말씀이 "이것은 그렇다"라고 말하는 일이다. 그리고 듣는 사람들에게 그 말씀에 어떤 반응을 보일 것인지를, 즉 "당신 생각은 어때요?"라고 물으면 그들이 "제 생각은 …"라고 답하는 일이다.[885] 설교 시간은 설교자와 청중, 하나님과 그분의 자녀 사이에 개인적 만남이 일어나는 소통의 장(場)이다.[886]

이 장에서 우리는 존 스토트에게 적용된 것과 동일한 범주들을 사용하여 옥한흠의 소통 방법론을 살펴볼 것이다. 여기서 우리의 목적은 로마인들에게 보낸 편지에 근거하여 옥한흠의 소통 이론과 실제를 검토하

---

884 옥한흠, "설교의 성육신 원리," p.285. 어떤 기자와 가진 인터뷰(2000년 9월 5일)에서 옥한흠은 의사소통 방식에 대한 자신의 관심을 이렇게 밝힌다. "미사여구나 우아한 문장, 논리적인 정보 전달보다는 듣기 편하고 마음에 호소하는, 그래서 자꾸만 뇌리 속에서 되뇌어지는 대화식 설교를 하려고 노력합니다." 「월간조선」(2000년 11월호). 옥한흠과 동일한 입장을 표명하는 존 브로더스는 "Rhetoric and Homiletics" in Richard Lischer (ed.), *Theories of Preaching*, pp.234-235에서 '설교학(homiletics)'이라는 단어를 다음과 같이 분석한다. "그리스어 '허믈라(homila)'는 대화나 상호 간의 대화를 의미하기에 친숙한 이야기라고 할 수 있다. 라틴어 '세르모(sermo, 이 단어에서 'sermon'이 파생됨)'도 대화, 이야기, 토론이라는 같은 의미를 갖는다. 설교와 훈계를 의미하는 'homily'라는 단어에서 '설교학(homiletics)'이라는 용어가 생겨났다. 그래서 이것은 설교의 준비와 전달과 관련 있는 것을 모두 포함하면서 기독교적 대화의 학문이나 그 주제에 대한 논문을 나타낸다. 그래서 설교학은 수사학의 한 분야 혹은 유사한 학문으로 볼 수 있다."
885 옥한흠, "설교의 성육신 원리," p.285.
886 같은 책, p.270.

고 평가하는 것이다. 이어서 설교가 함께 나누기라는 옥한흠의 확신이 그의 실제 설교 모두에 반영되어 있음을 상세히 보여줄 것이다. 이는 그의 설교가 드러내는 다양한 모습에 나타난다.

(1) 언어를 통한 의미 전달

옥한흠에게 언어는 의미 전달을 위한 설교의 중요한 범주 중 하나다. 『전도 프리칭』이라는 책에서 그는 자신의 설교를 다섯 가지 범주 아래 분석한다. 첫째는 접촉점 만들기, 둘째는 공감과 동일시, 셋째는 시장의 언어, 넷째는 복음적 표현, 다섯째는 인상적인 소명이다.[887] 이들 범주는 본문 자체를 드러내기보다 성경에 근거하여 청중과 효과적으로 의사소통하는 데 초점을 맞춘다. 이 범주들은 옥한흠이 설교에 접근하는 전형적인 방식을 보여준다. 그의 의사소통 특징들은 그의 설교에서도 확실히 드러난다. 여기서 우리는 옥한흠의 언어적 의사소통의 스타일을 여섯 가지 주요 부분으로 나눌 것이다.

첫째, 옥한흠은 일상에서 경험하는 언어를 사용한다.[888] 이를 위해 그는 청중이 일상에서 흔히 쓰는 친숙한 단어와 구 및 문장들을 이용한다. 이 접근법을 통해 그는 강단에서 선포되는 진리를 청중이 경험하는 수준으로 눈높이를 낮춘다.[889] 제이 애덤스는 옥한흠을 지지하는 입장을 밝히면서 이렇게 말한다. 설교자가 메시지를 전할 때 적절한 언어를 사용하면 하나님의 진리가 청중의 마음에 강력하게 와닿을 수 있다.[890] 일상에서 경험하는 언어를 사용하는 사례는 옥한흠의 로마서 설교에서 볼

---

887 옥한흠, 『전도 프리칭』.
888 옥한흠은 그것을 "시장에서 쓰는 언어"로 일컫는다, 같은 책, p.28.
889 옥한흠, 필자와의 인터뷰, 2001년 3월 30일.
890 Adams, *Truth Applied*, p.107.

수 있다. 그는 로마서 1장 26-32절에 대한 설교를 시작하면서 다음과 같이 접근한다.

지금 우리가 펴놓은 말씀은 로마서 가운데서 가장 읽기 어려운 내용이라 할 수 있습니다. 그 안에는 우리 마음을 기쁘게 하는 구절이 하나도 없습니다. 처음부터 마지막까지 입에 담기조차 곤란한 죄 이름이 줄줄이 이어 나오는 것을 볼 수 있습니다. 이것은 복잡다단한 세상을 살면서 정신적으로 몹시 시달리는 요즈음 사람들에게는 분명히 피하고 싶어 하는 내용임에 틀림없습니다.[891]

게다가 옥한흠은 "그럴 수 없느니라!"(롬 6:2)라는 말을 설명할 때 청중이 의미 파악을 쉽게 하도록 그 구절을 "당신은 무슨 말을 하는 겁니까? 말도 안 됩니다!"로 옮깁니다.

둘째, 옥한흠은 청중에게 말씀을 전할 때 언어로 그림을 그리듯이 그림 같은 언어를 사용한다. 그림 같은 언어를 쓰면 메시지가 그들의 귀에 신선하게 들린다는 것이다.[892] 이를 통해 청중이 상상력을 발휘하여 설교에 적극 참여하도록 권고한다. 이는 "상상이 실재를 반영하고 회중에게 현실이 되어 설교가 지루함과 무기력에서 벗어나기 때문이다."[893] 따라서 그는 "이 상황 안에서 당신의 모습을 상상해 보십시오"[894]라는 표현을

---

891 옥한흠, "불의, 불의, 불의," 『내가 얻은 황홀한 구원』 p.81.
892 옥한흠, 필자와의 인터뷰, 2001년 3월 30일.
893 Craddock, *Authority*, p.80. 그는 "상상력은 이륙하여 비행을 통해 환상으로 들어가는 것이 아니라 우리가 살고 있는 거리를 따라 걷는 것이다"라고 덧붙인다. 옥한흠은 프레드 크래덕의 이러한 견해에 공감한다. 필자와의 인터뷰, 2001년 3월 30일.
894 옥한흠, "성령의 사람은 성령으로 행한다(로마서 8:12-17)."

종종 사용한다. 그림 같은 언어의 사례는 로마서 8장 12-17절에 대한 그의 설교에 나타난다.

어떤 사람은 유명한 논평을 남겼습니다. 만약 당신이 자신의 정원을 깨끗하게 경작하기를 원한다면 당신은 잡초가 자라는 것을 그냥 놔두지 않을 것입니다. 맞습니다. 만약 우리가 우리의 마음을 하나님의 거룩한 성전으로 깨끗하게 하기를 원한다면 우리는 그것들이 나타날 때마다 잡초들을 뽑아내야만 합니다. 육신의 죄를 죽여야 하는 것입니다.[895]

옥한흠은 사도 바울과 그가 느끼는 바를 이렇게 묘사한다. "거대한 그룹이 사도 바울 주변에 웃으며 서 있는 그림을 보는 것은 오늘날 우리에게 깊은 인상을 준다. 그 사람들의 수는 37명이다. 여러분 가운데 어떤 사람은 바울이 감정적으로 매우 냉담하다고 느낄지도 모른다."[896]

셋째, 옥한흠은 효과적인 의사소통을 위해 감각 언어를 사용한다. 이는 그가 청중의 기분을 세심하게 헤아리기 위해 일상적인 모습과 소리, 냄새에 호소하는 찰스 스펄전의 영향을 받았기 때문이다.[897] 옥한흠은 청중이 이런 감수성을 갖도록 그들의 상상력을 자극하는 아름답고 정제된

---

895 옥한흠, "성령의 사람은 성령으로 행한다," "위대한 평신도 동역자들(로마서 16:1-16)," 『구원받은 자는 이렇게 산다』, p.246.

896 우리는 다른 사례들도 볼 수 있다. "춤이라도 출 것 같은 행복감에 젖어본 일이 있습니까?"; "정죄함이 없는 성령의 사람(로마서 8:1-11)"; "본문 마지막 부분을 읽어 보십시오. 두 손을 번쩍 들고 하나님을 소리 높여 찬양하는 바울을 만날 수 있습니다"; "세세 무궁토록 하나님께 영광을!(롬 16:17-27)."『구원받은 자는 이렇게 산다』, p.276과 비교하라.

897 J. E. Adams, *Studies in Preaching Vol.1: Sense Appeal in C. H. Spurgeon's Preaching* (Philadelphia: Presbyterian and Reformed Publ. Co., 1975). 옥한흠은 이렇게 말한다. "나는 스펄전을 좋아한다. 회중의 마음을 감동시키는 그의 표현력 때문이다." 옥한흠, "설교의 성육신 원리," pp.254-257.

언어로 메시지를 생생하게 그려낸다. 프레드 크래덕은 경험과 느낌을 만들어내려면 감정을 자극하는 언어를 사용하고, 훈계조의 언어보다 오래 지속되는 인상을 전하며, 따라서 타고난 오감에 설교자가 민감하게 반응하는 데 극히 중요한 상상력을 자극하라고 설교자들에게 강력히 권고한다.[898] 상상력에 대해 같은 견해를 보이는 데이비드 버트릭도 이렇게 주장한다. "설교에서 견해들은 생생하게 묘사되어야 하고, 이미지들은 상호 작용을 해야 한다. 그렇게 되면 설교는 인간의 의식이 어떻게 바뀌든 자연스럽게 진행될 것이다."[899] 이 특징들은 옥한흠의 로마서 설교에 아주 흔히 나타난다. 그는 구원의 인상적인 감동을 '가슴속에 밀물처럼 밀려오면서 느껴지는 희한한 기쁨'[900]으로, 예배를 '우리 삶에서 풍겨 나오는 향기'[901]로, '쓰레기가 나오지 않는 거룩한 삶'[902]으로 묘사한다.

넷째, 옥한흠은 감정에 호소하는 언어를 구사한다. 몇 가지 예를 들면, 소망, 기대, 두려움, 확신, 외로움 및 사랑과 같은 느낌을 포함하여 감정에 호소하는 표현들을 사용한다. 월터 라이펠트는 바울이 갈라디아서에서 수사학적 질문들과 감정에 호소하는 요소들을 사용했다는 증거를 제시하면서 '감정의 색깔'이 중요한 방식을 구성한다고 강조한다.[903]

옥한흠은 설교할 때 감정에 호소하는 것이 중요하다고 강조한다. 이에 대한 구체적인 사례는 그가 로마인들에게 보낸 편지에 대해 실제로

---

898 *Preaching*, pp.196-197. 상상력은 모든 생각에 기본이 되고 삶에 필수적이다. 상상력과 한낱 장식의 기능만을 하는 예화를 구별하는 크래덕은 상상력이 담긴 의사소통을 위해 몇몇 지침 원리를 제시한다. *Authority*, pp.92-97. Achtemeier, *Creative Preaching*, chapters 2-3과 비교하라.

899 Buttrick, *Homiletic*, p.125, 170.

900 옥한흠, "로마 교회는 복음을 다시 들어야 했다(I)," 『내가 얻은 황홀한 구원』 p.32.

901 옥한흠, "구원받은 삶이 있는가?," 『구원받은 자는 이렇게 산다』 p.15.

902 옥한흠, 『구원받은 자는 이렇게 산다』 pp.21-22.

903 Liefeld, *Exposition*, pp.85-87. 그는 "본문을 준비하는"에 대한 장에서 이 측면을 마지막 특징으로 제시한다.

한 설교에 나타난다. 그는 다음과 같은 표현들을 자주 사용하면서 지나칠 정도로 강력하게 감정에 호소한다. "바울은 예수 그리스도의 한량없는 은혜 앞에 너무 감격해서 목 놓아 울었을 것이 틀림없습니다."[904] "이 행복을 우리 마음속에 다시 한 번 뜨겁게 체험하는 시간이 되었으면 합니다."[905] "이 모순처럼 보이는 사실 때문에 저는 충격과 도전과 자책을 한꺼번에 받았습니다."[906] "바울의 심정이 금방 가슴에 와닿는 것을 느낄 수 있습니다."[907] "최근에 저는 신문에서 감동적인 글을 읽었습니다."[908] "천부여 의지 없어서 손들고 옵니다 하고 찬송을 부르면서 많이들 울었습니다."[909] "사실 31-39절 이하의 내용은 복음의 비밀을 다 밝히고 난 그가 가슴에 끓어오르는 감격과 기쁨을 주체할 수 없어서 펜 가는 대로 털어놓은 그의 고백이요, 찬가라 할 수 있습니다."[910] "로마서를 다 쓰고 나서 바울은 얼마나 감격에 떨었을까요?"[911] 그것은 분명 활기차게 감정에 호소하는 것으로써 청중의 상상력에 불을 지핀다. 옥한흠은 심지어 설교 제목을 다음과 같이 감정적인 언어로 택하기까지 한다. "불의, 불의, 불의"(1:26-32), "오호라 나는 곤고한 사람이로다"(7:13-25), "잘못된 열심"(10:1-3).

프레드 크래덕은 옥한흠의 감정적인 언어 사용을 적극 지지한다. 그는 우리가 감정을 통해 웃음과 기쁨에서 비통과 슬픔에 이르기까지 전 영

---

904 옥한흠, "예수 그리스도의 종, 바울," 『내가 얻은 황홀한 구원』 p.14
905 옥한흠, "정죄함이 없는 성령의 사람(로마서 8:1-1)," 『아무도 흔들 수 없는 나의 구원』 p.78.
906 옥한흠, "나만 구원받아 행복할까?," 『아무도 흔들 수 없는 나의 구원』 p.172.
907 옥한흠, "긴급한 기도 요청," 『구원받은 자는 이렇게 산다』 p.232.
908 옥한흠, "전파하는 자가 없이," 『아무도 흔들 수 없는 나의 구원』 p.222.
909 옥한흠, "오호라 나는 곤고한 사람이로다," 『아무도 흔들 수 없는 나의 구원』 p.69.
910 옥한흠, "끊을 수 없는 하나님의 사랑(로마서 8:31-39)," 『아무도 흔들 수 없는 나의 구원』 pp.152-153.
911 옥한흠, "세세 무궁토록 하나님께 영광을!," 『구원받은 자는 이렇게 산다』 p.276.

역을 나타내기에 설교자가 화자와 청자 모두를 위해 감정적 언어를 사용하는 메시지 전달의 본질과 그에 따른 부담에 대해 어떻게 인식해야 하는지를 설명한다.[912] 옥한흠은 이야기하기(story-telling)를 통해 상상의 나래를 마음껏 펼칠 수 있다고 믿기에 감정적인 언어로 접근하는 이야기체 방식도 사용한다.[913] 다음의 사례를 보자.

바울이 구약성경을 놓고 이 놀라운 진리의 지성소로 한 걸음씩 발을 옮겨 놓으면서 그 마음속에서는 말로 형언할 수 없는 뜨거운 감격이 솟구쳐 올랐을 것입니다. 그가 얼마나 울었을까요? 사람이 보기에 너무도 초라하고 힘없이 십자가에서 처형당한 그분이 수천 년 동안 인류가 대망하던 메시아라는 것을 다시 한번 확인했을 때 얼마나 가슴이 벅차서 소리를 질렀을까요? "예수를 없애야 해. 그를 추종하는 자는 한 놈도 남겨두어서는 안 돼" 하며 이를 갈던 자신의 옛 모습을 돌아보면서 얼마나 흐느꼈을까요? 자기를 불러 복음을 세상에 전하는 사도로 임명하신 예수 그리스도의 한량없는 은혜 앞에 너무 감격해서 목 놓아 울었을 것이 틀림없습니다. 이 감격이 자기를 기꺼이 종으로 팔아 버릴 수 있었다고 생각합니다.[914]

다섯째, 옥한흠은 청중에게 메시지를 효과적으로 전하기 위해 시적이며, 은유적인 언어, 유추, 이야기와 대화와 같은 문학과 수사학의 표현들을 다양하게 사용한다. 여기서 우리는 지면의 제약으로 인해 두 가지 중요한 범주(시적이며 은유적인 언어)를 다룰 것이다. 예컨대 옥한흠은 구원의 기

912 Craddock, *Preaching*, pp.205-206.
913 옥한흠, 필자와의 인터뷰, 2001년 3월 30일.
914 옥한흠, "예수 그리스도의 종, 바울." 로마서 1:1-7에서도 비슷한 언어가 사용되는 것과 비교하라. 『내가 얻은 황홀한 구원』, pp.9-12.

뿜을 설명하기 위해 자신의 회심 체험에 대한 조지 화이트필드의 시적 표현을 직접 인용한다.[915] "모든 것을 합력하여 선을 이루시는 하나님"[916] 이라는 설교에서 옥한흠은 하나님이 자신들의 삶에 개입하시는 게 너무 싫어서 그분에게서 달아나려고 하는 사람들의 태도를 드러내기 위해 시 한 편을 인용한다. 간혹 그는 성경학자가 사용하는 문학적 표현을 인용한다.[917] 그와 동시에 옥한흠은 "주님의 사랑을 가슴 가득히 체험한 심령"[918] "영혼의 영양실조"[919] "안목의 정욕"[920] 그리고 "광대한 하늘을 우리 가슴에 다 품을 수 없듯이"[921] 같은 시적 표현들을 계속 만들어냈다.

옥한흠은 은유를 의사소통 수단으로도 사용한다. 다음 사례는 화장과 관련된 비유로 이를 통해 자기 청중과 소통하려 한다.

햇빛이나 형광등도 없는 어두운 곳에서 굉장한 화장술을 가지고 화장을 한다면 당신은 얼마나 잘 할 수 있겠습니까? 나중에 당신은 '나는 너무 이쁘다'라고 생각하게 될 것입니다. 그리고 당신은 어둠 속에서는 만족할 것입니다. 그러나 밝은 곳으로 가서 당신 자신을 한 번 보십시오. 우리가 하나님 앞에 나가기 전에 우리의 모습이 의롭고 대단하다고 생각하는 것과 같습니다. 그러나 하나님 앞에서 우리 스스로를 바로 살펴본다면 누가 그

---

915 옥한흠, "로마 교회는 복음을 다시 들어야 했다(I)(로마서 1:8-17)," 『내가 얻은 황홀한 구원』, p.32.
916 옥한흠, "모든 것을 합력하여 선을 이루시는 하나님," p.174.
917 옥한흠, "정죄함이 없는 성령의 사람(로마서 8:1-11)," 『아무도 흔들 수 없는 나의 구원』, pp.73-74.
918 옥한흠, "오호라 나는 곤고한 사람이로다," 『아무도 흔들 수 없는 나의 구원』, p.71.
919 옥한흠, "성령과 우리의 연약(로마서 8:26-27)," 『아무도 흔들 수 없는 나의 구원』, p.131.
920 옥한흠, "성령의 사람은 성령으로 행한다(로마서 8:12-17)," 『아무도 흔들 수 없는 나의 구원』, pp.98-100.
921 옥한흠, "죄에 거할 수 없는 이유," 『아무도 흔들 수 없는 나의 구원』, pp.9-10.

얼굴을 들 수 있겠습니까?[922]

어떤 점에서 설교는 '은유 작업이고, 설교 언어는 본질상 비유다.'[923] 우리는 비유 체계 안에 살고 있고 비유를 통해 우리 자신을 이해한다. 따라서 인간의 삶을 변화시키고 싶은 설교자들은 비유적 언어가 지닌 순전한 힘을 알아야 한다.[924] 시드니 그레이다너스는 비유적 언어가 실생활과 관련되어 있어서 그로 인해 청중의 상상을 자극하는 것이 그 언어의 강점이라고 주장한다. "본문에 나타난 비유는 종종 설교 전체를 실감나게 하는 수단으로 기능할 수 있다."[925]

마지막으로 옥한흠은 메시지의 효과적 전달을 위해 현실성 있고 경험으로 얻은 예화들과 사례들을 사용한다.[926] 예화를 사용하든 사례를 사용하든 그는 청중이 공감하고 동일시할 수 있는 활기찬 어휘와 어조, 수사법과 묘사를 통해 청중에게 다가간다. 옥한흠은 설교할 때마다 통상 네다섯 개의 예화와 사례를 사용한다.[927] 다음은 "율법과 나"라는 로마서 7

---

922 옥한흠, 『전도 프리칭』, pp.21-22. 그는 또한 우리 삶의 고단함을 다음과 같이 나타냈다. "갖가지 인생 고초로 인한 어두운 그림자가 시시때때로 우리를 향해 엄습해 옵니다." "정죄함이 없는 성령의 사람(로마서 8:1-11)," 『아무도 흔들 수 없는 나의 구원』 p.74. 비슷한 입장을 보이는 데이비드 버트릭은 이렇게 단언한다. "설교자는 시인은 아니지만, 시인의 눈을 가져야 한다. 설교자는 믿음의 세계를 세울 때 단어와 이미지를 합쳐가는 것에서 즐거움을 가져야 한다." Homiletic, pp.169-170.

923 Buttrick, Homiletic, p.113, 125.

924 같은 책, pp.123-125. 데이비드 버트릭은 "은유는 설교의 한 패러다임이다"라는 점에 주목한다.

925 Greidanus, Modern Preacher, p.340.

926 데이비드 버트릭은 설교에서 사례와 예화를 올바로 구별한다. 그는 사례가 청중의 공동의식에서 도출되는 반면, 예화는 청중이 공유하는 의식의 바깥에서 청중에게 전해진다고 설명한다. Homiletic, pp.127-134.

927 로마서 설교에서 사용되는 예화와 사례의 숫자는 다음과 같다. "예수 그리스도의 종, 바울"에서는 5개의 예화가, "정죄함이 없는 성령의 사람"에서는 4개의 예화가, "구원받은 삶이 있는가?"에서는 2개의 예화와 6개의 사례가, "연약한 자의 약점을 담당하라"에서는 3개의 예

장 1-12절에 대한 설교에서 사례를 사용하는 경우다.

과거에 우리 조상들은 귀신에 매여 산다고 고생했지만, 유대인들은 율법에 매여 사느라 고생했습니다. 미신을 숭상했던 우리 조상들은 얼마나 어리석은 짓을 많이 했습니까? 이사를 아무 날짜에나 갈 수 있었나요? 결혼 날짜를 자유롭게 정할 수 있었나요? 방안에 못 하나를 마음 놓고 칠 수 있었나요? 무엇을 하든 잡귀신 앞에 벌벌 떨며 살았습니다.[928]

예화는 흥미를 불러일으킬 뿐 아니라 진리를 설명하거나 특정 구절을 구체적으로 적용하는 것이기도 해서 시드니 그레이다너스는 예화 사용에 긍정적이다.[929] "이야기는 글로 구성된 그림이다 … 설교자가 어떤 복잡한 내용을 진술하는데, 그 내용의 일부 혹은 전부는 설명이 필요하다. 예화가 이를 충족시킨다."[930] 옳은 말이다. 이런 의미에서 예화는 요점에 대한 설명이라기보다 오히려 요점 그 자체다.[931]

앞에서 살펴보았듯이 옥한흠은 설교를 마무리하면서 거의 매번 찬송가나 복음성가를 불러 청중이 마음의 결단을 내리게 한다. 설교의 최종 결론에서 그의 목소리는 종종 최고조에 달한다. 찬송을 여러 번 부르는

화와 2개의 사례가 사용된다. 예화와 사례 모두에서 옥한흠은 신문, 잡지, 문학 서적, 전문서적, 일상적인 삶의 이야기 그리고 목회 경험과 관련된 이야기들에서 비롯되는 다양한 사례, 해석, 격언, 간증 혹은 통계를 사용한다.

928 옥한흠, "율법과 나," 『아무도 흔들 수 없는 나의 구원』, pp.49-50. 이정영은 우상들(샤머니즘)을 "많은 영과 신, 특히 조상신"로 정의한다. J. Y. Lee, *Korean Preaching*, p.30. 이정영은 "한국 회중에게 설교를 하기 위해서는 샤머니즘을 이해해야 한다"이라고까지 말한다. 같은 책, p.31.

929 Greidanus, *Modern Preacher*, p.341. 옥한흠은 이러한 입장에 공감한다. 필자와의 인터뷰, 2001년 3월 30일.

930 Craddock, *Preaching*, pp.204-205.

931 같은 책.

동안 옥한흠의 목소리는 믿지 않는 영혼을 향한 하나님의 애타는 마음을 표현한다.

(2) 비언어적 의사소통

옥한흠은 강해설교를 위해 여느 의사소통 수단보다 언어적 의사소통을 중시한다. 하지만 비언어적 의사소통이라는 형태를 무시하지는 않는다. 우리는 존 스토트에 대해 사용한 것과 같은 범주들 아래 옥한흠의 비언어적 의사소통을 살펴볼 것이다. 그는 비언어적 의사소통은 물론, 설교자와 성령의 역할도 강조한다.[932]

의사소통에 관한 한, 옥한흠의 주된 관심은 설교자가 메시지 준비에 쏟는 열심과 열정이다. 이와 관련하여 그는 "오늘날 설교의 문제는 설교 자체가 아니라 설교자에게 있다."[933]라고 지적한다. 이는 설교자가 수천 년 전에 계시된 하나님의 말씀을 현대 청중에게 전달하는 전달자이기 때문이다. 그래서 설교자는 메시지를 효과적으로 전달해야 할 책임이 있다.[934] 옥한흠은 설교자가 말씀 선포에 노력해야 한다고 강조하면서 다음과 같이 설명한다.

들리게 설교하겠다. 마음에 남아 있는 설교를 하겠다. 단 한마디라도 그 사람의 인격과 생각에 변화를 주는 설교를 하겠다. 그렇게 하기 위해서 나는 어

---

932 찰스 캠벨은 비언어적 의사소통을 이렇게 강조한다. "기독교 언어를 배우는 것은 단순히 개념적인 혹은 인지적인 활동이 아니다. 오히려 기질이나 행동과 관련이 있다. 설교는 추상적인 언어가 아니라 말할 때의 어조와 억양, 전달 방법과 같은 설교자의 특징에 따라 구체적으로 나타난다. 이것은 재즈 즉흥곡이 음악가의 성격이나 정신과 밀접하게 관련 있는 것과 같다." *Preaching Jesus*, p.237.
933 옥한흠, "설교의 성육신 원리," p.259.
934 같은 책, p.262.

떻게 해야 하느냐? 이것을 놓고 씨름하는 것이 성육신 되는 작업입니다.[935]

옥한흠은 인터넷에서 혹은 설교 연구 회사가 만들어내는 매우 다양한 자료나 다른 설교들에서 설교 자료들을 찾으려 기웃거리는 사람들을 비난한다. 그는 이렇게 말한다. "광부가 금을 캐기 위해 노력하는 것처럼 설교자는 성경적인 설교를 위해 본문을 가지고 씨름해야 청중들이 깊이 감동 받을 수 있다"고 믿는다.[936] 옥한흠은 설교할 때 가운을 입지 않는다. 이는 메시지를 효과적으로 전하기 위한 구체적 노력이다. 그는 사랑의교회를 개척했을 때부터 가운을 입은 적이 없다고 말한다. "그 이유는 간단하다. 나는 성도들에게 더 가까이 가길 원하기 때문이다. 만약 내가 가운을 입으면 성도들 앞에 더 거룩한 사람으로 보일 것이고, 결국 설교자와 성도 간의 대화를 방해하는 결과를 초래할 것이다."[937]

둘째, 옥한흠은 설교자의 노력은 물론이고 성령의 역할도 강조한다.[938] 그는 설교 준비에 시간과 에너지를 쏟음으로써 자기 마음을 성경에서 말씀하시는 성령께 맞추려 한다.[939] 예컨대 로마서 8장 28-30절에 대한 설교에서 자신이 성령을 받아들이는 것을 이렇게 나타낸다.

그러므로 우리는 경건함과 두려움을 가지고 이 말씀에 접근해야 합니다.

---

935 같은 책, pp.266-267.『제자훈련 열정 30년: 그 뒤안길의 이야기』 p.137.
936 옥한흠, "설교의 성육신 원리" p.267.
937 옥한흠, 필자와의 인터뷰, 2001년 3월 30일. 대다수 설교자들이 강단에서 설교할 때 가운을 입는 것은 한국 교회의 전통이다.
938 옥한흠은 설교에서 성령의 역할이 절대적으로 중요하다고 말한다. 필자와의 인터뷰, 2001년 3월 30일.
939 옥한흠은 성도들의 마음 역시 중요하다고 강조한다. "만약 성령께서 목사들의 마음에서만 일하신다면 이것은 불가능한 일이 될 것이다." "A Discipleship-Making Program," p.84.

이 말씀을 머리로만 이해하려고 해서는 안 될 것입니다. 또 완전히 이해할 수 있을 것이라는 기대감을 가지는 것도 금물입니다. 이해할 수 없는 부분이 많다는 것을 인정하고 이 말씀을 보아야 합니다. 우리가 시종일관 겸손한 마음으로 이 말씀 앞에 설 때 성령께서 우리의 눈을 열어주시고 진리를 깨닫는 은혜를 주시리라 믿습니다.[940]

옥한흠은 설교자들의 교만과 게으름에 대해 경고할 때 자기 마음속에서 어떻게 하나님의 불같은 진노가 사라지지 않는지를 설명한다. 그는 설교 준비의 충실함 여부와 무관하게, 성령과 하나님의 영광이 성경을 통해 성령의 역사를 나타낼 수 있다고 주장한다.[941] 하지만 옥한흠은 그것을 하나님의 긴급 개입으로 해석한다. 그는 설교자들이 분위기를 이용해 감정을 자극해서 만들어내는 예배 형태와 성령의 역사에 의한 예배 형태는 사뭇 다르다고 강조한다.[942]

옥한흠은 특히 마틴 로이드 존스의 견해를 인용하면서 설교의 결론에서 성령의 개입이 중요하다고 강조한다.[943] "성령은 구절에서 수집된 진리들을 분류하여 그 진리들을 회중 개개인의 마음에 필요한 대로 적용하실 수 있다. 우리는 성령만이 이 필요들이 무엇인지 아신다는 것을 깨닫고 하나님 앞에서 겸허해야 한다." 이는 틀림없는 사실이다.[944] 옥한흠

940 옥한흠, "모든 것을 합력하여 선을 이루시는 하나님," 『아무도 흔들 수 없는 나의 구원』, pp.135-136. "오호라 나는 곤고한 사람이로다," p.65를 보라.
941 옥한흠, "설교의 성육신 원리," p.266.
942 같은 책, p.287.
943 옥한흠, "적용과 결론에 관한 연구." 설교를 너무 완벽하게 준비하는 것은 위험하다. 특히 우리의 믿음을 성령보다 설교에 두는 것은 매우 위험하다. 우리의 믿음을 설교가 아닌 성령에게 두어야 한다." Lloyd-Jones, *Preacher*, p.223, 230. 옥한흠은 "나는 설교 원고를 준비할 때 성령께서 내게 메시지를 주실 때가 많다"라고 말한다. "적용과 결론에 관한 연구."
944 Liefeld, *Exposition*, p.90.

은 이처럼 성령을 의지하는 것이야말로 설교를 하면서 느끼는 열등감을 극복할 수 있는 열쇠라고 주장한다.[945]

(3) 설교 형식

옥한흠은 본문 설교를 할 때 주로 귀납적 방식을 사용한다.[946] 그는 이 방식이 가장 적절한 설교 형식이라고 믿는다. 이는 귀납적 설교가 양방향 소통을 가능케 하고, 청중의 마음속 생각을 끄집어내어 그들이 행동에 나서도록 동기를 부여하는 많은 요소들이 귀납적 과정에 들어있기 때문이다.[947] 따라서 귀납적 방식은 행동의 변화는 물론, 영혼과 설교 디자인의 변화도 이끌어 내는 데 가장 효과적이고 유용하다.[948]

"분쟁"이라는 제목의 로마서 14장 1-4절에 대한 옥한흠의 설교는 이 귀납적 설교의 사례를 다음과 같이 보여준다.

---

945 옥한흠, "적용과 결론에 관한 연구."
946 옥한흠, "A Discipleship-Making program," pp.81-83. 3.1.2절에서의 옥한흠의 설교 접근법을 보라.
947 옥한흠은 귀납적 방식이 저잣거리 청중의 수준으로 눈높이를 맞추는 접근법이라고 말한다. 필자와의 인터뷰, 2001년 3월 30일. 옥한흠, "설교의 성육신 원리," pp.283-286과 비교하라. 얼마 전 그는 자신의 높은 강대상을 회중과 높이가 같은 낮은 강대상으로 바꾸었다. 이는 보수적 한국 교회 안에서 혁명적인 발상이다. 게다가 옥한흠은 이렇게 주장한다. "설교도 원칙상 평신도가 할 수 있어요. 초대 교회 당시 가정 교회를 할 때 누가 설교를 했나요? 그 당시 신학교 출신들이 있었나요? 우리나라 초창기에 시골 교회 설교를 누가 했나요? 평신도들이 했습니다. 그러나 교회 질서상 말씀을 가르치는 은사와 교육을 맡은 교역자가 강단을 맡는 것이 교회를 위해 필수적인 일입니다. 그렇지 않고 아무나 설교를 할 수 있다고 주장하면서 강단을 점령하면 혼란의 연속밖에 더 있겠습니까?" 옥한흠, 『다시 쓰는, 평신도를 깨운다』(서울: 두란노, 1998) pp.362-363.
948 Han-huˇm Ok, Healthy Christians Make a Healthy Church, p.89. 귀납적 성경 연구는 삶을 변화시킬 수 있는 가장 효과적인 방법이다. 그는 "20년이 넘도록 사역하면서 내 경험과 이론을 통해 가장 효과적인 방법은 귀납적 접근이라는 것을 알았다. 실제로 이것은 전혀 새로운 것은 아니었지만 이상하게도 원자폭탄처럼 교회에 영향을 주고 있다"고 주장한다. Han-huˇm Ok, "A Discipleship-Making Program for Lay Leadership Development at Sarang Presbyterian Church in Korea," p. 81

교회를 일컬어 그리스도의 몸이라고 말합니다. 거룩한 하나님의 자녀들이 예수님의 몸의 지체가 되어 아름다운 영적 공동체를 이룬 것이 교회입니다. 그런데 교회 안에서 가끔 대두되는 심각한 문제가 있다면 그것은 내적인 분열이라고 할 수 있습니다. 다시 말하면 성도 간에 분쟁이 일어난다는 말입니다. 교회 안에서 서로 의견 대립이 생긴 후에 편당이 갈리고 나중에는 교회가 두셋으로 나뉘기도 하는 것입니다. 한국 교회사를 연구한 어느 학자는 광복 후 50년밖에 안 되는 한국 교회의 역사를 '교회 분열사'라고 요약하여 표현했습니다 ⋯ 신약성경에 기록된 초대 교회들을 보면 여기저기서 분열의 상처를 안고 있는 것을 엿볼 수 있습니다. 가장 대표적인 교회가 고린도 교회입니다 ⋯ 한편 갈라디아 교회는 신학적인 문제 때문에 내분이 일어났습니다 ⋯ 그러면 로마 교회의 상황은 어땠을까요? 로마 교회에도 문제가 있었습니다. 서로 화합하지 못하는 두 부류가 교회 안에 있었던 것입니다 ⋯ 로마 교회를 위시해서 초대 교회가 화목하지 못한 이유는 무엇일까요?[949]

옥한흠은 먼저 본문에서 청중들에게 걸림돌이 되는 것들을 제거한 후 핵심어로 그들에게 다가간다. 그는 로마 교회가 갈라진 이유를 본문에서 찾는다. 그리고 그것을 청중들에게 적용하면서 "우리 역시 같은 문제를 가지고 있습니다"라고 말한다. 옥한흠은 금식과 기도, 교인들 사이의 관계, 그리고 한국 교회에서 문제가 되는 몇몇 쟁점들에 관한 각기 다른 인식들을 다룬다. 이어서 "그렇다면 우리가 이해해야 할 이유는 무엇입니까?"라고 말하면서 이 분열에 대한 해결책이 본문의 요지와 관련 있다고

---

949 옥한흠, "교회 안에서 왜 분쟁이 일어나는가?," 『구원받은 자는 이렇게 산다』, p.119.

넌지시 말한다.[950]

덧붙여 옥한흠이 설교에서 사용하는 방법론은 연속 설교 방식이다. 말하자면 로마서 전체를 단락별로 설교하는 것이다. 하지만 그는 교인들 사이에서 일어나는 긴급한 문제들을 다루려면 다양한 주제[951]와 적절한 타이밍[952]이 중요하다고 생각해서 보통은 구절을 선택해서 설교한다.

(4) 전달 방법

옥한흠은 목소리 억양을 다양하게 한다. 그는 이따금 눈물로 목이 메기도 하고 목소리가 격앙되기도 한다. 그는 설교할 때 메시지 전달을 위해 더러 대화체를 사용하지만, 열정을 드러내는 빠른 템포를 자주 사용한다. 게다가 대화식 설교에 대한 자신의 확신에 따라 옥한흠은 설교할 때 두 가지 전달 방법을 사용한다. 하나는 그가 찰스 스펄전의 방식이라 일컫는 개요 설교 방식이다. 다른 하나는 단어들과 이야기, 전개 방식을 설명하는 '완전한 원고' 방식이다.[953] 교회를 헌당하기까지 처음 6년 동안 그는 개요 방식의 설교를 많이 했다.[954] 이는 그 당시 교인 대다수가 처음 믿는 사람들이어서 이해가 쉽고 그들의 상호 반응을 이끌어 내는 방식으로 말씀을 전하고 싶었기 때문이었다.[955] 하지만 헌당식을 마친 후

---

950 같은 책.
951 옥한흠, "결론과 적용에 관한 연구." 그는 "로마서 설교를 1년 반이나 했지만 쉬운 일이 아니었다"라고 덧붙인다.
952 옥한흠, 필자와의 인터뷰, 2001년 3월 30일.
953 옥한흠, 『제자훈련 열정 30년: 그 뒤안길의 이야기』, pp.134-6. 강해설교 세미나에서 그는 교회를 처음 시작할 때는 주일 저녁 설교 때 개요 설교 방법을 사용하고, 주일 오전과 오후에는 온전한 원고 설교를 사용했다. "적용과 결론에 관한 연구"를 보라.
954 옥한흠은 1978년 건물을 빌려 작은 교회를 설립한 후 1985년 1월 12일 새로운 교회 건물에 대한 헌당식을 가졌다.
955 로이드 존스는 이렇게 말한다. "확실히 설교는 설교자와 사람들 간에 직접적인 접촉을 통해 이뤄지며, 성격, 정신, 마음의 상호작용이다. 거기에는 '주고받는' 요소가 있다." *Preaching*,

교인 수가 이천여 명이 넘자 옥한흠은 설교 방식을 바꾸었다. 이는 개요 방식의 설교의 단점, 즉 문장이 엉성하고 내용이 반복되는 데다 설교의 길이가 들쑥날쑥했기 때문이었다.[956] 청중의 교육 수준이 점차 높아지고 다음 예배를 준비할 시간이 빠듯해지면서 설교는 부득이 완전한 원고 설교 방식으로 바뀔 수밖에 없었다.[957] 그렇지만 옥한흠은 완전한 원고 방식의 설교에도 심각한 단점들이 있음을 지적한다. 특히 막힘없이 전달할 수 없다는 것과 설교자와 교인들 사이의 상호 반응이 부족하다는 점이다.[958]

(5) 옥한흠의 의사소통 방식에 대한 평가

옥한흠의 의사소통 방식을 평가하기 전에 우리는 그가 이 방식을 매우 명쾌하게 다루는 것을 높이 평가해야 한다. 설교에서 의사소통 방식은 메시지가 전달되느냐 아니냐를 결정하는 핵심 요소 중 하나다.[959] 특히 구두 언어를 통해 의사소통을 이처럼 강조하는 것은 옥한흠 설교의 뚜렷한 특징이다.

설교 언어는 진흙처럼 평범하고 유연한 단어들로 구성되지만, 그로부터 설교자가 새로운 믿음의 세계를 빚기 때문에 옥한흠의 의사소통 강조는 높이 평가되어야 한다.[960] 이런 이유로 설교자는 말씀을 전할 때 언어 사용

---

956 옥한흠, 필자와의 인터뷰, 2001년 3월 30일.

957 옥한흠, 『제자훈련 열정 30년: 그 뒤안길의 이야기』, p.136.

958 같은 책, pp.134-136. 1980년대 중반 이후 설교에서의 설득력 부족을 극복하기 위해 그는 설교 '원고 전체'를 쓰기 시작했다. 그럼에도 그는 종종 매 주일 자신의 설교 원고를 네 차례나 고친다. 사랑의교회에서는 주일 예배를 다섯 번 드린다(오전 7시, 9시, 11시, 오후 1시 및 3시). 옥한흠은 통상 매 주일 같은 설교를 네 번 한다.

959 옥한흠, 필자와의 인터뷰, 2001년 3월 30일.

960 Buttrick, *Homiletic*, pp.193-196. 의사소통에 관한 톰슨의 견해는 매우 소중하다. 그의 견해는

3장 옥한흠의 강해설교 | 317

에 유의해야 한다. 구체적으로 성경의 메시지를 드러내고 청중의 마음속 상상을 간파할 수 있는 새로운 단어들을 사용해야 한다. 그렇지 않으면 메시지는 '너무 잘 알아서 뻔하고 생명력 없는 연설'로 전락한다.[961]

옥한흠은 설교에서 청중의 참여를 강조한다. 이는 그들 스스로 말씀에 따라 살도록 동기를 부여하는 데 큰 도움이 된다. 청중이 설교에 적극 참여하면 그들 개개인의 삶에 의미가 부여된다.[962] 설교자가 '여러분과 나'라는 표현을 쓰면 교인들이 설교자와 함께 의사소통 과정에 당당히 참여한다는 인식을 갖게 된다는 제리 바인스의 말은 옳다. 게다가 함께 나눈다는 생각은 "우리가 이것을 함께 생각하고 있다"는 느낌을 갖게 한다. "설교자가 회중에게 설교에 참여하고 있음을 인식하게 하면 할수록 소통은 더 원활해질 것이다."[963] 맞는 말이다.

게다가 본문을 시각화함으로써 옥한흠의 설교 방식은 더욱 강화된다. 그는 메시지를 마치 그림을 보듯이 실감나게 묘사한다. 이를 통해 청중의 주목을 끌면서 그들이 설교자와 같은 그림을 보고 있다는 느낌을 자연스레 갖게 한다. 또한 일상 경험을 그림 같은 예화로 이야기하는 그의 설교는 오늘날 청중의 큰 호응을 얻는다. 이는 설교가 청중의 삶에 가까이 다가갈 때 청중이 공감하고 하나 됨을 간접 경험할 수 있기 때문이다. 그 결과 청중은 본문의 주인공이 되어 결단을 내려야겠다고 자연스레 다짐한다.

옥한흠의 문학적 표현, 특히 시와 은유의 창의적 사용은 의사소통의

의사소통에 관한 옥의 입장을 뒷받침할 수 있다. *Creative Preaching*, pp.32-35.

961 U. Y. Kim, "Faith," p.255.

962 Craddock, *Authority*, p.60. 그는 "설교자란 연약한 회중의 한 명이 되어야 하며, 사람들과의 관계 속에서 살아가고 설교해야 한다"라는 입장을 적극 지지한다.

963 Vine, *Effective*, p.122.

매우 효과적인 수단으로 평가해야 한다. 이는 "믿음이 이미지와 상징, 은유 및 의식과 연결되는 가운데 형성되기"[964] 때문이다. 월터 브루그만(Walter Brueggemann)의 주장에 따르면 설교자는 결국 시인이어야 한다. 우리가 가지고 있는 두려움과 상처를 떠나서 세상을 다르게 묘사하는 이야기, 이미지, 은유 또는 구절 같은 것들을 통해서 저항할지 받아들일지를 결정할 수 있기 때문이다. 시인에게서 나오는 이러한 생각들은 재미있어야 하고 상상력이 풍부해야 하며, 해석이 되어야 한다.[965] 우리가 존재론적 신비를 탐구할 때 은유는 '곰곰이 생각하는 신중함(brooding thoughtfulness)'을 만들어낸다. 그래서 청중의 상상력을 자극하는 것은 구체적 언어라는 시드니 그레이다너스의 견해는 매우 설득력 있다. "본문의 은유는 종종 설교 시작부터 끝까지 메시지를 구체적으로 전할 수 있게 하는 역할을 한다."[966] 게다가 성경은 설교에 내용과 권위를 부여하는 원천일뿐더러 역동적 담화의 훌륭한 사례로서 설교를 대안적 세계에 대한 시적 표현의 본보기로도 삼는다. 이와 비슷한 관점에서 말하는 브루그만은 설교자가 "상상을 하지 않는 세상에 반기를 드는 시인"[967]임에 틀림없다고 말한다. 시적이며 극적인 의사소통은 성경 본문에서 볼 수 있는 유형이며, 이런 형태의 소통만이 새로운 삶을 불러일으키는 생산적인 힘을 지닌다.[968]

---

964 Buttrick, *Homiletic*, pp.123-125. 박용규는 옥한흠의 의사소통 스타일을 평가하면서 극구 칭찬한다. "옥한흠은 정돈된 문학적 표현을 사용하며, 본문에 충실하면서도 그것을 현대인의 언어에 맞게 새롭게 표현하는 탁월한 재능을 가지고 있다." 박용규, 『한국 교회를 깨운다』 p.163.
965 W. Brueggemann, *Finally Comes the Poet: Daring Speech for Proclamation* (Minneapolis: Fortress Press, 1989), pp.109-110.
966 Greidanus, *Modern Preacher*, p.340.
967 Brueggemann, *Finally Comes*, pp.1-2.
968 U. Y. Kim, "Faith," p.260.

가장 중요한 방식 중 하나는 옥한흠의 귀납적 접근법이다. 이는 청중이 변화할 수 있도록 강한 동기를 부여한다. 본문에 다가가는 과정은 인간이 생각하는 방식이다. 이는 또한 인간의 마음속 생각과 삶에 간접적으로 관련된다. 옥한흠이 감정에 호소하면 그의 청중은 성경의 저자들과 거룩한 책의 페이지마다 등장하는 인물들이 청중과 다를 바 없다고 확신하기에 그것은 메시지를 전할 때 강점으로 작용하기도 한다. 따라서 감정이라는 차원은 강해의 일부로서 성경으로부터 적절히 끌어낼 수 있다.[969] 게다가 옥한흠은 전달 방법을 바꾸는데, 이는 그가 청중의 상태에 민감하고 그들과 직접 소통하려 애쓴다는 것을 명백히 보여준다.

그러나 설교라는 과제를 수행할 때 고려해야 할 문제가 하나 있다. 그 것은 단어 사용과 관련된다. "문화적이며 언어학적인 모델 안에서 언어를 사용하는 설교는 단순히 정보를 전달하거나 청중에게 지나치게 단순화한 해답을 일방적으로 제공하지 않는다."[970] 그런 설교는 청중을 하나의 기술, 이를테면 그들의 언어를 올바로 사용하는 기술로 훈련시킴으로써 교회를 든든히 세우려 한다. 청중의 적극적인 헌신과 참여는 설교 중일 때뿐 아니라 설교 후에도 필요하다는 점을 인식해야 한다.

4. 옥한흠의 강해설교에서 배워야 할 것들

우리는 옥한흠이 어떤 과정을 거쳐 설교에 대한 이해의 폭을 넓혔는지 알게 되었다. 옥한흠에게 설교는 그의 사역의 중심이자 그가 청중의

---

969 Liefeld, *Exposition*, p.87.
970 Chapell, *Christ-Centered*, pp.231-241.

삶을 변화시키고 싶어 하는 수단이다. 설교가 변화를 추구해야 한다는 옥한흠의 확신은 한국의 사회적·문화적 상황, 목회 사역 그리고 개별 설교자들과 관련된 그의 기독교적 체험에 의해 영향을 받았다. 특히 옥한흠은 강해설교의 성패가 성경의 타당성(하나님의 계시와 영감)에 대한 설교자의 확신에 달려 있다고 본다. 또한 설교자가 자기 메시지를 청중의 일상과 연관시키려면 그들에 대한 이해도 필요하다고 보았다.

옥한흠의 로마서 설교에 대한 분석을 통해 우리는 그가 메시지를 전하면서 본문과 청중 모두에 관심한다는 사실을 알게 되었다. 주목할 점은 옥한흠이 로마서의 신학적 주제를 자신의 개인적 배경에서 비롯되는 목회적 필요와 결합했다는 것이다. 그럼에도 본문과 적용 사이의 균형은 설교의 목적을 소개하는 서론과 결론 모두에서 적용을 선호하는 쪽으로 기울어졌다. 옥한흠이 서론에서 의도하는 것은 본문 자체보다 감정과 이성을 지향하는 변화 중심의 결론을 내리기 위해 청중이 수용적인 자세로 본문에 귀를 기울이도록 준비시키는 것에 있다.

설교 본문을 분명히 해설하기 위해 옥한흠은 주석적 연구(중요한 단어나 핵심 용어, 언어학적 분석, 공시 언어학적 접근, 뉘앙스에 대한 연구, 시제 및 비교)를 다양하게 시도한다. 주석을 할 때조차도 청중을 고려하는 것이 옥한흠의 뚜렷한 특징이다. 그는 청중의 이해를 돕기 위해 본문을 단순하면서도 쉽게 설명하려하고, 청중의 일상과 관련된 특정한 단어나 구절을 강조하곤 한다.

옥한흠의 주석 접근법은 주관적인 해석, 어원의 오류, 문법적 오류, 주석의 축약, 그리고 문맥에서 벗어난 구절들로 인해 종종 어긋날 때가 있다. 이런 결함들이 생기는 것은 그가 청중을 지나치게 고려하고 그들의 삶을 변화시키려 애쓰는 반면, 본문이 무엇을 뜻하는지에 대해서는 추정하기 때문이다. 해석 방식을 다양하게 사용하는 옥한흠은 본문의 실제 의미를 파악하고자 청중을 본문에 자연스레 개입시키기 때문에 청중을 위한 구체적인 설교를 지지하는 설교자라 할 수 있다. 게다가 그는 인간 경험의 보편성에 호소하면서 청중의 관점에서 본문을 해석한다. 이 접근법은 청중이 해석에 주의를 기울여 경청하도록 권고하는 데 효과적이다. 그럼에도 청중의 시선을 끌기 위해 지나친 상상력과 지나치게 확대된 유비, 특정 단어나 절에 대한 과장된 해석을 이용하는 것은 위험하다. 옥한흠의 설교에서 가장 두드러진 특징은 '왜, 어떻게 그리고 누가'에 초점을 맞추는 그의 적용에 나타난다. 여기서 그는 청중을 설득하고 그들이 본문에 근거하여 응답할 수 있게 한다. 또한 다양한 수단을 통해 변화를 위한 결단을 내리게 하는 데 많은 시간을 쏟는다.

옥한흠은 설교를 말씀을 함께 나누고 그것을 통해 청중들과는 소통하는 것으로 이해한다. 그는 직설적이고 묘사를 잘하며 상상력을 발휘하는 데 뛰어나다. 옥한흠은 설교할 때 이미지나 은유를 구체적으로 표현하는 설교 언어를 사용한다. 그래서 의사소통이 더욱 효과적으로 이루어진다. 이것은 이러한 관점이 부족한 전통적인 한국 교회 설교에 대한 그의 공헌이라고 할 수 있다.

지금까지 우리는 로마서 설교를 기초로 옥한흠의 설교를 비평적으로 검토해 왔다. 결론적으로 옥한흠의 이론과 실제는 변화 중심의 강해설교를 지향하고, 그의 설교는 말씀으로 청중의 마음과 생각에 동기를 부여하면서 그들의 삶을 변화시키는 것에 집중한다고 말할 수 있다. 이를 위해 그는 원문 자체의 의미를 밝히기보다 단순한 메시지를 청중의 마음에 어떻게 적용할 것인가에 큰 관심을 둔다.

설교에서의 몇몇 약점에도 불구하고 옥한흠은 청중의 실제적인 삶에 영향을 미쳤다. 옥한흠이 청중의 마음에 호소했을 때 그것은 청중이 삶의 변화를 위해 결단하도록 이끄는 원동력이 되었다. 특히 감정적인 한국 문화에서 더욱 그러하다. 옥한흠의 효과적인 언어적 의사소통 방식은 한국의 문화적 배경에서 비롯된다. 이 방식은 기존의 강해설교가 단선적이고 논리적이며 따분하다는 인식을 바꾸는 데 크게 기여했다. 이 점에서 우리는 다시금 옥한흠의 설교를 변화 중심의 설교라고 평가할 수 있다.

우리는 존 스토트의 강해설교와 옥한흠의 강해설교를 비교하여 그들의 설교학적 주안점이 다르다는 사실을 알았다. 두 설교자의 차이점과 유사점은 무엇인가? 그들은 왜 같은 본문을 다른 관점에서 설교하는가? 서양의 청중은 옥한흠의 설교에서, 동양의 청중은 존 스토트의 설교에서 각각 무엇을 배울 수 있는가? 두 설교자가 극복해야 할 단점들은 무엇인가? 이 질문에 답하기 위해 우리는 다음 장에서 현대 설교학을 전공하는 학자들 사이에서 논란이 많은 쟁점들과 관련하여 로마서 설교에서 줄곧 나타나는 두 설교자의 문화적 배경과 신학, 이론을 꼼꼼히 살펴볼 생각이다.

그런 후에 우리는 서양과 동양이 모두 공감하는 현대 설교의 위기를 극복하기 위해 두 현대 강해설교자를 대안적 모델로 제시할 것이다.

4장

존 스토트와 옥한흠에게
배우는 강해설교

지금까지 살펴보면서 존 스토트와 옥한흠의 설교에서 초점이 각각 다르다는 사실을 알았다. 거기서 우리는 그들의 설교 중심점이 어떻게 설교에 대한 각자의 확신에서 생겨나는지를 살펴보았다. 이 장에서는 이두 이상적인 강해설교자의 문화적 배경이 각기 다르므로 그들의 두드러진 차이점을 부각시킬 것이다. 두 목회자의 설교는 비슷한 점도 많지만 강조하는 바도 꽤 다르다. 실제로 그들의 차이점과 유사점은 무엇인가? 두 설교자는 왜 같은 본문을 다른 관점에서 설교하는가? 존 스토트와 옥한흠에 대한 비교 분석을 통해 우리는 존 스토트가 본문을 드러내는 데 초점을 맞추는 반면, 옥한흠은 그리스도인의 변화에 초점을 맞추고 있음을 밝힐 것이다. 주안점이 다르기는 해도 그들의 설교는 자신들이 각기 처한 문화적 배경에서 사회에 기여해 왔다.

설교자들이 각기 타고난 기질에 따라 말씀을 전하려는 경향을 효과적으로 극복하려면 설교학적 균형을 유지해야 한다. 이 비평들은 1장에서 강해설교에 대해 했던 비평들과 비슷하다. 우리는 다음 질문들에 답할 것이다. 서양의 청중은 동양의 설교자인 옥한흠의 설교에서 무엇을 배울 수 있는가? 동양의 독자들은 존 스토트의 설교에서 무엇을 배울 수 있는가? 두 설교자가 극복해야 할 약점들은 무엇인가?

마지막으로 두 현대 강해설교자의 훌륭한 사례들을 종합하면서 참된 강해설교는 본문 자체에 세심한 주의를 기울일(본문 설명) 뿐 아니라 청중에게 영향을 끼치는(변화) 일에도 기여해야 함을 말할 것이다.

1. 강해설교에 대한 존 스토트와 옥한흠의 관점

앞서 보았듯이 두 설교자는 서양과 동양이라는 각기 다른 문화적 배경과 철학을 가지고 있다. 따라서 설교 철학이 다를 뿐 아니라 실제 설교에서도 뚜렷한 차이를 보인다. 이제 로마서에 대한 존 스토트와 옥한흠의 설교에서 그들의 신학과 이론, 실제가 어떤 유사점과 차이점을 드러내는지 살펴보자.

한 가지 중요한 유사점은 존 스토트와 옥한흠 모두 분명히 회심 체험을 했다는 사실이다. 이 체험은 그들이 복음의 진리에 대해 확신하는 결정적 계기가 되었다. 그리고 이 진리를 다른 사람들과 공유하고 싶다는 뜨거운 열망을 불러일으켰다. 그들은 회심을 체험하면서 돈독해진 하나님과의 관계가 설득력 있고 효과적인 설교를 할 수 있는 비결이라는 데 의견이 일치한다.

존 스토트와 옥한흠은 오늘날의 교회에서 설교가 중요하며 설교에는 확신을 갖게 하는 측면이 있다는 것에 동의한다. 참된 설교는 내리막길을 걷는 현대 교회를 소생시킬 하나의 중요한 방편이며, 모든 설교는 강해설교가 되어야 한다. 따라서 그들은 설교자가 말씀과 현대 청중을 잇는 다리가 되어 본문을 고수하고 말씀을 충실하게 드러내며 청중에게 말씀을 이해시켜야 한다고 믿는다. 게다가 존 스토트와 옥한흠 모두 비슷한 언어학적 연구 노선을 따른다. 그리고 중요한 핵심 단어나 핵심 용어 그리고 비슷한 해석 방식, 즉 역사적이며 문화적인 상황에 대한 검토에 집중한다.

그러나 로마서 설교에 대한 존 스토트와 옥한흠의 견해가 신학은 물론 실제에서도 다르기 때문에 그들은 각자 다른 길을 걷게 된다. 일례로 두 설교자는 같은 본문에 대해 다른 주제와 다른 단어들을 선택해서 연구한다. 특히 신학적으로 강조하는 부분이 서로 다르다. 성경 문맥에 대해서도 다소 다르게 해석한다.

존 스토트와 옥한흠은 로마서의 기록 목적에 대한 신학적 이해가 확연히 다르다. 존 스토트는 로마서의 주된 주제가 이방인 문제, 즉 유대인 신자들과 이방인 신자들을 대등한 조건으로 하나님의 백성에 편입시키는 것이라고 말한다. 그는 로마서에서 복음의 진수를 뽑아내 자기 교회의 새로운 청중과 특정한 상황에 적용하기도 한다. 이에 반해 옥한흠은 로마서를 기록한 주된 목적이 목회적 필요를 채우는 것, 즉 구원의 큰 기쁨을 회복하고 청중을 일깨움으로써 교회를 새롭게 하는 것이라고 확신한다. 그러므로 존 스토트는 로마서 설교에서 인간의 죄와 하나님의 심판보다 하나님의 사랑과 자비, 성령 안에서의 자유에 신학적 주안점을 둔다.[971] 그것은 하나님의 주권과 관련된다. 이와 대조적으로 옥한흠은 로마서 설교에서 인간의 본성과 인간의 죄에 신학적 초점을 맞춘다. 이는 로마서에서 주로 초점을 맞추는 영역, 곧 그가 인간의 모습(즉 바울, 영적인 사람과 그리스도인의 삶)에 집중하는 곳에서 분명히 드러난다.[972]

---

971 Stott, *Romans*, p.37.
972 예컨대 그는 로마서 1:18에서 3:31까지 여덟 번 설교하는 동안 인간 죄의 다양한 양상들을 다루었다. 옥한흠은 인터뷰를 하면서 이렇게 말했다. "로마서의 주된 주제는 무엇보다도 율법(죄, 인간의 타락한 정신과 하나님의 진노)이다. 율법이 없다면 복음도 없다." 옥한흠, 필

두 설교자를 가르는 차이점은 개인적 배경과 설교 목적, 로마서에 실제로 접근하는 방식에서도 드러난다. 존 스토트와 옥한흠의 개인적 배경과 관련된 두 가지 특별 요인이 그들의 설교에 영향을 끼친다. 하나는 문화적 요인이다.[973] 존 스토트 특유의 언어학적 분석, 명제적이며 논리적인 접근법, 종교적 체험보다 이성에 부여하는 우선순위는 현대 문화의 산물이다. 페르-악셀-스베케르는 이를 확실히 강조하면서 다음과 같이 말한다. "존 스토트는 성경의 교리를 입증할 때 이성의 중요함을 알리고 싶어 한다. 믿음은 하나님의 인격에 대한 신뢰지만 인지적이고 이성적인 측면이 상존한다."[974] 사르베팔리 라다크리슈난은 현대성의 특징이 그리스 철학에서 비롯되었음을 밝힘으로써 이 분야에 큰 기여를 했다. 그는 이렇게 말한다.

헬라 사람들은 유럽 세계에서 자연과학의 기초를 쌓았다. 이성적인 관점에서 분석하고 조사하고 테스트하고 증명하는 이 모든 것들은 헬라인이 열망하는 것이었다. 헬라인은 처음으로 이성적인 삶이 되도록 시도하고 인간에게 옳은 삶이 무엇인지 질문하고, 무질서한 원초적인 믿음에 이성과 질서를 적용하려고 노력했다.[975]

자와의 인터뷰, 2000년 6월 14일.

973 브루스 쉴즈는 "설교자는 자신이 배우는 방식대로 설교한다"라고 말한다. "Preaching and Culture," p.9; J. Macquarrie, "Changing Attitude to Religion in Contemporary English Philosophy," *The Expository Times*, 68 (1957) p.298-301. Greidanus, *Modern Preacher*, p.169; J. R. Mcquilkin ""Problems of Normativeness in Scripture: Cultural Versus Permanent" in E. D. Radmacher and R. D. Preus (eds.), *Hermeneutics, Inerrancy & the Bible* (Grand Rapids: Zondervan, 1984) p.238; H. Richard Niebuhr, *Christ and Culture* (New York: Harper & Row Publishing, 1951) pp.40-44와 비교하라.

974 Per-Axel Sveker, *Bibelsyn och fralsningslara I John Stott teologi* (Orebro Missionsskolas skriftserie nr 14, 1999, SCB, 1999) p.374.

975 S. Radhakrishnan, *Eastern Religion and Western Thought* (London: Oxford University Press,

제프리 워녹은 이 견해에 동의하면서 다음과 같이 말한다.

헬라 문명은 인간의 이성이 이룩한 거대한 산물이며, 결코 한쪽으로 치우쳐 있지 않다. 헬라 유산을 통해 서양은 세계를 재구성할 수 있었다.[976]

두 설교자의 개인적 배경과 관련하여 그들의 삶에 영향을 끼친 사람들이 있었다. 존 스토트의 설교는 현대 문화 안에서 성경 말씀을 충실히 지키는 훈련이 필요하다고 주장한 에릭 내시와 찰스 시므온의 영향을 받았다. 그 결과 존 스토트는 성경 본문과 그 문맥을 충실히 강해하여 말씀을 청중에게 드러내는 일에 초점을 맞추고는 한다.

반면에 청중의 감정에 호소하고 유연하면서도 상상력 넘치는 옥한흠의 접근법은 아시아 철학의 영향을 받았다.[977] 특히 한국 문화를 깊이 있게 연구해 온 세 명의 대표적인 학자들이 있다. 그들의 견해는 저마다 조금씩 다르지만 기본 철학은 비슷하다. 한국 종교를 분석한 류동식에 따르면 현대 한국인은 문화가 융화된 세계에 살고 있다. 한국 사회는 사회적으로나 종교적으로 또한 문화적으로 샤머니즘적인 불교와 유교가 지배해 왔다. 특히 역사적이며 사회적인 요소들에 의해 형성된 한국인의 기풍은 그러한 종교적 관례들로 표현된다.[978] 류동식은 자신의 체험에 비

1940) p.38.

976 G. J. Warnock, *English Philosophy Since 1900* (London: Oxford University Press, 1958) pp.13, 116, 158-159.

977 안점식, "동양적 사유를 통한 설교의 가능성과 위험성," 「목회와 신학」(1996년 5월), p.109.

978 류동식, 『한국 종교와 기독교』(서울: 대한기독교서회, 1965), p.68. 최준식은 샤머니즘을, 춤추면서 '원초적 혼돈'인 무아지경을 체험하는 것으로 정의한다, 최준식, 『한국인에게 문화는 있는가?: 최준식 교수가 진단하는 한국인과 한국 문화』(서울: 사계절, 1997), pp.263-268. 최준식에 의하면, 한국에는 20-30만 명의 샤먼(무당)이 있다.

추어 샤머니즘은 한국인 정신의 내적 특성으로서 한국인의 마음속에 여전히 살아 있고 생활방식에 나타나며, 한국인의 사고방식은 기본적으로 샤머니즘의 특성을 지닌다고 말한다.[979] 최준식은 샤머니즘의 영향으로 한국인이 차가운 논리보다 따뜻한 감정을 좋아하고 그로 인해 논리적 사고보다 감정을 자극하는 행동으로 기운다는 점을 강조한다. 게다가 한국어는 의미의 미묘한 차이에 민감하다. 예를 들어 한국어에는 노란색을 뜻하는 형용사가 다섯 가지 이상이나 되는데, 그 의미는 약간씩 다르다. 결정을 내리는 과정에서 한국인들은 분석과 논리보다 개인의 직관을 선호한다.[980] 최봉영 역시 한국인의 삶의 토대를 이루는 가장 중요한 요소 중 하나가 '정(情)'[981], 즉 유교 문화에 근거한 사고방식이라고 주장한다.[982]

이를 근거로 한국인의 문화가 다양하고 복잡한 형태를 띤다는 염필형의 견해는 매우 중요하다. 한국 문화는 한국의 철학과 다양한 성격의 종

---

979 류동식, 『한국 종교와 기독교』(서울: 대한기독교서회, 1965), pp.15-37.
980 최준식, 『한국인에게 문화는 있는가?』, pp.287-289. 최준식은 한국이 사회 윤리와 계급주의 세계관에서 대인관계를 강조하는 유교의 영향을 받았다고 말한다. 인간의 무의식적인 자연스러운 욕망에 있어 우리는 샤머니즘의 영향을 받았다. 반면 대다수 문화유산은 1600년 넘게 한국에 존속해 온 불교에 속한다. 최준식, "한국 사회와 종교," 최준식 편집 『한국 문화와 한국인』(서울: 사계절, 1998), pp.113-116, 124-129. J. Y. Lee, *Korean Preaching*, pp.34-38 과 비교하라. Ja Hyun Kim, "Confucianism in Korea" in Mircea Eliade (eds.), *The Encyclopedia of Religion*, vol. 4 (New York: Macmillain Publishing Co, 1986). Young Hwan Kihl, "The Legacy of Confucian Culture and South Korean Politics and Economics: An Interpretation," [my trans.] *Korean Journal*, 3 (Autumn 1994) p.34.
981 최봉영, 『한국인의 사회적 성격: 일반 이론을 위한 적용(II)』(서울: 느티나무, 1995), pp.280-281. "정(情)은 느낌, 정서 및 연민의 정으로 망라될 수 있는 폭넓은 개념이다. 인정 많은 [냉담한] 사람. 마음, 애정, 애착, 포근한 느낌, 부부애. 부모와 자식 간의 애정 [사랑]." 「뉴에이스 한영사전」(서울: 금성출판사, 1994.)
982 최봉영은 역사와 문화를 네 가지 범주로 개관하면서 한국인의 특성을 연구한다. 1. 특성론. 2. 원형론. 3. 감성론. 4. 분석론. 최봉영, 『한국 문화의 성격』(서울: 사계절, 1997), pp.13-21. 최길성, 『한국인의 한』(서울: 예전사, 1991), pp.30-65와 비교하라.

교, 정치적이며 사회적인 변화가 만들어냈다. 이러한 변화를 겪으면서 형성된 한국인의 정신은 하나님과 인간이 불가분의 관계에 있다는 관념을 낳았다.[983]

옥한흠이 특히 미국에서 서양식 교육을 받기는 했지만, 그가 자라온 문화적 배경이 한국이라는 사실을 간과해서는 안 된다. 따라서 그의 기질은 불교와 유교, 샤머니즘이 융합된 문화의 영향을 받았다고 할 수 있다.[984]

옥한흠의 목회 사역과 그가 섬기는 청중의 기질과 더불어 몇몇 신학자들(예컨대, 박윤선과 찰스 스펄전, 칼뱅 및 한스 큉) 역시 옥한흠의 설교에 영향을 끼쳤다. 그 결과 옥한흠은 존 스토트와 달리 종종 청중의 마음에 감동을 주고 그들의 필요를 채우기 위해 감정에 호소하는 접근법을 사용한다. 그리고 청중이 말씀을 통해 예수의 제자들처럼 살도록 그들의 관심사에도 귀를 기울인다.

두 설교자의 뚜렷한 차이는 구조 분석에 대한 접근법에서도 나타난다. 한 사람은 논리적이며 객관적인 구조를, 다른 한 사람은 적용에 집중하는 구조를 드러낸다. 이는 그들의 설교 제목을 보면 알 수 있다. 존 스토트는 로마서 1장 1-7절에 대한 설교에서 복음 전도를 위해 "열방을 위한 복음"이라는 제목을 붙였다. 이는 동일한 본문을 다루는 옥한흠과 대비된다. 그는 청중에 대한 적용을 강조하여 자신의 설교 제목을 "하나님의 종, 바울"이라고 붙이면서 개인에 초점을 맞춘다. 이러한 대비는 로마서 7장 1절-8장 4절에 대한 설교의 제목에서도 나타난다. 그것은 "율법으

---

983 염필형, 『설교신학: 메시지, 상황, 설교학』(서울: 성광문화사, 1987), pp.128-129. 류동식, 『한국 신학의 광맥』(서울: 전망사, 1982), pp.20-25.

984 J. Y. Lee, *Korean Preaching*, pp.38-40을 보라.

로부터의 자유"(존 스토트)와 "율법과 나"(옥한흠), "성령의 사역"(존 스토트)과 "성령의 사람은 성령으로 행한다"(옥한흠)이다. 로마서 12장 1-2절도 예외가 아니다. "새로운 사고방식"(존 스토트)과 "구원 받은 삶이 있는가?"(옥한흠), "변화"(존 스토트)와 "우리의 모든 삶으로 드려지는 예배"(옥한흠)라는 제목이 그것이다.

존 스토트는 로마서 설교의 서론에서 청중이 본문에 주목하게 하여 그들의 흥미를 불러일으킨다. 결론에서는 설교의 84퍼센트를 차지하는 주된 목적을 요약하면서 설교의 요지를 다시 언급한다. 존 스토트의 대다수 설교는 조용한 기도로 끝난다. 이를 통해 청중은 스스로 결론을 내린다. 존 스토트는 먼저 설교의 본문을 구성하고 뒤이어 서론과 결론을 짜는 방식으로 설교를 준비한다. 그는 서론보다 결론 준비가 더 어렵다고 토로한다.[985] 존 스토트와 달리 옥한흠은 서론에서 청중이 말씀을 받아들이도록 마음의 준비를 시킨다. 이를 위해 그는 서론을 시작하자마자 설교를 청중의 실제 삶에 적용하려 한다. 결론에서 옥한흠은 설교의 82퍼센트를 차지하는 통찰력 있는 적용을 주로 사용한다. 존 스토트와 달리 옥한흠의 설교 준비는 서론에서 시작하여 서서히 본문으로 나아간 후 결론에 이르는 방식을 택한다. 그의 대다수 설교는 특별히 고른 찬송가로 끝을 맺으면서 청중에게 스스로 반응을 보이라고 권면한다. 존 스토트와 달리 옥한흠은 "결론보다는 서론 준비가 더 어렵다"[986]라고 말한다. 존 스토트가 결론 준비로, 옥한흠이 서론 준비로 고심한다는 사실은 설교에서 그들의 주된 관심사가 무엇인지를 보여준다. 위의 분석을 통해 알 수 있는 것은, 설교에 대한 확신과 로마서의 신학적 토대에 대한 이해

---

985   Stott, *I Believe*, p.245.
986   옥한흠, "적용과 결론에 관한 연구."

와 관련하여 두 설교자의 초점이 약간 다르다는 사실이다. 존 스토트가 보다 객관적이고 본문 중심이라면 옥한흠은 보다 주관적이고 청중 중심이다.

존 스토트와 옥한흠의 로마서 해석을 전반적으로 살펴볼 때 두 설교자는 하나님 및 같은 인간과 관계를 맺는 방식의 관점에서, 본문 중심이나 적용 중심의 어느 한 방식을 택하는 데서 초점을 달리한다. 존 스토트는 하나님이 우리를 위해 무엇을 하셨는지, 말씀 안에서 무엇을 이야기하시는지에 관심을 둔다. 반면에 옥한흠은 하나님이 왜 그렇게 말씀하시는지에 관심을 보인다. 그리고 그리스도인들이 하나님을 위해 무엇을 할 수 있으며, 어떻게 그분의 말씀대로 살 수 있는지를 알고 싶어 한다.

존 스토트와 옥한흠은 적용에서도 차이를 드러낸다. 적용 원리를 다루는 장에서 우리는 적용에 대한 존 스토트의 접근법이 본문 전체에 초점을 두고 있음을 보여주려 했다. 거기서 우리는 존 스토트 역시 적용의 중요성을 이론적으로(혹은 원칙상) 강조한다고 말했다. 하지만 적용이 중요하다고 말하면서도 그가 청중을 위해 본문을 적용하는 방식은 그리 효과적이지 않다. 다소 일반적이고 제한적일 뿐이다. 그러나 옥한흠은 실제적인 적용을 하려면 구체적인 지침이 있어야 하고, 그 지침이 청중의 삶과 밀접한 연관이 있어야 한다고 믿는다. 이런 이유로 존 스토트가 간단한 예화를 제시하면서 '무엇'이라는 질문에 답하려고 애쓰는 반면, 옥한흠은 정확한 정보를 제공하면서 '왜'와 '어떻게'라는 질문에 답하려 한다. 게다가 적용의 목적에 관한 한 설교자는 적용을 할 때에도 하나님이 계시하신 진리가 성경에서 흘러나와 현대인의 삶 속으로 들어갈 수 있게 해야 한다고 존 스토트는 믿는다. 그는 적용을 도구로 삼아 본문에 대한 명확한 이해를 이끌어 낸다. 이는 적용의 목적이 인간(청중)을 변화시키고 그들의 삶을 바꾸어놓으며 청중을, 하나님이 그들이 행하도록 예비하신 온갖 선한 일을 위해 (영적으로나 육체적으로나) 철저히 준비된 사람으로 키우는 것이라는 옥한흠의 확신과 대비를 이룬다. 옥한흠의 적용은 존 스토트의 적용에 비해 매우 구체적이다.

위에서 언급한 대로 로마서에 대한 두 설교자의 신학과 이론, 실제를 분석함으로써 우리는 그들의 설교의 근본을 이루는 것이 무엇인지 알 수 있다. 존 스토트의 설교는 현대적인 교육 제도의 고전적인 산물(객관성)의 특징들을 드러내고 본문을 중심으로 한다. 이에 반해 옥한흠의 설교는 감정을 중시하는 동양 철학(주관성)의 특징들을 나타내며 청중을 중심으로 한다. 분명히 설교에 대한 확신과 로마서의 신학적 기반에 대한 이해와 관련하여 두 설교자의 초점은 약간 다르다. 이는 두 설교자의 개인적·문화적인 배경이 신학과 설교 형식, 설교 내용에 각각 영향을 끼쳤기 때문이다.

2. 강해설교의 두 거장이 서구와 한국 설교에 남긴 공헌

1) 존 스토트의 본문 중심 설교가 한국 설교에 끼친 영향

옥한흠은 "한국의 설교가 말씀을 통한 가르침에 치우쳐 적용을 소홀히 한다"[987]고 비판한다. 하지만 그의 평가가 전적으로 옳은 것은 아니다.

---

[987] "그러므로 적절히 적용하면 좋은 결과가 많이 나올 것이다." 옥한흠의 다음 경고는 귀담아 들을 만하다. 하지만 "적용이 없다면 많은 이들이 상처를 받는다. 자신들의 개인 감정 때문에 적용하는 것이 한국 설교자들의 약점이다. 그것은 또한 회중에 대한 설교자들의 불만과 마음의 상처를 토로하는 방편이 될 수 있다." "적용과 결론에 관한 연구."

이는 한국 설교의 약점이 이와 반대로 주석과 교리에 치우친 설교에서 드러난 비판의식의 결여에 기인하고, 한국의 설교자들이 성경의 문맥에 근거하여 본문을 해설하기보다 그들 개인의 신학적인 견해를 가르치고 이해시키는 도구로 본문을 채택하는 경향이 있기 때문이다. 정성구는 한국의 설교가 지역 교회의 양적 성장을 위해 물질주의 및 자본주의라는 세속 문화와 타협하고 있다고 날카롭게 비판한다. 그리하여 한국의 대다수 설교가 성경 본문의 의미를 왜곡하고 교회에서의 예언자적 역할을 포기하기에 이르렀다고 개탄한다. 이 접근법으로는 교회가 새롭게 되거나 달라지지 않는다.[988] 정인교는 한국을 대표하는 세 명의 설교자(조용기와 한경직, 안병무)와 독일의 설교자 게하르트 크라브제를 비교 분석한 논문에서 한국의 설교자들이 본문 해석에 취약하다고 비판한다. 일례로 그는 고린도전서 15장에 대한 조용기 목사의 부활절 설교를 언급하면서 이렇게 말한다. "조용기 목사는 설교를 7번 하지만 본문은 소홀히 한다. 활자화된 단어를 철저히 다루려는 노력도 기울이지 않는다. 대신 그는 자신의 '영적인 생각'에 몰두한 나머지, 설교 본문을 설교 내용과 분리한다. 그 결과, 설교 본문은 '장식품'으로 전락하고 만다." 이런 경향은 다른 두 설교자의 사례에서도 볼 수 있다.[989]

옥한흠의 설교 접근법이 조용기의 접근법과 다르기는 하지만,[990] 그의 로마서 설교 52편과 여러 다른 설교에서 이런 경향이 나타남은 부인할 수 없다. 옥한흠의 약점은 대체로 주관적인 주석과 해석, 이따금 문맥에서 벗

---

988 정성구, 『한국 교회 설교사』(서울: 총신대학교출판부, 1986), pp.395-397. 정성구, 『개혁주의 설교학』(서울: 총신대학교출판부, 1993), p.206과 비교하라.

989 I. G. Jung, "Die Auferstehung Jesu. Ein Vergleich zwischen Osterpredigten aus Korea und Deutschland" (Unpublished Ph.D. Thesis, University of Bonn, 1994), p.235.

990 조용기에 비해 옥한흠이 본문에 더 치중한다고 봐야 한다.

어난 구절들에서 비롯된다. 이는 논리적이고 객관적이며 설득력 있는 신학적 해석과 반대된다.[991] 이에 대한 사례는 로마서 13장 1-17절에 대한 설교에서 볼 수 있다. 옥한흠은 국가의 책임보다 정부에 대한 그리스도인의 책임을 강조한다. 이와 관련해 시민의 네 가지 의무를 강조한다. 첫째, 통치자의 권위는 하나님이 주신 것이므로 존중하라. 둘째, 정부 관료들이 시행하는 국가의 법과 명령에 순종하라. 셋째, 세금을 납부하라. 넷째, 특히 다가올 대통령 선거와 관련하여 시민의 권리를 책임 있게 사용하라.[992] 옥한흠은 이 설교를 1993년 대통령 선거를 앞두고 했다. 처음 세 가지 의무에서는 청중에게 국가의 권세에 복종하라고 촉구하는 반면, 마지막 의무에서는 그리스도인 대통령 후보에 표를 던지라고 호소한다.

옥한흠은 단순히 시민의 책임을 강조한다. 그의 해석이 동시대 청중의 상황에 적용될 수 있기는 하지만 본문의 더 넓은 문맥은 간과한다. 이는 위험하다. 본문 주석이나 해석을 성경에 근거하여 세심하면서도 비판적으로 하지 않으면 설교는 설교자의 편견에 의해 좌지우지되고 위험한 도구로 전락할 수 있으며, 본문의 의미가 제한을 받을 수도 있기 때문이다. 이런 식으로 주석을 하면 틀리거나 부적절한 해석, 즉 우화적 해석과 영적 해석, 도덕적 해석 및 타협하기로 이어질 수도 있다.

앞서 보았듯이 로마서 13장 1절에 대한 옥한흠의 해석은 오해를 불러일으킨다. 이에 반해 존 스토트는 한편으로 국가의 권위와 관리에 대한 시민의 책임을, 다른 한편으로 국가의 권력 사용에 대한 제한과 국가의 시민 통제에 대한 제한을 지적하면서 본문의 균형 잡힌 의미를 탐색한다. 그는 로마서 13장 1절을 요한계시록 13장과 계속 비교하면서, 이에

---

991 3장에서의 옥한흠의 주석과 해석에 대한 평가를 보라.
992 옥한흠, "그리스도인과 정치적 책임," 『구원받은 자는 이렇게 산다』, pp.71-87.

대한 스위스의 신학자 오스카 쿨만의 견해를 언급한다.[993]

　게다가 한국의 설교자들은 본문의 심층적 의미를 캐내기보다 본문의 표면적 구조를 읽는 경향이 있다. 그리하여 본문의 문자적 의미를 청중에게 별생각 없이 그대로 전달한다. 어떤 설교자들은 본문 전체의 주제 흐름이나 의도를 무시한 채 본문에서 몇몇 단어나 한 문장을 고른다. 그리고 이들을 비유적으로 해석하여 청중에게 직접 적용하기도 한다. 우리는 옥한흠의 설교, 특히 그의 주석과 해석을 다루는 여러 장에서 이에 대한 사례들을 소개한 바 있다. 예컨대 로마서 12장 1-2절에서 옥한흠은 인간의 허무주의를 다루면서 "그리스도인은 왜 실생활에서 큰 기쁨을 누릴까요?"라고 직접 묻는다. 그는 이 질문을 설교 본론에 포함하여 말씀을 전하는 내내 답하려 한다.[994] 이에 반해 존 스토트는 동일한 구절을 언급하면서 본문에 대해 세 가지 결정적 질문을 던진다. "바울은 누구에게 호소했습니까? 바울이 하는 호소의 근거는 무엇입니까? 바울이 하는 호소의 본질은 무엇입니까?" 이런 식으로 존 스토트는 본문을 더욱 상세히 다룬다.[995] 이 사례는 존 스토트의 설교가 옥한흠의 설교보다 구조적으로 더 심오하다는 것을 보여준다.[996]

　이는 존 스토트의 강점이다. 그는 정확하면서도 객관적인 언어학 연구와 논리 구조를 이용해 단어나 구절의 원래 의미를 찾아내면서 성경의 본문과 문맥에 대한 연구에 전념해왔다. 이는 동양과 한국의 설교 스

993　Stott, 'Citizenship.'
994　옥한흠, "우리의 삶 전부를 드리는 예배."
995　Stott, 'Transformation.'
996　한국의 설교자들에게는 "성경에 기초하여 설교의 건전한 토대를 세우는 데 이용할 수 있는 주석이나 다른 자료들을 참고할 시간이 없을 뿐"이라고 주장하는 J. Y. Lee와 비교하라. *Korean Preaching*, p.68.

타일에 긍정적 영향을 끼친다. 존 스토트가 사용하는 본문 중심의 접근법은 주어진 상황에 반응하기 위해 본문에서 벗어나 새로운 의미를 만들어내는 오류를 범하는 한국의 주관적인 설교에 일침을 가한다. 본문의 지배적인 주제를 강조하고 성경의 문맥 사용을 중시하면 설교자가 본문에 충실하게 되어 그의 편견은 조금도 끼어들 여지가 없어진다. 존 스토트는 강해설교자로서 본문의 문화적 배경과 자신의 설교 만들기 원리를 통해 본문을 논리적이고 객관적이며 균형 있게 분석하는 데 집중한다. 이로써 한국의 설교자들은 권위를 가지고 단순 명쾌하게 말씀을 전할 수 있게 될 것이다.

설교 결론에서 잠시나마 묵상하는 시간을 갖게 하는 것도 존 스토트의 강점이다. 묵상을 통해 청중이 자신의 삶을 바꾸려 결단하고 행동에 나설 수 있기 때문이다. 이는 감정적이고 직관적인 의식을 강화시키려는 시도 이상으로 한국인의 지성과 감성에 호소한다고 볼 수 있다.

2) 옥한흠의 변화 중심의 설교가 서구 설교에 끼친 영향

세이허는 서양의 강해설교가 가진 특징이 지닌 약점을 이렇게 기술한다. "서양이 동양 철학의 심오한 본질을 꿰뚫어 보지 못하는 것은 무엇보다도 그처럼 융통성 없는 정신적 구속복(strait-jacket, 미친 사람이나 광포한 죄수에게 입히는 옷)을 입는 습관 때문이다."[997]

김은영은 서양의 사고방식이 지닌 단점을 부각시키면서 이렇게 설명한다.

---

997   P. J. Saher, *Eastern Wisdom and Western Thought: The Psycho-Cybernetics of Comparative Ideas in Religion and Philosophy* (London: George Allen and Unwin Ltd, 1969), p.253.

키르케고르에 의하면 덴마크 사람들 모두가 진리를 알고 있었다. 하지만 그들의 앎은 피상적이었다. '무엇에 관한 앎(knowing about)'이 곧 앎(knowing)이라는 착각 속에는 헛된 자만심이 자리하고 있다."[998] 그것은 정보가 현실을 변화시키지 못하기 때문이기도 하다.[999]

존 스토트가 서양의 이런 경향에 따라서 '무엇'을 지나치게 강조하다 보니 그의 설교는 강력하고 분명한 진술이 된다. 하지만 '어떻게'에 더 주목하더라도 청중의 삶을 변화시키기에 충분한 동기가 부여되지는 않을 것이다. 게다가 존 스토트의 적용은 지나치게 짧아 일상에서 청중의 마음 깊은 곳을 파고들지 못한다. 불충분한 예화로는 청중이 동시대의 삶과 맺는 관계를 변화시키기에 역부족이다. 또한 존 스토트의 설교는 본문의 설명과 적용이 균형을 이루지 못한다. 의사소통에 관한 한, 그의 연역적 접근은 현대 청중의 마음을 사로잡고자 할 때 심각한 결함을 노출한다. 이는 청중이 귀납적 방식으로 삶에 다가가기 때문이다. 단정적이고 요점을 강조하는 그의 설교는 청중을 자신의 명제 안에 가둘 수 있다.

존 스토트의 언어 사용은 효과적인 의사소통 방식을 제안하기보다 본문을 설명하고 해석하며 분석하는 것에 국한된다. 게다가 그는 메시지를 전할 때 문학적 양식을 사용하지 않기 때문에 전통적으로 교훈적인 스타일의 그의 설교는 지루하게 느껴진다. 리처드 젠슨은 "본문의 문학적 양식과 본문의 이미지, 상징 그리고 은유(메시지의 전달 방법)는 본문의 케리그마(메시지의 내용)와 분리될 수 없다"[1000]고 주장한다. 그는 자신이 '전체론적

---

998 Y. U. Kim, 'Faith,' 147. Campbell, *Preaching Jesus*, p.28과 비교하라.
999 Saher, *Eastern Wisdom*, p.253.
1000 Jensen, *Telling the Story*, p.127.

인 주석(holistic exegesis)'이라고 일컫는 형식과 내용의 전체성을 인지한다. 토머스 롱 역시 독자와 본문 사이의 전체적인 영향을 고려할 때 내용과 형식은 분리될 수 없다고 말한다.[1001] 존 스토트는 강해설교를 하지만, 그의 설교는 종종 청중의 삶과 동떨어져 있다. 존 스토트의 설교는 성경 본문의 역사적 의미를 명확히 설명하지만, 성경 메시지를 당대의 청중에게 전하는 데는 역부족이다.

옥한흠의 강점은 이러하다. 그는 효과적인 적용을 통해 설교자와 청중 사이의 거리를 좁혀 설교자가 말씀을 이해하는 것과 같은 방식으로 청중이 말씀을 이해할 수 있도록 돕는다. 옥한흠은 일상적인 모습들, 삶의 소리와 향기에 대한 자신의 민감한 반응을 통해 '어떻게'라는 질문에 대한 응답을 강조한다. 이로써 청중은 자신의 삶을 바꿔야겠다고 다짐하게 된다. 옥한흠은 청중이 삶에서 부딪치는 문제들, 가령 그들의 사고방식, 정신적 고통과 골칫거리들을 구체적으로 진단한다. 이를 통해 청중은 성경의 메시지가 자신들의 이야기이며, 하나님의 말씀은 일상에서 순종해야 하는 것으로 인식한다.

옥한흠의 적용은 청중의 실생활과 관련되어 있다. 그리고 세속적 사고방식과 세상의 지배적인 삶의 방식에 이의를 제기하면서 청중의 도덕적 행동과 더불어 사고방식을 바꾸기 위해 분명하고 구체적인 가르침을 제시한다. 게다가 보편적 인간애를 실천하려는 옥한흠의 적용은 청중의 사회적 지위들 사이에 존재하는 온갖 장애물을 제거하기에 충분하다. 그는 또한 효과적인 예화와 정확한 정보를 사용하여 청중의 실제 삶에 활기차게 다가간다. 사르베팔리 라다크리슈난은 동양 종교의 핵심이 서양 종

1001 Long, *Literary Forms*, p.12.

교의 단점을 보완한다고 주장하면서 옥한흠과 비슷한 견해를 보인다.

종교는 인간에게 믿음과 삶의 방식, 신조와 공동체를 제공하여 인간의 이
기본적 욕구를 충족시키려 한다. 이렇게 하여 인간과 위에 있는 영적 세계
사이의, 인간과 인간 세계 사이의 깨어진 관계를 회복한다. 따라서 종교의
문제는 그것이 인간 영혼의 분열에서 비롯된다는 점에서 인간 본성에 내
재되어 있다.[1002]

옥한흠의 의사소통 방식은 서양의 설교에도 기여한다. 그는 본문을 마
음속에 그려보게 하여 청중의 적극적 반응을 이끌어 낸다. 평범하지만
효과적인 언어를 사용하여 청중의 마음속 깊은 곳을 간파한다. 서술하는
방식의 언어를 사용하여 청중이 메시지를 들은 후 행동에 옮기도록 결
단하게 한다. 시적이고 창의적인 표현으로 청중을 격려하고 감동시켜 설
교자의 말에 자발적으로 동의하고 또한 행동에 나서게 한다.[1003]

옥한흠은 대화체 방식과 공감을 불러일으키는 방식으로 접근하여 청
중이 설교에 적극 참여하고 반응하게 한다. 생생하고 상상력이 풍부한
묘사 그리고 다양한 은유들과 같은 문학적 표현을 쓰면 청중은 자신을
설교의 주인공과 동일시한다. 이로 인해 청중은 메시지에 고무되어 결단
을 내리게 된다. 귀납적 설교도 의사소통의 효과적인 방식이다. 옥한흠

1002 Radhakrishnan, *Eastern Religion*, p.45. 아시아의 의사소통 방식은 청중의 양심에 호소하는
    것을 목표로 한다. 말하는 스타일은 "신중하고 일시적이고 상대방을 칭찬하고 불완전하
    며, 입장을 완전하게 해줄 다른 사람을 찾는다." (J. C. Condon & F. Yousef, *An Introduction to
    Intercultural Communication* (New York: Macmillian, 1987), p.243.
1003 E. J. Kim, "The Preaching of Transfiguration: Theology and Method of Eschatological Preaching
    from Paul, Lehmann's Theological Perspective as an Alternative to Contemporary Korean
    Preaching" (Unpublished Ph.D. diss.: Princeton Theological Seminary, 1996), p.251.

은 개념적 구조보다 이미지를 환기하는 방식으로 청중이 말씀을 경험하게 한다. 설교자가 청중의 삶에 개입하면 상상력을 마음껏 발휘하는 설교를 계속할 수 있다는 발상은 옥한흠의 또 다른 큰 기여다.[1004] 청중을 격려하여 말씀에 참여케 하는 것도 그가 설교에 뚜렷하게 세운 공로다. 이는 서양의 설교자들이 배워야 할 대목이다.

1004 Elizabeth Achtmeier, *Creative Preaching*, chap. 2-3과 비교하라.

결론: 존 스토트와 옥한흠에게 배우는 성경적인 강해설교

우리는 내리막길을 걷는 현대 교회를 회복시킬 수 있는 대안으로 효과적인 설교를 찾는 일에 각별한 주의를 기울여 왔다. 이 과정에서 두 가지 주된 설교 스타일, 곧 강해설교와 현대 설교학을 연구하였다. 강해설교는 성경 구절에서 하나님의 진리를 드러내는 것이 참된 설교에 이르는 지름길이라고 줄곧 주장한다. 강해설교자들은 내용을 분명히 요약하고 논리적으로 정리할 때 설교의 효율성도 높아진다고 말한다. 그들은 많은 예화와 명제를 사용해 자신의 논리를 입증하고 명확히 한다. 따라서 그들이 설교를 준비하면서 던지는 첫 번째 질문은 "사람들이 이 설교에서 자료들을 귀 기울여 듣게 하는 가장 정돈된 방식은 무엇인가?"보다 "자료들이 서로 잘 어울리게 하는 가장 정돈된 방식은 무엇인가?"이다. 강해설교자들의 주된 관심은 청중이 하나님의 말씀을 경험하게 하는 방식보다 그분의 말씀을 그대로 전하는 방식에 있다. 이런 경향들로 인해 그들은 청중의 마음을 움직이고 감정에 호소하려 하지만, 이렇다 할 성과를 거두지 못한다.

이에 반해 현대 설교학(contemporary homiletics)은 청중의 삶에 영향을 끼치는 변화, 즉 그들로 하여금 하나님을 위해 살게 만드는 변화에 초점을 맞춘다. 현대 설교학은 변화를 위한 효과적인 적용과 의사소통은 중시하지만, 본문 자체와 객관적 주석 및 해석에 대해서는 별로 강조하지 않는다.

강해설교와 현대 설교학의 약점들에 대해서는 의견이 분분하지만, 양쪽이 제각기 기여한 부분은 높이 평가해야 한다. 하나님의 목적은 그분의 말씀이 선포될뿐더러 청중의 삶도 그분의 뜻에 따라 변화되는 것이므로 그들이 여러모로 기여한 것은 더없이 중요하다. 따라서 참된 설교는 성경적인 강해설교의 두 가지 주된 요소, 즉 본문(text)과 영향(impact)이 균형을 이루어야 한다.

따라서 이 연구에서 우리의 관심은 깊은 성경적인 강해설교가 본문을 설명하고 청중의 변화를 이끌어 내는 영향 둘 다를 포괄해야 한다는 것에 탐구하는 일이었다. 성경적인 강해설교가 이 두 가지 주된 측면을 보여준다는 것을 입증하기 위해서 우리는 강해설교를 대표하는 두 인물, 곧 영국의 한 설교자와 한국의 한 설교자에 대한 사례 연구를 진행하였다. 이는 두 설교자의 로마서 설교를 분석하여 그들의 차이점들과 유사점들을 살펴봄으로써 사실상 성경적인 강해설교를 구성하는 요소들을 하나로 통합하기 위해서였다.

우리는 서양과 동양의 각기 다른 약점들을 살펴보는 노력을 했다. 설교학의 이 약점들은 누가 봐도 명백하지만, 존 스토트와 옥한흠의 강점들은 강해설교와 현대 설교학의 대안으로 높이 평가받는다. 또한 우리는 문화적 배경이 다른 두 대표적 설교자의 노력을 살펴보면서 현대 설교자들에게 참된 강해설교를 시도해 보라고 권면하였다.

존 스토트가 현대 문화의 주된 산물로서 크게 기여한 바는 본문 중심의 강해설교에 대한 그의 관점이다. 그는 언제나 성경에 대한 지극한 헌신, 성경의 권위와 영감에 대한 매우 높은 평가로 시작한다. 따라서 그는 매번 정확한 강해 혹은 주석에 기초한 설교를 하려고 했다. 존 스토트가 본문에 전념한 것은, 특히 동양의 접근법과 비교해 현대 설교학에서 본문 중심의 설교를 재발견한 것과 다를 바 없다. 이로써 그는 현대 설교자들에게 방향을 제시한 셈이다. 성실한 데다 복음에 대한 열심과 열정도 있고 개성이 뚜렷한 존 스토트는 청중에게 하나님의 말씀에서 자신감을 찾으라고 격려한다. 현실에 안주하지 말라는 당부도 빠트리지 않는다.

사람은 마땅히 변화되어야 한다고 확신하는 열정적인 설교자 옥한흠의 큰 기여는 변화 중심의 강해설교에 대한 그의 관점이다. 그는 설교자의 말씀이 청중 개개인에게 주는 메시지로 전해져야 하고, 설교가 그들의 삶에 적용되어야 한다는 확고한 철학이 있다. 그것은 청중의 마음과 인격, 나아가 내면의 삶을 어루만지는 변화 중심의 강해설교의 중요성을 옥한흠이 재발견했음을 뜻한다. 이는 강해설교가 본질상 '인체의 귀는 물론이고 또한 인간 내면의 일부인 영혼을 위한 것'[1005]이기 때문이다. 옥한흠은 복음 전도에 대한 열심과 열정, 청중의 삶을 변화시키려는 강한 열망 그리고 청중에 대한 깊은 관심을 통해 청중의 마음과 생각을 자극하여 그들로 변화된 삶을 살아내게 한다.

존 스토트와 옥한흠이 자기 청중에게 끼치는 영향을 보면 그들 각자의 문화적 배경을 반영하고 있음을 알 수 있다. 이는 두 설교자의 접근법에 약점이 있음을 암시한다. 예를 들어, 그들은 각자의 문화적이고 철학적이며 인식론적인 과정들[이성과 감정]의 영향을 받기 때문에 본문과 적용

1005 정성구는 설교에 대한 이명식의 견해를 인용한다. 『한국 교회 설교사』 p.244.

을 다룰 때 선입견을 갖는다. 그럼에도 지적인 과정과 개인의 경험 둘 다 인간 본성의 필수적인 부분이자 기능으로서 개인의 의사결정과 행동에 영향을 미친다는 것을 우리는 인식해야 한다. 예컨대 존 스토트와 옥한흠의 청중은 서로 다르기는 하지만, 그들 나라에서 사회적 지위와 교육수준이 같다. 즉 그들은 영국과 한국에서 사회적 지위가 높은 지성인들이다. 그러나 존 스토트와 옥한흠이 지향하는 바는 서로 다르다. 존 스토트는 주로 논리와 명제, 정확한 본문 주석으로 청중의 정신에 영향을 끼친다. 반면에 옥한흠은 깊은 통찰과 청중에 대한 세심한 관심에서 비롯되는 다양한 적용을 통해 청중의 마음을 움직이려 한다.

위의 사례에서 보았듯이 두 나라 청중의 문화적 배경이 다르기는 하지만, 교육 수준과 사회적 지위가 같다는 사실은 지성인의 마음을 움직이려면 이성과 감정 둘 다 필요함을 보여준다. 인식론적 과정에서 그것은 우위를 점하는 것이 이성이냐 감정이냐, 즉 이성의 차가운 논리냐 감정적인 충동이냐의 문제일 뿐이다. 이성과 감정은 완전히 분리되어 존재할 수 없다. 그와 반대로, 이 둘은 통합되어 인간이 결정하고 행동하는 토대를 형성한다. 따라서 청중의 문화적·사회적 배경이 어떠하든지, 그들의 마음과 정신을 움직이려면 하나님의 말씀으로 해야 한다. 그러므로 설교가 청중에게 전체론적인 영향, 즉 지적이고 감정적이며 또한 직관적인 영향을 끼칠 때 삶을 송두리째 바꾸는 놀라운 원동력이 된다고 결론지을 수 있다.

만일 그것이 사실이라면 존 스토트와 옥한흠이 두 측면, 즉 강해(exposition)와 영향(impact) 사이에서 균형을 이루어 자신들의 개인적 편견을 극복할 때 그들의 설교는 청중의 마음과 정신에 더 깊은 울림을 줄 것이다. 그리고 청중은 자기 삶을 바꿔야겠다고 결단할 것이다. 따라서 강해와 영향은 갈라놓을 수 없지만, 그럼에도 이 둘은 성경적인 강해설교에서 하나가 아닌 두 개의 과제로 남는다.[1006]

위의 요약을 통해 다음과 같이 본 연구의 결론에 다다른다. 성경적인 강해설교는 본문의 의미를 드러내고 설명하는 일에 유념할 뿐 아니라 청중의 실제 삶에도 영향을 미쳐야 한다. 따라서 설교자는 자신의 특정한 문화적 · 개인적 취향에서 비롯되는 그런 약점들을 극복하기 위해 설교학적 균형을 유지하는 것을 목표로 해야 한다.

본문을 충실하게 해설하는 존 스토트의 뛰어난 장점과 본문의 구체적인 적용을 통해 청중의 삶을 변화시키려는 옥한흠의 깊은 열정은 강해설교에서 서로의 약점을 보완하는 역할을 할 수 있다. 그들 각자의 강점은 강해설교와 현대 설교학의 약점을 극복하는 데 필요하다. 존 스토트와 옥한흠의 로마서 설교를 통해 현대 설교자들은 자신들이 무엇에 초점을 맞추는지, 어떻게 그리고 왜 그것에 초점을 맞추는지 알 수 있다. 둘 사이에 균형이 이루어져야 한다는 요구는 현대 설교자들에게 본문을 다루거나 적용할 때 한쪽으로 치우치지 않고 성경적인 강해설교를 준비하는 법을 터득하라는 강한 도전이다.

1006 이장형, "설교자에게 필요한 동양적인 인간 이해," 「목회와 신학」(1996년 5월호), p.116.

에필로그

　오래 가슴에 품었던 자식을 조심스럽게 세상에 내놓은 느낌이다. 복음이 희미해져 가고 교회와 성도들이 힘을 잃어가는 시대 속에서 교회를 살릴 수 있는 대안은 하나님의 말씀으로 돌아가는 것, '성경적인 강해설교'라고 감히 말하고 싶다.

　사람들이 감동하고 때로 눈물을 흘리도록 성도들 마음을 들었다 놨다 하는 설교, 좋은 책들을 많이 섭렵해 인용하며 배움에 관심이 많은 성도들의 욕구를 채워주는 설교, 혹은 큰 교회를 담임하는 목사들의 설교는 항상 성경적인 설교일까? 반대로 늘 본문을 설명하고 많은 성경 구절을 인용하며 분명한 논리로 말씀 중심으로 설교한다고 스스로 생각하는 목사의 설교가 하나님이 찾으시는 설교일까? 이러한 쉽지 않은 질문에 답을 하고자 했다.

　존 스토트와 옥한흠 설교는 이런 설교의 문제를 짚어내는 데 좋은 모델이 되었다. 하나님이 찾으시는 진정한 '성경적인 강해설교'는 말씀을 잘 풀어 설명하는 것과 성도들의 구체적인 삶의 변화를 이끌어 내는 영향력, 이 둘의 균형이어야 한다.

청년의 때에 옥한흠 목사의 설교를 들으며 신앙생활을 할 때 예배가 끝나도 쉽게 말씀의 잔상이 지워지지 않았던 기억이 있다. 그중에 '당신은 용서받아야 할 죄인이 아닙니까?'라는 설교는 많은 세월이 흘렀지만 제목까지도 내 마음 한구석에 뿌리 깊이 남아 있다. 그래서인지 옥한흠 목사의 설교는 가슴 속에 울림이 오래가는 설교로 남았다. 존 스토트 목사의 설교들은 들을 때마다 논리와 명료성 그리고 확신이 있다. 자신의 이야기가 아니라 하나님의 말씀에서 나온 것이기 때문이다. 말씀을 정확하게 해석해 내는 그의 설교들은 곧 목회자들을 위한 주석서가 되었다.

강해에 집중하는 설교자들은 성경의 내용을 명확하게 요약하고 논리적으로 정리할 때 설교의 효과가 커진다고 본다. 그래서 그들은 설교에서 메시지의 논리를 증명하고 분명히 하기 위해 명제를 사용하고 예화를 사용한다. 그들의 주요 관심은 어떻게 하면 성도들이 그 말씀을 경험하게 할까보다는 하나님의 말씀을 제대로 전달하는 데에 있다. 그러하기에 성도들의 귀에 말씀이 들려 그들이 감동하고 새로운 삶을 살도록 구체적인 동기를 부여하는 적용 부분에는 약할 수 있다.

반대로 현대 설교자들은 성도들의 삶의 변화에 초점을 맞춘다. 성도들의 귀에 들리도록 해서 말씀대로 살도록 하는 변화를 목적으로 하기에 효과적인 적용과 의사소통을 강조한다. 실제로 성도들이 좋아하고 집중하며 그 순간은 가슴이 뛰고 감동하지만, 말씀 자체의 객관적인 설명과 해석이 충분히 드러나지 않다 보니 돌아서면 남는 것이 '말씀'이 아니라 뭔가 시원함을 주는 그러나 삶에는 영향을 미치지 못하는 '일시적 감동'이 될 수 있다.

이런 면에서 볼 때 존 스토트와 옥한흠은 자신들의 문화와 개인적 성향에서 나온 치우침의 약점을 넘어 균형을 맞추려고 부단히 애썼던 설교자들이었다. 항상 성경에 깊이 집중하고 성경의 권위와 영감을 높이 인정하면서도 성도들의 마음에 감동을 주려고 부단히 애를 쓴 존 스토트의 '본문 중심의 강해설교,' 성경에 뿌리를 두되 성도들의 귀에 잘 들려지고 다양한 적용을 통해 마음과 인격, 내적인 삶의 변화를 이끌어 예수의 사람으로 살게 하려고 온전히 삶을 드린 옥한흠의 '변화 중심의 강해설교'가 그것이다. 이 균형이 오늘날 우리 모든 설교자들이 마음에 담고 가야 할 설교의 길임을 확신한다.

『존 스토트와 옥한흠에게 강해설교를 배우다』이 책을 읽은 저와 독자 여러분 모두가 다시 한 번 '성경적인 강해설교'라는 도구를 손에 들고 피 묻은 십자가 복음의 전달자로, 생명을 살리고자 강단에서 불을 토하는 설교자로 다시 한 번 부흥의 주역이 되기를 기도한다.

참고문헌

I. 주요 자료

1. 존 스토트

단행본과 논문 외 자료

Stott, J. R. W., *Basic Christianity* (Leicester: IVP, 1958).

------------, *The Preacher's Portrait: Some New Testament Word Studies*. (London: The Tyndale Press, 1961).

------------, *Men Made New: An Exposition of Romans 5-8* (London: IVP, 1966).

------------, *Only One Way: The Message of Galatians* (London: IVP, 1968).

------------, *Christ the Controversialist: A Study in Some Essentials of Evangelical Religion* (London: Tyndale, 1970).

------------, *Your Mind Matters: The Place of the Mind in the Christian Life* (Downers Grove, Illinois: IVP, 1972).

------------, *Guard the Gospel: The Message of 2 Timothy* (Leicester: IVP, 1973).

------------, *The Authority of the Bible* (Downers Grove, Illinois: IVP, 1974)

------------, *Christian Mission in the Modern World* (London: Falcon, 1975).

------------, *The Message of the Sermon on the Mount* (Leicester: IVP, 1978).

------------, *God's New Society: The Message of Ephsians* (Leicester: IVP, 1979).

------------, *Focus on Christ* (New York: William Collins Publishing, 1979).

------------, *I Believe in Preaching* (London: Hodder & Stoughton, 1982).

------------, *You Can Trust the Bible: Our Foundation for Belief and Obedience* (Grand Rapids: Discovery House, 1982).

-------------, *One People: Helping Your Church Become a Caring People* (Old Tappan, N.J: Power books, 1982).

-------------, *Our Guilty Silence* (Grand Rapids, MI.: Eerdmans Publishing, 1983).

-------------, *Issues Facing Christians Today: A Major Appraisal of Contemporary Social and Moral Questions* (Basingstoke: Marshall Pickering, 1984).

-------------, *Understanding the Bible* (London: Scripture Union, 1984).

-------------, *The Cross of Christ* (Leicester: IVP, 1986).

-------------, *Favorite Psalms: Selected and Expounded by John Stott* (Chicago, Illinois: Moody Press, 1988).

-------------, *The Contemporary Christian: An Urgent Plea for Double Listening* (Leicester: IVP, 1992).

-------------, *The Message of Romans* (Leicester: IVP, 1994).

Stott, J. R. W., 'Ministry of the Word: Some Thoughts on Expository Preaching' *The Christian Graduate* Vol. VII. 3 (Sep 1954).

-------------, 'Introduction', in J. Eddison (ed.), *Bash : A Study in Spiritual Power* (Basingstoke, U.K: Marshalls Paperbacks, 1983).

-------------, 'Charles Simeon: A Personal Appreciation', in James M. Houston (ed.), *Charles Simeon, Evangelical Preaching* (Portland, Or: Multnonah Press, 1986).

-------------, 'Christian Preaching in the Contemporary World' *Bibliotheca Sacra* vol.145 (Oct-Dec 1988).

-------------, 'Creating the Bridge' in M. Duduit (ed.), *Communication with Power* (Grand Rapids, MI.: Baker Books, 1996).

Edwards, D.L. & Stott, John., *Essentials: A Liberal-Evangelical Dialogue* (London: Hodder & Stoughton, 1988).

설교 테이프 자료

Stott, J. R. W., 'Good News for the Nations' 1:1-5 (London: All Souls Church Cassette Library, 1990).

-------------, 'Eager to Share the Good News' 1:14-17 (1976-77).

-------------, 'How do you Plead: Guilty or not guilty' 2:12- 3:8 (1976-77).

-------------, 'The Greatest Free Gift' 3:19-31 (1976-77).

-------------, 'Justified by Faith'/ 'Peace with God' 5:1-3 (1979).

-------------, 'Standing in Grace'/ 'Rejoicing in Hope' (1979).

-------------, 'From Condemnation of God' 8:1-4 (1971).

-------------, 'From the Fear of Evil' 8:35-39 (1971).

-------------, 'From the Bondage of Decay'/ 'Freedom Broadcast Service' 8:18-25 (1971).

-------------, 'Our Suffering and God's Purpose' 8:28-30 (1986).

-------------, 'The Ministry of the Spirit' 8:1-17 (1993).

-------------, 'The Hope of Glory' 8:18-27 (1993).

------------, 'The Steadfast Love of God' 8:28-39 1993).

------------, 'Does God Choose? (God's Purpose of Election)' 9:1-29 (1976-7).

------------, 'The Saving Way (God's Way of Salvation)' 9:30-10:13 (1976-7).

------------, 'Go Forth and Tell (God's Commission to Evangelism)' 10:14-21 (1976-7).

------------, 'God's Plan for the Jew' 11:1-32 (1976-7).

------------, 'God's Unsearchable Wisdom' 11:33-36 (1976-7).

------------, 'Worship' 11:33-36 (1992).

------------, 'Transformation' 12:1-2 (1992).

------------, 'Love' 12:3-21 (1992).

------------, 'Citizenship' 13:1-7 (1992).

------------, 'The Christian in Society' 13:1-14 (1992).

편지와 인터뷰 자료

존 스토트,　필자에게 보낸 편지, 2000년 4월 19일.

------------,　필자와의 인터뷰, 2000년 6월 14일.

2. 옥한흠

단행본 및 논문 외 자료

옥한흠,　『고통에는 뜻이 있다』 (서울: 두란노, 1988).

------------, 『시험이 없는 신앙생활은 없다』 (서울: 두란노, 1989).

------------, 『무엇을 기도할까?』 (서울: 두란노, 1990).

------------, 『예수 믿는 가정 무엇이 다른가?』 (서울: 두란노, 1991).

------------, 『내가 얻은 황홀한 구원』 (로마서 1:1-5:21, 옥한흠 목사의 로마서 강해 1) (서울: 두란노, 1992).

------------, 『이 험한 세상을 어떻게 살까?』 (서울: 두란노, 1992).

------------, 『아무도 흔들 수 없는 나의 구원』 (로마서 6:1-11:36, 옥한흠 목사의 로마서 강해 2) (서울: 두란노, 1993).

------------, 『구원받은 자는 이렇게 산다』 (로마서 12:1-16:27, 옥한흠 목사의 로마서 강해 3) (서울: 두란노, 1994).

------------, 『나의 고통 누구의 탓인가』 (서울: 두란노, 1994).

------------, 『그리스도인의 자존심』 (서울: 두란노, 1997).

------------, 『제자훈련 열정 30년: 그 뒤안길의 이야기』 (서울: 두란노, 1998).

------------, 『다시 쓰는 평신도를 깨운다』 (서울: 두란노, 1998).

-------------,『우리가 바로 살면 세상은 바뀝니다』(서울: 두란노, 1998).
-------------,『사역 훈련 인도자 지침서: 평신도를 깨운다』(서울: 국제제자훈련원, 1999).
-------------,『제자훈련 인도자 지침서: 평신도를 깨운다』(서울: 국제제자훈련원, 1999).
-------------,『전도 프리칭』(서울: 규장, 1999). *
-------------, "우리는 성령의 능력이 필요합니다",「그말씀」(1994년 1월) pp. 27-28.
-------------, "설교의 성육신 원리" in J. G. Park (ed.),『영혼을 울리는 설교 개발』(서울: 서로사랑, 1997), pp. 253-288.

Han-hu˘m Ok, *Healthy Christians Make A Healthy Church: They Story of How Discipleship Training Is Building One of Korea's Megachurches-SaRang* ([Trans.]; Sam Ko and Jerry Vreeman; 서울: DMI Press, 2001).
-------------, "A Discipleship-Making Program for Lay Leadership Development at Sarang Presbyterian Church in Korea" (Westminster Theological Seminary D.Min Thesis, 1996).

사랑의교회편집부,『나누고 싶은 이야기들: 개척 10년 사랑의교회』(서울: 사랑의교회출판부, 1994).

설교 테이프 자료

옥한흠,   "제자 훈련과 설교" (제자 훈련 지도자 세미나 카세트테이프; 서울: 사랑의교회, 1991).
-------------, "제자 훈련과 설교" (44번째 제자 훈련 지도자 세미나 카세트테이프; 서울: 국제제자훈련원, 2000년 3월).
-------------, "강해설교의 적용과 결론에 관한 연구" (서울: 두란노 세미나 강의, 1994).
-------------, "복음을 부끄러워하지 말라" (로마서 1:13-17의 설교; 서울: 사랑의교회, 1988년 10월 23일).
-------------, "불의, 불의, 불의" (로마서 1:26-32의 설교; 1991년 10월 20일).
-------------, "하나님의 진노" (로마서 1:18의 설교; 1991년 9월 22일).
-------------, "그래도 남보다 선하다는 사람" (로마서 2:1-16의 설교, 1991년 10월 27일).
-------------, "새로 열린 구원의 길" (로마서 3:27-31의 설교, 1991년 11월 17일).
-------------, "일한 것도 없고 경건치도 못하는데" (로마서 4:17의 설교, 1991년 12월 8일).
-------------, "오호라 나는 곤고한 사람이로다" (로마서 7:13-25의 설교, 1992년 3월 1일).
-------------, "율법과 나" (로마서 7:1-12의 설교, 1992년 2월 16일).
-------------, "정죄함이 없는 성령의 사람" (로마서 8:1-11의 설교, 1992년 3월 8일).
-------------, "성령의 사람은 성령으로 행한다" (로마서 8:12-17의 설교, 1992년 3월 15일).
-------------, "고난, 탄식, 영광" (로마서 8:18-25의 설교, 1992년 3월 22일).
-------------, "성령과 우리의 연약" (로마서 8:26-27의 설교, 1992년 4월 5일).
-------------, "모든 것을 합력하여 선을 이루시는 하나님" (로마서 8:28-30의 설교, 1992년 4월 12일).
-------------, "끊을 수 없는 하나님의 사랑" (로마서 8:31-39의 설교, 1992년 4월 19일).
-------------, "나만 구원받아 행복할까?" (로마서 9:1-5의 설교, 1992년 4월 26일).

————, "야곱은 사랑하고 에서는 미워하고" (로마서 9:6-33의 설교, 1992년 5월 3일).

————, "은혜로 남은 자" (로마서 11:1-10의 설교, 1992년 5월 31일).

————, "택함 받았다고 교만할 수 없는 이유" (로마서 11:11-24의 설교, 1992년 6월 7일).

————, "구원받은 삶이 있는가?" (로마서 12:1-2의 설교, 1992년 6월 21일).

————, "삶 전부를 드리는 예배" (로마서 12:1-2의 설교, 1985년 10월 6일).

————, "교회 봉사부터 먼저 하라" (로마서 12:3-8의 설교, 1992년 6월 28일).

————, "교회 안에서는 이렇게 봉사하라" (로마서 12:9-13의 설교, 1992년 7월 12일).

————, "하나님의 자녀다운 인간관계" (로마서 12:14-21의 설교, 1992년 9월 6일).

————, "그리스도인과 정치적 책임" (로마서 13:1-7의 설교, 1992년 9월 13일).

————, "평생 갚을 수 없는 사랑의 빚" (로마서 13:8-10의 설교, 1992년 9월 20일).

————, "단정하게 생활하라" (로마서 13:11-14의 설교, 1992년 9월 27일).

————, "교회 안에서 왜 분쟁이 일어나는가?" (로마서 14:1-4의 설교, 1992년 11월 15일).

————, "형제를 판단하지 않으려면" (로마서 14:5-12의 설교, 1992년 12월 6일).

————, "형제들에게 거침돌이 되지 말라" (로마서 14:13-23의 설교, 1992년 12월 13일).

————, "연약한 자의 약점을 담당하라" (로마서 15:1-13의 설교, 1992년 12월 20일).

————, "왜 전도는 은혜인가?" (로마서 15:14-19a의 설교, 1992년 10월 11일).

————, "복음을 편만하게 전하였노라" (로마서 15:19b-21, 1992년 10월 18일).

————, "긴급한 기도 요청" (로마서 15:30-33, 1992년 11월 1일).

————, "위대한 평신도 동역자들" (로마서 16:1-16, 1992년 11월 8일).

————, "공포 속에서 드린 기도" (시편 27:1-14의 설교), 『무엇을 기도할까?』 (서울: 두란노, 1990).

————, "신앙생활과 참피온" (히브리서 12:1-2의 설교, 1986년 9월 26일).

————, "집에 있는 교회" (골로새서 4:15-16; 욥기 1:1-5의 설교, 1985년 5월 21일).

————, "데마의 배신" (디모데후서 4:10의 설교, 1981년 8월 16일).

————, "보람찬 삶, 기대에 부푼 죽음" (디모데후서 4:6-8의 설교, 1989년 10월 1일).

————, "아내의 역할과 우선순위" (에베소서 5:22-24의 설교, 1988년 5월 22일).

————, "삼손의 비극" (사사기 16:15-22의 설교, 1983년 5월 19일).

————, "성경과 하나님의 능력을 아는 것" (마태복음 22:23-33의 설교, 1994년 1월 9일).

————, "죄 지어서 좋을 것이 무엇인가?" (창세기 3:6-13의 설교, 1994년 1월 23일).

————, "가시와 함께 온 기쁨" (고린도후서 12:7-10의 설교, 1983년 6월 26일).

————, "당신은 우리의 영광" (데살로니가전서 2:7-20의 설교, 2000년 10월 22일).

인터뷰 자료

옥한흠, 필자와의 인터뷰, 2001년 3월 30일.

II. 추가 자료

단행본 및 논문 외 자료

Achtemeier, E., *Creative Preaching: Finding The Words* (Nashville: Abingdon, 1980).

Adams, J. E., *Preaching with Purpose* (Grand Rapids, MI.: Zonderban, 1982).

--------------, *Studies In Preaching* Vol.1: *Sense Appeal in C.H. Spurgeon's Preaching* (Philadelphia: Presbyterian and Reformed Publ. Co, 1975).

Alexander, T. W., *Thoughts on Preaching* (Edinburgh: The Banner of Truth Trust, 1975).

Bailey, R., *Hermeneutics for Preaching: Approaches to Contemporary Interpretations of Scripture*, R. Bailey (ed.) (Nashville: Broadman, 1993).

Bartow, C. L., *God's Human Speech: A Practical Theology of Proclamation* (Grand Rapids, MI.: Eerdmans, 1997).

Baumann, J. D., *An Introduction to Contemporary Preaching* (Grand Rapids, MI., Baker Book House, 1972).

Barnhouse, D. G., 'On Expository Preaching', in C. S. Roddy (ed.), *We Prepare and Preach* (Chicago: Moddy Press, 1959).

Barr, J., *The Semantics of Biblical Language* (Oxford: University Press, 1978).

Barth, K., *The Preaching of the Gospel* (Translated by B.E. Hooke; Philadelphia: Westminster Press, 1963).

--------------, *The Doctrine of the Word of God: Prolegomena to Church Dogmatics* ([trans.]; G. T. Thomson and Harold Knight. Vol. 1:2, Church Dogmatics. G. W. Bromiley and T. F. Torrance, [eds.]; Edinburgh: T. &. T. Clark, 1963).

--------------, *Homiletics*, ([trans.]; G.W. Bromiley and D.E. Daniel; Louisville, Ky: Westminster/John Knox Press, 1991).

Barrett, C. K., *Biblical Problems and Biblical Preaching* (Philadelphia: Fortress Press, 1964).

Bartow, C. L., *The Preaching Moment: A Guide to Sermon Delivery* (Nashville: Abingdon, 1980).

Bebbington, D. W., 'Evangelical Christianity and the Enlightenment' in M. Eden and D. F. Wells (eds.), *The Gospel in the Modern World: A Tribute to John Stott* (Leicester: IVP, 1991).

Better, J. F., 'Application' in Samuel T. Logan, Jr. (ed.), *The Preacher and Preaching* (Philipsburg, N.J.: Presbyterian and Reformed, 1986).

Berkhof, L., *Principles of Biblical Interpretation* (Grand Rapids, MI: Baker, 1950).

Billington, A, Lane, T and Turner, M., (eds.), *Mission and Meaning* (Carlisle, Paternoster Express, 1995).

Birdwhistell, L. L., *Kinesics and Context* (Philadelphia: University of Pennsylvania Press, 1970).

Blackwood, A, *Expository Preaching For Today* (New York: Abingdon Cokesbury Press, 1953).

Bohren, R., *Predigtlehre* ([trans]; Keun Won Park Seoul: The Christian Literature Society, 1979).

Bornkamm, G., *Paul* ([London: Hodder and Stoughton, 1985).

Bright, J., *The Authority of the Old Testament* (Nashville: Abingdon Press, 1967).

Browne, R. E. C., *The Ministry of the Word* (London: SCM Press, 1958).

Brown, H. C., Jr., Clinard, H. Gordon and Northcutt, Jesse J., *Steps To The Sermon: A Plan For Sermon Prepration* (Nashville: Broadman Press, 1963).

------------, *A Thorough, Practical Guide for Pastors into the What, How and When of Steps to the Sermon* (Nashville: Broadman Press, 1991).

Broadus, J., *On the Preparation and Delivery of Sermons* (London: Hodder & Stoughton, 1960).

Brownson, W. C., Jr., 'Planning a Year's Preaching through Exposition and Catechetical Preaching', *Reformed Review* 16 (December 1962).

Bryson, H. T., *Expository Preaching: The Art of Preaching through a Book of the Bible* (Nashville, TN: Broadman & Holman, 1995.

Brueggemann, W., *Finally Comes the Poet: Daring Speech for Proclamation* (Minneapolis: Fortress Press, 1989).

------------, 'Preaching as Reimagination', *Theology Today* 52. 3 (October 1995).

Buren, P. M.V., 'The Word of God in the Church', *Anglican Theological Review* 39 (October 1957).

Buttrick, D., 'Interpretation and Preaching' in *Interpretation* 35/1 (1981).

------------, *Homiletic: Moves and Structures* (Philadelphia: Fortress Press, 1987).

------------, 'On Doing Homiletics Today' in R. L. Eslinger (ed.), *Intersections: Post-Critical Studies in Preaching* (Grand Rapids, MI.: Eerdmans, 1994).

Boyce, G. W., 'A Plea for Expository Preaching', *Canadian Journal of Theology* 8, (1962).

Caiser, W., *Inside The Sermon: Thirteen Preachers Discuss Their Methods of Preparing Messages* (R. A. Bodey [Ed.]; [trans.]; K. Sook Seoul: Christian Literature Crusade, 1994).

Calvin, J., *Institutes of the Christian Religion II* (Translated by Beveridge), (Grand Rapids, MI.: Eerdmans, 1975).

------------, *The Acts of The Apostles 1-13* ([Trans.]; J. W. Fraser and W. J. G. McDonald, D. W. Torrance and T. F. Torrance [eds.]; Edinburgh: The Saint Andrew Press, 1965).

Campbell, C. L., *Preaching Jesus: New Directions for Homiletics in Hans Frei's Postliberal Theology* (Grand Rapids, MI.: Eerdmans, 1997).

Capon, J., 'We Must Begin with the Glory of God: interview with John Stott', *Crusade*, (May 1974).

Carlson, N. G., 'The Best Way to Preach', *Christianity Today* 9 (June 1965).

Carson, D. A., *Exegetical Fallacies* (Grand Rapids, MI.: Baker Book House, 1984).

------------, *The Gospel According to John* (Leicester: IVP, 1991).

Catherwood, C., *Five Evangelical Leaders* (Wheaton, Ill.: Harold Shaw Publishers, 1985).

Chapell, B., *Christ-Centered Preaching* (Grand Rapids: Baker, 1994).

Chae, D. J-S., 'Paul's Apostolic Awareness and the Occasion and Purpose of Romans' in A. Billington, T. Turner, Lane, M. (eds.), *Mission and Meaning*, (Carlisle: Paternoster express, 1995).

Chartier, M. R., *Preaching As Communication: An Interpersonal Perspective* (Nashville: Abingdon Press, 1981).

Cleland, J. T., *Preaching to Be Understood* (New York: Abingdon, 1965).

Coggan, D., *Stewards of Grace* (London: Hodder & Stoughton, 1958).

Coggins, R. J. & Houlden, J. L. (eds.), *A Dictionary of Biblical Interpretation* (London: SCM, 1990).

Condon, J. C. & Yousef, F., *An Introduction to Intercultural Communication* (New York: Macmillian, 1987).

Cotterell, F. P. and Turner, M., *Linguistics & Biblical Interpretation* (Downers Grove, Ill.: IVP, 1989).

Cox, J. W., *Preaching* (San Francisco: Harper & Row, 1985).

Craddock, F. B., *Overhearing the Gospel* (Nashville: Abingdon, 1978).

------------, *As One without Authority* (Nashville: Abingdon, 1981).

------------, *Preaching* (Nashville: Abingdon , 1985).

Cranfield, C. E. B., *A Critical and Exegetical Commentary on The Epistle to the Romans* (Edinburgh: T&T Clark, 1975).

Daane, J., *Preaching With Confidence: A Theological Essay On The Power of The Pulpit* (Grand Rapids, MI: Eerdmans, 1980).

Davis, H. G., *Design for Preaching* (Philadelphia: Fortress Press, 1958).

Demaray, D. E., *An Introduction to Homiletics* (Grand Rapids: Baker, 1978).

Dockery, D. S., *Christian Scripture* (Nashville: Broadman & Holman Publishers, 1995).

Donfried, K. P., 'False Presuppositions in the Study of Romans', in K.P. Donfried (ed.), *The Romans Debate: Revised and Expanded Edition* (Edinburgh: T&T Clark, 1991 2nd edn.).

Drury, J., 'Symbol', in R. J. Coggins & J. L. Houlden (eds.), *A Dictionary of Biblical Interpretation* (London: SCM Press, 1990).

Dudley-Smith, T., *John Stott: The Making of A Leader vol.1* (Leicester: IVP, 1999).

------------, *John Stott: A Global Ministry vol.2* (Leicester: IVP, 2001).

Dunn, J. D. G., *Romans 1-8*, WBC vol. 38 (Texas, Dallas: Word Books, 1988).

Elser, P. F., *Galatians* (London: Routledge, 1998).

Eslinger, R. L., *A New Hearing: Living Options In Homiletic Method* (Nashville: Abingdon, 1987).

Fant, C. E., *Preaching for Today* (New York: Harper & Row, 1975).

------------, *Bonhoeffer: Wordly Preaching* (Nashville; Thomas Nelson, 1975).

Fee, G. D., *New Testament Exegesis: A Handbook For Students And Pastors* (Louisville, Kentucky: Westerminster/John Knox Press, 1983).

------------, *1 and 2 Timothy, Titus* (Peabody: Hendrickson, 1984).

Fichtner, J., *To Stand and Speak For Christ: A Theology of Preaching* (New York: Alba House, 1981).

Forsyth, P. T., *Positive Preaching and the Modern Mind* (Grand Rapids, MI: Eerdmans, 1964).

Friedrich, B. G., *Theological Dictionary of the New Testament III* (Translated by G. W. Bromiley) (ed.), G. Kittel (Grand Rapids, MI.; Eerdmans, 1965).

Furnish,V. P., 'Prophets, Apostles, and Preachers: A Study of the Biblical Concept of Preaching', *Interpretation* 17/1 (1963).

Gadamer, H-G. , *Truth and Method* (New York: Crossroad, 1975).

Green, G., *Imagining God: Theology and the Religious Imagination* (Grand Rapids, MI.: Eerdmans, 1998).

Goldsworthy, G., *Preaching The Whole Bible: As Christian Scripture* (Leicester: IVP, 2000).

Goldberg, L., 'Preaching with Power the Word "Correctly Handled" to Transform Man and His Word', *Journal of The Evangelical Theological Society* 27 (March 1984).

Greidanus, S., *Sola Scriptura: Problems and Principles in Preaching Historical Texts* (Toronto: Wedge Publishing Foundation, 1970)

---------------, *The Modern Preacher and the Ancient Text* (London: IVP, 1988).

---------------, *Preaching Christ from the Old Testament: A Contemporary Hermeneutical Method* (Grand Rapids, ML: Eerdmans, 1999).

Hall, E. T., *The Silent Language* (Barden City, N.Y: Doubleday 1959).

Harbour, B. L., 'Concluding the Sermon', in M. Duduit (ed.), *Handbook of Contemporary Preaching* (Nashville: Broadman Press, 1992).

Hays, R. B., 'Exegesis' in W.H. Willimon and R. Lischer (eds.), *Concise Encyclopedia of Preaching* (London: Westminster John Knox Press, 1995).

Hicks, P., *Evangelicals & Truth: A Creative Proposal for a Postmodern Age* (Leicester: Apollos, 1998).

Hirsch, E. D., Jr., *Validity in Interpretation* (New Haven: Yale University Press, 1967).

Hoggatt, J. C., *Speaking of God: Reading and Preaching the Word of God* (Peabody: Hendrickson Publishers, 1995).

Howe, R. L., *Partners In Preaching* (New York: Seabury Press, 1967).

Hunsinger, G., 'What Can Evangelicals & Postliberals Learn From Each Other?: The Carl Henry-Hans Frei Exchange Reconsidered' in Timothy R. Phillips & Dennis L. Okholm (eds.), *The Nature of Confession: Evangelical & Postliberal in Conversation* (Downers Grove:IVP, 1996).

Jensen, R. A., *Telling the Story: Variety and Imagination in Preaching* (Minneapolis: Augsburg Publishing House, 1980).

---------------, *Thinking in Story: Preaching in a Post-literate Age* (Lima: C.S.S. Publishing Co. Inc., 1993).

Jones, H. C., 'The Problems of Biblical Exposition', *The Expository Times*, 65 (1954).

Johnson, E. E., *Expository Hermeneutics: An Introduction* (Grand Rapids: Zondervan, 1990).

Kaiser, W. C., *Toward An Evangelical Theology:Biblical Exegesis For Preaching And Teaching* (Grand Rapids, ML: Baker Book House, 1981).

Keck, L. E., *The Bible in the Pulpit* (Nashville: Abingdon Press, 1985).

Keir, T. H., *The Word in Worship* (London: Oxford University Press, 1962).

Kelly, T., 'Reflections on Preaching and Teaching', in *Worship* 53 (1979).

Kihl Young Whan, "The Legacy of Confucian Culture and South Korean Politics and Economics: An Interpretation," *Korean Journal*, 3 (Autumn 1994).

Killinger, J., *Fundamentals of Preaching* (Minneapolis: Fortress Press, 1996).

Kim, Ja Hyun, "confucianism in Korea" in *The Encyclopedia of Religions*, vol. 4 ed. Mircea Eliade (New York: Macmillan Publishing Co, 1986).

Klein, W. W., Blomberg, C. L., Hubbard, R. L., Jr, (eds.), *Introduction to Biblical Interpretation* (London: Word Publishing, 1993).

Knox, J., *The Integrity of Preaching* (Nashville: Abingdon Press, 1957).

Kroll, W. M., *Prescription For Preaching* (Grand Rapids, MI.: Baker Book House, 1980).

K ng, Hans., *The Church* (New York: Image Book, 1967).

Kwon, Sung Soo, "An Awakening Preacher: A Hermeneutical Study of Rev. Oak Han-Hum's Sermons," (Seoul: Chong-shin Theological Journal, February, 1997).

Lane, D., *Preach the Word* (Welwyn, Evangelical Press, 1986).

Larsen, D. L., *The Anatomy of Preaching: Identifying the Issues in Preaching Today* (Grand Rapid: Baker, 1989).

Lee, Jung Young, *Korean Preaching: An Interpretation* (Abingdon Press: Nashville, 1997).

Lewis, R., *Speech for Persuasive Preaching* (Wilmore, Ky: Asbury Theological Seminary, 1968).

Lewis, R. L. and Lewis, G., *Inductive Preaching: Helping People Listen* (Westchester, Ill: Crossway Books, 1983).

Lewis, R. L., *Persuasive Preaching Today* (Wilmore, KY: R.L.Lewis, 1977).

Liefeld, W., *New Testament Exposition: From Text to Sermon* (Carlisle: Paternoster Press, 1995).

Litchfield, H., 'Outline the Sermon', in M. Duduit (ed.), *Handbook of Contemporary Preaching* (Nashville: Broadman Press, 1992).

Litfin, D., *St. Paul's Theology of Proclamation: 1 Corinthians 1-4 and Greco-Roman Rhetoric* (Cambridge: Cambridge University Press, 1994).

Lischer, R., *A Theology of Preaching: The Dynamics of Preaching* (Nashville: Abingdon Press, 1981).

------------, *Theories of Preaching: Selected Reading in the Homiletical Tradition* (Durham: The Labyrinth Press, 1987).

Lloyd-Jones. D. M., *Romans 7:1-8:4:The Law: Its Function and Its Limits* (Edinburgh: The Banner of Truth Trust, 1975).

------------, *God's Way of Reconciliation: An Exposition of Ephesians 2:1-22* (Edinburgh: The Banner of Truth Trust, 1981).

------------, *Darkness and Light: An Exposition of Ephesians 4:17-5:17* (Grand Rapids, MI: Baker, 1982).

------------, *Faith on Trial: Studies in Psalm 73* (Grand Rapids, MI: Baker Book House, 1982).

------------, *Preaching and Preachers* (Grand Rapids, MI: Zondervan, 1982).

Long, T. G., *Preaching and the Literary Forms of the Bible* (Philadelphia: Fortress Press, 1989).

------------, *The Witness of Preaching* (Louisville, Ken: Westminster/John Knox, 1989).

------------, 'Form' in William H. Willimon and Richard Lischer (eds), *Concise Encyclopedia of Preaching* (Louisville: Westminster/John Knox Press, 1995).

Lowry, E. L., *The Homiletical Plot: The Sermon as Narrative Art Form* (Atlanta: John Knox, 1980).

------------, *Doing Time in the Pulpit: The Relationship Between Narrative and Preaching* (Nashville: Abingdon, 1985).

------------, *The Sermon: Dancing the Edge of Mystery* (Nashville: Abingdon, 1997).

Lowry, E. L., 'The Revolution of Sermonic Shape' in G. R. O' Day and T. G. Long (eds.), *Listening to the Word: Studies in Honour of Fred B Craddock* (Nashville: Abingdon Press, 1993).

MacArthur, J. Jr., 'Moving from Exegesis to Exposition' in R. L. Mayhue and R. L. Thomas (eds.), *Rediscovering Expository Preaching* (London: Word Publishing, 1992).

Macquarrie, J., 'Changing Attitudes to Religion in Contemporary English Philosophy' *The Expository Times* 68 (1957).

Markquart, E. F., *Quest for Better Preaching: Resources for Renewal in the Pulpit* (Minneapolis: Augsburg Publishing House, 1985).

Marshall, I. H., 'The Epistles of John', *The Evangelical Quarterly* (1965).

--------------, 'How Do We Interpret the Bible Today?', *Themelios* 5 (1980).

--------------, *Introduction to New Testament Interpretation* (Grand Rapids, MI.: Eerdmans, 1977).

Massey, J. E., in 'Application in the Sermon.' in M. Duduit (ed.), *Handbook of Contemporary Preaching* (Nashville: Broadman Press, 1992).

--------------, 'Introduction and Conclusion' in W.H. Willimon and R. Lischer (eds.), *Concise Encyclopedia of Preaching* (London: Westminster John Knox Press, 1995).

Mcquay, E. P., *Keys to Interpreting the Bible* (Nashville: Broadman, 1993).

Mcquilkin, J. R., *Understanding and Applying the Bible* (Chicago: Moody, 1983).

--------------, 'Problems of Normativeness in Scripture: Cultural Versus Permanent' in E. D. Niebure and R. D. Preus (eds.), *Hermeneutics, Inerrancy, & the Bible* (Grand Rapids, MI: Zondervan, 1984).

Merrill, W. P., *The Freedom of the Preacher* (New York: Macmillan Co., 1922).

Miller, C., *The Empowered Communicator: The Seven Keys to Unlocking An Audience* (Nashville, Tennessee: Broadman and Holman Publishers, 1994).

Mills, G. E., *Message Preparation: Analysis and Structure* (Indianapolis, IN: The BobbsMerrill Company, Inc., 1966).

Miller, D.G., *The Way to Biblical Preaching* (Nashville: Abingdon, 1957).

Mitchell, H. H., *The Recovery of Preaching* (New York: Harper & Row, 1977).

--------------, *Black Preaching* (New York: Harper & Row, 1979).

--------------, *Celebration and Experience in Preaching* (Nashville: Abingdon Press, 1990).

Moo, D. J., *The Epistle to the Romans* (Grand Rapids, MI.: Eerdmans, 1996).

Morris, L., *The Gospel According to John*, Revised Edition (Grand Rapids, MI.: Eerdmans, 1995).

Morgan, G., *Preaching* (London: Marshall, Morgan & Scott, 1937).

Motyer, S., *Your Father the Devil?* (UK: Paternoster Press, 1997).

Mounce, R. H., *The Essential Nature of New Testament Preaching* (Grand Rapids, MI.: Eerdmans, 1960).

Murry, Iain H., *D. M. Lloyd-Jones: The First Forty Years 1899-1939* (Edinburgh: The Banner of Truth Trust, 1982).

Nicholls, B. J., 'Towards a Theology of Gospel and Culture' in J. R. W. Stott & R. Coote (eds.), *Down to Earth* (Grand Rapids, MI.: Eerdmans, 1980).

Niebuhr, H. R., *Christ and Culture* (New York: Harper & Row Publishing, 1951).

Norrington, D. C., To Preach Or Not To Preach: The Church's *Urgent Question* (Carlisle: Paternoster Press, 1996).

Ogden, C. K. and Richards, I. A., *The Meaning of Meaning: A Study of The Influence of Language Upon*

                    Thought and of the Science of Symbolism (London: Routledge & Kegan Paul LTD, 1956).

Olford, S. F. & Olford, D. L., *Anointed Expository Preaching* (Nashville, Tennessee: Broadman & Holman Publishers, 1998).

O'Neill, J. C., *Paul's Letter to the Romans* (Harmondsworth: Penguin, 1975).

Packer, J. I., 'Introduction: Why Preach?' in S.T. Logan (ed.), *The Preacher and Preaching* (Phillipsburg: N.J.: Presbyterian and Reformed, 1986).

Parker, T. H. L., *The Oracles of God* (London: Lutterworth Press, 1947).

Pollock, J. C., *The Keswick Story* (London: Hodder & Stoughton, 1964).

Price, C. & Randall, I., *Transforming Keswick* (Carlisle: Paternoster Publishing, 2000).

Poythress, V. S., 'Science and Hermeneutics: Implication of Scientific Method for Biblical Interpretation' in Moises Silva (ed.), *Foundations of Contemporary Interpretation* (Grand Rapids, MI.: Apollos, 1997).

Radhakrishnan, S., *Eastern Religion and Western Thought* (London: Oxford University Press, 1940).

Ramm, B., *Protestant Biblical Interpretation* (Grand Rapid, MI.: Baker Book House, 1970).

K. Rahner, (ed.), *The Renewal of Preaching: Theory and Practice* Vol. 33 of Concilium (New York: Publist Press, 1968).

Rice, C. L., *Interpretation and Imagination* (Philadelphia: Fortress Press, 1970).

Richard, R., *Scripture Sculpture* (Grand Rapids, MI.: Baker Books, 1995).

Ridderbos, H. N., *The Gospel According to John: A Theological Commentary*, [Trans.]; John Vriend (Grand Rapid, MI.: Eerdmans, 1991).

Ritschl, D., *A Theology of Proclamation* (Richmond: John Knox Press, 1960).

Robinson, H. W., *Expository Preaching: Principles and Practice* (London: IVP, 1986).

Rosscup, J. E., 'Hermeneutics and Expository Preaching', in R. L. Mayhue and R. L. Thomas (eds.), *Rediscovering Expository Preaching* (London: Word Publishing, 1992).

Rose, L. A., 'The Parameters of Narrative Preaching' in Wayne Bradley Robinson (ed.), *Journeys Toward Narrative Preaching* (New York: Pilgrim Press, 1990).

--------------, *Sharing the Word: Preaching in the Roundtable Church* (Louisville: Westminster John Knox Press, 1997).

Runia, K., 'What is Preaching According to The New Testament?', *Tyndale Bulletin*, 29 (1976).

Reynolds, A., *Learning from Great Preaching: How to Present Your Message Worthily* (London: Avon Book, 1997).

Saher, P. J., *Eastern Wisdom and Western Thought: The Psycho-Cybernetics of Comparative Ideas in Religion and Philosophy* (London: George Allen and Unwin Ltd, 1969).

Salmona, B. C., *Storytelling in Preaching: A Guide to the Theory and Practice* (Nashville: Broadman Press, 1988).

Sanders, J. A., *God Has a Story Too* (Philadelphia: Fortress Press, 1979).

Sanders, E. P., *Paul, the Law and the Jewish People* (London, SCM, 1983).

Sangster, W. E., *Beginning Your Ministry* (New York: Harperand Row Publishers, 1963).

Sargent, T.,   *The Sacred Anointing: The Preaching of Dr Martin Lloyd-Jones* (London: Hodder & Stoughton, 1994).

Scherer, P.,   *The Word God Sent* (New York: Harper & Row, 1965).

Schneider, S. D., *As One Who Speaks for God* (Minneapolis, Minn: Augsburg Publishing House, 1965).

Schussler, F. E., 'Response', in J. Burke (ed.), *A New Look at Preaching* Vol. 7, Good News Studies. (Wilmington, Del: Michael Glazier, 1983).

Shields, B. E., 'Preaching and Culture' in *Homiletics* 22. 2 (1997).

Simpson, J. W., Jr., 'Thessalonians' in *Dictionary of Paul and His Letters* G.F. Hawthrone, R.P. Martin, D.G. Reid (eds.), (Downer Grove, IL: IVP, 1993).

Smart, J. D., *The Strange Silence of the Bible in the Church: A Study in Hermeneutics* (Philadelphia: Westminster, 1970).

--------------, *The Past, Present, and Future of Biblical Theology* (Philadelphia: The Westminster Press, 1979).

Smith, C. M., *Preaching as Weeping, Confession, and Resistance: Radical Responses to Radical Evil* (Louisville: Westminster Press/John Knox Press, 1992).

Sproul, R. C., *Knowing Scripture* (Downers Grove: IVP, 1986).

Spurgeon, C. H., *Lectures to My Students* (London, Marshall, Morgan & Scott, 1954).

Stevenson, Dwight E., *In the Biblical Preacher's Workshop* (Nashville: Abingdon Press, 1967).

Stewart, J.,   *Heralds of God* (London: Hodder & Stoughton, 1946).

Sverker, Per-Axel., *Bibelsyn och fralsningslara I John Stotts teologi* (Orebro Missionsskolas skriftserie nr 14, 1999, SCB, 1999).

Sweazey, G. E., *Preaching the Good News* (Englewood Cliffs, N.J.:Prentice Hall, 1976).

Tate, W. R.,   *Biblical Interpretation: An Integrated Approach* (Peabody: Hendrickson, 1997).

Thielicke, H., *The Trouble With The Church* (J. W. Doberstein [ed. and trans.], New York: Harper & Row, 1965).

Tillich, P.,   'Communicating the Christian Message: A Question to Christian Ministers and Teachers', in R.C.Kimball (ed.), *Theology of Culture* (New York: Oxford University Press, 1959).

Thiselton, A. C., 'New Hermeneutics' in H. I. Marshall (ed.), *New Testament Interpretation* (Carlisle: The Paternoster Press, 1992).

Thomas, R. L., 'Exegesis and Expository Preaching' in R. L. Mayhue and R. L. Thomas (eds.), *Rediscovering Expository Preaching* (London: Word Publishing, 1992).

Thostengard, S. A., *The Spoken Word* (Fortress Resources for Preaching. Philadelphia: Fortress Press, 1989).

Torrey, R. A., *Why God Used D.L. Moody* (Chicago, Ill.: The Bible Institute Colportage Association, 1923).

Turk, C.,   *Effective Speaking* (London: E & FN Spon, 1985).

Turretin, F., *The Doctrine of Scripture* (J.W. Beardslee III [trans and ed.], Grand Rapids, MI: Baker, 1981).

Unger, M. F., *Principles of Expository Preaching* (Grand Rapids, MI: Zondervan, 1955).

Vines, J.,   *A Guild to Effective Sermon Delivery* (Chicago: Moody Press, 1986).

Wallace, D. B., *Greek Grammar Beyond The Basics: An Exegetical Syntax of the New Testament with Scripture, Subject, and Greek Word Indexes* (Grand Rapids, MI.: Zondervan Publishing House, 1996).

Waltke, B. K., 'Historical Grammatical Problems', in E. D. Radmacher and R. D. Preus (eds.), *Hermeneutics, Inerrancy & the Bible* (Grand Rapids, MI: Zondervan, 1984).

Ward, R. A., *Commentary on 1 & 2 Timothy & Titus* (Waco, Texas: Word Books, 1974).

Wardlaw, D. M., 'Introduction: The Need for New Shapes', in D.M. Wardlaw (ed.), *Preaching Biblically: Creating Sermons in the Shape of Scripture* (Philadelphia: Westminster Press, 1983).

Warnock, G. J., *English Philosophy Since 1900* (London: Oxford University Press, 1958).

Webber, R. E., *God Still Speaks: A Biblical View of Christian Communication* (Nashville: Thomas NelsonPublishers, 1979).

Welsh, C., *Preaching in a New Key: Studies in the Psychology of Thinking and Listening* (Philadelphia:United Church Press, Pilgrim Press, 1974).

Whitesell, F. D., *Power in Expository Preaching* (Westwood, NJ: Revell Press, 1963).

Wilder, A. N., *Early Christian Rhetoric: The Language of the Gospel* (London: SCM, 1964).

Wilson, P. S., *Imagination of The Heart: New Understandings in Preaching* (Nashville: Abingdon Press, 1988).

-------------, 'Beyond Narrative: Imagination in the Sermon' in G. R. O' Day & T. G. Long, (eds.), *Listening To The Word: Studies in Honour of Fred B Craddock* (Nashville: Abingdon Press, 1993).

Wingren, G., *The Living Word* (New York: Harper & Brothers, 1956).

Wright, N. T., *The New Testament And The People of God* (London: SPCK,1992).

Yoder, P., *From Word to Life* (Schottdale, PA: Herald, 1982).

강명옥,「월간 조선」(2000년 11월).

류동식,『韓國宗敎와 基督敎』(서울: 大韓基督敎書會, 1965).

-------------,『韓國神學의 鑛脈: 韓國神學思想史 序說』(서울: 展望社, 1982).

-------------,『韓國宗敎와 基督敎』(서울: 大韓基督敎書會, 1985).

마이런 R. 차티어,『설교에 있어서의 커뮤니케이션』, 차호원 옮김 (서울: 소망사, 1994).

문상회,『한국 종교』(이리: 원광대학교 출판사, 1973).

박용규,『한국교회를 깨운다』(서울: 생명의말씀사, 1998).

안점식, "동양적 사유를 통한 설교의 가능성과 위험성,"「목회와 신학」(1996년 5월).

염필형,『說敎神學: 福音, 狀況, 解釋』(서울: 성광문화사, 1987).

이근미, "평신도를 제자 수준으로 훈련시켜, 함께 敎會를 꾸려간다,"「월간 조선」(2000년 11월).

정성구,『韓國敎會 說敎史』(서울: 총신대학출판부, 1986).

-------------,『改革主義 說敎學』(서울: 총신대학출판부, 1993).

최준식,『한국인에게 문화는 있는가: 최준식 교수가 진단하는 한국인과 한국문화』(서울: 사계절, 1997).

-------------, "한국 사회의 종교," ed. 최준식『한국문화와 한국인』(서울:사계절, 1998).

최봉영,『韓國人의 社會的 性格 (2): 일반 이론의 적용』(서울: 느티나무, 1995).

-------------,『한국문화의 성격』(서울: 사계절, 1997).

최길성,『한국인의 한』(서울: 예전사, 1991).

황진기,「빛과 소금」163호 (1998년 10월).

미출간 자료

Duane, B. M., 'An Analysis of John Stott's Preaching as "Bridge-Building" as Compared to the Preaching
      of David Martyn Lloyd-Jones' (Unpublished Ph.D diss; Southwestern Baptist Theological
      Seminary, 1995).

Groover, W. A., 'The Theology and Methodology of John R. W. Stott as a Model for Pastoral Evangelism'
      (Unpublished Ph.D diss; The Southern Baptist Theological Seminary, 1988).

Jung, In Gyo, 'Die Auferstehung Jesu. Ein Vergleich zwischen Osterpredigten aus Korea und Deutschland'
      (Unpublished PhD Thesis, University of Bonn, 1994).

Kim, Eun Joo, 'The Preaching of Transfiguration: Theology and Method of Eschatological Preaching from
      Paul, Lehmann's Theological Perspective as an Alternative to Contemporary Korean Preaching'
      (Unpublished Ph.D diss; Princeton Theological Seminary, 1996).

Kim, Un Yong, 'Faith Comes from Hearing: A Critical Evauation of the Homiletical Paradigm Shift through
      The Homiletical Theories of Fred B. Craddock, Eugene. L. Lowry, and David Buttrick, and Its
      Application to the Korean Church' (Unpublished Ph.D diss; Union Theological Seminary and
      Presbyterian School of Christian Education, 1999).

Vinson, W. J., 'The Homiletical Implication of Inerrancy: A Case For Expository Preaching' (Unpublished
      Ph.D diss: Mid-America Baptist Theological Seminary, 1999).

인터뷰 자료

Maxwell, E., 필자와의 인터뷰, 2000년 6월 6일.

존 스토트와 옥한흠에게
강해설교를 배우다 [개정증보판]

초판 1쇄 발행 2021년 4월 15일
개정 1쇄 발행 2023년 2월 28일

지은이 김대조
펴낸이 정선숙

펴낸곳 협동조합 아바서원
등록 제 274251-0007344호
주소 경기도 고양시 덕양구 삼원로51 원흥하이필드 지식산업센터 606호
전화 02-388-7944 팩스 02-389-7944
이메일 abbabooks@hanmail.net

ISBN 979-11-90376-61-7 (03230)